Belinda Rodik

Benvenuto Cellini

Roman

Deutscher Taschenbuch Verlag

Von Belinda Rodik
ist im Deutschen Taschenbuch Verlag erschienen:
Der letzte Troubadour (24433)

Originalausgabe
September 2005
© 2005 Deutscher Taschenbuch Verlag GmbH & Co. KG,
München
www.dtv.de
Umschlagkonzept: Balk & Brumshagen
Umschlagbild: © akg-images/Cameraphoto
Satz: Fotosatz Amann, Aichstetten
Gesetzt aus der Aldus 11/12,75·
Druck und Bindung: Kösel, Krugzell
Gedruckt auf säurefreiem, chlorfrei gebleichtem Papier
Printed in Germany · ISBN 3-423-24472-0

Ihr müsst wissen, dass Männer wie Benvenuto, die einzig in ihrer Kunst sind, sich an die Gesetze nicht zu binden haben.

Papst Paul III. (Farnese)

Prolog

Florenz
im Jahre des Herrn 1558

»E vivo!«

Hut mit Feder, Mantel und Degen flogen gleichsam mit ihm selbst in die Werkstatt hinein. Der Hut zerfetzt, die Feder geknickt und der Mantel zerrissen. Der Bart zersaust, die Haare wirr und starr vor Dreck, getrocknetes Blut verkrustete seine Mundwinkel und Spinnweben klebten auf seinem Wams.

»E vivo! Ich lebe noch!«, brüllte er erneut aus Leibeskräften.

»Ein Wunder ist geschehen«, flüsterte Mario, bekreuzigte sich dabei gottergeben, erleichtert und glückselig zugleich, während er vom Tisch aufsprang. Ein filigraner Goldring, eigentlich für die Contessa bestimmt, entglitt seinen Händen, rollte über den Tisch und über den Rand desselben und verlor sich in der Dunkelheit in dem ausgelegten Stroh zu seinen Füßen.

Beim Anblick des Meisters vergaß Mario seine Arbeit mit einem Schlag, den Ring ebenso, und stürzte hinkend zu seinem Meister.

Cellini stieß ihn unsanft von sich und polterte: »Bestie! Ist das die hinterhältige Art, deinen Herrn zu begrüßen? Deinen Herrn, der dich füttert, dir Kleidung gibt, dich über alles liebt!?«

Mario sank auf die Knie und umklammerte weinend die Beine Cellinis. Er hatte nicht mehr damit gerechnet, ihn lebend wieder zu sehen. Das aufbrausende Temperament, das dem Meister zu eigen war, noch einmal mit aller Wucht zu spüren und seine geliebte, sehr laute Stimme noch einmal zu hören. Und genau dieses Empfinden brach aus ihm heraus. »O Meister – ich dachte, ich würde Euch nie wieder sehen!«

Marios Schluchzen wurde von den Beinlingen Cellinis gedämpft und drang nur leise an dessen Ohr. Dennoch berührten ihn die Worte zutiefst und so stieß er noch einmal in nahezu animalischer Intensität aus: »E vivo!«, und fügte gleich darauf, etwas leiser und in bitterem Ton, hinzu: »Wenn auch nicht mehr lange.«

Marios tränenreiche Erleichterung verflog augenblicklich. Er lockerte vor Schreck die Umklammerung, setzte sich auf den Hosenboden und starrte zu seinem Meister hinauf.

»Wie meint Ihr das?«

Seine Stimme war nicht mehr als ein Hauch in das schummrige Licht der Werkstatt hinein, dennoch vermochten seine Worte Cellini zu besänftigen und so sagte dieser lächelnd: »Erhebe dich, mein Sohn. Mein Augenlicht. Und bring mir zu essen. Danach werde ich dir alles berichten.«

Mario stolperte in die Küche, brauchte nur die Dauer von zwei Ave-Maria, um Wein, Brot, Käse, Oliven, Pastete und kaltes Gebratenes zu holen und das karge Mahl vor dem Meister anzurichten. Er setzte sich zu ihm an die Seite, in seiner Haltung einem treuen Hund nicht unähnlich, was Cellini mit Wohlwollen bemerkte, bevor er den Krug ansetzte und gierig daraus trank. Das flüssige Gold rann wohltuend seine ausgetrocknete Kehle hinab, brachte seine immense Erregung zur Ruhe, und so konnte er erleichtert einen herzhaften Rülpser tun und dann zu seiner Erzählung ansetzen, die ihm so sehr auf der Seele brannte.

»Diese Schurken! Diese Mörder haben mich zum Tode verurteilt. Mich! Den größten Goldschmied, den besten Künstler aller Zeiten und aller Welten! Mich – Cellini!«

Mario zuckte zusammen.

»Warum seid Ihr dann hier?«, entfuhr es ihm unwillkürlich.

Cellini versetzte Mario eine schallende Ohrfeige und ließ sich lediglich durch den entsetzten Ausdruck in den Augen seines Lehrlings besänftigen.

Mit einem schnaubenden Geräusch ließ er von ihm ab, brach die Brotkugel und biss dann in einen Hühnerschenkel. Das Fett troff in seinen Bart, er spülte einen weiteren Bissen mit noch mehr Wein hinab, rülpste erneut, lehnte sich zurück und hob dann zu seinem Bericht an: »Nun ist es also geschehen. Die Verschwörer haben es endlich geschafft. Mit bösen Worten und Verleumdungen haben sie das zu Ende gebracht, was weder Gift noch schlecht geführte Degen vermochten: Sie werden mir den Garaus machen. Mich umbringen. Henken? Oder köpfen? Ich weiß es nicht.«

»Wer sind *sie*?«

»Du Ausgeburt an unübertroffener Dummheit! Bist du nicht schon lange genug bei mir, um zu wissen, wer die Feinde deines Meisters sind? Nein? Nein? Sprich!«

Cellinis Stimme schwoll zu einem Donnern an und brachte Mario dazu, mit einem Schlag von der Fragerei abzulassen. Dabei hätte er so gerne etwas über den grausamen Kerker gehört, in dem der Meister in den vergangenen Wochen gedarbt hatte. Hatten doch die Goldschmiede in der Strada Julia hinter vorgehaltener Hand davon berichtet. Und Donna Camilla hatte sich eilends und kopfschüttelnd bekreuzigt, als die Sprache auf den inhaftierten Meister gekommen war. Was hatte ihn, Mario, seit diesen belauschten Gesprächen nach einem Bericht gedürstet! Und nun war der Meister wieder da. Gott sei's gedankt.

Dennoch hätte der Meister mehr über seine Kerkerzeit erzählen können, statt ihn zu schelten. Schließlich hatte er große Angst gehabt, so allein als Lehrling in der Werkstatt.

Die Angst vor Plünderern oder Dieben in der Nacht, da er doch völlig allein die Werkstatt und mit ihr die kostbarsten Edelsteine und wertvolles Gold hütete. Dazu kam die Angst, mit dem Tod des Meisters kein Auskommen, kein Dach über dem Kopf mehr zu haben. Und alles, was er dafür erntete, waren eine Schelle und rüde Worte?

Aber hatte der Meister nicht gesagt, dass sie ihn zum Tode verurteilt hatten? Der erneute Schreck, der Mario nun in die Glieder fuhr, war wie von tausend feinen Nadeln ausgeführt und machte sein Herz rasen. Noch war er nicht in Sicherheit. Und der Meister ebenso wenig. Was würde aus ihnen werden? Die Anklage, derer sich der Meister möglicherweise tatsächlich schuldig gemacht hatte, war zu groß, zu enorm, zu widerwärtig, als dass sie einfach fallen gelassen werden konnte. Er würde sterben. Und er würde auch ihn mit seinem Tod ins Elend reißen. Was für eine düstere Aussicht.

Und so erschrak er plötzlich selbst über seine eigenen Worte, die er so unbedacht ausgesprochen hatte. Er senkte rasch den Kopf und murmelte: »Doch, Meister, ich weiß um Eure Feinde.«

»Na also«, brummte Cellini. Es war ein Elend mit diesem Jungen. Nicht nur, dass er hässlich war und obendrein noch hinkte. Nein, er war darüber hinaus kreuzdumm. Cellini bedachte Mario mit einem düsteren Blick, nahm von den Oliven, spuckte die Kerne in seine Hand, warf sie ins Feuer des Kamins und starrte mit finsterer Miene in die Flammen.

Zum Tode verurteilt.

»Sie haben mir Zeit gegeben, meine Dinge zu ordnen. Deshalb bin ich hier«, sprach er leise, kaum hörbar, nach einer geraumen Weile, in der Mario fast nicht gewagt hatte zu atmen.

Cellini sah die Tränen nicht, die Mario aus den Augen quollen. Er konzentrierte sich auf die Farben des flackernden Feuers. Welche Dinge gab es noch zu ordnen? Wie lange hatte er Zeit? Das hatten sie nicht gesagt. Kein Wort über die Zeit.

Und wie viele Tage benötigte er, um zu ordnen, was zu ordnen war?

Funken stoben auf. Ein Holzscheit brach krachend auseinander und richtete sich auf wie ein Fingerzeig Gottes.

Cellini starrte auf das Holzscheit, ließ seinen Gedanken freien Lauf. Plötzliche Klarheit überkam ihn. Sie dachten, sie hätten ihn gebrochen. Aber dem war nicht so. Und nun wusste er auch, welche Dinge es zu ordnen galt. Jene Dinge, die seine Feinde betrafen. Und es gab einen Weg, der der schmerzhafteste für sie sein würde.

Nichts hielt ihn mehr auf seinem Stuhl. Ungestüm sprang Cellini auf, sein Stuhl polterte nach hinten, Mario zuckte zusammen, aber die Werkstatt wirkte mit einem Schlag heller und sicherer als zuvor.

»Schnell! Hol Papier, Feder und Tinte!«

Mario starrte ihn an.

»Glotz nicht so dumm – du Esel. Bring, was ich befohlen habe!«

Mario rutschte von seinem Hocker, hinkte eilends hinaus, den Kopf schildkrötenhaft zwischen den Schultern eingezogen, und kam, so schnell sein krankes Bein es eben zuließ, mit dem Gewünschten wieder. Beflissen, eilfertig und über alle Maßen ehrerbietig stellte er alles bereit, während Cellini den Stuhl wieder aufrichtete, sich niederließ und geradezu gierig nach der Feder griff, überprüfte, ob sie auch gut angespitzt war, spitz genug, die Worte zu Papier zu bringen, die seinen Feinden den Todesstoß versetzen würden. Was er sonst mit dem Degen zu erledigen pflegte, würde nun die Feder vollbringen. Er grunzte befriedigt, begann zu schreiben, bemerkte jedoch, dass Mario noch hinter ihm stand und über seine Schulter lugte.

»Geh! Lass mich allein. Ich muss meine Gedanken ordnen.«

Mario huschte, einem Schatten gleich, zur Tür, legte die Hand auf die Klinke, hielt inne, bedachte, dass er weit genug vom Meister entfernt stand, um zumindest einer Schelle zu entgehen, und haspelte, nicht ganz frei von der Befürchtung, der Meister könnte den Stuhl nach ihm werfen: »Schreibt Ihr einen Brief?«

Cellini lächelte selten milde.

»Nein, etwas Besseres. Etwas weit Wirksameres und Besseres.«

Erstes Buch

Engel

Florenz
im Jahre des Herrn 1558, in Cellinis Werkstatt

Cellini begann augenblicklich damit, auszuführen, was ihm in dieser fruchtbaren Stunde eingefallen war. Er würde aller Welt beweisen, welch üblen Machenschaften und menschlichen Bestien er, Cellini, der weltbeste Goldschmied, ach, der weltbeste Künstler, zum Opfer gefallen war. Kein Brief, keine Anklage, kein Traktat sollte es werden. Nein, ein detaillierter Bericht schwebte ihm vor, der all das wiedergab, was er mit den Mächtigen erlebt hatte. Hatte ihn der Papst nicht »Freund« genannt? War er nicht am Herzogshof ein- und ausgegangen, als würde er selbst dort regieren? Und seine Zeit am Hof des französischen Königs? Glorreich und unwiederbringlich. Und alles durchsetzt von übler Nachrede, Verleumdung und Feinden, die ihn überall umringt und ihm stets nach dem Leben getrachtet hatten, dachte er grimmig.

Und hatten Neid und Missgunst der anderen ihn nicht seit frühester Jugend begleitet? Aber natürlich, schlussfolgerte er, während er seinen Blick durch die stille Werkstatt schweifen ließ. So prall gefüllt mit Abenteuern, Zweikämpfen und Händeln sein Leben war, so stapelte sich das Arbeitsgerät auf dem Tisch. Tiegel und irdene Becher reihten sich aneinander, Gold- und Silberdrähte, glänzende Metallblättchen, gefärbte Glasplatten in unterschiedlichen Größen funkelten neben Edelsteinen in der untergehenden Sonne, deren goldene Strahlen sich im Fenster brachen. Feinste Ohrgehänge, Ringe und Armreifen lagen zwischen dem Arbeitsgerät. Mario war nachlässig gewesen. Hatte nicht aufgeräumt, der Esel. Er würde ihm die Ohren lang ziehen, wenn er ihn zwischen die Finger bekam.

Aber nun stand Wichtigeres an. Der Bericht. Nur: wie sollte er die Zusammenhänge, die schließlich zu seinem Ende führen würden, erklären? Wie dem unkundigen Leser alles nahe bringen? Es bedurfte langer Erklärungen und wortreicher Ausführungen. Und dann gab es noch so viele andere Dinge aus seinem ruhmreichen Leben, von denen er gerne erzählen wollte. Warum sich auf einen Bericht beschränken?

Cellini drehte die Gänsefeder in seinen Händen und fühlte, dass diesem Instrument der Macht mehr entfließen wollte als ein bloßer Bericht. Ein großes Werk sollte es werden. Eines, das seiner würdig war. Hatte er nicht alles, was er begann, zur Meisterschaft gebracht? Die Goldschmiedekunst, das Verfertigen von Statuen, das Prägen von Münzen, selbst das verhasste Musizieren? Warum sollte er in der Kunst der Erzählung scheitern? Nein. Nicht er, nicht Cellini.

Die Stimmen draußen vor dem Fenster vermischten sich zu einem Singsang der Erinnerungen. Ein Ochsenkarren rumpelte über die Pflastersteine der Strada Julia und das Geräusch trug ihn fort in seine frühe Kindheit.

Wo beginnen, wenn es so viel zu erzählen gab? Ja, er musste weit vor seiner Geburt ansetzen. Bei seinen Vorfahren und der Erbauung der Stadt Florenz. Nur so war sicherzustellen, dass auch die gesamte Wahrheit an die Öffentlichkeit gelangen würde.

Cellini tunkte den Federkiel in die Tinte, streifte ihn säuberlich ab, setzte die ersten Buchstaben auf das jungfräuliche Papier und schrieb:

Sehr lebhaft ist die Erinnerung manches Angenehmen und Guten, aber auch manches unschätzbaren Übels, das mich erschreckt, wenn ich zurücksehe, und mich gleich mit Verwunderung darüber erfüllt, wie ich zu einem solchen Alter habe gelangen können.

Dann vollführte er einen kunstvollen Bogen in der Erzählung, berichtete von seinen Ahnen und lenkte seine Worte auf Lucas Cellini, der einen geübten Soldaten bekämpft und getötet hatte.

Ja, er stammte von braven Leuten ab. Mutigen und tapferen Menschen. So führten ihn seine Erinnerungen zu seinem Großvater und schließlich zu seinen Eltern, vor allem aber zu seinem Vater, der ihm den wohlklingenden Namen »Benvenuto« mit auf den Lebensweg gegeben hatte. »Benvenuto – der Willkommene«: sollten bei diesen Vorzeichen die Sterne ungünstig gestanden haben? Wohl kaum. Er war stets besoders furchtlos gewesen, hatte Skorpione, unter deren Sonne er schließlich geboren war, mit der bloßen Hand gefangen, während andere zu Tode erschrocken verharrten.

Die Feder kratzte eilig über das Papier. O ja, die Sterne waren ihm wohl gesinnt wie einst Herkules, dem Held der Heiden.

Und als sich der Tag dem Abend zuneigte, die Gold- und Silberschmiede, Kupferstecher und Messingarbeiter in der Strada Julia ihre Läden schlossen, das hektische Treiben draußen vor dem Fenster ruhiger wurde und Cellini schließlich den Feuerstein aus seinem Gürtel zog und die Kerze auf seinem Tisch entzündete, konnte er bereits auf etliche schwungvoll beschriebene Blätter blicken. Sein Vorhaben ließ sich also wohl an, den Soldaten vor der Tür hatte er schon fast vergessen, und mit Befriedigung und noch mehr Feuereifer im Gemüt vertraute er den nächsten Bögen einen bunten Reigen von Erzählungen über weitere Ahnen an, berichtete, wie er mit seinem Bruder in einen Zweikampf verwickelt und aus Florenz verbannt wurde, um schließlich wieder zu seinem Vater zu gelangen und mehr über ihn zu berichten und darauf zu verweisen, wie wohl bekannt schon sein Vater mit den Medici gewesen war. Nicht zuletzt mit dem Kardinal, der später Papst Leo X. werden sollte, und wie diese Freundschaft zu dem mächtigen Haus der Medici ihn aus der Verbannung wieder zurück nach Florenz gebracht hatte.

So gelangte er auch zu den kostbaren Freunden der längst vergangenen Jugendzeit. Er entsann sich, wie er dem unvergleichlichen Michelangelo Buonarroti in einem handgreiflichen Zwist beinahe die Nase gebrochen hatte. Er erinnerte sich mit Liebe an den Sohn des Malers Filippo da Fra Filippo und dann war da auch noch Tasso, der Holzschneider, mit dem er gen Rom gezogen war, um dort in der Ewigen Stadt seine ersten Goldschmiedearbeiten für Kardinäle und Bischöfe anzufertigen.

Wundersame Jahre waren es gewesen, in denen Papst Leo die christliche Welt regiert hatte. Rom war eine einzige Theatervorstellung, ein Hort der Musen, ein einziges glanzvolles Fest gewesen, ausgerichtet von einem kunstverständigen Liebhaber der schönen Dinge. Musiker, Dichter, Bildhauer, Goldschmiede, Philosophen – sie alle konnten ein gutes Auskommen finden, sofern ihre Arbeiten die Sinne des Papstes entzückten. Es war eine gnadenvolle, eine segensreiche Zeit gewesen. Doch als Papst Leo starb, wurden die Tore Roms für die Künste verschlossen.

Schnaubend erinnerte sich Cellini an den unseligen Papst Hadrian, den Nachfolger Leos. Dieser ernste, traurige Mann, der – so munkelte man – durch einen unglücklichen Zufall und mehr noch durch mangelnde Voraussicht der anderen Anwärter auf den Papstthron zum Oberhaupt der Christenheit gewählt worden war. Still, in sich gekehrt, gottergeben scheuchte er die Künstler, die Philosophen, die Musen wie die Huren aus Rom. Beten war seine liebste Beschäftigung, die Christenheit wieder zu einen sein größtes Anliegen. Jedermann hasste Hadrian. Den Mann, der die Ewige Stadt zu einem Hort der Ruhe und Einkehr umformen wollte. Als er starb, wanden die Menschen Blumenkränze für die Tür des Leibarztes des Papstes. Und schmückten das Haus zusätzlich mit einer Inschrift: »Dem Retter des Vaterlandes!«

Cellini kicherte. Gerne hätte er damals selbst Hand angelegt an diese Inschrift.

Böse Zungen behaupteten doch tatsächlich, Hadrian wäre der Mann der Stunde gewesen. Der Einzige, der den unseligen Luther in den deutschen Landen hätte aufhalten können. Der Einzige, der die Christenheit wieder auf einen gemeinsamen Pfad der Tugend hätte führen können.

»Unfug!«, brummte Cellini, griff nach den letzten Blättern, die er diesem Mann gewidmet hatte, zerknüllte sie in einer wütenden Bewegung und überantwortete sie dem Feuer. Hadrian hatte keine zwei Jahre regiert. Er selbst war in dieser Zeit wieder nach Florenz gegangen. Was interessierte ihn dieser Papst? Viel wichtiger war es, den Bogen zu schlagen, der seine Erzählung wieder zu den eigentlich wichtigen Dingen bringen würde.

Missmutig nahm er den Feuerhaken zur Hand und schürte die Glut. Das orangefarbene Glimmen erinnerte ihn an den Kampf um die Ewige Stadt. Damals, als Rom gebrannt hatte. Und war es nicht genau zu dieser Zeit gewesen, dass sich eine Feindschaft herauskristallisiert hatte? Und scheinbare Episoden begonnen hatten, sich zu einem schlimmen Weg zu vereinen, der ihn schließlich beinahe das Leben gekostet hätte? Und nun tatsächlich kosten würde. Papst Hadrian hatte regiert, wie er gelebt hatte: ernst und ohne Nachwirkungen. Für ihn, Cellini, hatte er keinerlei Bedeutung gehabt. Auf Hadrians Nachfolger, Papst Clemens, musste er sein Augenmerk richten. Er war es, der einen großen Stein in diesem Mosaik des Todes bildete.

Ja. Hier musste er nun ansetzen in seiner Erzählung. Gedankenverloren ließ er sich wieder auf seinem Stuhl nieder, griff erneut zur Feder und ließ sich im Meer der Erinnerungen treiben.

Irgendwann schlich Mario herein, schloss die Fensterläden, entzündete eine weitere Kerze und brachte einen Krug Wein. Der Esel stolperte, der Krug zerschellte auf dem Boden und der gute Wein versickerte im ausgelegten Stroh. Cellini warf einen Stiefel nach Mario, der mit angstgeweiteten Augen nach draußen eilte. Cellini schnaubte. Dieser Mario! Kein Tag verstrich, an dem er nicht wenigstens einen goldenen Ring ruinierte, einen Weinkrug zerbrach oder anderes Unglück im Haus verbreitete!

Er selbst war nie so gewesen. Nie. Immer schon war er von schöner Statur und mit einem hellen Geist und vor allem dem unglaublichen Geschick, alles in höchster Vollendung erlernen zu können, gesegnet gewesen.

Ein Lächeln huschte über sein Gesicht, doch dann besann er sich darauf, dass er schreiben musste, und so griff er entschlossen wieder zu seiner Feder und widmete sich den Anfängen des Unglücks. Jener Zeit in Rom, als er, noch keine dreißig Lenze alt, seinem ersten Widersacher begegnete.

Beflügelt von neu aufsteigendem Zorn und nie vergessener Wut setzte er den Federkiel wieder an und begann zu schreiben:

> *Die Pest war vorüber und ich hatte mich glücklich durchgebracht, aber viele meiner Gesellen waren gestorben. Man suchte sich wieder auf und umarmte freudig und getröstet diejenigen, die man lebend antraf. Daraus entstand in Rom eine Gesellschaft der besten Maler, Bildhauer und Goldschmiede, die ein Bildhauer von Siena namens Michelagnolo stiftete. Er durfte in seiner Kunst sich neben jedem anderen zeigen und man konnte dabei keinen gefälligern und lustigern Mann finden. Er war der älteste in der Gesellschaft, aber der jüngste nach der Gesundheit seines Körpers. Wir kamen wöchentlich wenigstens zweimal zusammen; Ju-*

lius Romano und Franziskus Penni waren von den Unsern. Schon hatten wir uns öfters versammelt, als es unserm guten Anführer beliebte, uns auf den nächsten Sonntag bei sich zu Tische zu laden; jeder sollte seine Krähe mitbringen (das war der Name, den er unsern Mädchen gegeben hatte), und wer sie nicht mitbrächte, sollte zur Strafe die ganze Gesellschaft zunächst zu Tische laden. Wer nun von uns mit solchen Mädchen keinen Umgang hatte, musste mit großen Kosten und Anstalten eine für den Tag sich aufsuchen, um nicht beschämt bei dem herrlichen Gastmahl zu erscheinen. Ich dachte, Wunder wie gut versehen ich wäre, denn ein sehr schönes Mädchen mit Namen Pantasilea war sterblich in mich verliebt; ich fand mich aber genötigt, sie meinem besten Freunde Bachiacca zu überlassen, der gleichfalls heftig in sie verliebt war. Darüber gab es einigen Verdruss, denn das Mädchen, als sie sah, dass ich sie so leicht abtrat, glaubte, dass ich ihre große Liebe schlecht zu schätzen wisse; darüber entstand mir ein böser Handel in der Folge.

Rom
im Jahre des Herrn 1527

»Nein, wir werden nicht gemeinsam zu diesem Fest gehen. Und nimm deine Hände von der Skizze«, schnaubte er, entwand ihr das Blatt und legte es auf den Stapel zu den anderen Skizzen zurück.

»Wie bitte!?«

Pantasileas Stimme klang gereizt. Cellini seufzte. Seit Stunden raubte sie ihm Zeit und Nerven und wollte seine Absage einfach nicht mit Anstand hinnehmen. Was sollte er noch tun, um sie davon zu überzeugen, dass er nicht gewillt war, sie für diesen Abend an seiner Seite zu akzeptieren?

»Zum letzten Mal – ich kann dich nicht auf das Fest begleiten.«

»Warum?«

Cellini starrte sie an, wollte etwas sagen, aber kein Wort kam über seine Lippen. Er fühlte, wie sich ohnmächtige Wut in ihm aufstaute. Dummes Weib. Er tat einige Schritte in der Werkstatt, rückte einen Stuhl gerade, wandte sich wieder ihr zu und rang weiter nach Worten.

Schlicht, es war ihm unangenehm, wenn sie ihn berührte, wenn er ihren Duft nach Rosen und Veilchen einsog, der der Duftkugel um ihren Hals entströmte. Dieser Duft, der ihn zu ersticken drohte bei jedem Atemzug, den er in ihrer Nähe tat. Dieser Duft, der im Grunde nur ihren weibischen Geruch nach Fisch und ranzigem Puder übertünchen sollte. Ja, ihr bloßer Anblick schnürte ihm beinahe die Kehle zu, ihre Stimme klang zu schrill, um seinen Ohren einen Gefallen zu erweisen, und ihre ungelenken Bewegungen waren ihm ein Dorn im Auge. Ach, an diesem Weib war alles falsch – von der Perücke bis zu den hochgeschnürten Brüsten war sie ein einziges Schreckenswerk. Nicht von einem Künstler geschaffen. Und von daher keinesfalls dazu angetan, mit dem größten aller Künstler zu einem Fest zu gehen, geschweige denn gemeinsame Wege. So einfach war das und so unmöglich war es, sie dies alles wissen zu lassen.

Nur unter großen Anstrengungen gelang es ihm, seinen Zorn auf diesen weiblichen Dämon hinunterzuschlucken und ein etwas verzerrtes Lächeln auf seine Lippen zu zwingen.

»Pantasilea, Bachiacca ist in dich verliebt. Vernarrt ist er. Also geh mit ihm zu diesem Fest. Damit ist uns allen ein Gefallen getan.«

Aber die Schnepfe verstand die gut gemeinte Diplomatie seiner Worte nicht.

Pantasilea zog die fein gezupften Brauen hoch und stierte ihn an. Sie wusste um ihr Aussehen, ihre kleine, stupsige Nase, die weiße, reine Haut, die großen, glühenden Augen und den wohl geformten Mund. Von ihrem Busen gar nicht erst zu sprechen. Die Männer Roms lagen ihr zu Füßen, aber sie hatte sich ausgerechnet ihn ausgesucht. Ihn, Cellini. Ihre Freundinnen hatten sie gewarnt, ihr üble Dinge über ihn und sein cholerisches Gemüt erzählt. Manch eine von ihnen hielt ihn gar für verrückt. Aber sie hatte nur gelacht und insgeheim geschworen diesen großen Raubfisch zu ködern. Schließlich war er talentiert und selbst der Papst schätzte seine Kunst!

Dazu kam sein angenehmes Äußeres mit dem gepflegten Bart, den stählernen Muskeln, die sich unter dem Wams abzeichneten. Er war kein darbender, leidender Künstler. Nein, alles an ihm strahlte animalische Kraft aus. Temperamentvoll und ungestüm im täglichen Leben hatte sie Ähnliches auch zwischen den Bettlaken von ihm erwartet. Aber außer groben Worten fand er nichts, um auf ihre Avancen zu antworten. So etwas war ihr noch nie widerfahren und sie wollte es auch jetzt nicht dulden. Welche Häme hätte sie sonst von ihren Freundinnen zu erwarten?

»Ich werde dich begleiten.«

Sie hob das Kinn, um ihre Worte und ihren festen Willen zu unterstreichen.

»Nun mach kein langes Aufhebens um diese Geschichte, Pantasilea. Du gehst mit Bachiacca und damit basta.«

Pantasilea tat einen Schritt auf ihn zu, drückte sich an ihn, griff ihm zwischen die Beine, nestelte an der Schamkapsel und schnurrte dabei wie ein Kätzchen. In Cellinis Ohren klang es wie eine kranke Taube. Er fuhr zurück, packte sie am Handgelenk und brachte sie beinahe zu Fall. Pantasilea kreischte auf und entwand sich seinem Griff.

»Au! Du tust mir weh!«, fauchte sie und rieb ihren geröteten Arm.

»Wenn es dir nur hilft, von mir abzulassen!«

Pantasileas Augen funkelten im Versprechen göttlichen Zorns. Beinahe hätte er gelacht.

»Elender Sohn einer Hure...«, flüsterte sie.

Ein schneller, fester Griff um ihre Hüften war die Antwort, mit der Pantasilea nicht gerechnet hatte. Noch schneller hatte er sie auf die Straße geworfen, in hohem Bogen in den Dreck, und die Tür hinter ihr donnernd geschlossen.

Nun blieb nur noch zu hoffen, dass er damit auch zukünftigen Ärger mit dieser aufdringlichen Person nicht nur aus seiner Werkstatt, sondern auch aus seinem Leben verbannt hatte. Ein kurzes Stoßgebet später hörte er immer noch ihr Zetern vor dem Fenster, aber es bekümmerte ihn nicht weiters. Viel mehr stand ihm der Sinn danach endlich die richtige Begleiterin für diesen Abend zu finden.

Sein Blick fiel auf die Skizzen, die eben noch von diesem Weib befingert worden waren. Wundervolle Studien, von seiner Meisterhand kreiert. Sie zeigten allesamt das gleiche Gesicht. Fein, edel und schmal, mit großen Augen, die still und ernst in eine jenseitige Welt zu blicken schienen. Unberührt, jungfräulich und unverdorben. So schön. Zärtlich strich er mit den Fingerkuppen über die Zeichnungen. Wenn man dieses Gesicht mit goldenen Ohrringen schmückte, Akzente mit etwas Farbe hier und da an die Wangen setzte, die Lippen betonte und das Haar mit einem seidenen Tuch bedeckte, wie es die feinen Römerinnen des Abends zu tragen pflegten, dann... ja, dann würden seine Freunde wohl ins Staunen geraten über die unendliche Schönheit, die er in ihre Runde brachte.

Ein verschmitztes Lächeln machte sich in seinem Gesicht breit. Einen Versuch war es wert. Er lauschte, vernahm aber nur noch den täglichen und altbekannten Lärm von der Straße. Das Weinen eines Kindes, das Bellen eines Köters, lachende, viel zu schrille Frauenstimmen vermischt mit dem steten Hämmern, das aus der Werkstatt des Stümpers gegenüber drang. Aber Pantasileas zeterndes Wüten war nicht mehr zu hören, und so rief er nach seinem Lehrling.

»Los, lauf zum Messingarbeiter im nächsten Haus. Er möchte seinen Sohn schicken. Und – Diego soll sich eilen!«

Während Pedro alles daransetzte, den Wunsch des Meisters zu erfüllen, hastete Cellini die Treppen hinauf. Im Schlafgemach seiner Magd würde er das Notwendige finden. Er stürmte das Zimmer, riss den Deckel der Wäschetruhe auf und wühlte sich in die gut verwahrten und streng gehüteten Geheimnisse des Mädchens. Alsbald hatte er das Passende zusammengestellt. Rock, Tuch, Strümpfe, ein gespaltenes Oberkleid und selbst hölzerne *zoccoli*, mit Lederschnittarbeiten verzierte hohe Schuhe, tat er in dieser Schatztruhe auf. Er raffte die Kostbarkeiten aus Atlas, gekämmter Wolle und Damast zusammen, erfreute sich an der aderblauen, smaragdgrünen und feuerroten Farbenpracht, dachte für einen kurzen Moment daran, dass er seiner Magd, diesem faulen Stück, zu viel angedeihen ließ dafür, dass sie ihm manchmal Modell stand, und rieb das seidene Tuch in seinen Händen. Oh, er hatte es fein ausgestattet, dieses gierige Weib. Nun sollte der edle Zierrat wenigstens einmal eine echte Schönheit schmücken.

Pfeifend polterte er die Treppen wieder hinunter und eilte in seine Werkstatt zurück. Er hatte den Raum kaum betreten, da holten ihn mit einem Schlag seltene Stille und innere Ruhe ein. Für einen kurzen Augenblick stockte ihm der Atem. Er hielt inne und dankte dem Himmel.

»Madonna«, flüsterte er schließlich.

»Ihr habt nach mir rufen lassen, Meister Cellini?«

Eine Stimme so klar und rein wie aus einer anderen Welt. Augen so groß und tief wie der Ozean. Und das Gesicht eines Engels.

»Was macht Ihr mit den Frauenkleidern?«, kicherte Pedro in diesen Moment der Heiligkeit.

Cellini fuhr herum und donnerte: »Raus hier – Missgeburt!«

Während Pedro zusah, die Werkstatt heil zu verlassen, wandte Cellini sich nunmehr sanft lächelnd Diego zu.

»Würdest du das hier bitte anziehen?«, fragte er und reckte Diego damit den Kleiderberg in seinen Händen entgegen.

»Soll ich Modell stehen?«, fragte Diego vollkommen arglos.

Cellini lächelte noch glücklicher und seliger ob so viel Unschuld.

»Gewissermaßen. Nun mach schnell, die Zeit drängt.«

Diego hatte schon oft Modell gestanden, und dies auch in Frauenkleidern, und so bereitete es ihm wenig Schwierigkeiten, die umständliche Kleidung mit den vielen Schnüren und Bändern an die richtigen Stellen zu schieben, zu drücken und zu ziehen. Cellini widmete sich der Suche nach dem passenden Geschmeide. Da waren doch noch die Ohrringe, die er für Donna Patrizia angefertigt hatte. Edle Stücke mit großen, schönen Perlen und vor allem so durchdacht gearbeitet, dass es keiner durchstochenen Ohrläppchen bedurfte, um das Gesicht der Trägerin zu schmücken. Diego hielt still, ließ alles in vollkommener Ruhe über sich ergehen, als Cellini die goldenen Ketten, mit Edelsteinen und filigranem Laubwerk verziert, um seinen Hals drapierte und an jeden seiner Finger goldene Ringe steckte. Einer kostbarer als der andere. Und nur dazu gedacht, die feingliedrigen Hände dieses Engels zu schmücken, statt an die wulstigen Finger eines Bischofs geklemmt zu werden, dachte Cellini grimmig und belustigt zugleich.

Als er sein Werk bestaunte, kannte seine Begeisterung keine Grenzen. In kindlichem Übermut klatschte er in die Hände und zog Diego vor den großen Spiegel.

»Bin das ich?«, flüsterte Diego.

»Ja, das bist du«, versetzte Cellini, fasste Diego an den

Schultern, drehte ihn zu sich und sah ihm ernst und fordernd in die Augen.

»Diego, ich habe dich selten um etwas gebeten. Nun aber bitte ich dich, dass du mir einen Gefallen tust. Begleite mich in diesen Kleidern zu der Tischgesellschaft, zu der ich heute Abend geladen bin.«

Diego atmete hörbar ein, schlug die Augen nieder und verharrte, ohne ein Zeichen der Zustimmung oder Abneigung von sich zu geben. Cellinis Herz war noch mehr berührt und so fasste er den Knaben sanft mit den Fingerkuppen unter dem Kinn, hob es an und flüsterte: »Für mich.«

Ein leises Lächeln huschte über Diegos Gesicht.

»Für Euch tue ich viel. Lasst uns gehen!«

»Wunderbar, wunderbar. Bellissimo!«

»Aber mir wird nichts Schlimmes widerfahren, nicht wahr?«, fragte Diego an der Tür.

Cellini stutzte, wusste aber die unbegründeten Sorgen dieser Unschuld nicht zu zerstreuen. Also rief er einfach aus: »Pah!«

Der Abend war lau, die römische Luft warm und erfüllt vom Duft blühenden Jasmins. Diese berauschenden Aromen vermengten sich in erregend sinnlicher Manier mit dem Duft der Rosen, Limonen und Orangen, die zu prachtvollen Tischaufsätzen arrangiert waren und das Auge Cellinis hoch erfreuten. Nicht weniger allerdings erfreute er sich an den staunenden Ahs und Ohs seiner Freunde. Entzückt und hingerissen umringten sie Diego, kaum, dass er und Cellini den Garten betraten. Wagten kaum ihn zu berühren, schnupperten an ihm, glotzten ihn an, sogen den Duft seiner Jugend und Schönheit ein. Nicht ahnend, dass die betörend schöne Donna, die er, Cellini, mit auf das Fest gebracht hatte, in Wahrheit ein umwerfend schöner Jüngling war.

Cellini konnte vor Übermut und schelmischer Freude

kaum an sich halten, als er das Tuscheln und Wispern der Weiber hörte, die hinter vorgehaltenen Händen, Tüchern und Duftkugeln über Diego sprachen, erregt, neugierig und voll des Neides. Ihre hochgeschnürten Brüste, das kunstvoll frisierte Haar, Puder und Farbe an Lippen, Wangen und Augen konnten nicht vertuschen, dass die einzig wahre Schönheit in dieser Runde der unverdorbene, der reine Diego war. Und als Michelagnolo von Siena die Szene noch krönte, indem er Julius Romano und Franziskus Penni an seine Seite holte, sie an den Händen fasste, sie mit sich selbst in die Knie zwang und ergeben das Haupt beugte, glaubte Cellini, er müsste platzen vor Vergnügen.

Michelagnolo sah zu Diego hoch und sprach mit schwärmerischer, ergriffener Stimme: »Seht nur – so sehen die Engel im Paradies aus! Man sagt immer nur Engel, aber da seht Ihr, dass es auch Engelinnen gibt.« Und er fuhr fort: »O schöner Engel, o würdiger Engel, beglücke mich – segne mich!«

Diego fand sich dem Treiben verdutzt gegenüber, wusste nicht recht, was zu antworten – und gerade das stand ihm so gut zu Gesicht –, und schließlich erhob er in diesem Moment der Ahnungslosigkeit seine rechte Hand gnadenvoll zum Segen des Papstes und sprach leise, kaum hörbar: »Ich segne dich, mein Sohn.«

Cellini konnte kaum noch an sich halten, musste einen Hustenanfall vortäuschen und schlug sich die Hände vors Gesicht. Was für ein Spaß! Nachdem er einige Tränen der unbändigen Freude aus seinen Augenwinkeln gewischt hatte, erhaschte er aus ebendiesen einen Blick auf Pantasilea. Zu grell geschminkt, zu fest geschnürt und unvorteilhaft gekleidet, war sie zu einer hässlichen Statue der grotesken Unansehnlichkeit erstarrt und stierte zu Diego hinüber.

»Nun, dürfen wir den Namen des Engels erfahren?«, keifte sie schließlich.

Michelagnolo richtete sich auf, Diegos Handrücken an seine Wange gepresst, während Julius und Franziskus immer noch verzückt auf den Knien verharrten.

Cellini sandte ihr einen vernichtenden Blick, stellte sich an Diegos Seite, legte eine Hand auf seine zarten Schultern und ließ verlauten: »Meine wundersame Begleiterin nennt sich Pomena. Die schöne Pomena.«

»Pomena? Warum ausgerechnet Pomena?«, flüsterte Diego in echter Verzweiflung.

Cellini zuckte die Schultern, achtete nicht weiter auf Diegos Protest. Julius richtete sich endlich wieder auf und rief: »Lieber Michelagnolo! Wenn Ihr die Mädchen Krähen nennt, so habt Ihr diesmal doppelt Recht, denn sie nehmen sich noch schlimmer aus als Krähen neben dem schönsten Pfau.«

»Pfau – pah. Wenn das ein Pfau ist, dann bin ich die Jungfrau selbst.«

Pantasileas Einwurf verlor sich ungehört in den Hochrufen der anderen. Cellini ließ sich mit ihnen zum Tisch treiben, stellte mit Freude fest, dass er und Pomena die besten Plätze zugeteilt bekamen, setzte sich an ihre Seite und ließ sich feiern, bestaunen und immer wieder aufs Neue umschmeicheln ob der Schönheit seiner Begleiterin.

Als die römische Nacht schließlich hereingebrochen war, fanden sich Musikanten ein und entlockten ihren Instrumenten bezaubernde Klänge. Junge Knaben trugen die Speisen auf, kredenzten ihnen *fegatelli*, am Spieß gebraten, *bonito* und *bourghour*, *lardiero* – eine stark gewürzte Fleischbrühe –, gelbe, mit Safran versetzte Mortadella, *tomaselle* aus Schweineleber und brachten schließlich unter dem Applaus der Gäste *carbonata* in reichlichen Mengen. Das in der Glut gegarte Schweinefleisch verströmte verführerische Düfte und dennoch nahm Diego nur zierliche Happen zu sich, rülpste weder noch schneuzte er sich in das

Tischtuch, ließ nur beste Manieren erkennen und betonte seine edle Schönheit auch damit, wie Cellini befriedigt feststellte.

Und selbst als der *trebbiano di toscana* bereits in rauen Mengen die durstigen Kehlen hinabgeflossen war, zeigte sich Diego immer noch höchst anständig, hielt die Augen sittsam niedergeschlagen und veranlasste damit die Männer dazu, ihm noch mehr Komplimente angedeihen zu lassen. Cellini trank noch reichlicher von seinem Weißwein und beglückwünschte sich selbst zu diesem prächtigen Schelmenstück, als Pantasilea ihre giftigen Worte an Pomena richtete.

»Nun, meine Schöne, Ihr seid sehr still. Verratet Ihr uns wenigstens, woher Ihr stammt? Wie lange Ihr bereits in Rom weilt? Woher Ihr den göttlichen Cellini kennt – der es versteht, so herrliche Schönheit an sich zu binden?«

Cellini nahm den gefährlichen Unterton in Pantasileas Stimme sehr wohl wahr. Bei Gott – diese Pantasilea war eine einzige Plage, die er hoffentlich nicht mehr lange zu ertragen hatte. Er zischte: »Pantasilea, Neid ist eine Todsünde. Willst du dich wirklich so schwer versündigen?«

Pantasilea kniff die Lippen zusammen.

»Es waren doch berechtigte Fragen, oder nicht? Und zudem scheint mir, Ihr, Cellini, hättet den Wettstreit um die größte Schönheit in diese Runde getragen. Wer ist also Auslöser für die Sünde? Der Verführer oder die Verführte?«, fragte da Pier Luigi Farnese. Cellini kannte ihn von wenigen Festen, mochte weder sein aufgeschwemmtes, teigiges Gesicht noch seine bisweilen aufreibend ehrliche Art, die sich gegen Klerus und Adel gleichermaßen richtete. Farnese, der kritisierte, wo es nur anging, und jedem seinen Stempel der Moralität aufzudrücken suchte, kam ihm hier in die Quere. Widerlich und äußerst fragwürdig zugleich, warum Michelagnolo ausgerechnet Pier Luigi Farnese, den Moralapostel, zu diesem herrlichen Fest der Sinne geladen hatte.

»Nun, Meister Cellini?«

»Wer sich verführen lässt, begeht die Sünde. So steht es bereits in der Bibel«, knurrte Cellini und fügte zornbebend hinzu: »Das müsste einem gottgefälligen Mann wie Euch bekannt sein.«

Um dem Blick aus diesen stumpfen und zugleich hinterlistigen Augen zu entgehen, hob er erneut seinen Kelch. Da vernahm er die nörgelnde Stimme Pier Luigis erneut: »Wie ich höre, wetteifert Ihr nicht nur mit schönen Frauen?«

Cellini seufzte übertrieben laut, stellte seinen Kelch betont langsam wieder auf die Tafel und wandte sich dem aufdringlichen Menschen mit hochgezogenen Augenbrauen zu: »Wie ist das zu verstehen?«

Pier Luigi lächelte sanft, drehte sein Messer in Händen und bemerkte aufreizend spöttisch: »Hattet Ihr nicht einen Wettstreit mit Lucagnolo von Jesi – wer mehr Geld verdienen möge? Der, der große, goldene Gefäße für den Papst anfertigt, oder der, der für reiche Frauenzimmer Schmuck herstellt? Ihr habt den Schmuck erstellt und das meiste Geld erlangt. Und was war das für eine seltsame Affäre mit dem Bischof von Salamanca? Man sagt, Ihr hättet dem Bischof verweigert, was des Bischofs war.«

Cellini fuhr hoch, konnte kaum an sich halten den unverschämten Kerl mit einem Schlag zu vernichten. Pantasileas unterdrücktes Kichern holte ihn aus der Raserei zurück, und während seine Freunde hörbar aufatmeten, ihrer aller Augen nunmehr ihm zugewandt, setzte er sich wieder, räusperte sich und sagte keuchend und nach Atem ringend: »Mein lieber Farnese, man sollte nicht alles glauben, was man hört. Und man sollte sich immer eine eigene Meinung bilden, bevor man ein Urteil fällt. Ich glaubte, ein ehrbarer Mann wie Ihr wüsste um derartige Einfachheiten. Darüber hinaus – die Arbeit für den Bischof war aufs Beste getan und dennoch wollte er nicht bezahlen.«

»Er wollte bezahlen – aber Ihr habt ihn lange auf die Arbeit warten lassen. Also wollte er Euch auf die Bezahlung warten lassen. Eine einfache Rechnung. Findet Ihr nicht auch? Und ist es dann recht, mit Gewalt die Münzen einzufordern?«

Pantasilea brach in hysterisches Gelächter aus, andere Weiber begannen zu tuscheln und Cellini wusste nicht, was ihn mehr erzürnte: Farneses Worte oder die laute Stimme des lästigen Weibes, und so herrschte er erst Pantasilea an: »Halt dein Maul, dummes Stück!«, um sich dann dem anderen Widersacher zuzuwenden: »Der verdammte Spanier wollte nicht bezahlen. Ich bin Künstler. Ich kann es mir nicht leisten, wertvolle Arbeiten in Gold und Edelsteinen anzufertigen – ohne den gerechten Lohn dafür zu erhalten. Was ich anfertige, ist mein Werk. Wer es mir recht entlohnt, kann es erwerben. Ansonsten bleibt es in meinem Besitz. Aber, was rede ich – von beidem habt Ihr keine Ahnung. Weder von der Arbeit noch von der Kunst.«

Pier Luigi Farnese wurde sichtbar blass. Das Messer, mit dem er eben noch hantiert hatte, entglitt seinen Fingern, während er nach Worten suchte, keine fand und dafür Cellinis Rede mit abgrundtiefem Hass in den Augen beantwortete. Cellini grinste unflätig. So war das also. Man war schnell um Worte verlegen, brachte man die Wahrheit auf den Tisch.

Derart angespornt ließ er sich zu weiteren Äußerungen hinreißen.

»Und darüber hinaus – ich dachte, die Mutter Kirche sieht es nicht gerne, wenn ihre Priester, Bischöfe und Kardinäle Kinder zeugen, sich wahllos vermehren und in den Hurenhäusern der Stadt mehr Geschäfte erledigen als in den Amtsstuben und Kontoren. Euer Vater ist Kardinal – durfte er sich denn überhaupt vermehren? Zumal man munkelt, er strebe den Heiligen Stuhl an – wären da nicht die mächtigen Medici, die das vereitelten. Und ich glaube, die Mutter Kirche sähe ihre Schößlinge, die zweifelsohne in Sünde gezeugt wurden, lieber zu Hause bei Frau und Kind statt in den Armen der schönsten Kurtisane Roms. Dazu noch der teuersten.«

Um seine Worte zu unterstreichen, deutete er auf Signora Antea, die an Pier Luigi Farneses Seite platziert worden war und nunmehr ein strahlendes Lächeln aufsetzte, sich unschuldig über das Kompliment freute, als hätte sie die wahre Bedeutung seiner Worte überhaupt nicht verstanden, den Kopf neigte und Pier Luigi Farnese in beinahe obszön zweideutiger Weise zuzwinkerte.

»Man hat mir diesen Platz zugewiesen«, schnarrte Pier Luigi, völlig aus der Fassung gebracht.

»Und mir hat Gott den Platz in der Kunst zugewiesen. Und im Gegensatz zu anderen strebe ich nicht nach etwas anderem, als nach dem, was der Herr im Himmel selbst mir zugedacht hat«, donnerte Cellini in die Runde. Julius applaudierte begeistert, Michelagnolo kicherte und Franziskus Penni grinste, während die Frauen den Atem anhielten und dem Streit in diese geistig anspruchsvollen Höhen wohl nicht wirklich folgen konnten.

»Und doch gebt Ihr Euch jedem nur erdenkbaren Handel hin, hastet von Zweikampf zu Zweikampf, trennt Euch kaum von Eurer Büchse, und Euer Dolch sitzt lockerer als der eines jeden anderen in Rom. Hat Euch Gott auch diesen Platz zugewiesen?«, zischte Farnese.

»Ein Künstler muss sich zu verteidigen wissen. Wer meine Kunst beleidigt, der schmäht auch mich. Und Gott selbst hat mir die Kraft gegeben, meine Kunst mit allen Waffen gegen niedere Geister zu verteidigen.«

»Ihr seid ein Raufbold, nichts weiter«, flüsterte Pier Luigi Farnese kaum hörbar, und doch schien es so laut, als hätte er es direkt von der Engelsburg in den Himmel über Rom gebrüllt, hineingeschrien in die Ewige Stadt, auf dass es jedermann zu Ohren kam, was er wirklich von Cellini hielt.

Franziskus Penni lehnte sich überrascht zurück, Julius Romano hielt den Atem an, Diego sank in sich zusammen und aller Augen waren gebannt auf Cellini gerichtet, der sich dieser Aufmerksamkeit wohl bewusst war. Sie erwarteten einen Kampf, einen furiosen Ausbruch der Gefühle, aber diesen Gefallen wollte er ihnen nicht tun. Stattdessen lachte er laut heraus.

»Ja, ich bin ein Raufbold. Weil ich dazu gezwungen werde. Würden die hohen Herren immer bezahlen, was sie bestellen, gäbe es keinen Grund zu Handgreiflichkeiten. Würden sie uns Künstlern das angedeihen lassen, was uns gebührt.«

»Ihr streitet nicht nur mit Auftraggebern, Cellini«, fauchte Pier Luigi, wohl wissend, dass die Sympathie der Runde eindeutig bei Cellini lag.

Cellini wollte nun eben doch hochfahren, dem ungehörigen Streithahn mit dem Dolch ein Zeichen ins Gesicht setzen, da mischte sich Julius ein. Erheitert und so harmlos zugleich, dass Cellini augenblicklich besänftigt wurde durch die angenehme Stimme des Freundes, fragte Julius: »Ehrt man dich nicht genug? Ehrt man die Kunst generell nicht genug? Diese Frage betrifft uns alle, meine Freunde.« Und mit einem Seitenblick zu Pier Luigi Farnese fügte er hinzu: »Nun ja, fast alle.«

Cellini ergriff das Stichwort, bevor der unglückselige Farnese erneut sein Gift verspritzen konnte.

»Sie ehren uns mit großen, aber inhaltsleeren Worten. Mit Schmeicheleien treiben sie uns zur Arbeit, aber wenn das Werk getan ist, dann kennen sie uns plötzlich nicht mehr. Sie geizen mit jeder Münze, mit jedem Kompliment, mit jeder noch so kleinen Gefälligkeit, die uns Künstlern zeigen würde, dass sie uns schätzen. Und wenn es darauf ankommt, lassen sie uns fallen wie ein glühend heißes Kohlestück.«

»Die Kunst ist nicht das Wichtigste in dieser Welt, vergesst das nicht. Das Wichtigste ist immer noch der Glaube«, unterbrach ihn Pier Luigi Farnese. Mit deutlich hörbarem Zorn

versetzte Cellini:»Wir Künstler dienen der Mutter Kirche mehr als andere. Wir schmücken die Häuser Gottes, wir ehren Gott selbst mit unserem Talent.«
Ehe Pier Luigi Farneses schmale Lippen sich öffnen konnten, kicherte Julius in die Runde:»Wir dienen der Mutter Kirche zu viel – wie dieser sauertöpfische Luther meint.«
Pier Luigi Farnese fuhr herum:»Warum? Was hat dieser gottlose Luther mit unserer Frage zu tun?«
Julius lachte heiser auf:»Ganz einfach. Er meint, es gäbe zu viel Pomp in unseren Gotteshäusern. Und dafür sind doch wohl wir Künstler zuständig – für den Pomp.«
»Dann wird er kaum Anhänger finden. Wenn er das Schöne nicht schätzt, den Pomp nicht ehrt, die Kunst nicht zu sehen weiß«, lachte Franziskus Penni, während er einem Knaben winkte, er möge Wein nachschenken.
»Er hat bereits zu viele Anhänger. Sie werden zur Plage«, hakte Julius ein und fuhr mit leiser Stimme fort:»Der Papst hat zu lange mit den Mächtigen gebuhlt, sie gegeneinander aufgewiegelt, sie gegeneinander ausgespielt. Mal war er der Freund des Kaisers, dann wieder der Freund des französischen Königs. Bis es den beiden zu bunt wurde und sie sich gegen den Papst verbündet haben. Und die Rechnung für diese Dreistigkeit bekommen wir bald serviert. Dessen bin ich gewiss.«
»Wie meinst du das?«, warf Michelagnolo von Siena ein.
Julius zuckte mit den Schultern:»Das Ränkespiel des Papstes hat bewirkt, dass der Kaiser seine Landsknechte versammelt hat, sie gen Mailand ziehen lässt. Schreckliche Dinge berichten die, die lebend davongekommen sind. Die deutschen Landsknechte plündern und brandschatzen nicht nur. Sie halten sich nicht an die Gesetze des Krieges. Sie machen keine Gefangenen, erlauben keine Freizahlung. Sie erschlagen jeden. Vergehen sich in schändlichster Weise an ihren Gefangenen. Töten sie vor den Augen der Ihren, braten sie über dem

Spieß, fressen sie auf! Anderen schlitzen sie die Bäuche auf und sammeln das Körperfett – mit dem sie dann ihre Spieße beschmieren. Dieses Fett... dieses Fett, dieser Schmer hat magische Wirkung – sagt man.«

Cellinis Blick ruhte nachdenklich auf dem Freund. Für kurze Zeit hatte er Pier Luigi Farnese schlicht vergessen und dachte an die Landsknechte des Kaisers. Wenn die Gerüchte stimmten, dann hielten Zehntausende dieser schwer mit Spießen, Hellebarden und Handrohren Bewaffneten nicht nur auf Mailand zu. Ihr Ziel hieß in Wahrheit Rom. Die Heilige, die Ewige Stadt. Die Stadt des Papstes. Und auf den Papst hatten sie es abgesehen. Das Heer der Landsknechte bestand fast ausschließlich aus Lutheranern. Teuflischen Dämonen, die von der Heiligen Mutter Kirche abgefallen waren. So dämonisch, dass die Menschen sie mit den Ungläubigen verglichen.

Cellini trank erneut von seinem Wein. Sollten sie nur kommen, die Landsknechte. Er würde sie lehren ihre Finger von Rom zu lassen.

»Diese Lutheraner sind die Pest«, knurrte er schließlich in die still gewordene Runde. Sein Blick blieb an Pier Luigi Farnese haften. Und er fügte leise hinzu: »Für uns Künstler sind diese Lutheraner die Pest.«

Michelagnolo wollte eben noch etwas hinzufügen, als Pier Luigi Farnese mit Blick auf Cellini sagte: »Und für einen Herzog, für einen König, für den Papst sind die Künstler die Pest. Sie saugen sie aus bis aufs Blut und geben ihre Arbeiten dennoch nicht ab.«

Michelagnolo fuhr hoch: »Wie könnt Ihr es wagen an diesem meinem Tisch?«

Pier Luigi Farnese hatte nicht mit diesem Ausbruch gerechnet und so räusperte er sich, versuchte zu lächeln und antwortete: »Ich muss mich berichtigen – es sind jene die Pest, die den Papst aussaugen, Geld, Gold und Edelsteine verlangen und ihre Arbeit doch nie erledigen.«

Cellini sprang auf, zog seinen türkischen Dolch aus der Scheide und richtete ihn quer über die Tafel gegen Pier Luigi Farnese.

Pantasilea schrie auf, Signora Antea kreischte, Julius hielt Cellini am Ärmel seines Wamses fest. Was seine Raserei jedoch milderte, war ein leises, kaum vernehmbares Geräusch neben sich. Als glitte ein Sack zu Boden. Cellini hielt verdutzt inne.

Julius sprang als Erster auf: »Pomena ist in Ohnmacht gefallen!«

»Macht ihr Luft!«

»Ja, sie braucht Luft. Und riechende Essenzen. Schnell!«

»Öffnet um Himmels willen das Kleid! Sie erstickt uns noch!«

Die Stimmen überschlugen sich. Eben wollte Cellini noch sagen: »Nein, nicht das Kleid öffnen!«, da ertönte auch schon der erste Schrei, gefolgt von zahlreichen weiteren.

»Seht her!« »Das ist nicht möglich!« »Nein, das ist nicht wahr!«

»Benvenuto! Benvenuto Cellini! Was hast du dazu zu sagen?!«

Franziskus Penni brüllte ihn nicht an, vielmehr lag in seiner Stimme eine Mischung aus Erheiterung und Überraschung, vermengt mit einem nicht verhohlenen Ausdruck von Bewunderung, während er Pomena, die mittlerweile als Diego erkannt worden war, fest umfangen in seinen Armen hielt. Diego hingegen sah mit flehentlichem Blick um Vergebung bittend zu Cellini hoch. Die Augen des Engels nahmen Cellini auf der Stelle gefangen, führten ihn weg von diesem unglückseligen Farnese und brachten ihn zu der anfänglichen Heiterkeit, mit der er zu diesem Fest gegangen war. Dröhnendes, beinahe animalisch lautes Lachen war schließlich auch seine Antwort auf Franziskus Pennis Frage.

Die Gesellschaft hatte sich noch immer nicht gefangen.

Pantasilea fauchte wie eine Raubkatze, Signora Antea lachte herzhaft und die Männer nahmen Cellini in ihrer Mitte gefangen, während sich Diego endlich aufrichtete, sein Kleid sorgsam zuband und sich an Cellini drückte.

»Lasst mich über diesen Schelm richten!«, brüllte Michelagnolo in die Runde.

»Ja, sprecht ein Urteil – Meister!«, war die Antwort aus vielen Kehlen.

Michelagnolo wandte sich Cellini zu, konnte seine Erheiterung kaum verbergen, sprach vielerlei Dinge über die Ungehörigkeit dieses Streiches, rief aber schließlich: »Wir sind ihm Dank schuldig, dass er durch diesen Scherz unser Fest vollkommen gemacht hat!«

Cellinis Herz tat einen Sprung, und als sich Michelagnolo schließlich den anderen zuwandte und schrie: »Er soll leben!«, traten ihm beinahe Tränen der Freude in die Augen.

»Er soll leben! Vivat Benvenuto!«

Die Rufe waren noch nicht verebbt, da drängte sich Pantasilea zu Michelagnolo und zischte: »Ihr belohnt einen üblen Scherz mit Hochrufen?«

Michelagnolo bedeutete den anderen mit einer schwungvollen Armbewegung, still zu sein, bevor er mit leisem Spott antwortete: »Meine liebe Pantasilea, als ich die schöne Pomena mit einem Engel und euch Krähen mit diesem Pfau verglich, da war mir wohl bewusst, dass ich einem Pfau und nicht einer Krähe gegenüberstand. Heißt es nicht *der* Pfau und *die* Krähe? Und deshalb: Benvenuto soll leben!«

»Nicht, wenn es nach mir geht.«

»Aber du hast hier nichts mitzureden, Weib«, war die schlichte Antwort Michelagnolos, die Cellinis Herz noch mehr rührte als alle anderen Worte zuvor. Und Julius rief noch einmal aus: »Er soll leben!«

Cellini konnte vor Rührung kaum an sich halten, hätte seinen Freunden am liebsten mit vielen guten Worten bewiesen, wie stolz er war, so prächtige Freunde sein Eigen nennen zu können, doch da fiel sein Blick auf Pier Luigi Farnese, der starr und steif an der Tafel stand, aus seinem Silberkelch trank und dabei seine Augen direkt auf ihn gerichtet hatte. In diesem Moment wusste er, dass nicht nur Pantasilea sein übler Feind war.

Pier Luigi Farnese stellte seinen Kelch ab, betupfte mit einem weißen Tuch seine Mundwinkel und ging dann auf ihn zu ohne auf die ausgelassene Gesellschaft um ihn herum zu achten. Als er dicht bei ihm war, raunte er ihm zu: »Nicht, wenn es nach mir geht. Hütet Euch.«

»Gedroht hat er mir! Mir!«

Mit einem einzigen Hieb seines Degens spaltete Cellini einen blutroten Apfel, der auf dem Tisch lag. Der Anblick seines blanken Degens dämpfte seine Erregung und so sah er sich schließlich imstande sich lächelnd seinem Gast zuzuwenden, der fahrig und rotfleckig im Gesicht am Fenster stand und an seinem Mantel nestelte. Die Ängstlichkeit konnte nicht von seinem jüngsten Ausbruch rühren, dessen war sich Cellini absolut sicher. Vielmehr hatte der gute Ludovico, Freund aus längst vergangenen, unbeschwerten Tagen, seine eigenen Schwierigkeiten, seine persönlichen Feinde. Das war ihm deutlich anzusehen.

»Bei all dieser Feindseligkeit um uns herum ist es nun umso schöner, dich hier zu sehen, Ludovico.«

Ludovico zeigte seine Freude in einem etwas verzagten Lächeln, das Cellini das Herz rührte. Der Kummer musste sehr groß sein. Ein Krug Wein mochte Ludovicos Zunge lösen, so dass er ihm mehr berichtete.

Der Wein wurde gebracht, die ersten Becher geleert, und Ludovico lockerte endlich den Kragen seines Wamses. Schließlich wanderte er etwas ziellos in der Werkstatt umher, verharrte am Arbeitstisch, ließ seine schmalen Hände über

die Dolche streichen, die Cellini in diesen Tagen angefertigt hatte, nahm einen zur Hand, bestaunte die filigrane Arbeit und fragte schließlich: »Du arbeitest nun auch türkische Dolche?«
Cellini war mit wenigen Schritten bei ihm. Diese Frage kam etwas unerwartet, lenkte mit Sicherheit von Ludovicos Problemen ab, führte aber direkten Weges zu Cellinis neuem Steckenpferd, und so erklärte er mit beträchtlichem Stolz in der Stimme, dass er sich in dieser Kunst nunmehr schon länger übe.

»Sie sind besser als die originalen Stücke der Muselmanen«, sprach er weiter, ging noch näher an Ludovico heran, deutete auf den Dolch, den der in Händen hielt, und erklärte: »Siehst du, ich untergrabe in meinem Stahl die Figuren tiefer. Das macht die Dolche beständiger, so dass sie nicht sofort brechen, wenn man sie in die Kehle eines Feindes treibt.« Noch dichter ging er an Ludovico heran, schon konnte er den säuerlichen Geruch des Weines atmen, den der Freund getrunken hatte, und den Duft seines Parfums, der sein Herz in schnelleren Takt versetzte. Wie hatte er ihn vermisst. Dessen wurde er erst jetzt gewahr. Und wie schön der Freund doch war. Groß und schlank. Fast ein wenig zu schmal, was an seinen Problemen liegen mochte, aber genau dieser Umstand ließ seine Augen noch größer als früher erscheinen, seine Figur graziler. Cellini griff nach dem Dolch, den Ludovico zwischen seinen Fingern hielt, und so berührten sich ihren beiden Hände schließlich, während er fortfuhr, zu sprechen: »Siehst du das Laubwerk? Es ist viel schöner als das auf den originalen Dolchen. Die Türken verzieren sie nur mit einigen wenigen ägyptischen Blättern und Blumen. Aber ich banne die ganze Pracht der römischen und florentinischen Blüten und Ranken darauf. Das macht die Dolche um vieles prächtiger. Findest du nicht?«

Ludovico nickte nur. Cellini atmete kaum.

»Ich brauche eine Unterkunft«, flüsterte Ludovico schließlich.

»Dann sei mein Gast! Bleibe hier bei mir – mir läge viel daran!«, rief Cellini und rüttelte Ludovico an den Schultern, so dass der beinahe den Dolch fallen ließ. Cellini entwand ihm das kostbare Stück und forderte mit einer festen Umarmung eine sofortige Antwort.

Ludovico lachte hell auf und nickte einfach.

Während der folgenden Stunden entfachte Cellini einen wahren Wirbelsturm in seinem Haus. Lehrlinge, Gesellen und Mägde scheuchte er treppauf, treppab, zum Markt und wieder zurück, ließ noch mehr Wein holen, den Vorratskeller mit Schweinefleisch, Hühnern, Enten und Tauben füllen, dazu noch etwas Obst und Gemüse einlagern, reichlich genug, eine Horde Soldaten zu verköstigen. Frisches Stroh musste ausgelegt und mit duftenden Blüten belegt und schließlich die Kammer für den Freund gerichtet werden. Was ein Problem darstellte. Schon waren die Schlafkammern überbelegt, Pedro teilte sich ein Bett mit zwei *garzones* und in die Kammer der Magd sollte der Freund auf keinen Fall gebracht werden. Was blieb also anderes übrig als ihn vorsichtig zu fragen, ob er sich die ersten Tage mit ihm, Cellini, das Bett teilen wollte, bis eine bessere Lösung gefunden war? Ludovico schien weder überrascht noch gekränkt, sondern lächelte, vom reichlichen Wein ein wenig benommen. So schob Cellini ihn schließlich die Treppen hoch, um ihm die Kammer zu zeigen.

Während Ludovico sich vorsichtig auf das Bett setzte, stürmte Cellini zum Fenster, stieß die Läden weit auf, nahm einen tiefen Zug der warmen römischen Luft und wandte sich schließlich wieder Ludovico zu.

»Riechst du es auch?«

Ludovico lachte.

»Ja. Ochsen- und Schweinedung, der Inhalt eines geleerten

Nachttopfes, versetzt mit dem Duft blühenden Jasmins, von Pomeranzen und anderen Früchten, die in den Hinterhöfen gedeihen. In gewisser Weise riecht Rom wie Florenz. Daran hast du dich eben erinnert, nicht wahr?«

Cellinis Herz tat einen Sprung. Der Freund stand ihm also noch so nah, dass er das Gleiche dachte wie er! Ach, das Leben war wunderbar.

»Schöne Zeiten waren es. Du und ich und unsere Freunde. Damals in Florenz. Abend für Abend haben wir gelacht, geplaudert, gesungen. Ja, schöne Zeiten waren es.«

Ihre Blicke trafen sich. Cellini glaubte in den dunklen Augen Ludovicos zu versinken, konnte kaum an sich halten ihn nicht zu umarmen, ihn nicht an sich zu drücken und ihm die unendliche Liebe und Zuneigung, die er für ihn empfand, angedeihen zu lassen. Ludovico hielt seinem Blick stand. Und war in seinen Augen nicht von derselben Liebe zu lesen? Cellini war sich nicht sicher, wollte eben auf den Freund zugehen, da hob der zu singen an. Klar und rein wurde seine Stimme zu ihm getragen. Das Lied war einfach und traurig. Eine alte Volksweise, die Cellini schon früher zu Tränen zu rühren vermocht hatte. Und so konnte er sie auch jetzt nicht zurückhalten. Er wischte hastig mit dem Handrücken über sein Gesicht und setzte sich schließlich neben Ludovico, legte seine Hand auf dessen Knie und lauschte ergriffen der Melodie, die eben leise verklang.

Es folgte ein Moment der Ruhe, der Cellini unendlich und so kostbar schien, dass er ihn mit keinem Wort zerstören wollte. So beugte er sich schlicht weiter zu Ludovico vor, still, stumm und mit heftig klopfendem Herzen.

Ludovico wich nicht aus, schien sich ebenso ihm zuzuwenden. Schon wollte Cellini sein Gesicht noch näher an das Ludovicos bringen, da sprang der Freund auf, wandte sich ab und brach Cellini damit beinahe das Herz.

Doch bevor Cellini etwas sagen konnte, flüsterte Ludovico

mit tränenunterdrückter Stimme: »Ich habe Probleme, mein Freund. Arge Probleme. Nicht nur habe ich mir den Bischof zum Feind gemacht, nein, ich ... ich stecke auch tief in den französischen Übeln.«

Nun war es heraus. Ludovico entfuhr ein Schluchzer, gleich darauf hielt er den Atem an. Wie mochte der ungestüme Benvenuto reagieren?

»Wenn du mir nun deine Freundschaft nicht mehr geben willst, so kann ich das verstehen, Benvenuto«, brachte Ludovico schließlich mühsam hervor.

Augenblicklich sprang Benvenuto vom Bett auf, war mit zwei großen Schritten bei ihm, fasste seine Schultern mit starken Händen und sagte: »Wie kannst du so etwas denken? Ich liebe dich, mein Freund. Und nun ruh dich aus. Ich kenne einen hervorragenden Medicus, der sich auf die Heilung der französischen Krankheit versteht. Vertrau mir nur.«

Sprach's und war auch schon zur Kammer hinausgestürmt. Ludovico lachte leise und erleichtert auf. Während er sein Wams auszog und unter die Decke schlüpfte, dankte er Gott dafür, dass er sich in dem alten Freund nicht getäuscht hatte. Benvenuto war ein guter Mann und er brauchte keine Angst vor ihm zu haben.

Der Medicus war schnell in die Werkstatt geholt, und während er Ludovico genau besah, stand Cellini dicht hinter ihm und blickte ihm argwöhnisch über die Schulter. Diese Ärzte waren allesamt nichts als Stümper.

Der Gelehrte murmelte etwas in seinen Bart, schließlich erhob er sich, packte seine Instrumente ein, hängte sich den schwarzen Umhang über die hageren Schultern und ging zur Tür. Cellini wollte ihm eben nachsetzen, den üblen Schelm am Kragen packen und wieder zum Bett zurückzerren, um endlich etwas Klarheit in die schlimme Angelegenheit zu bringen, als sich der Medicus umwandte: »Ich werde meinen

Gehilfen noch heute mit einer Arznei schicken. Sie wird nicht billig werden, das wisst Ihr hoffentlich, Meister Cellini?«

Cellini wollte hochfahren, da fügte der Medicus mit näselnder Stimme hinzu: »Ich benötige noch den einen oder anderen Edelstein für die Salbe. Ich gehe davon aus, Ihr könnt mir diese direkt aushändigen, nicht wahr?«

Cellini tätschelte Ludovico kurz die Hand, stand in mühsam unterdrücktem Zorn auf und bedeutete dem Medicus in einer ungeduldigen Bewegung, voran in die Werkstatt zu gehen.

An der Treppe musste er noch einmal arg an sich halten, dem Kerl nicht einen kurzen Tritt ins Kreuz zu verpassen, auf dass der Medicus die Treppe hinunterpolterte und etwas von der kostbaren Medizin auch für sich selbst verwenden musste. Aber Ludovico war wichtiger, und so sandte Cellini dem Medicus nur einige stumme Flüche hinterher, während sie sich in die Werkstatt bemühten. Die knochigen Hände des Medicus befingerten die edlen Steine in professioneller Manier und sein echter Kennerblick ließ ihn nur die besten auswählen. Gerne hätte Cellini der Hand einen Schlag versetzt, ahnte er doch, dass kaum eine dieser schönen, reinen Kostbarkeiten tatsächlich als Pulver zerrieben in die Salbe gelangen würde. Aber er wusste, es war müßig, darüber nachzudenken. Cellini atmete erleichtert auf, als sich die Tür endlich hinter dem Medicus schloss und die Gefahr einer handfesten Auseinandersetzung gebannt war.

Nur wenige Stunden später kam der bleiche Gehilfe des Medicus in die Werkstatt, überreichte einen Tiegel Salbe, murmelte ebenso näselnd wie sein Herr und Meister, er würde wohl noch mehr Edelsteine für mehr Salbe brauchen, entging nur knapp einer Ohrfeige und hastete mit eingezogenem Kopf wieder nach draußen.

Cellini aber prüfte die Qualität der Salbe. Dazu nahm er das Pergament ab, das den Tiegel verschloss, und schnupperte daran. Der Gestank ließ ihn augenblicklich zurückfahren. »Teufel!«, rief er aus. Hier mussten Schwefel und andere bestialische Substanzen enthalten sein, aber mit Sicherheit keine geriebenen Edelsteine. Dennoch war es einen Versuch wert – was so stank, musste Medizin sein –, und so brachte er Ludovico den Tiegel, erläuterte, was der Medicus über die Anwendung erzählt hatte, und erfreute sich am dankbaren Ausdruck in den Augen des geliebten Freundes. Dann ging er nach unten, befahl der Magd, ihre Kammer zu räumen, sich eine Schlafstatt am Kamin einzurichten und ihr Bett für ihn zu bereiten, und machte sich daran, weiter an den türkischen Dolchen zu arbeiten. Nicht, ohne des Medicus dabei zu gedenken.

Es glich einem Wunder und mochte gerade deshalb nicht wirklich an der Wirkung der Salbe sondern an den vielen Gebeten gelegen sein, die er in arbeitsreichen Stunden der nächsten Wochen gesprochen hatte – aber Ludovico erholte sich.

Er wurde kräftiger, fröhlicher, und seine Wangen verloren die fiebrige Röte. Er begann mit Appetit zu essen, antwortete mit Zärtlichkeit auf Cellinis Besuche, die ihm dieser in der Kammer abstattete, und fing an fleißig in den Büchern zu lesen, die ihm Cellini besorgte. Ludovico hatte den Wunsch nach einem Buch nur einmal geäußert und schon war Cellini losgelaufen zu den Schreibern der Stadt und hatte ihnen nicht nur eines, sondern einen ganzen Handkarren voll der Kostbarkeiten abgekauft. Viele Goldmünzen hatten den Besitzer gewechselt. Aber Ludovico war es wert, verwöhnt zu werden. So ließ Cellini denn auch einen Schneider kommen, um Maß zu nehmen für Mantel, Wams und neue Beinlinge, und verweigerte jeglichen Dank Ludovicos. Allein seine Gesellschaft sei ihm Dank genug, antwortete Cellini sanft auf die Proteste des Freundes.

»Du verwöhnst mich zu sehr, Benvenuto«, sagte Ludovico eines Morgens. Einfallende Sonnenstrahlen ließen sein Gesicht in beinahe überirdischem Glanz erleuchten und Cellini glaubte für einen kurzen Augenblick einen Engel zu sehen.

»Ich habe nur meine Schuldigkeit getan.«

»Wenn mir Gott die Gelegenheit gibt, dann werde ich mich erkenntlich zeigen, Benvenuto«, flüsterte Ludovico, fasste nach Cellinis Hand, drückte sie an seine Brust und küsste sie schließlich.

Cellini konnte vor Ergriffenheit kaum sprechen. Dann brachte er hervor: »Sei nur mein Freund, Ludovico. Mein aufrichtiger Freund.«

»Das bin ich.«

Und da er ihm als Freund nicht länger auf der Geldkatze liegen wollte, konnte ihn Cellini nicht davon abhalten, die Bettstatt endgültig zu verlassen, sich anzukleiden, durch Rom zu streifen und eines Abends mit der für ihn glücklichen, für Cellini jedoch schockierenden Nachricht wiederzukommen, er hätte einen neuen Herrn gefunden, für den er als Sänger arbeiten würde. Darum müsse er auch Cellinis Haus verlassen.

»Ist er ein guter Mann?«, fragte Cellini schweren Herzens und in der Gewissheit, Ludovico so sehr zu vermissen, dass er keine Arbeit, die er für den Papst zu tätigen hatte, fertig stellen konnte, wenn Ludovico nicht in seiner Nähe war. Aber Ludovico hatte versprochen ihm täglich einen Besuch abzustatten.

»Ja, er ist ein guter Mann«, antwortete Ludovico, umarmte ihn zum Abschied und tauchte innerhalb weniger Augenblicke in der Menschenmenge der Gasse unter.

Der Bischof von Urgenis mochte ein guter Mann sein, nicht so aber sein Neffe, Giovanni. Ein Mann im gleichen Alter wie Cellini und von unredlichem, ja fast unaussprechlich schlechtem Lebenswandel. Was Cellini in den nächsten Wochen an Gerüchten zugetragen wurde, war so haarsträubend, dass er beinahe nicht mehr schlafen, essen oder trinken konnte. Geschweige denn arbeiten.

Verliebt wie junge Gockel sollten die beiden sein. Das hatte ihm die Frau von Messer Trabantini hinter vorgehaltener Hand zugeraunt und das Weib von Messer Luigi hatte bestätigend mit dem Kopf genickt. So stark, dass ihre Haube verrutschte. Er hatte daraufhin seine Augen offen gehalten, Ludovico noch öfter als zuvor aufgesucht und eine gewisse Distanz wahrgenommen, die ihm Ludovico entgegenbrachte. War es nur Einbildung? Das Blendwerk hinterhältiger Dämonen? Oder doch schlimme, schreckliche Tatsache? Cellini wusste es nicht und sah sich genötigt ein Fest auszurichten, beide dazuzuladen und sich ein genaueres Bild von den möglicherweise grauenvollen Vorgängen hinter seinem Rücken zu machen. Und sollte sich sein Verdacht bestätigen, dann, ja dann bedurfte es der Klärung – egal, auf welche Art und Weise.

Um nichts dem Zufall zu überlassen, heckte Cellini während der kommenden Woche einen präzisen Plan aus, in dem das Fest den Mittelpunkt bildete.

Die Stube war geputzt und die Tafel angerichtet, der Wein stand bereit und die ersten Gäste, darunter seine geliebten Freunde Franziskus Penni, Michelagnolo von Siena und Julius Romano hatten bereits Platz genommen, da öffnete sich die Tür und herein kam ein wichtiger Teil seines Planes: Bachiacca, immer noch schwer verliebt in das Weibsstück Pantasilea, die er an seiner Hand in die Stube zog. Zweifelsohne war die Metze überrascht und erstaunt über die Einladung gewesen, aber ihr Kommen war eine Notwendigkeit und so hatte er ihr das eine oder andere wohl gemeinte Wort überbringen lassen. Und da war sie nun, sah gelangweilt um sich, ließ sich neben dem arglosen und so glücklichen Bachiacca nieder und warf ihm, Cellini, verwunderte Blicke zu.

Cellini nickte ihr zu, hob den Becher Wein, rief fröhliche Worte in die gesellige Runde und wartete zugleich sehnsuchtsvoll und nicht ohne Anspannung auf die Ankunft Ludovicos. Wenn der Neffe des Bischofs, dieser Giovanni, tatsächlich seine dreckigen Finger nach dem Freund ausgestreckt hatte, so gab es eine geheime Waffe, die alles Schlimmere verhindern konnte: Pantasilea. Sie würde Ludovicos schöner Gestalt, seiner wunderbaren Stimme niemals widerstehen können, den sündigen Giovanni aus dem Feld schlagen und es damit für ihn, Cellini, bereiten.

Das Fest schritt voran, die Speisen wurden aufgetragen, dem Wein wurde gut zugesprochen, Franziskus Penni erzählte drollige Anekdoten, Julius hatte bereits zu viel getrunken und Cellini tunkte eben seine *focaccia* in die *salsa camellina*, eine himmlisch duftende Sauce aus Röstbrot, Mandeln, Rotwein, Most und Essig mit Zimt, Nelken und Muskat, da schwang die Tür in den Angeln und herein stürmten Ludovico und der verdorbene Giovanni. Mit großen Worten wurden sie begrüßt. Cellini ließ das Brot einfach in die Sauce fallen, eilte auf Ludovico zu und umarmte ihn bedächtig.

»Wie schön, dass ihr meiner Einladung gefolgt seid.«

Ein Seitenblick auf Giovanni machte deutlich, dass es diesem nicht gefiel, wie Ludovico die Umarmung erwiderte, nämlich mit einem sanften Lächeln und dem Ausdruck von Liebe in den Augen.

Cellini beeilte sich, Ludovico den Platz direkt neben Pantasilea zuzuweisen, während er Giovanni an das andere Ende der Tafel drängte und sich vornahm diesen Schelm nicht aus den Augen zu lassen.

Cellini verstrickte Giovanni in ein Streitgespräch mit Franziskus und Julius. Danach stellte er fest, dass Pantasilea in Ludovico bereits den begehrenswertesten Jüngling ausgemacht hatte, den sie seit langem zu Gesicht bekommen hatte. Bachiacca litt Höllenqualen, das war ihm anzusehen, während Pantasilea aufs Dreisteste mit Ludovico turtelte. Dem war augenblicklich ein Ende zu bereiten und so gab Cellini vor, noch Wein zu holen.

»Ludovico – willst du mich nicht begleiten? Ich wollte dir noch eine Arbeit zeigen ...«

Ludovico entschuldigte sich bei Pantasilea, die ihm zuraunte, er möge sich beeilen und schnell zu ihr zurückkommen, und folgte Cellini in die Werkstatt.

»Nun, was willst du mir zeigen?«

Ludovico sah neugierig um sich, aber Cellini fasste ihn an den Schultern und zog ihn eng an sich.

»Ludovico – du scharst die falschen Menschen um dich.«

»Was meinst du?«

»Ludovico – man spricht schlimme Dinge über dich und diesen Giovanni! Lass dich nicht auch noch mit diesem Weibsbild ein!«

Ludovico lachte heiser auf. »Hältst du mich für dumm?«

»Nein, aber für jung!«, rief Cellini aus und flehte regelrecht: »Mir liegt viel an dir. Ich will nicht, dass dir Schaden zugefügt wird!«

Ludovico zog erstaunt und etwas belustigt zugleich die Augenbrauen hoch.

»Aber Benvenuto, um Himmels willen. Ich schwöre dir – lieber breche ich mir den Hals, als dass ich mich mit ihr einlassen würde ...«

Diese undankbare Kreatur! So war sein wohl durchdachter Plan übel durchkreuzt worden. Aber, was nützte der beste Plan, wenn die Beteiligten großteils Lügner und Heuchler, unverschämte Metzen und sündige Teufel waren? Cellini stampfte durch die Werkstatt, zerschmetterte Tontiegel und Töpfe an der Wand und brachte die Lehrlinge und Gesellen dazu, sich ängstlich im Keller zu verkriechen.

Die Ausmaße der Ungeheuerlichkeit waren unerträglich.

Nicht nur, dass Ludovico sehr offensichtlich ein verbotenes, sündiges Verhältnis mit Giovanni hatte, nein, er poussierte auch mit Pantasilea, scharwenzelte um sie herum, hatte sie dazu gebracht, den armen Bachiacca fallen zu lassen und ihn von heute auf morgen zum Teufel zu jagen.

Giovanni überhäufte Ludovico mit Geschenken und als Gipfel der Unverfrorenheit hatte er ihm einen prächtigen Rappen überlassen, auf dem Ludovico nun eitel wie ein Geck Pantasilea seine Aufwartung machte.

Aber er, der kluge Cellini, hatte doch nicht ahnen können, dass sich dieser Giovanni auf eine Beziehung zu dritt einlassen würde. Und Ludovico, dieser undankbare Kerl, hatte ihm ewige Freundschaft geschworen und trat diese jetzt mit Füßen. Ausgelacht hatte er ihn, als er ihm gestern durch die Straßen gefolgt war und ihn schließlich vor der Apotheke zur Rede gestellt hatte. Ausgelacht! Ihn, Cellini! Ein weiterer Becher flog durch die Werkstatt. Aber das Getöse reichte noch nicht, Cellini zu besänftigen, und so stieß er einen animalischen Schrei aus und warf den ganzen Tisch samt Tiegeln und Töpfen in furioser Wut gegen die Wand. Der Tisch zerbarst krachend, ein Splitter hätte fast sein Auge getroffen, und so kam er langsam wieder zu sich.

Es war schon spät. Er musste zu einer Gesellschaft. Das würde ihn vielleicht auf andere Gedanken bringen. Also schnallte er seinen Degen um, steckte einen der türkischen Dolche in den Gürtel, warf sich den Mantel um die Schultern und eilte zu Michelagnolo von Siena. Die Gegenwart der Freunde würde ihn beruhigen.

Diese Annahme erwies sich jedoch als falsch, denn sein Blick fiel nicht nur auf eine heitere, bereits ausgelassen feiernde Runde in Michelagnolos Stube, sondern auch auf den hochgeschnürten Busen Pantasileas, die ihn spöttisch betrachtete. Hatte sie es also geschafft, sich erneut in die Runde zu schleichen. Armer Bachiacca, der wie ein ergebener

Hund neben ihr saß – er liebte Pantasilea aufrichtig. Armer Freund.

Cellini setzte sich, versuchte um des Freundes willen seine Wut mit mehreren Krügen Wein hinunterzuspülen. Auf ein anregendes Gespräch unter Künstlern vermochte er sich ohnehin nicht zu konzentrieren und so beobachtete er Pantasilea. Als sie sich schließlich erhob, um »gewissen Geschäften nachzugehen«, wurde er unruhig und misstrauisch. Was trieb das Weib? Cellini erhob sich langsam und ging zum Fenster. Das Lachen in seinem Rücken trat in weite Ferne. Wie ein Raubtier witterte er in die Nacht, vernahm ein Flüstern und Wispern direkt unter dem Fenster, beugte sich etwas vor und – sah Pantasilea in den Armen Ludovicos. All seine Sinne konzentrierten sich auf diese Schmach, das Fest hinter ihm war völlig vergessen, nur die Worte unter ihm drangen zu ihm: »O Pantasilea, wir müssen vorsichtig sein. Wenn uns Benvenuto sieht! Er würde rasend werden!«

Der Rest des Gespräches ging im Lärm der Gäste unter. Aber hatte er das Wort »Teufel« vernommen? Cellini beugte sich noch weiter vor, seine Seele litt Todesqualen.

Pantasilea gurrte etwas Unverständliches, drückte sich an Ludovico, presste ihren grell geschminkten Mund auf seine schönen Lippen. Das war zu viel!

Cellini klammerte sich an den Fensterrahmen, stieß einen Schrei aus. Eben wollte er sich hinausstürzen, da fassten ihn starke Hände und zogen ihn zurück.

»Benvenuto – was tust du?«

»Und was machst du mit dem Messer in deiner Hand?«

Cellini kam nur langsam wieder zur Besinnung. Wie war das Messer in seine Hand gekommen? Er wusste es nicht.

Alles, was er über seine Lippen brachte, war: »Pantasilea, dieses Weib...« Aber die beschwichtigenden Worte seiner Freunde konnten ihn nicht beruhigen. War es doch nicht Pantasilea allein, die ihn derart in Rage gebracht hatte. Nein, die

Schuld lag bei Ludovico. Den er für einen Freund gehalten hatte, der ihm derart schändlich in den Rücken gefallen war. Und das verlangte nach Rache. Sofortiger Rache.

Leider waren die Götter der Rache Cellini nicht wohl gesinnt und Pantasilea und Ludovico hatten ihren geheimen Platz unter dem Fenster bereits verlassen. Wahrscheinlich hatten der Lärm und die aufgebrachten Stimmen aus der Stube sie alarmiert.

Cellini wollte sie finden, verließ die Gesellschaft, irrte durch die Straßen Roms, suchte Pantasileas Haus auf, fand das Weibsstück aber nicht vor und ließ sich weitertreiben. Immer weniger Nachtschwärmer kreuzten seinen Weg, Betrunkene torkelten ihm entgegen, eine Schar Soldaten zog lachend und grölend an ihm vorbei. Er wurde durch die Straßen Roms gespült wie von fremder Hand getrieben. Die Zeit schritt voran, die Glocken der unzähligen Kirchtürme riefen die Gläubigen zum Mitternachtsgebet.

Irgendwann durchfuhr Cellini der Gedanke, dass es das Beste wäre, direkt vor Pantasileas Haus zu warten, und so eilte er zu ihrem Heim zurück, das hinter den Bänken am Tiber lag. Ein Wirtshaus befand sich genau gegenüber, dessen Garten von einer starken Hagebuttenhecke eingefasst war. In diese zwängte er sich hinein.

Der Mond ging auf, die Sterne schienen heller als je zuvor vom Firmament zu leuchten und die Nacht war lau. Er dachte immerzu an Pantasilea und Ludovico. Sollten sie nur kommen, diese ...

»Benvenuto! Benvenuto – bist du hier?«

Bachiacca – was tat er hier? Dieser Unglücksvogel – er würde ihm noch den schönen Plan verderben. Cellini hielt den Atem an, versuchte kein Geräusch zu verursachen, aber Bachiacca ließ nicht locker, bis Cellini schließlich rief: »Hierher – ich bin hier. Nun komm schon und sei um Himmels willen leise.«

Bachiacca entdeckte ihn endlich und kauerte sich neben ihn hin.

»Sei still – ich warte auf die Verräter«, flüsterte Cellini ungehalten.

»Ach, Benvenuto – lass es doch einfach gut sein«, gab Bachiacca mit so viel Verzweiflung und Resignation in der Stimme zurück, dass es Cellini beinahe warm ums Herz wurde.

»Kein Weib ist so viel Aufhebens wert«, ergänzte Bachiacca.

»Kluge Worte.«

»Du hast das selbst zu mir gesagt. Letzte Woche. Entsinnst du dich nicht?«

Nein, das tat er nicht. Beim besten Willen nicht. »Ich bleibe hier. Ich will meine Rache.«

»Dann stehe ich dir zur Seite.«

Cellini nahm die Treue des Freundes hin. Als er sich einige Zeit später aufrichtete und die Rache auf den nächsten Tag verschieben wollte, vernahm er den Lärm von Hufgeklapper. Rasch sah er sich nach beiden Seiten um, erblickte die ersten Pferde, und fast stockte ihm der Atem in der Vorfreude. Da waren sie also. Ludovico mit Pantasilea auf dem Rappen. Begleitet wurden sie von vier Hauptleuten, ebenso zu Pferd. Vorneweg ritt der Kämmerer des Papstes.

»Das ist Benvenuto von Perugia«, flüsterte Bachiacca.

Cellini rammte ihm den Ellenbogen in die Seite. Still sollte er sein, der dumme Kerl. Außerdem war er nicht blind und hatte den Kämmerer schon selbst gesehen.

»Es bringt nur Ärger, wenn wir sie jetzt überfallen. Es sind zu viele und mit dem Papst will ich mich nicht anlegen.«

»Dann bleib hier«, versetzte Cellini grob und sprang aus der Hecke. Er fühlte nichts mehr, hörte nichts mehr. Seine Sinne waren nur auf Ludovico gerichtet, der eben vom Pferd gestiegen war und Pantasilea nun mit festem Griff und dem

Ausdruck eines verliebten Esels im Gesicht aus dem Sattel hob.

»Ihr seid alle des Todes!«, brüllte Cellini in die Nacht hinein, schwang seinen Degen und hieb ihn mit Wucht in Ludovicos Schulter.

Ludovico war tot. Pantasilea starrte in den Spiegel in ihren Händen. Die Wunden verheilten gut und noch bestand Hoffnung, dass keine Narben in ihrem Gesicht zurückbleiben würden. Dieser verrückte Cellini! Hätte auch sie beinahe umgebracht. Sie und Ludovico. Und jetzt war Ludovico tot. Nein, nicht an den Wunden gestorben, die ihm Cellini zugefügt hatte in seiner animalischen Raserei. Ein gebrochenes Bein hatte Luduvico das Leben gekostet. Drei Wochen zuvor. Weil sein Rappe ausgeglitten war. Das riesige Tier hatte Ludovico unter sich begraben, ihm das Bein zerschmettert. Sie hatte alles getan, was der Medicus empfohlen hatte, um Ludovico gesund zu pflegen in ihrem Bett. Aber das Bein war brandig geworden. Und letzte Woche war er von ihr gegangen. Für immer. Das Haus roch nach Tod. Nach Eiter und Essigwasser. Und nach Rosmarin, mit dem die Frauen das Haus geräuchert hatten. Und nach Verwesung. Daran war nur Cellini schuld. Ja, er. Wäre Ludovico durch den Angriff Cellinis nicht verletzt und geschwächt gewesen, wäre das Bein nicht brandig geworden.

Pantasilea fühlte unendlichen Kummer und Schmerz, und dieser machte sie möglicherweise ungerecht. Aber es war ihr egal. Sie wollte hassen, weil sie den Verlust kaum ertragen konnte. Und Benvenuto Cellini war das Ziel ihres unendlichen Hasses.

Was genau konnte sie tun, um Cellini den Hals zu brechen?

Sie stand auf, legte den Spiegel zur Seite, ging zum Fenster, konnte den Anblick des Hofes unter ihr kaum ertragen, den Ort, von dem Ludovico zum letzten Mal strahlend zu ihr hinaufgelacht und ihr einen Handkuss zugeworfen hatte. Sie schluchzte auf –

»Donna Pantasilea! Entschuldigt die Störung... es eilt.«

Pantasilea fuhr hoch. In der Miene ihrer Magd Candida stand Sorge zu lesen: »Ich glaube, wir sollten Rom auf schnellstem Wege verlassen. Ich habe eben Gerüchte gehört.«

Verwirrt schüttelte Pantasilea den Kopf.

»Der Herzog von Bourbon hält auf Rom zu«, fuhr Candida leichenblass fort, »und mit ihm Tausende spanische Söldner. Und... Lutheraner. Sie sagen, sie werden in wenigen Tagen hier sein und die Stadt belagern. Sie rufen bereits zu den Waffen.«

Es brauchte nur die Dauer eines Wimpernschlages, bis Pantasilea den Ernst der Lage begriffen hatte, Candida anwies, alles für ihre sofortige Abreise einzupacken und den Wagen anspannen zu lassen. Und als die Magd nach draußen eilte, da wusste Pantasilea plötzlich, so klar und rein, als hätten Engel es ihr ins Ohr geflüstert, was sie vor ihrer Flucht aus Rom noch zu tun hatte. Die Rache an Benvenuto. Sie würde Pier Luigi Farnese aufsuchen und ihm einiges erzählen über Benvenuto Cellini.

Rom
Mai bis Juni im Jahre des Herrn 1527

Die Nacht senkte sich über Rom. Die einsetzende Dunkelheit verschleierte den Blick auf das gewaltige Heer vor den Mauern. Nur die rot glühenden Fackeln, die Irrlichtern gleich auf dem Hügel vor dem Kastell tanzten, kündeten von der Präsenz des Feindes. Der Sturm auf die Ewige Stadt musste unmittelbar bevorstehen.

Zehntausende Landsknechte, Lutheraner, standen bereit, Trastevere anzulaufen, und die spanischen Söldner machten sich daran, den Hügel zur Engelsburg zu erstürmen. Es konnte sich nur noch um Stunden handeln, bis sie die Stadt stürmten. Noch war nicht sicher, ob der Papst es geschafft hatte, über den Geheimgang und die Galerien das Kastell zu erreichen, und offen blieb auch die Frage, wie lange sie die Engelsburg halten konnten. Die Schweizergarde verteidigte den Zugang zum Passetto auf dem Vorplatz der Burg. Vor dem Obelisken. Aber ob sie dem Ansturm standhalten konnte?

Es war sehr rasch gegangen. Cellini hatte seine Lehrlinge und Gesellen nach Hause geschickt. Dann hatte er sich anderen tapferen Männern angeschlossen, aber das Durcheinander in den Straßen war bereits zu groß gewesen. Für kurze Momente hatte er sich kaum orientieren können. Ein Trupp Soldaten hatte ihn unbeabsichtigt mitgerissen in die Engelsburg und die steinernen Treppen hoch zu den Bombardieren gespült. Und dann waren die Tore auch schon verschlossen, das Kastell war abgeriegelt. Niemand konnte es verlassen. Aber es konnte auch keiner mehr in die Burg gelangen.

Cellini zwängte sich in eine Mauernische und lugte über die Brüstung hinweg. Alle Bewohner Roms waren auf den Beinen, nur wenige zerrten einen Handkarren hinter sich her. Die meisten hatten begriffen, dass es nur noch eines in Sicherheit zu bringen gab: das nackte Leben. Aber keiner wusste so recht, wohin man sich am besten bewegen sollte, alle strömten wüst durcheinander.

Cellini wandte sich ab, lehnte sich mit dem Rücken gegen den warmen Stein und hockte sich auf den Boden. Viel blieb nicht zu tun während der Nacht. Sie konnten nur abwarten. Abwarten und Mutmaßungen anstellen. Wann der Angriff erfolgen würde. Wann sie die Stadt stürmen würden. Ob der Papst endlich auf der Engelsburg angelangt war. Und wie viele Schützen, Bombardiere, Soldaten überhaupt zur Verteidigung bereitstanden.

»Der Papst ist in der Engelsburg! Die Schweizergarde

schützt den Vorplatz! Und Tausende Milizen verteidigen die Stadtmauern«, ertönte schließlich ein Ruf von der Treppe.

»Sollen sie nur kommen – die spanischen Söldner und die Ungläubigen. Wir werden ihnen einen guten Empfang bereiten«, knurrte einer der Hauptleute. Eine alte, vernarbte Wunde zog seinen rechten Mundwinkel nach unten, so dass sein Grinsen breit und verächtlich wirkte. »Hier, nehmt dieses *falconett* – damit Ihr Euren Beitrag leisten könnt.«

Er drückte Cellini die Waffe in die Hand, wandte sich ab und ging dann weiter mit harten Schritten die Reihen seiner Soldaten hinter den Wehrmauern ab.

»Es bleibt nur zu hoffen, dass die Milizen dem Sturm auch standhalten können. Was, wenn die Landsknechte in die Stadt einfallen?«, flüsterte Julian, der dicht neben Cellini stand. Er zählte keine zwanzig Lenze, wirkte im fahlen Licht des aufgegangenen Mondes leichenblass und bekreuzigte sich mit zittriger Hand.

Cellini empfand Mitleid mit dem Jungen. Es musste schlimm sein, so viel Angst zu haben.

»Meine Familie ist in Rom. Sie sind da draußen. Ich kann ihnen nicht helfen, wenn die Lutheraner kommen.«

Julians Stimme verlor sich in den steinernen Zinnen, versickerte fast ungehört in der römischen Nacht, die vom drohenden Unheil greifbar durchtränkt war. Und dennoch vernahm Cellini seine eigene Stimme, die sagte: »Das wird nicht geschehen, mein Junge. Die Lutheraner werden Rom niemals erstürmen.«

Er sagte es, obwohl er nicht daran glaubte. Warum er das tat, wusste er nicht. Aber die Angst des Jungen rührte an sein Herz. Dabei fühlte er selbst doch eigentlich nur eine enorme Kampfeslust. Zorn schwelte in ihm. Wut auf die Lutheraner, die Spanier, den Kaiser – sie alle, die sich erdreisteten Rom anzugreifen. Alles brachten sie damit durcheinander. Das wohl geordnete Leben. Die Kunst brachten sie zum Erliegen.

Aber sie gaben ihm die Gelegenheit, sich an den Waffen zu erproben, zu zeigen, was in ihm steckte: Ein Krieger. Ein Kämpfer, der es nicht zulassen würde, dass dem Papst ein Haar gekrümmt wurde. War er doch sein Auftraggeber. Und das Oberhaupt der Christenheit. Nicht zu vergessen. Aber das Warten ermüdete ihn. Er gönnte Julian noch einen kurzen Seitenblick und ein aufmunterndes Grinsen, bevor sich seine Augenlider senkten und er in leichten Schlummer verfiel, die Hände fest um das *falconett* in seinen Händen geschlossen.

Stimmengewirr riss Cellini Stunden später aus seinen Träumen: »Sie stürmen die Stadt! Sie stürmen die Stadt!«

»Alles zu den Waffen!«

»Macht euch bereit!«

Mit einem Schlag war er hellwach, sprang hoch, reckte und streckte sich, das *falconett* immer noch fest umschlossen, und spähte dann über die steinernen Zinnen hinweg. Ja. Da waren sie. Das Heer hatte sich in Bewegung gesetzt, drang auf die Tore der Stadt zu. Getriebener Stahl glänzte im Licht der Morgensonne. Wohl Tausende von flatternden Wimpeln waren zu erkennen. Wappen, Farben und Uniformen, begleitet von Kriegsgebrüll, aus Tausenden von Kehlen in den beginnenden Tag geschrien.

»*Spagna! Spagna! Impero!*«

Die spanischen Söldner waren nicht mehr aufzuhalten. Die römischen Milizen liefen an den Stadtmauern entlang. Versuchten die feindlichen Truppen mit Lanzen davon abzubringen, die Mauern zu erklettern. Kochendes Pech ergoss sich über die vordersten Reihen der Eindringlinge. Tierische Schreie drangen hinauf.

Cellini richtete sein *falconett* auf das Heer, das noch nicht in der Stadt war, feuerte den ersten Schuss ab ohne auf den Befehl des Hauptmanns zu warten, nahm wahr, dass ihm andere folgten, nun ebenfalls ihre Waffen abfeuerten, und schoss weiter und weiter. Immer in die Menge hinein. Pulverdampf vernebelte ihm die Sicht. Es war egal. Er musste weiterschießen. Sie davon abhalten, die Stadtmauern zu stürmen, das Tor einzurennen, und er wusste doch bereits nach wenigen Schüssen, dass alles sinnlos war. Das Heer war zu gewaltig.

Seine Ohren schienen betäubt vom Donnerknallen seiner eigenen Waffe. Nur noch wie aus weiter Ferne nahm er das Brüllen und Schreien wahr. Ein Schlag zerriss die Luft. Holz splitterte, zerbarst in einem knackenden Krachen, das die Stadt erzittern ließ. Das erste Tor war gerammt! Und die Söldner strömten in die Stadt, schwappten hinein, überfluteten die ersten Straßen. Cellini sah, wie einige Männer aus den vorderen Reihen stolperten, stürzten, zu Boden fielen und von den Nachkommenden zu Tode getrampelt wurden. Die Hellebarden blitzten silbern auf, Lanzen blinkten und Rüstungen blendeten ihn beinahe. Der *Sacco di Roma*, die Plünderung Roms, hatte begonnen.

»*Spagna! Spagna!*«

Der Ruf wie aus einer gewaltigen Kehle wollte nicht abreißen, während die Söldner die Ewige Stadt einnahmen. Sie hielten sich an kein Gesetz des Krieges, stürmten zuerst das Hospital Santo Spirito, warfen Kranke aus den Fenstern, setzten das Gebäude in Brand. Sie drangen in jedes Haus ein, hackten Türen auf, ließen Äxte in verschlossene Fensterläden niedergehen, verschafften sich mit Gewalt Eintritt und zerrten Männer, Frauen, Kinder auf die Straßen, hieben ihnen die Köpfe ab, schlitzten ihre Bäuche auf, stachen ihnen die Augen aus und rissen ihnen die Zungen heraus. Schon bald waren die Straßen blutgetränkt.

Die Gewalt, die Wucht, mit der der Sturm erfolgte, raubte Cellini für einen kurzen Augenblick den Atem. Beinahe vergaß er, sein *falconett* abzufeuern, starrte auf das Geschehen, das sich seinen Augen bot, dachte kurz an die Werkstatt, die er hatte zurücklassen müssen, und an seine Gesellen und Lehrlinge, an seine Freunde.

Irgendwann nahm er wahr, dass auch die deutschen Landsknechte die Tore eingerannt hatten. Von zwei Seiten bewegten sich nun die Eindringlinge durch die Stadt, überfluteten sie, drangen in jeden Winkel vor. Die Landsknechte strömten zielgerichtet auf die vielen Kirchen Roms zu, rammten die Portale und zerschlugen die Fenster. Er sah, wie grobschlächtige Hände die Priester auf die Straßen zerrten und erschlugen. Die Landsknechte trampelten auf den Toten herum, schändeten ihre Körper, rissen goldene Kreuze ab und stürzten schreiend weiter.

Eben wollte Cellini auf eine Horde Landsknechte feuern, die auf den Obelisken zusteuerte, als sein *falconett* ihm den Dienst versagte. Mit einem wütenden Aufschrei schleuderte Cellini es zu Boden und sah dann um sich, woher er eine neue Waffe holen konnte. Sein Blick blieb an Julian haften, der auf dem Boden kauerte und wimmernd sein *sacri* umklammerte.

»Was ist mit dir?«, polterte Cellini.

Er rüttelte den Jungen an den Schultern.

»Du sollst kämpfen!«

»Da unten ... da unten ...« – war jedoch alles, was Julian von sich gab.

»Ja – da sind die Lutheraner. Diese verdammten Lutheraner. Aber wir müssen kämpfen! Verflucht – hörst du? Kämpfen müssen wir – also steh auf!«

»Meine Frau, mein Kind ... ich habe sie gesehen. Die Söldner...«

Mehr brachte Julian nicht mehr hervor. Seine Augen schlossen sich, dafür blieb sein Mund geöffnet. Wie zum Schrei bereit, der aber auf seinen Lippen erstarb. Seine Hand sackte zur Seite, sein *sacri* rollte auf den Boden.

Cellini fluchte und biss sich in die geballte Faust. Es war ein Jammer! Wie sollten sie siegen, wenn ihre eigenen Reihen in Ohnmacht fielen? Fast war er bereit, ein Stoßgebet gen Himmel zu schicken, um ihnen allen Kraft zu geben, aber es fehlte an Zeit. Und so riss er das *sacri* an sich, zwängte sich wieder zwischen die Zinnen und feuerte mit Julians Waffe verbissener, wütender und zorniger als zuvor.

Der Anblick von Blut hatte ihn noch nie erschreckt, die Gräueltaten schienen normal – so war ein Krieg nun einmal. Wären es nur nicht diese ungläubigen Lutheraner gewesen! Und den Lärm hörte er nicht mehr. Aber was ihn wirklich erzürnte, was ihn so unendlich wütend machte, war, dass er mit ansehen musste, wie die Schätze Roms geplündert wurden. Goldene Kelche, Leuchter, Messgeräte, Wasserbecken, Tabernakel, Taufbecken und Kreuze, Statuen und Reliquien – alles, was heilig schien, rafften sie zusammen, trugen es aus Kirchen und Palästen, warfen es auf Haufen zusammen und plünderten weiter. Sie zeigten keinerlei Respekt vor den Kunstwerken der Heiligen Stadt, nahmen alles mit, zerstörten die Portale, zerschlugen Marmor und Bronze, pissten auf Gräber und schissen in Kircheneingänge. Sie vergewaltigten an heiligen Stätten, schlitzten Bäuche auf Altären auf und überrannten Rom in ihrer Wut auf den Papst.

Schon wollten sie die Engelsburg stürmen, aber die Schweizergarde des Papstes wurde ihrem Ruf gerecht. Nur wenige Männer reichten aus, um den Zugang zum Dom zu verteidigen. Cellini sah, wie sie erbittert kämpften, einen Verteidigungsring um den Obelisken schlossen, sich schließlich nach St. Peter zurückziehen und im Dom verbarrikadieren mussten. Als die Landsknechte den Dom stürmten, hielt Cellini inne. Was, wenn sie den Geheimgang fanden? Dann war es um sie alle geschehen. Um den Papst. Um ihn selbst. Das durfte nicht sein! Und so feuerte er umso erbitterter in die Menge der Landsknechte.

Die Sonne erreichte ihren Zenit, strahlte auf die Vergewaltigung Roms – ungerührt und gnadenlos. Und als sie sich schließlich senkte, hinter den Hügeln zur Ruhe begab, war die Raserei der eingefallenen Landsknechte und Söldner noch immer nicht vorbei. Beinahe konnte Cellini nicht glauben, dass überhaupt noch ein Bürger Roms lebte. Doch immer wieder konnte er sehen, wie sie aus Verstecken gezerrt und niedergemetzelt wurden. Arm und Reich waren in Bergen aus Leichen vereint. Verstümmelt und geschändet.

Als die Nacht hereinbrach, glaubte Cellini allerdings, seinen Augen nicht trauen zu können.

»Was machen sie da?«, flüsterte er in ungläubigem Entsetzen.

»Sie schmelzen die Kunstwerke ein«, antwortete Rocco, einer der Soldaten, der seit geraumer Zeit neben ihm stand.

Cellini konnte den Blick nicht von den Scheiterhaufen wenden, die die Landsknechte aufgeschichtet hatten. Überall in der Stadt loderten Feuer auf, züngelten in die Nacht und leckten an den eisernen Pfannen und Kesseln, die über ihnen angebracht waren.

»Warum? Warum!?«

»Lutheraner eben. Sie wollen den Papst strafen. Der Kirche ihre Schätze nehmen.«

»Das ist Häresie.«

Er vernahm seine eigene Stimme als zitterndes Krächzen. In einem Ausbruch blinder, übermächtiger Wut feuerte er auf einen der Scheiterhaufen, dann auf den nächsten und nächsten. Er vergaß alles um sich herum, feuerte, lud nach und feuerte weiter.

»Cellini! Benvenuto! Ihr seid wohl einer der tapfersten Männer des Papstes. Aber es ist dunkel – wir kämpfen morgen weiter.«

Cellini wollte widersprechen, wurde aber von einer entschiedenen Handbewegung Antonio da Santa Croces unterbrochen. Ein leises Lächeln umspielte die dünnen Lippen des Oberbefehlshabers der Soldaten in der Engelsburg.

»Geht nach oben. Nehmt dort Euren Platz ein. Direkt unter dem Engel. Es ist der Wunsch des Papstes.«

Ein freundschaftlicher Hieb auf die Schultern brachte ihn in die Wirklichkeit zurück und vor allem dazu, die Treppen zum Engel zu erklimmen. Der Blick von dort oben war noch besser, reichte noch weiter – und war noch erstaunlicher, wie er feststellte, nachdem er sich hinter der steinernen Mauer postiert hatte. Seltsame Ruhe erfasste ihn, als er des Engels in seinem Rücken gewahr wurde. Ein mächtiger Engel aus Marmor, der ihn beschützen würde. Und so fiel auch die rasende Wut von ihm ab, während er seine Augen wieder auf die Stadt zu seinen Füßen lenkte. Die schwelenden Feuerpunkte hatten sich vermehrt, waren größer geworden, flackerten nicht mehr nur hier und da auf.

Sie hatten Feuer gelegt. Die Stadt in Brand gesteckt. Schon drang der beißende Rauch zur Engelsburg hinauf. Die Flammen züngelten gierig von Haus zu Haus, sprangen von Dach zu Dach, und bald schon stand über der Ewigen Stadt ein orange glühender Feuerschein, der die Nacht zum Tag machte. Es war so seltsam, so erstaunlich anzusehen, wie alles in Flammen aufging, dass er seinen Blick nicht davon lösen konnte.

Die Kriegslieder der Söldner und Landsknechte hallten durch die schaurige Nacht, wurden bis zu ihnen hochgetragen, vermengten sich mit dem Bersten von einstürzenden Dächern und Häusern. Und irgendwann erreichte ihn auch der Geruch von verbranntem Stroh und Fleisch.

Der Brand wütete die ganze Nacht und weit in den Tag hinein. Der Gestank war überall. Und nicht für einen Moment hörten die Landsknechte damit auf, Kunstwerke zu zerstören. Immer noch förderten sie Schätze zutage und noch mehr Gold und Silber. Rom musste unermesslich reich gewesen sein. Alles vergangen. Dahingerafft von den Lutheranern, wie Cellini sich immer wieder vorbetete, während er auf sie zielte.

Es war eigentlich nur eine Frage der Zeit, bis sie die Engelsburg stürmen würden. Und doch taten sie es nicht. Besaßen sie noch einen Funken Verstand? War selbst ihnen klar, dass der Weg über die Brücke sie allesamt das Leben kosten würde? Und zweifelsohne hatten sie den Geheimgang des Papstes noch nicht gefunden. So besetzten sie die zerstörte Stadt, richteten sich nachts ein zwischen Bergen von Leichen, Schutt und Asche. Und kämpften tagsüber vergeblich um Zugang zur Engelsburg und damit zum Papst.

Der konnte in ruhiger Verfassung von oben herab zusehen, was sie seiner Stadt und der Mutter Kirche angetan hatten, und war doch ebenso beschützt vom Engel hoch über ihnen wie auch er, Cellini.

Eines tat Cellini den Landsknechten und Söldnern, den Schindern und Vergewaltigern in den dahinziehenden Tagen nach dem Angriff gleich: Er richtete sich ein. Kurzerhand hatte er den kleinen Saal direkt unter dem Engel besetzt. Möglicherweise war er damals für Raffaello da Montelupo eingerichtet worden, den Künstler, der den Engel geschaffen hatte. Vieles in dem Raum ließ darauf schließen – die Feuerstelle, allerlei vergessenes Gerät, das auch Goldschmiede gut nutzen konnten.

Als Cellini die Zangen und Eisen sah, dachte er an sein eigentliches Handwerk, das mit dem eines Soldaten nur wenig gemein hatte. Und die Fresken an der Decke rührten seine Künstlerseele. Aber der Kanonendonner, das Wehgeschrei der Menschen und das Brüllen der Soldaten draußen ließen ihn die Wirklichkeit nicht vergessen. Elende Hunde. Es waren nur wenige Hundert Soldaten in der Burg, um den Papst zu schützen, und doch hielten sie den Bastarden stand. Damit hatten die Söldner wohl nicht gerechnet. Schon hatte er ihr Siegesgeheul vernommen gehabt – zu der Stunde, als sie die Schweizergardisten überrannt hatten. Die, die alle für unbesiegbar gehalten hatten. Nur vierzig Mann hatten überlebt, sich in den Geheimgang retten können. Von den Milizen der Stadt waren nur wenige übrig geblieben. Man munkelte, dass die tausend Mann starke Miliz aus dem Viertel Parione keine hundert Überlebenden zählte. Cellini legte sich auf die schmale Bettstatt in dem Saal und versuchte zu schlafen. Was ihm nicht gelingen wollte. Wie konnte er an Schlaf denken, wenn draußen, direkt vor den Toren der Engelsburg, der Feind lauerte?

Cellini erhob sich wieder, ging nach draußen, verriegelte seinen Raum sorgfältig – schließlich hatte er bereits einiges rare Gerät herbeibringen lassen, um sich vielleicht hier der Kunst zu widmen – und wankte zu den Zinnen. Die goldenblinkende Mondsichel leuchtete am Himmel, schien friedlich, beinahe lächelnd auf sie herabzusehen und schenkte dabei nicht einmal genug Licht, um die Feinde deutlich sehen zu können. Er ließ seinen Blick in Richtung der Felder schweifen, in denen er in besseren Zeiten nach antiken Stücken gesucht hatte, zur Jagd gegangen oder einfach nur zur Erbauung über die weiten Hügel gelaufen war. Von den Bauernhöfen stand kein einziger mehr, die Katen waren niedergebrannt, die Felder verwüstet, das Vieh abgeschlachtet. Und jetzt reihte sich dort Zelt an Zelt aneinander. Sehen konnte er sie im Augenblick nicht. Es war zu dunkel. Und bei Tag brach ihm der Anblick fast das Herz. Zu weit entfernt waren sie, als dass er sie mit seinen Waffen hätte erreichen können.

Er spähte weiter in die Nacht hinaus und fühlte sich bald wie ein erblindeter Falke. Das Gefühl ohnmächtiger Wut wuchs in ihm heran, und als nach schier endlosen Stunden endlich die Dämmerung hereinbrach, hielt er sein *falconett* so fest umklammert, dass es ihm an seinen Händen festgewachsen schien. Als die Mondsichel verblasste und leichter Morgennebel in den Hügeln aufzog, konnte Cellini die ersten schemenhaften Gestalten ausmachen und seinem Zorn freien Lauf lassen.

Er hatte bereits etliche Male gefeuert, als Antonio da Santa Croce auf ihn zukam. Lächelnd und mit offenen Armen.

»Benvenuto! Mein lieber Cellini! Haltet ein! Wir brauchen Eure Hilfe unten. Folgt mir!«

Nur ungern verließ Cellini den Platz unter dem Engel.

Als sie die Zinnen auf der unteren Balustrade erreicht hatten, deutete da Santa Croce auf eine Reihe steinerner Häuser am Ufer des Tiber.

»Seht dort – das Haus, dessen Dach fast unbeschädigt scheint. Dort haben sich einige Söldner verschanzt. Ihr zielt am besten von allen – deshalb habe ich Euch geholt. Haltet auf das Haus, bis ich Euch sage, dass Ihr enden wollt.«

Grimmig lächelnd legte Cellini seine Waffe an, zielte in Ruhe, ehe er den ersten Schuss abfeuerte. Schon sah er einige Söldner aus dem Haus flüchten. Aber er würde sie alle erlegen. Um nachzuladen, trat er zwei Schritte zurück, da hörte er aus weiter Ferne ein pfeifendes Geräusch, das immer schriller wurde und schließlich in einem ohrenbetäubenden Knallen endete. Verwundert sah er auf, registrierte, dass die Schurken eine Zinne getroffen hatten, genau an der Stelle, an der sich eben noch sein Kopf befunden hatte, und auch, dass der Stein in der Mitte barst und ein großes Stück der Zinne mit Wucht auf ihn geschleudert wurde. Gleich darauf sah er einen grellen Blitz. Es wurde hell um ihn und – still.

Der scharfe Geruch von Wermut holte ihn in die Welt der Lebenden zurück. So zumindest mutmaßte er in einem Zustand bleierner Dämmerung. Was war geschehen? Wo war er? Er war getroffen. Von einem Steinbrocken. Keine Kugel. Keine offene Wunde. Das durfte nicht sein. Seine Brust war heiß. Stimmen umschwirrten ihn.

»Unser bester Mann ist tot!«

»Von einem Stein erschlagen!«

»Nun geht doch zur Seite. Macht ihm Platz. Er braucht Luft. Luft zum Atmen.«

Wem gehörte diese Stimme der Vernunft? Wie hieß er

noch? Richtig – Gianfrancesco. Der Pfeifer. Der sich auf Medizin viel besser als auf die Pfeife verstand.

Langsam lichtete sich die Dunkelheit um ihn. Schemenhafte Wesen nahmen Gestalt an, wurden zu Gesichtern, die er erkannte.

»Er lebt! Er lebt!«

Natürlich lebe ich!, wollte er rufen, hinausbrüllen – und konnte nicht. Erst jetzt wurde ihm bewusst, dass faulige, modrige Erde seinen Mund ausfüllte. Diese Tölpel hatten ihm nach soldatischer Manier Erde in den Mund gesteckt, um ihm die letzte Kommunion zu erteilen. Gerne hätte er sie angeschrien, versuchte es auch, erstickte aber fast an dem Dreck in seinem Mund und wurde nur durch Gianfrancescos erneutes Eingreifen gerettet. Der Pfeifer fasste ihm in den Mund und kratzte die Erde heraus. Cellini übergab sich, würgte, holte Luft und dankte Gott dafür, dass ausgerechnet Gianfrancesco an seiner Seite war.

»Hier – spült den Mund mit heißem Wein. Das bringt euch wieder auf die Beine«, flüsterte der Pfeifer, während die anderen Soldaten um sie herum johlten, dass sie ihren tapfersten Mann doch nicht verloren hatten.

»Rührt mich nie wieder an, sollte so etwas noch einmal geschehen! Lasst mich einfach liegen! Dann werde ich auch nicht sterben«, brüllte Cellini, so laut es seine Stimme zuließ, kam mit Gianfrancescos Hilfe auf die Beine, dankte ihm, nahm die Karaffe mit Wein an sich, klemmte seine Waffe unter den Arm und wankte zu seinem Engel hinauf.

Das alles war nur geschehen, weil er den Engel verlassen hatte – dessen war er sich absolut gewiss. Nie wieder würde er diesem Platz den Rücken kehren, das schwor er, und weil er plötzlich glaubte, der Schwur sei von Gott nicht gehört worden, brüllte er ihn in die einsetzende Dunkelheit hinaus.

»Nun, eines Tages müsst Ihr den Platz doch verlassen«, war die Antwort darauf, die seltsamerweise erfolgte.

Verdutzt und erschrocken zugleich fuhr Cellini herum, das *falconett* in Händen und mit einem Mal auf Antonio da Santa Croce gerichtet, der lachend einen Satz zur Seite tat.

»Cellini – legt die Waffe nieder. Ich bin es – Euer Freund. Und mich schickt der Papst. Ich habe einen Auftrag für Euch.«

»Wenn ich den Engel verlassen soll – niemals! Dann kann mich auch der Papst nicht dazu bewegen!«, donnerte Cellini in den warmen Abend.

»Tapferer Cellini – es gibt gute Nachrichten«, beruhigte ihn Antonio da Santa Croce. »Der Heilige Vater konnte einen Boten entsenden. Der Herzog von Urbino hält mit seinem Heer bereits auf Rom zu und wird in wenigen Tagen hier eintreffen – so Gott will.« Nur kurz unterbrach er sich, hielt inne, um sich zu bekreuzigen, und fuhr dann fort: »Und zum vereinbarten Zeichen, dass das Kastell noch gehalten wird von den päpstlichen Truppen, sollen jeden Abend drei Kanonenschüsse abgefeuert werden. Die Ehre, diese vertrauensvolle Aufgabe zu erfüllen, hat der Papst in Eure Hände gelegt.«

Cellini richtete sich auf, wischte sich mit dem Handrücken über den Mund, antwortete aber nicht. Da Santa Croce schien etwas verwirrt, zog die Augenbrauen zusammen und hakte nach: »Dafür lohnt es sich doch, den Platz beim Engel für kurze Zeit zu verlassen, oder?«

Cellini nickte langsam und bedächtig und brachte da Santa Croce damit zu einem wohlwollenden Lächeln. Der gute Mann hatte ja keine Ahnung, welcher Gefahr er, Cellini, sich damit aussetzte!

Aber er verrichtete seine Pflicht, die er in Wahrheit nur mit Widerwillen angenommen hatte, in der folgenden Zeit dennoch Abend für Abend mit Sorgfalt und Umsicht. Und mit ebensolcher Akribie fuhr er fort des Tages die Feinde zu beschießen, die nach wie vor in der Ewigen Stadt wüteten.

Fast schien es, als wäre ihre Wut über den Papst noch immer nicht in den Flammen aufgegangen oder von den unzähligen Feuern getilgt. Nach wie vor zerstörten sie, plünderten sie, suchten nach verborgenen Schätzen und förderten den einen oder anderen auch zutage, um ihn dann über kleinen Feuern einzuschmelzen oder die Trophäen durch die Straßen zu tragen. Johlend, singend, grölend. Eine Schar Landsknechte hielt eine Prozession ab, hatte einen der Ihren als Luther verkleidet und feierten diesen nun als neuen Papst! Grimmig entschlossen feuerte Cellini auf sie, traf die Horde und sprengte sie in einem blutigen, zerfetzten Haufen auseinander.

Wenn der Herzog von Urbino mit seinem Heer kam, dann würden sie alle laufen wie feige Hunde. Ha! Wieder feuerte Cellini.

Aber der Herzog ließ auf sich warten. Auch nach Tagen war sein Heer nicht am Horizont auszumachen und Antonio da Santa Croce hatte alle Hände voll zu tun, seine Soldaten bei Laune und gleichzeitig die Stellung zu halten.

Cellini entzündete weiter die Signalfeuer und feuerte die Kanonenschüsse ab. Aber er glaubte nicht mehr daran, dass der Herzog kommen würde. Sein Freund, der Befehlshaber Orazio Baglioni, der Einzige, dem er es außer Antonio da Santa Croce noch gestattete, die vielen steinernen Stufen zu seinem Engel zu erklimmen, hatte ihm von merkwürdigen Gerüchten berichtet. Gerüchten, die besagten, dass der Herzog Geld vom Papst verlangte. Viel Geld. Und ohne diese finanzielle Unterstützung würde er ihm die militärische untersagen. Er würde also ausbleiben. Sie mussten sich allein verteidigen.

Mit Entschlossenheit zündete Cellini den zweiten Kanonenschuss, nahm eine Bewegung hinter sich wahr und fuhr herum.

»Was zum Teufel –?«

»Beruhigt Euch, Cellini. Wir wollten nur fragen, ob Ihr irgendetwas am Horizont habt erkennen können, das darauf schließen lässt, dass der Herzog kommt.«

»Das nicht. Alles, was ich sehe, sind Eure roten Käppis!«

Seine Stimme donnerte Kardinal Ravenna und Kardinal de' Gadi entgegen.

»Aber Cellini...«

»Nichts ›Aber‹!«, unterbrach er grob. »Eure Köpfe sind ein einziges Signalfeuer. Wenn Euch der Feind jetzt noch nicht ausgemacht hat – ist er blind. Ihr bringt nicht nur Euer Leben in Gefahr – nein, sondern auch meins! Und wenn es mich erwischt, kann Euch keiner mehr beschützen! Schert Euch hinunter! Und wagt es nicht mehr, hier heraufzukommen!«

Wortloses Entsetzen und stumme Wut waren das Einzige, das die beiden blassen Kardinäle Cellinis gerechtem Zorn entgegenbrachten, als sie von der Balustrade gedrängt wurden.

Innerlich tobend feuerte Cellini den letzten Kanonenschuss ab und polterte dann wieder zu seinem Engel hoch. So viel Dummheit war nicht nur dreist und gefährlich, sie war bodenlos.

»Wie ich höre, hast du dir einmal mehr die Kurie zum Feind gemacht.«

Sein Freund Orazio stand an den Zinnen und lachte ihm freundlich entgegen.

»Ah bah! Die Kurie! Dummköpfe sind es, nichts weiter! Leuchten in der Dämmerung wie Affenärsche«, schnaubte Cellini.

Orazio kicherte. »Damit hast du Recht. Sieh nur, da unten. Wieder eine Rotkappe.«

Tatsächlich. Etwas weiter unter ihnen, direkt an einer Außenmauer des Kastells, standen Kardinal Farnese und Jacobo Salviato, der Befehlshaber der Truppen, der nur Antonio da Santa Croce und dem Papst selbst unterstellt war.

»Wie immer wird es darum gehen, dass man Salviato vorwirft, er hätte die Plünderung Roms zu verschulden.«

»Na, so ist es doch auch«, knurrte Cellini.

Kein Mann im Kastell, der nicht völlig offenkundig dem

Befehlshaber die Schuld an der ganzen Ungeheuerlichkeit gab. Hätte Salviato nicht zum Abzug der Kompanien aus Rom gedrängt, hätten die Eindringlinge kein derart leichtes Spiel gehabt. Salviato hatte sich über die betrunkenen Soldaten beschwert, die zugegebenermaßen übel gewütet hatten in Rom. Aber besser einige johlende Verbündete in der Stadt als die Lutheraner, die alles in Schutt und Asche gelegt hatten. Es war ein Jammer. Und Salviato trug die Schuld daran. Eindeutig und zweifelsfrei.

»Einige trachten ihm bereits nach dem Leben«, murmelte Orazio düster.

»Wäre gut, er gäbe es freiwillig ab«, antwortete Cellini.

Orazio lächelte. Er war gerne bei Benvenuto. Auch wenn sein cholerisches, aufflammendes Temperament für Schrecken sorgte, so verstand er es doch, sich Respekt zu verschaffen, und er war gewandt in der Redekunst. Dazu kam, dass er einer der besten Schützen in der Burg war. Benvenuto hatte es geschafft, sich in diesen Tagen der Belagerung unentbehrlich zu machen.

Orazio ließ seinen Blick auf Benvenuto ruhen, der immer noch belustigt die beiden Zankhähne betrachtete. Er war ein Mann zum Verlieben. Groß, stark, unerschrocken und auf seine Weise schön. Aber Orazio war sich nicht sicher, ob sein Freund auch dem männlichen Geschlecht zugeneigt war, und er wollte keinesfalls seinen Zorn wecken. Obwohl er einen sehr viel höheren Rang innehatte als Benvenuto.

Guter Benvenuto. Er kämpfte so inbrünstig und verteidigte die Burg, als gehörte sie ihm. Er hatte nicht die geringste Ahnung von den Ränken und Machtspielen, die innerhalb dieser Mauern ausgetragen wurden. Aber vielleicht machte ihn das so attraktiv?

»Sieh nur – sie hören nicht auf zu streiten«, sagte Benvenuto und deutete in den Hof.

In diesem Augenblick fiel Orazio wieder ein, warum er

überhaupt hinauf zum Engel gekommen war. Er lachte auf und sagte: »Ich werde vergesslich. Der Grund, warum ich hier bin, ist ein anderer als Salviato. Siehst du das Wirtshaus dort drüben – direkt hinter der Mauer?«

»Das mit der aufgemalten roten Sonne? Was ist damit?«

»Ich habe vorhin eine Truppe Söldner hineinspazieren sehen. Ich vermute, nun sitzen sie lachend und johlend bei Tisch, plündern die Vorratskeller des ehrbaren Wirtes und singen Spottlieder auf uns. Schade, dass kein Mann so weit und so genau zielen kann.«

»Ich kann es«, gab Cellini sofort zurück. »Natürlich kann ich es.«

»Würdest du es dann tun?«, fragte Orazio mit derart viel Arglosigkeit in der Stimme, dass Cellini aufhorchte. Dadurch vorgewarnt schätzte er genau ab, wie er seine Waffe auszurichten hatte, wie der Bogen des Geschosses anzulegen war, um die aufgemalte Sonne zu treffen, und richtete sein Augenmerk schließlich auf die Mauer, die es zu überschießen galt.

»Es ist doch nicht möglich«, urteilte Cellini schließlich, den Blick immer noch an die Mauer geheftet.

»Warum?«

»Siehst du die Holztonne auf der Mauer? Prall gefüllt mit Steingeschossen?«

»Ja, natürlich sehe ich sie.«

Eine Spur Ungeduld hatte sich in Orazios Stimme geschlichen.

»Nun, ich würde sie nicht treffen. Aber durch den Schuss kann sie ins Wanken geraten, herunterfallen und ... wird genau auf die beiden Zankhähne da unten stürzen und die beiden erschlagen.«

Orazio schnaubte und zischte dann: »Ach was! Die Tonne steht fest. Also los! Feuer! Feuer!«

Cellini aber war sicher: Das Wirtshaus würde er treffen und die Tonne würde zu Boden fallen. Und sie würde Salviato erschlagen. Kardinal Farnese wahrscheinlich gleich dazu. Salviato. Der Mann, der es zu verantworten hatte, dass Rom keine Schätze mehr beherbergte und dass die Kunst gestorben war. Einen langen, qualvollen Tod. Nichts würde mehr sein wie vorher.

»Ich versuche es«, sagte er schließlich, wartete nicht auf eine Antwort, legte sein *falconett* an, zielte lange und mit Bedacht und feuerte den Schuss ab.

Der Donnerknall war noch nicht verhallt, der Pulverdampf noch nicht verraucht, da hörte er aufgebrachte Stimmen von unten. Ein kurzer Blick zum Wirtshaus bestätigte ihm, dass er die Sonne genau getroffen hatte, und ein weiterer Blick sagte, dass auch die Tonne gefallen war. So, wie er vorhergesagt hatte. Auf die beiden Zankhähne. Oder doch nicht? Als der Qualm sich verzog, erkannte er schließlich Kardinal Farnese und Salviato aufrecht stehend, wenn auch wankend und um Fassung ringend.

»Da haben wir Glück gehabt. Die beiden sind wohl in dem Moment auseinander getreten, als die Tonne zu Boden stürzte ... Orazio?«

Aber Orazio war gar nicht mehr bei ihm. Cellini zuckte die Schultern. Nun gut. Jetzt stand Wichtigeres an. Schon drangen aufgeregte Stimmen zu ihm hinauf. Soldaten liefen wild durcheinander, Kardinäle kamen herbei, umringten Farnese und Salviato, betasteten sie, stützten sie.

»Diese Kanoniere! Man sollte sie alle umbringen!«
»Wer war das?«
»Ja, wer?«
»Cellini, glaube ich. Da oben – vom Engel!«
»Ich bringe ihn um! Bei Gott – ich bringe ihn um!«

Cellini konnte nicht genau ausmachen, wer ihm nun genau nach dem Leben trachtete, und letztlich war es auch egal. Nun galt es, sich zu verteidigen. Und die Unschuld zu beweisen. Schließlich war es nicht seine Idee gewesen, auf das Wirtshaus zu schießen. Mit wenigen Schritten war er bei der Treppe, richtete sein *falconett* auf den Treppenabsatz und wartete in grimmiger Entschlossenheit. Sollten sie nur kommen. Was sie auch taten. Einige Diener Kardinal Farneses waren zuerst zu sehen, manch ein Kardinal folgte, aber Cellini blieb ruhig und hielt sein *falconett* auf die Meute.

»Keinen Schritt weiter oder ich schieße euch alle über den Haufen!«, brüllte er der heraufdrängenden Meute entgegen.

Die Männer wichen zurück.

»Mörder!«, schrie einer der Kardinäle aus den hinteren Reihen.

»Dummköpfe!«, donnerte er zurück. »Ich habe nur getan, was man mir befohlen hat – so etwas geschieht zur Verteidigung der Priester und Kardinäle und nicht, um sie zu kränken!«

Ein Stimmengewirr erhob sich, als sich Orazio zwischen den Männern hindurchzwängte.

»Halt – keinen Schritt weiter!«, brüllte Cellini.

Orazio lächelte nervös, breitete aber seine Arme in einer freundschaftlichen Geste aus und rief: »Benvenuto – ich bin dein Freund!«

Cellini war sich dessen nicht mehr sicher. Warum hatte er den Befehl gegeben? Und warum zum Teufel war er dann verschwunden? Aber dann senkte Cellini schließlich den Lauf seines *falconetts* und nickte Orazio zu, er möge zu ihm kommen.

Orazio trat dicht an ihn heran und flüsterte ihm zu: »Benvenuto – das war ein sehr guter Schuss. Leider hat er nicht alles getroffen.«

Cellini zog die Augenbrauen hoch, aber Orazio fuhr unbeirrt fort: »Wollte Gott, du hättest die beiden Schurken erschlagen! Der eine ist schuld an so großem Unheil und von dem andern ist womöglich sogar Schlimmeres zu erwarten.«

Cellini keuchte. Er hatte sich also nicht getäuscht. Der

Schuss hatte nie wirklich dem Wirtshaus gegolten. Nun, im Grunde sprach Orazio die Wahrheit. Also wollte er eben etwas in dieser Art erwidern, als an der Treppe lautes Gemurmel einsetzte.

»Macht Platz! Nun macht schon Platz für seine Heiligkeit!«

Cellini warf Orazio einen schnellen Blick zu. Orazio schien blass um die Nasenspitze geworden, sah nervös zur Treppe, fasste Cellini dann am Arm und flüsterte: »Benvenuto – ich werde alles tun, damit es dir gut geht. Aber bitte verrate keinem, dass der Befehl von mir kam.«

Cellini sah so große Verzweiflung in Orazios Augen, dass er lediglich nicken konnte, als bereits die große, schlanke Gestalt Clemens' in der Menge auf der Treppe erschien. Mit einem spöttischen Lächeln um die fein geschwungenen Lippen betrachtete Clemens Cellini und gab dann Befehl, sie alleine zu lassen.

Der Papst wartete noch einen Augenblick, bis denn auch wirklich alle Neugierigen wieder ihren eigenen Geschäften nachgingen, und wandte sich dann an Cellini.

»Nun, ich höre, du hast für einigen Aufruhr gesorgt? Hast auf Kardinal und Salviato gezielt, aber nicht getroffen...«

Cellini fuhr auf, aber Clemens unterband jeglichen Einwand mit einer Handbewegung. Er lehnte sich gegen die Zinnen und sah auf das zerstörte Rom unter ihnen. Nichts an seinem Gesichtsausdruck ließ darauf schließen, was er dachte oder fühlte. Ob er sich einen Funken Schuld selbst zusprach wegen seiner Ränkespiele, die letztlich den Kaiser erst so erzürnt hatten, dass er seine Landsknechte bis nach Rom geschickt hatte. Oder ob er Angst vor den wilden Scharen hatte. Beinahe gelassen wirkte er. Und er hatte diese spöttische Art, die ihm eigen war und die nur seine hinterhältige Zielstrebigkeit überdecken sollte. Cellini war auf der Hut. Er schätzte Clemens, da ihm dieser viele Arbeiten in Auftrag gegeben hatte, und er schätzte ihn, weil er von ihm geschätzt wurde. Aber Clemens war auch der einzige Mann, der ihm gefährlich werden konnte.

»Du bist ein guter Schütze, sagt man«, sagte der Papst schließlich.

»Ja«, antwortete Cellini knapp.

Clemens wandte sich ihm wieder zu, aufs Äußerste konzentriert. Schließlich deutete er auf eine Wiese hinter den Mauern.

»Dort! Dort – siehst du den Hauptmann?«

Cellini sah in die angedeutete Richtung, erkannte einige Männer, die einen Laufgraben aushoben, und direkt hinter ihnen den Hauptmann. Ein blanker Degen war um seine Hüften gebunden, auf die Art, wie ihn nur spanische Hauptleute trugen, und sein Wams leuchtete in tiefem Rot in der untergehenden Abendsonne.

»Ja, ich sehe ihn.«

»Gib mir einen Eindruck von deiner Treffsicherheit.«

Cellini nahm Aufstellung zwischen den Zinnen, setzte sein *falconett* in einem Bogen an, zielte noch genauer und bedächtiger, als er es sonst tat, feuerte seinen Schuss ab und lehnte sich augenblicklich vor, um sehen zu können, ob er den Mann getroffen hatte. Das Geschoss war noch in der Luft, sauste herab, traf den Hauptmann und sprengte diesen in zwei Teile auseinander.

Cellini stieß einen überraschten Seufzer aus.

Der Papst trat mit gerunzelter Stirn an die Zinnen heran und starrte auf die Wiese, auf der nun ein kleiner Tumult ausgebrochen war. Die Söldner stürzten Hals über Kopf davon. Manch einer deutete zu ihnen herauf, andere verschanzten sich hinter Holzbottichen und Erdwällen. Cellini grunzte vergnügt. Mit steinerner Miene wandte der Papst sich ihm zu:

»Ich sehe, du bist der vortreffliche Schütze, für den dich alle halten. Ich frage mich, wie du dann so leichtfertig die Holztonne von der Mauer geholt hast ...«

Cellinis Herz setzte für die Dauer eines Wimpernschlages aus. Was meinte der Papst? Wollte er damit sagen, er hätte mit Absicht versucht, Kardinal Farnese und Salviato zu ermorden? Das durfte nicht sein!

Wie von fremder Hand gelenkt ließ er sein *falconett* aus seiner Hand gleiten und sank auf die Knie.

»O Heiliger Vater – vergebt mir diesen Totschlag. Und vergebt mir alle übrigen, die ich von hier aus im Dienste der Kirche begangen habe.«

Es war Cellini, als würde die Welt um ihn herum plötzlich in absoluter Stille versinken. Da waren nur noch er und der Papst.

Clemens hob seine Hand. Aber weder zum Schlag noch um die Wachen zu rufen. Der Papst erteilte ihm den Segen!

»Ich verzeihe dir alle Morde, die du jemals im Dienste der Apostolischen Kirche verübt hast und noch begehen wirst. Und nun steh auf, mein Sohn.«

Cellini richtete sich schwankend wieder auf. Der Papst hatte ihm verziehen. Mehr noch – er hatte ihm alle Morde vergeben und nahm ihm auch den Schuss über die Köpfe von Kardinal Farnese und Salviato hinweg nicht übel.

»Weißt du, mein lieber Benvenuto, manch einen, der so offensichtlich nach meinem Amt strebt, würde ich auch lieber tot als lebendig sehen, aber ich lasse keine Steine auf ihn herabregnen. Das ist zu auffällig.«

Ehe Cellini antworten konnte, nickte ihm Clemens zu, wandte sich abrupt um und stieg mit federnden Schritten die Treppe hinab. Cellini sah ihm nach. Was hatte er gemeint? Dass Kardinal Farnese gerne auf dem Heiligen Stuhl säße anstatt des ihm verhassten Medici – das war wohl der ganzen Welt bekannt. Aber war der Hass zwischen den beiden so groß, dass Clemens seinen Widersacher aus dem Weg räumen würde? Cellini dachte jedenfalls mit einigem Unbehagen an Kardinal Farnese. Er galt als aussichtsreichster Nachfolger von Clemens, sollte dieser das Zeitliche segnen. Und er war der Vater von Pier Luigi Farnese. Keine gute Konstellation für ihn, Cellini, wenn Clemens frühzeitig vor seinen Schöpfer gerufen würde.

Die Belagerung währte nun bereits vier lange Wochen. Die Stadt war völlig ausgeblutet, die Gemüter der Belagerten zermürbt. Wobei es den Eindringlingen nicht sehr viel besser erging. Der Kaiser hielt sie knapp, um ihre Wut wach zu halten. Denn an einem Ort gab es noch etwas zu holen. Hier, in der Engelsburg, vermuteten sie die größten Schätze der Welt. Wenn schon ganz Rom mit Kostbarkeiten in schier unfassbarer Menge voll gestopft gewesen war, wie viele mussten dann die privaten Schatzkammern des Papstes beherbergen?

Stürmen wollten sie die Festung. Auf der Stelle plündern und brandschatzen und dann schleifen. Und endlich wieder nach Hause zurückkehren. Aber der Befehl zum Sturm ließ auf sich warten und die marodierenden Scharen sahen selbst in ihrer blinden Wut noch ein, dass die Engelsburg nahezu unbezwingbar war.

Dennoch war der Zustand unerträglich geworden. Die Vorräte aus den Kellern des Papstes waren seit einigen Tagen erschöpft und bald schon würden ihnen auch die Geschosse ausgehen, dachte Cellini mit grimmigem Zorn.

Mit Befriedigung hatte er am gestrigen Tag von Orazio gehört, dass der Papst immerhin endlich wieder die Verhandlungen mit dem Kaiser aufgenommen hatte. Boten eilten ins feindliche Lager und wieder zurück, wenn allerdings auch kein Gespräch den Ansatz von Erfolg, geschweige denn Erlösung zu bringen schien. Zu allem Überfluss war in der Stadt die Pest ausgebrochen. Wer die Plünderung überlebt hatte, wurde nun von dem anderen großen Sterben dahingerafft. Nur eines schien tröstlich: Dieser Tod machte keine Unterschiede zwischen Belagerten und Belagerern.

Oben in der Engelsburg waren noch nicht sehr viele an der

Pest erkrankt. Fast schien es, als fiele es selbst ihr schwer, das Kastell zu erstürmen. Oder sie fand genug Beute in den stinkenden, von Leichen überquellenden Straßen der Ewigen Stadt. Oder aber der Engel beschützte sie.

Und noch ein Gutes schien das große Sterben mit sich zu bringen, erkannte Cellini eines späten Maitages: Der Papst sah nun ein, dass die Verhandlungen zügiger vorangetrieben werden mussten. Dass er Lösegeldzahlungen nicht verhindern konnte, dass er sich mit Sicherheit von großen Summen und noch größeren Schätzen zu trennen hatte. Und währenddessen wurde der Hunger in der Burg schier unerträglich, und selbst Cellini hörte seinen Magen so laut knurren, dass er beim ersten Mal, als er ihn vernahm, doch tatsächlich geglaubt hatte, der Feind wäre mit seinen Belagerungsmaschinen direkt neben seinem Engel im Kastell eingefallen, die Mauern wären geborsten und direkt auf ihn gefallen. Da war er hochgeschreckt und hatte einige recht unredliche, von Zorn getriebene Gedanken gegen den Papst gerichtet, der es auch in diesen schweren Stunden noch verstand, mit Freund und Feind so zu verhandeln, dass alle gleichermaßen verärgert wurden über das Ränkespiel und ein ums andere Mal drohten, die Verhandlung einzustellen und die Engelsburg in Schutt und Asche zu schießen. So weit war man also.

Cellini riss einen Zipfel seines Wamses aus dem Gürtel und begann sein *falconett* zu polieren. Mit seinen Geschossen hatte er sparsam umzugehen und ansonsten wusste er nicht, wie sich die Zeit vertreiben, also widmete er sich seinem treuen Gefährten.

»Benvenuto! Der Papst wünscht dich zu sprechen!«

Orazio war wie üblich ohne anzuklopfen eingetreten.

»Du lebst gefährlich, Orazio«, knurrte Cellini, schob sich an ihm vorbei und eilte die Treppen hinunter. Endlich gab es etwas zu tun. Und vielleicht gab es auch noch eine Brotkugel oder eine Handvoll Oliven in der Nähe des Heiligen Vaters?

Cellini eilte die unzähligen Gänge entlang, stieg über erschöpfte, verlauste und vor Hunger fiebrige Soldaten, nur nach vorne blickend.

An der Tür zu den Gemächern des Papstes empfing ihn bereits der Kämmerer mit den Worten: »Es eilt, Cellini! Es eilt.« Und schob ihn in den Audienzsaal, verschloss die schweren Flügeltüren aufs Sorgfältigste und schubste und drängte Cellini vor sich her.

»Eure Heiligkeit – hier ist Benvenuto Cellini, nach dem Ihr verlangt habt«, sprach der Kämmerer in eine Ecke des Saales und verbeugte sich. Cellini konnte den Papst nicht sofort ausmachen. Die Strahlen der Nachmittagssonne fielen schräg in den Saal, brachen sich in den prächtigen gläsernen Fensterscheiben, tauchten ihn in goldenes Licht und ließen die Intarsienarbeiten an den Holzdecken und Wänden gleißend strahlen. In der goldenen Flut versank die Gestalt des Papstes und seine Konturen verschmolzen mit den Hintergründen, als wäre er Teil der Wände. Erst als er einige Schritte auf Cellini zuhielt, löste er sich von dem Farbenspiel und gleichsam aus dem Schatten. Mit ausgebreiteten Armen empfing er Cellini, wartete keine Antwort ab und zog ihn mit sich. Er drückte auf ein eingelegtes Kreuz in der Wandvertäfelung und mit einem leichten Knarzen schwang eine geheime Tür auf, öffnete den Weg in ein verborgenes Zimmer. Cellini wollte eben den Mechanismus bestaunen, aber Clemens ließ ihn nicht gewähren, drängte ihn vorwärts und veranlasste Cellini zu der Frage: »Es scheint, es eilt Euch sehr?«

»Ja, mein lieber Benvenuto, das tut es. Das tut es in der Tat.«

Keine Fenster erhellten den verborgenen Raum, keine Sonnenstrahlen fielen ein – nur zwei mannshohe Leuchter warfen ihr flackerndes Licht an die mit grünem Samt beschlagenen Wände. Ein prächtiger runder und sehr massiver Holztisch nahm einen großen Teil des Raumes für sich ein. Auf dem Tisch lagerten einige Dinge wohl verborgen unter einem seidenen Tuch. Kerzenleuchter oder Wasserbecken, mutmaßte Cellini.

An den Wänden standen säuberlich aufgereiht gepolsterte Stühle, mit dem Wappen des Papstes in die Lehnen geschnitzt. Und auf einer dick gepolsterten Bank, die an der Stirnwand des Raumes stand, saß François, der engste Vertraute des Papstes. Ein *cavalieri*, der einst in den Diensten Strozzis gestanden hatte und nun nicht von der Seite des Papstes wich. Cellini schätzte den jungen Franzosen, der stets still und in sich gekehrt schien, nie aber überheblich oder hochnäsig ob seiner hohen Stellung am Hof des Papstes. Und wenn Clemens ihm vertraute, dann musste er dieses Vertrauen verdient haben. Cellini deutete eine Verbeugung an und sah dann fragend zu Clemens, der ihm ein Zeichen machte, näher an den Tisch heranzutreten. Mit einer schwungvollen Bewegung zog der Papst das Seidentuch zur Seite.

Mit einem Schlag tat sich die ganze Pracht und Herrlichkeit vor Cellinis Augen auf. Es waren die Kronen des Papstes! Das Gold blendete ihn für einen Augenblick, die wertvollen eingearbeiteten Edelsteine raubten ihm den Atem. Fast hätte er eine Tiara sofort an sich genommen, um sie zu befühlen, näher betrachten zu können, aber eine Bewegung des Papstes hielt ihn davon ab.

»Das hier, Cellini, muss schnellstens eingeschmolzen werden. Brich die Edelsteine heraus, schmilz das Gold und bring mir alles wieder.«

»Ja, selbstverständlich. Wie Ihr wünscht, aber...«

Weiter kam er nicht, da erhob sich François, stellte zwei prall gefüllte Lederbeutel neben die Kronen, öffnete den einen und schüttete den Inhalt über den Tisch. Ein Regen aus goldenen Ringen und Kreuzen, Medaillen und anderem Zierrat ergoss sich über das Holz.

»Und brich auch hier die Edelsteine heraus. Schmilz allen Schmuck ein. Nichts darf davon kenntlich bleiben. In dem anderen Beutel findest du noch mehr dieser Kostbarkeiten. Und nun mach dich an die Arbeit.«

Die Stimme des Papstes klang hart und rau und ließ keinerlei Regung eines Gefühls erkennen.

»Hier?«, keuchte Cellini schließlich, fasste sich aber rasch wieder und sprach: »Wie soll ich die Kronen hier einschmelzen? Dazu brauche ich einen Ofen, Gerätschaften und allerlei andere Dinge. Das geht hier nicht.«

Clemens nickte nachdenklich, nahm einen der Ringe zur Hand, drehte ihn zwischen den Fingern.

»Und wo, Benvenuto, kannst du die Kronen einschmelzen?«

»Oben beim Engel!«, entfuhr es Cellini, und auf Clemens' fragenden Blick hin fügte er hinzu: »In dem kleinen Saal, in dem ich seit der Belagerung wohne. Dort steht vieles bereit. Ich muss mir nur noch einen Ofen bauen, dann kann ich ans Werk gehen.«

»Was benötigst du dafür?«

»Ach, nicht viel. Ziegelsteine, Lehm, ein Eisenbecken – mehr braucht es nicht. Der Rest findet sich bereits dort.«

»Nun gut, aber die Edelsteine müssen hier entfernt werden. Sie sind zu kostbar, als dass man sie durch das Kastell tragen sollte. Beginn mit deiner Arbeit. Schnell – wie gesagt, es eilt. Und je eher du fertig bist, desto dankbarer werde ich dir sein.«

Das musste Clemens nicht zweimal sagen. Cellini setzte sich an den Tisch, nahm von François eine kleine Zange und eine Feile entgegen und machte sich an die Arbeit. Alsbald versank er in der reinen und klaren Schönheit der edlen Steine. Wohl noch nie in seinem Leben hatte er so prächtige, so kostbare Kleinodien gesehen.

Die Stunden vergingen, es wurde heißer und stickiger. Schließlich wischte Cellini sich mit dem Handrücken über die Stirn und sah von seiner Arbeit hoch. Clemens stand unentwegt und unbeweglich neben ihm und beobachtete ihn auf das Schärfste.

»Heiliger Vater, ich brauche etwas zu trinken. Sonst geht die Arbeit nur schleppend voran.«

Clemens zog eine Braue hoch, nickte aber und schickte François, Wein zu holen. Also gab es doch noch Wein im Kastell, dachte Cellini grimmig.

Nachdem Cellini den ersten Durst mit vier Bechern Wein gestillt hatte, ging ihm auch die Arbeit wieder leichter von der Hand. François brachte neue Kerzen, entzündete sie, stellte die Leuchter dichter an Cellini heran und setzte sich dann wieder auf die Bank, um seiner eigenen Arbeit nachzugehen. Er trennte die Säume an den Gewändern des Papstes auf. Fein säuberlich und akribisch genau. Nahm dann Stein für Stein zur Hand und nähte sie in die Soutanen aus edelsten Stoffen.

Cellini verlor jegliches Gefühl für Zeit und Raum. Und als er schließlich den letzten Diamanten aus seiner Fassung gebrochen hatte, füllte er die nunmehr leeren Fassungen in die Beutel zurück, verschnürte diese sorgfältig, befestigte sie an seinem Gürtel und schob sein Wams darüber.

»Die Ringe und Kreuze sind leicht und völlig unbemerkt durch das Kastell zu bringen. Aber was ist damit?«, fragte er und deutete auf die Kronen.

»François wird sich darum kümmern. Mach dir keine Gedanken. Geh nun in deinen Raum, verlass ihn heute nicht mehr und warte auf François.«

Damit war er schneller entlassen als angenommen und sein Wunsch nach noch mehr Wein musste bis auf weiteres verschoben werden. Wenigstens schnappte er sich den Krug, der auf dem Tisch stand, verbeugte sich vor Clemens und suchte gleichzeitig noch einen Blick auf den geheimen Mechanismus zu erhaschen, der die verborgene Tür erneut öffnete. Aber François schob ihn zu schnell zur Tür in den Audienzsaal hinaus.

Cellini nahm überrascht wahr, dass es bereits Abend geworden war. Helles Mondlicht flutete durch die Fenster in den Saal. Entsetzt wandte er sich um und flüsterte: »Das Signalfeuer! Die Kanonenschüsse! Wenn der Herzog nun ...«

Clemens winkte mit einer harschen Bewegung ab und erwiderte knapp: »Er wird nicht kommen. Das Signalfeuer ist nicht mehr vonnöten. Und nun beeile dich.«

Cellini nickte etwas verwirrt, verstand den barschen Ton aber sehr wohl und hakte nicht weiter nach. Stattdessen hastete er zu seinem Engel zurück, sorgfältig darauf bedacht, die Karaffe mit Wein vor den anderen zu verbergen und gleichzeitig nichts von dem kostbaren Trunk zu verschütten. Erst als er seinen Engel sah und schließlich die Tür zu seinem kleinen Saal hinter sich verschließen konnte, atmete er auf.

Was ging nur vor im Kastell? Warum diese heimlichen Arbeiten? Warum die Mühe? Der Papst war dabei, seine Schätze zu retten. So viel stand fest. Und der Herzog würde nicht mit seinem Heer anrücken. Also schien auch eine Kapitulation nicht mehr abwegig. Kapitulation! Dass es diesen Gedanken überhaupt geben durfte! Und dass diese Schurken, diese Landsknechte und Söldner, nun doch noch den Sieg davontragen konnten! Der Gedanke war so schrecklich, dass er mit Feuereifer ans Werk ging. Vergessen war der Wein, vergessen auch der nagende Hunger. Stattdessen widmete er sich dem Bau seines Ofens. Alles, was er dafür benötigte, lag bereit. Und so dauerte es nur wenige Stunden, bis der Ziegelofen fertig gestellt und ein Auffangbecken darunter geformt war. Nicht mehr lange, dann konnte er die Kronen schmelzen. Die päpstlichen Tiaren!

Als hätte François seine Gedanken vernommen, klopfte es leise an der Tür. Einmal. Zweimal. Dreimal. Dann ertönte der Ruf eines Käuzchens. Das vereinbarte Zeichen. Cellini war mit einem Sprung bei der Tür und riss sie auf.

»Pst. Leise. Niemand soll wissen, dass ich hier war. Und nun schnell – hier sind die Kronen. Wann werdet Ihr fertig sein?«

»Morgen früh – wenn alles gut voranschreitet. Bestimmt aber, bevor die Sonne ihren Zenit erreicht.«

»Gut.«

François überreichte ihm einen riesigen Sack, der so aussah, als würde er Lumpen in sich bergen, drehte sich ohne weitere Worte um und verschwand so lautlos, wie er gekommen war.

Cellini spähte ihm hinterher in die Dunkelheit, verfolgte das tanzende Licht der Fackel, bis es hinter der Biegung der Treppe verschwand, verschloss die Tür über die Maßen sorgfältig und ging dann zu seinem Ofen.

Eine nach der anderen holte er die Kronen aus dem Sack. Er hatte nur wenig Licht in seinem Saal, aber der Schein der wenigen Kerzen reichte völlig aus, um ihm zu bestätigen, was er bereits vorher gedacht hatte, als er die Kronen zum ersten Mal begutachtet hatte. Sie waren nicht von Meisterhand gearbeitet. Hier hätte man etwas Laubwerk anbringen können. Da und dort noch einen Fisch, ein Kreuz oder Blumenranken. Im Grunde war es nicht schade darum. Es war kein Verlust, sie einzuschmelzen. Er könnte bessere schaffen. Und der Papst brauchte zweifelsohne neue Kronen, wenn diese Misere vorüber war. Dann konnte er ihm zeigen, wie prächtig er sie gestalten würde. Ja, das war ein feiner Einfall, ein prächtiger Gedanke, der ihn endlich wieder aufheiterte und ihn nur noch mit Ungeduld warten ließ, bis er endlich Feuerholz unter dem Auffangbecken aufschichten und es entzünden konnte. Das Knistern der Flammen bereitete ihm alsbald ein wohliges Gefühl. Erinnerten sie ihn doch an seine Werkstatt, an friedliche Zeiten. Diese Söldner hatten wirklich alles durcheinander gebracht.

Der Schweiß troff ihm bald schon von der Stirn, rann ihm in die Augen, aber er ließ sich nicht beirren. Munter schürte er das Feuer und dann konnte er beginnen die erste Krone einzuschmelzen. Es war etwas seltsam anzusehen, wie erst nur der untere Rand schmolz, dann aber die Krone in einer langsamen, sanften Bewegung in sich zusammenknickte, sich zur Seite beugte und schließlich in ihrer Gestalt nicht mehr daran erinnerte, dass sie einst das Haupt des Führers der Christenheit geschmückt hatte. So ging jedes Kunstwerk in diesen Tagen dahin, dachte er und fühlte die ohnmächtige Wut wieder in sich aufsteigen, die er beim Anblick der Söldner empfunden hatte. Aber das war etwas anderes. Das hier diente dem Papst, es schadete ihm nicht. Wofür er das Gold benötigte? Für Lösegeld. Mit Sicherheit, um das Lösegeld aufbringen zu können. Und um nicht mehr Schaden als nötig dabei zu nehmen, waren die Edelsteine eben in den Säumen der Soutanen verschwunden.

Ein leises Zischen unterbrach das stete Knistern der Flammen. Cellini horchte auf, fluchte leise. Etwas Gold tropfte aus dem Auffangbecken in die Kohlen. Nun, er würde es später herausholen. So viel würde es schon nicht sein. Und vielleicht fiel es auch nicht weiter auf, wenn er es in seine eigenen Taschen wandern ließ. Es war bestimmt nicht viel. Nicht der Rede wert. Und ein guter Lohn.

Aber nein – er war ein ehrlicher Mann! Er würde abwarten, wieviel ihm der Papst geben würde. Dann war weiter zu entscheiden. Und es galt die Reaktion des Papstes erst zu sehen, zu überprüfen. Erkannte er, dass etwas Gold fehlte, war Vorsicht angebracht. Diesem Papst war Vieles zuzutrauen. Nicht nur das ein oder andere Ränkespiel mit den Mächtigsten der Welt. Es brauchte nur das Zucken seiner Augenbrauen, um einen einfachen Soldaten und Goldschmied in die Hölle zu bringen.

Zwar hatte Cellini versprochen, bis zu den frühen Morgenstunden fertig zu sein, aber die Arbeit ging doch nicht so schnell voran wie gedacht. Die Sonne erreichte ihren Zenit, überschritt ihn auch, und noch immer war er nicht fertig.

»Gute Arbeit will Weile haben«, hatte er knapp geantwortet und dann François, der bereits mehrmals am Tag erschienen war, um das geschmolzene Gold nun endlich abzuholen, die Tür vor der Nase wieder zugeschlagen.

Eine Krone noch, dann war er fertig. So lange hatte man sich eben zu gedulden. Die Glocke der Kapelle läutete zur Vesper, die heiße Julisonne senkte sich langsam hinter die Hügel Roms und Cellini hatte das dringende Bedürfnis, seine stickige, verrauchte Kammer zu verlassen und ein wenig Luft zu schnappen. Er öffnete die Tür und sog den warmen Abendhauch ein, streckte seine Glieder und torkelte etwas benommen zu den Zinnen. Mit einem wohlwollenden Blick nahm er wahr, dass seine Geschütze angriffsbereit nur auf ihn zu warten schienen. Cellini blinzelte, um besser sehen zu können. Dort drüben auf der Wiese ritt einer auf einem Maultier, und wie es schien – zumindest seine Kleidung ließ darauf schließen –, war er ein Mann von hohem Rang. Na, den wollte er doch von seinem hohen Ross holen. Auch, wenn's nur ein Maultier war.

Blitzschnell griff er nach seinem *falconett*, setzte an, zielte und feuerte. Das Geschoss sauste in perfektem Bogen vom Kastell, pfiff über die Wiese und traf den Schurken mitten im Gesicht. Das Maultier fiel zur Seite und begrub den Mann unter sich. Augenblicklich erhob sich Lärm aus den Laufgräben. Söldner hasteten von allen Seiten herbei.

Nun denn, da hatte er doch tatsächlich einen wichtigen Mann erwischt. Wenn so viel Aufhebens um seine Bergung gemacht wurde! Aber er wollte sie nicht so einfach davonkommen lassen und schoss erneut und gleich noch einmal. Ach, er traf einfach prächtig und der Feind wurde von seinen Kugeln und Schrotladungen erschlagen wie die Fliegen.

Auf der Balustrade unter ihm hob nun auch Lärm an. Soldaten scharten sich zusammen, deuteten auf die Wiese, lachten, johlten, pfiffen, riefen den Söldnern Schmährufe entgegen. Cellini grinste breit und winkte seinen Kameraden zu. Auf seltsame Art und Weise hatte der wohl gezielte Schuss die Stimmung gehoben, die Soldaten aufgemuntert, sie mit Donnerschmettern aus ihrer Lethargie gerissen. Am liebsten hätte er fröhlich weitergeschossen, aber er musste nun einmal sparsam sein, und so beschränkte er sich darauf, den feindlichen Söldnern ebenfalls Schmährufe und obszöne Gesten zu schicken.

Der Mann, auf den er geschossen hatte, schien nicht tödlich verwundet. Einige Söldner fassten ihn nun an Schultern und Beinen und schleppten ihn in das nahe gelegene Wirtshaus. Das Haus mit der aufgemalten roten Sonne.

»Benvenuto! Cellini! Komm herunter!«

Cellini hatte jedoch nicht die Absicht, seinen Engel zu verlassen, bis er die leuchtend weiße Soutane und den rubinroten Umhang des Papstes sah. Es schien wohl doch dringlich zu sein. Also schulterte er seine Waffe und machte sich auf den Weg.

»Benvenuto – was ist geschehen? Auf wen hast du gezielt?«

Mit diesen Worten und einem fordernden Ausdruck in den Augen empfing ihn Clemens. Cellini eilte auf ihn zu, zog ihn zu den Zinnen, drängte sich an seinen Kameraden vorbei und deutete auf das Wirtshaus.

»Dorthin haben sie ihn gebracht.«

»Wen denn nun?«

»Ich bin sicher, einen Befehlshaber. Einen Hauptmann oder jemand noch wichtigeren.«

»Woraus schließt du das?«

Cellini zuckte mit den Schultern.

»Ich wusste es anfangs nicht. Aber wenn sich so viele Schurken darum bemühen, ihn zu retten, und dabei riskieren, selbst erschossen zu werden, dann muss er wohl bedeutend sein.«

Clemens nickte bedächtig, rieb sich mit seinen schlanken Fingern das ausgeprägte Kinn, sah nachdenklich zum Wirtshaus, bevor er sich umwandte, und sagte: »Antonio da Santa Croce – richtet alle Geschütze aus, die wir noch haben. Richtet sie auf das Wirtshaus und legt es in Schutt und Asche.«

Antonio da Santa Croce überwachte mit Argusaugen, dass die eifrigen Männer die richtigen Positionen einnahmen, die *falconette, sacri, colubrina* und *gerifalcos* genau auf das Wirtshaus gerichtet wurden und alle bereitstanden, um auf seinen Befehl den gemeinsamen Angriff zu starten. Nur noch wenige Augenblicke, und von dem Wirtshaus würden bestenfalls noch die Grundpfeiler stehen. Antonio da Santa Croce hob seinen rechten Arm, zeigte mit dem gezogenen Degen in die Luft, reckte ihn der Sonne entgegen. Der Stahl blitzte. Gleich war es so weit. Cellini hielt den Atem an.

»Halt! Sofort einhalten! Halt sage ich!«

Cellini fuhr herum. Wer störte diesen gesegneten Moment? Sein Blick fiel auf Kardinal Orsini, der seine untersetzte, schwere und massige Gestalt durch die Männer auf Antonio da Santa Croce zuschob. Da Santa Croce sah ihn missmutig an, senkte seinen Degen und zischte: »Was ist los? Was stört Ihr hier?«

»Die Frage muss lauten: Was habt *Ihr* vor? Auf wen wollt Ihr noch schießen lassen? Reicht es nicht, dass einer von euch Stümpern den Prinzen von Oranien getroffen hat? Und jetzt wollt Ihr weiterschießen? Und wer gab diesen verrückten Befehl?«

»Ich war das, wenn es beliebt. Dieser verrückte Befehl stammt von mir«, sprach Clemens leise, fast drohend, während er sich von der Zinne abstieß und zu Kardinal Orsini ging. Seine gespannte, leicht gebeugte Haltung sprach von Verärgerung. Und wenn der Papst verärgert war, wurde er noch gefährlicher, als er sonst bereits war. Cellini konnte sich ein Grinsen nicht verkneifen. Er hatte den Prinzen von Oranien getroffen! Und dieser dumme Kardinal Orsini musste schon lange zurechtgestutzt werden.

Kardinal Orsini gab sich aber nicht den Anschein, Angst vor Clemens zu zeigen. Im Gegenteil. Er schob seinen dicken Bauch vor, ruderte mit den stämmigen Armen in der Luft und zeterte: »Ihr bringt damit alles durcheinander. Wir führen Verhandlungen! Wenn wir ihre Anführer töten, ist es um uns geschehen. Die Verhandlungen sind zunichte. Die Schurken werden die Engelsburg stürmen. Sie drohen die Brücke zu sprengen, die Burg ebenso, und wir sind alle des Teufels! Wollt Ihr das etwa? Ha?«

Clemens verschränkte die Arme vor der Brust, zog die Augenbrauen verärgert zusammen und sagte sehr leise: »Wenn wir ihre Führer töten, wird ihr Heer kopflos und damit vernichtet. Vielleicht hat Gott meine unzähligen Gebete endlich erhört und wir werden auf diese Weise von den Feinden befreit.«

»Unfug!«, schnaubte Orsini, mittlerweile atemlos geworden. Er schnappte nach Luft, suchte dabei ganz offensichtlich nach Worten.

Cellini war der Sache überdrüssig. Dieses ewige Geschwätz, die fortwährenden sinnlosen Verhandlungen – Taten mussten her! Zeichen gesetzt werden! Und Kardinal Orsini hatte sich den Befehlen des Papstes nicht entgegenzustellen.

»Man will mich wohl nicht nur außerhalb, sondern auch innerhalb der Mauern meines Kastells umbringen?!«, donnerte der Papst.

»Nein, wir wollen Euch lebend sehen. Deshalb lasst ab von diesem Befehl!«

»Nun gut – dann entscheidet Ihr. Aber tragt dann auch die Verantwortung dafür«, versetzte Papst Clemens eisig.

Cellini wollte nicht mehr weiter zuhören. Das viele Hin und Her verursachte ihm Übelkeit. Er drehte sich um, sah wieder zum Wirtshaus hinüber. Er wusste dabei nur eines. Da war ein Anführer der Schurken, und der musste vernichtet werden. Langsam schob er sich die Zinnen entlang. Mit seinem *falconett* konnte er nicht viel ausrichten. Aber Rocco dort drüben hatte eine *mezzo canone* – mit der war es auch allein zu schaffen. Niemand beachtete Cellini, der konzentriert Feuer an die Lunte legte. Nur wenig später zerriss ein donnernder Knall die Luft.

Ha! Der hatte gesessen. Hatte genau einen Stützpfeiler getroffen, der knackend barst und das Wirtshaus zur Hälfte mit sich in die Tiefe riss. Es rauchte, dampfte, einige verletzte Söldner krochen wie Ratten aus einem Loch.

Ein Jubelschrei entfuhr Cellini. Mit leuchtenden Wangen drehte er sich um und sah in die verdutzten Gesichter der anderen. Sie alle starrten ihn an. Kardinal Orsini wie ein Karpfen an Land. Antonio da Santa Croce mit einem Ausdruck größter Verwirrung. Der Papst mit strengem Blick, in den sich kaum merklich ein feines Lächeln stahl.

Erstaunlicherweise fing sich Kardinal Orsini am schnellsten wieder: »Was habt Ihr getan? Unseliger! Ihr stürzt uns alle ins Verderben.«

»Nein. Ich rette uns«, war Cellinis knappe Antwort.

»Ihr bringt uns alle um!«

Cellini fühlte die altbekannte Wut in sich aufsteigen. Wenige Worte noch und der unglückselige Kardinal war seines Lebens nicht mehr sicher.

»Nun lasst doch Benvenuto in Ruhe.«

Die Stimme der Vernunft sprach. Clemens stellte sich an seine Seite, klopfte ihm auf die Schulter. »Möglicherweise hat er einfach nur das Rechte getan. Es ist im Übrigen nicht mehr rückgängig zu machen.«

»Hängen sollte man ihn!« Kardinal Orsini tobte weiter. Cellini wollte eben zum Degen greifen, als er die Hand des Papstes auf der seinen fühlte. Und sein leises Flüstern hörte: »Geh nach oben. Ich werde ihn zur Raison bringen. Und – ich glaube, da sind noch Arbeiten für mich, die erledigt sein wollen.«

Die Kronen. Richtig. Cellini schnaubte, spuckte aus, führte seinen Degen wieder in die Scheide zurück, machte auf dem Absatz kehrt und stapfte zu seinem Engel hinauf.

Hier stockte ihm der Atem: Er hatte vergessen den Saal abzuschließen! Wenn nun die Kronen geraubt waren! Er stürzte hinein, war mit einem Schritt beim Ofen und hielt den Atem an. Nein. Alles war in Ordnung. Die letzte Krone war nicht mehr zu erkennen, das Gold bildete einen glänzenden See im Auffangbecken und in der Ecke lagerte der Sack mit dem bereits geschmolzenen und abgekühlten Gold. Wie hatte er nur so leichtsinnig sein können! Wie schnell hätte man ihm Raub und Diebstahl unterstellt! Aber es fehlte nichts. Da war er ganz sicher.

Im Laufe des restlichen Tages verließ er seinen Raum nicht mehr. Er wollte kein Risiko mehr eingehen. Lieber schwitzte er hier an seinem Ofen, atmete den Rauch und Qualm ein und lauschte dem leisen Zischen des Goldes, das zwischen die glühenden Kohlen und nicht in das Auffangbecken fiel. Die Sonne ging schließlich unter, die Dämmerung kroch herauf.

Als nur noch der flackernde Feuerschein aus dem Ofen den Saal erhellte, war die Arbeit getan. Cellini konnte das Gold abgießen, in eine Form füllen, und nun musste es nur noch abkühlen. Auch darüber wachte er mit offenen Augen. Er konnte ohnehin nicht schlafen in dieser Nacht, starrte auf das Gold, versuchte seine Eingeweide, die sich in Hunger wanden, unter Kontrolle zu bringen, und bewegte sich keinen Schritt von seinem Ofen weg.

Als die Glocken der Burgkapelle schließlich zur Laudes riefen, richtete er sich auf, streckte seine verrenkten Glieder, packte das restliche Gold in den Sack, schulterte diesen und machte sich auf den Weg zu Clemens. Nicht ohne seinen Dolch unter dem Wams griffbereit zu halten. Aber er gelangte völlig unbehelligt zum Audienzsaal. Keiner hatte ihm Beachtung geschenkt.

»Ist das endlich, worauf der Heilige Vater schon so lange wartet?«, fragte François, als Cellini den Sack vor ihm absetzte.

»Ja.«

»Gut. Sehr gut.«

Mit spitzen Fingern öffnete François den Sack, lugte hinein, hob ihn und wob ihn damit prüfend, nickte schließlich, setzte ihn wieder ab und zog seine Geldkatze hervor.

»Hier, fünfundzwanzig Scudi für Eure Arbeit.«

Fünfundzwanzig Scudi – das war mehr als mager, mehr noch: Es war unverschämt. Für all die Mühen und Ängste und Umstände, die er gehabt hatte! Fünfundzwanzig Scudi! Eben wollte er seine Einwände lautstark vorbringen, da trat Clemens wie aus dem Nichts zu ihnen, lächelte ihn an und sagte: »Ich weiß, mein lieber Benvenuto, es ist nicht viel. Aber ich werde mich später erkenntlich zeigen. François wird dir noch mehr geben, sobald sich die Gelegenheit dazu ergibt. Momentan ist es mir allerdings nicht möglich, dich mit mehr für deine unschätzbaren Dienste zu entlohnen – wir haben kapituliert. Man verlangt Unsummen an Lösegeld. Deshalb bin ich etwas ... nun, knapp. Du verstehst?«

Cellini starrte Papst Clemens an, dessen lächelndes Gesicht nichts darüber verriet, wie er die Schande, die Schmach und die verdammte Ungerechtigkeit in Wahrheit verwand. Kapitulation! Sie hatten die Waffen gestreckt vor den Kaiserlichen. Den Lutheranern! Was sollte aus ihnen werden? Was aus dem Papst? Der Heiligen Mutter Kirche!

»Ich sehe an deinem Gesicht, dass du das Schlimmste vermutest, mein lieber Benvenuto. Aber dem ist nicht so. Schenk mir doch ein wenig Vertrauen. Das tust du doch, nicht wahr?«

Cellini konnte nur stumm nicken. Und ebenso wortlos

verneigte er sich schließlich und verließ den Audienzsaal. Begleitet vom Klimpern der fünfundzwanzig Scudi in seiner Geldkatze.

Rom, Florenz und Mantua
im Jahre des Herrn 1527 bis 1528

Nichts hielt Cellini mehr in Rom. Die Belagerung war zu Ende, der Papst hatte kapituliert, seine Soldaten waren entlassen, selbst den kläglichen Rest der Schweizergarde hatte er auflösen müssen. Dazu hatte Clemens die Festungen Civita Vecchia, Ostia und Civita Castellana zu übergeben und auf die Städte Modena, Parma und Piacenza zu verzichten. Der Papst war nun ein Gefangener in der Engelsburg, beschützt von Söldnern, Landsknechten und anderen Schurken, und musste darüber hinaus vierhunderttausend Dukaten bezahlen. Das Lösegeld für Gefangene nicht mitgerechnet. Blieb nur die Frage, welche Gefangenen es überhaupt auszulösen galt. Jedermann wusste, dass die Landsknechte keine Gefangenen machten.

Und Rom war zerstört, der Glanz der vergangenen Tage verloschen. Die prächtigen Paläste waren übersät von Trichtern und Einschlaglöchern, die Dächer eingebrochen, die Säulen umgestürzt – so denn überhaupt noch ein Haus stand. Von den meisten waren nur noch die Grundmauern zu sehen, aus denen die Kaminschächte ragten wie tote Finger.

Cellini schnaubte und trat mit dem Fuß gegen die Steine, die ihm im Weg lagen. Nichts als Schutt, Trümmer und Asche. Dazu der Gestank der Toten. Und das Wehklagen derer, die rechtzeitig geflohen und nun zurückgekehrt waren und vor dem Nichts standen.

Nein, nichts hielt Cellini mehr in Rom, und so hatte er das

Angebot Orazios angenommen, mit ihm und der Kompanie von dreihundert Soldaten gen Perugia zu ziehen. Orazio war der Oberbefehl über die Truppe übergeben worden, da Antonio da Santa Croce als Geisel in der Engelsburg verweilen musste.

Als sie Rom am zerstörten Stadttor endlich den Rücken kehrten, stieg Cellini auf sein Pferd und konnte endlich befreiter atmen.

Der Weg nach Perugia war dennoch nicht frei von schweren Erinnerungen. Überall gemahnten zerstörte Wälder, Äcker, und Dörfer an den Krieg, der hier gewütet hatte. Sie hatten so tapfer gekämpft! So unermüdlich und fleißig, und doch hatten sie diese Schändung nicht rächen können. Cellinis Wut wollte kein Ende nehmen. Orazio bemühte sich um den Weggefährten, wollte ihn mit heiteren Erzählungen aufmuntern, aber Cellini blieb missgelaunt und stumm.

In Perugia übergab Orazio Cellini überraschend den Befehl über die Kompanien.

»Das ist eine große Ehre, Orazio.«

»Ja. Und du hast sie dir wohl verdient. Du hast dich als mein Freund gezeigt. Nun will ich dir einen Gefallen erweisen.«

Cellini erinnerte sich an den Schuss über die Köpfe von Kardinal Farnese und Jacobo Salviato hinweg. Schade nur, dass die Tonne die beiden nicht erschlagen hatte.

»Nein, Orazio. Nein, das kann ich nicht annehmen«, sagte Cellini schließlich. Orazio sah ihn verdutzt an: »Ich schulde dir etwas. Warum willst du es nicht annehmen?«

»Erst habe ich andere Dinge zu tun. Ich will meinen Vater sehen. Meine Familie. Ich muss nach Florenz.«

»Nun, dann werde ich auf dich warten«, sagte Orazio.

Cellini war erfreut und gerührt. Er umarmte Orazio. »Dann ist das jetzt unser Abschied«, sagte er schließlich.

»Ja. Pass gut auf dich auf, Benvenuto.«

»Das werde ich.«

Cellini machte sich frohen Mutes auf den Weg in seine

Heimatstadt. Seine Geldkatze war prall gefüllt vom Sold als Soldat, den Scudi für die Arbeit an den Kronen, und natürlich waren einige Goldstückchen dabei, von denen nur er wusste. So ausgestattet würde es eine Freude sein, den Vater und das geliebte Florenz wieder zu sehen.

Aber Florenz empfing ihn nicht mit offenen Armen. In der Stadt wütete die Pest, wie er es lange nicht mehr erlebt hatte. An Türen und Toren prangte das weiße Kreuz als Zeichen dafür, dass in diesem Haus die Seuche tobte und sich niemand nähern sollte. Kranke lagen sterbend auf den Straßen und in den Gassen. Kotbeschmiert und übersät mit eitrigen Geschwülsten, denen schwärender Gestank entströmte.

Ob er den Vater noch lebend antreffen würde? Wohl nicht. So wie es um die Stadt und ihre Bewohner stand, war zu befürchten, dass er das Haus leer und verlassen vorfinden würde, dachte er, während er mühsam darauf bedacht war, ein parfümiertes Tuch vor die Nase zu halten und mit keinem der Kranken oder Toten in Berührung zu kommen. Aber als er das Haus sah, tat sein Herz einen Sprung. Kein weißes Kreuz prangte an der Tür.

Cellini sprang vom Pferd, überließ es seinem Diener, sich darum zu kümmern, und stürmte ins Haus.

»E vivo! Ich lebe noch! Hier bin ich!«, brüllte er aus Leibeskräften, dass die alten Deckenbalken zitterten.

»Wer ist da? Benvenuto? Bist du es?«

Die Stimme des greisen Vaters. Leise, zerbrechlich, zittrig. Cellinis Herz schlug höher, wollte ihm vor Freude und Rührung beinahe aus der Brust springen. Er fegte herum, sah den gebeugten Alten mit einer Kerze in der Tür stehen. Ach, wie er ihn liebte! Er stürzte auf den Vater zu.

»Ja! Ja – ich bin es. Dein Benvenuto!«

Er schloss ihn stürmisch in die Arme und fürchtete sogleich alle Knochen des mageren Vaters zu zerbrechen.

»Ich bin da und werde für dich sorgen.«

In der nachfolgenden Zeit entfesselte er einen Wirbelsturm an Tatendrang. Seinen Diener schickte er, um den Vorratskeller zu füllen, frisches Stroh und vor allem Wein zu besorgen. Dann fegte er durchs Haus, stieß die Fensterläden auf, atmete in jeder Kammer, im Flur und in der Arbeitsstube des Vaters den Odem der Erinnerungen ein, ließ sich vom Vater belehren, dass es in Zeiten der Pest besser war, die Fensterläden geschlossen zu halten, und polterte noch einmal durch alle Räume, um die Läden wieder zu schließen.

Und als er endlich mit dem Vater am Tisch saß, ein Krug zwischen ihnen, eine Brotkugel, Oliven, Schinken, Speck und Spezereien, da fühlte er sich so glücklich und geborgen, dass er auf der Stelle den Schwur leisten wollte, den Vater nie mehr zu verlassen.

Sie feierten ihr Wiedersehen, lachten und erzählten sich von ihren Erlebnissen. Als Cellini die Sprache auf die Kompanien brachte, die ihm Orazio versprochen hatte, wurde der Vater mit einem Schlag ernst und still. Cellini drehte den Becher in seinen Händen. Dann sagte er: »Es ist eine gute Sache. Es wird gut bezahlt. Und du weißt, ich kämpfe gern.«

»Ja, aber ich habe schon einen Sohn im Kriegsdienst. Das genügt vollauf.«

»Warum? Ich bin besser.«

Der Vater streckte seine zittrige Hand nach ihm aus.

»Du bist kein Soldat. Du bist Künstler. Du verstehst es, schöne, herrliche Dinge zu erschaffen.«

»Ich verstehe auch, zu kämpfen.«

»Ja. Aber zu schöpfen gefällt dem Herrn. Warum willst du zerstören?«

Cellini konnte keine Antwort darauf geben.

»Bedenke es doch noch ein wenig. Verlass Florenz. Wir Cellini haben hier nicht mehr viel verloren. Unsere Herren, mit denen es uns immer gut erging, die Medici, sind verjagt. Auch das ist eine Folge dieses schlimmen Krieges. Zudem wütet hier die Pest und mir scheint, der Tod, dem du hier überall begegnest, wird dich auf schlimme Gedanken bringen. Tu es mir zu Gefallen.«

»Wohin sollte ich gehen? Rom ist zerstört. Da gibt es keine Arbeit für einen Künstler. Aber für einen Mann mit Waffen gibt es überall Arbeit«, knurrte Cellini bitter.

Sein Vater lächelte traurig, neigte den greisen Kopf und sagte: »Ich war auch einmal jung. Und ich war sehr vergnügt in Mantua. Vielleicht wäre das eine gute Wahl für dich?«

Cellini wurde erneut von unendlicher Rührung erfasst und so versprach er, nach Mantua zu reisen. Sollte der Vater sich doch freuen. Er würde einige Zeit in Mantua bleiben und dann zu den Kompanien zurückkehren und sein Leben als Soldat führen.

»Aber was wird aus dir, Vater? Wer sorgt für dich?«, fragte er am nächsten Tag, während der Diener das Pferd sattelte.

Sein Vater lachte auf.

»Mach dir keine Sorgen, Benvenuto. Deine Schwester Cosa wird ihr Konvent für einige Zeit verlassen und hier bei mir bleiben und deine andere Schwester Liperata ist auch noch da. Samt Mann und Kind. Ihnen wird die Pest nichts anhaben, da bin ich mir sicher.«

»Und dir? Wird dir die Pest etwas anhaben?«

»Ich lebe noch, mein Junge. Das siehst du doch. Und außerdem wird es ohnehin Zeit für mich, Gevatter Tod als baldigen Gast in meinem Haus zu betrachten.«

Cellini wollte ausrufen, dass ihn keine zehn Pferde nach Mantua brächten, aber sein Vater lachte freundlich und tätschelte ihm die Wange: »Nun geh schon. Du wirst mich schon wiederfinden bei deiner Rückkehr.«

Als Cellini Mantua nach Monaten den Rücken kehrte, schwor er sich keinen Fuß mehr in diese Stadt zu setzen. Was für ein grässlicher Ort! Was für grauenvolle Bewohner! Der Kardinal und der Herzog – zwei brüderliche Schurken in edler Gestalt. Nein. Mantua war nichts für ihn. Das viertägige Fieber hatte ihn zudem geplagt. Ihn, der niemals an Fieber litt! Es hatte ihn alle vier Tage in Anfällen niedergestreckt, so dass er im Wahn gesprochen und schlimme Dinge von sich gegeben hatte. Über den Herzog und den Kardinal. Was denen natürlich zu Ohren gekommen war. Ein Vögelchen hatte es ihnen bestimmt nicht zugetragen. Nein, schon eher der Goldschmied aus der Werkstatt gegenüber. Dieser Schurke hatte erkannt, dass er, Cellini, alle Aufträge bekam. Der andere war aber auch ein Stümper. Und hatte alles ausgeplaudert, was er in Cellinis Werkstatt über den Kardinal und den Herzog zu hören bekam, während Cellini im Fieberwahn dahingestreckt auf seinem Lager glühte. Und natürlich waren die beiden sehr erbost gewesen, hatten ihm mit Kerker und Haft gedroht. Nein, keinen Fuß würde er mehr nach Mantua setzen. Nie wieder.

Die einzig wundervolle Begegnung, die ihm Mantua eingebracht hatte, war ein Wiedersehen mit Julius gewesen. Dem guten alten Freund aus Rom. Viel Zeit hatten sie miteinander verbracht, über dieses und jenes gesprochen, und Julius hatte ihm schließlich anvertraut, dass er darauf sann, unter die Münzmacher zu gehen.

»Keiner verdient so viele Scudi wie die Münzmacher. Das ist ein gutes Geschäft. Und lässt Zeit, schöne und herrliche Dinge nebenbei zu arbeiten«, das hatte Julius gesagt und damit sein Interesse geweckt. Münzen zu prägen war mit Sicherheit ein Handwerk, das es zu lernen galt. Das wollte er auch tun. Nur nicht in Mantua. Rom stand ebenfalls nicht zur Auswahl. Die Gefangenschaft des Papstes dauerte an und das Letzte, das der Heilige Vater nun in Auftrag geben konnte, waren wohl Kunstwerke oder gar Münzen.

So lenkte er sein Pferd Richtung Florenz. Seinen Diener hatte er entlassen. Er zog es vor, allein zu reisen.

Und je mehr Meilen er zwischen sich und Mantua brachte,

desto freier konnte er atmen, desto besser fühlte er sich, und als er schließlich schon aus der Ferne die Kuppel von Santa Maria del Fuore in der Sonne leuchten sah, da schlug sein Herz bis zum Hals. Florenz. Endlich wieder zu Hause. Er gab dem Pferd die Sporen. Cellini hatte das Gefühl, endlich wieder zu leben. Die Luft schien klarer und reiner als in Mantua, das Licht strahlender, die Menschen wirkten schöner, eleganter, gelassener. Die Pest hatte von Florenz abgelassen, die weißen Kreuze an Türen und Toren waren längst abgewaschen und die Straßen bevölkert von heiteren, ausgelassenen Gemütern. Kein Siechtum verunzierte seine Stadt.

Fröhlich pfeifend sprang er schließlich vom Pferd, war mit wenigen Schritten am Haus seines Vaters und pochte übermütig mit seinen Fäusten gegen die Tür.

»Mach auf! Schnell, mach auf!«

Nichts regte sich. Schon pochte er wieder gegen die Tür, als sich endlich im oberen Stock ein Fensterladen öffnete und sich das wohl hässlichste Gesicht, das er je gesehen hatte, zeigte.

»Schert Euch hinfort oder ich leere eine Fuhre Dung auf Euch«, schnarrte die Stimme von oben, die zu einem runzligen, buckligen Weib gehörte.

»Wo ist mein Vater?«, brüllte Cellini hinauf.

»Was weiß ich? Schert Euch zum Teufel!«

Eben wollte sie den Fensterladen wieder schließen, da zog Cellini seinen Degen mit einem Ruck aus seinem Waffengurt.

»Wenn ich nicht sofort Antwort bekomme, bring ich dich um, Metze!«

»Benvenuto! Pst! Benvenuto!«

Eine bekannte Stimme ließ ihn aufhorchen. Er wandte sich zur Seite und sah in das freundliche Gesicht der alten Nachbarin, die er schon aus Kindertagen kannte. Wütend stapfte er zu ihr. Die Alte klammerte sich an den Türrahmen und sah ihm ernst in die Augen.

»Sie sind alle tot. Dein Vater, deine Schwester, dein Schwager. Von der Pest dahingerafft. Alle. Nur Liperata ist übrig geblieben. Und dein Bruder. Sie wohnen jetzt in der Strada Genova. Hier ist nicht mehr dein Zuhause.«

Mit diesen Worten bekreuzigte sie sich, blinzelte ihm traurig zu und wankte dann ins Haus zurück, während Cellini die nunmehr verschlossene Tür anstarrte ohne sich zu bewegen, ohne einen Schritt zu seinem Pferd zu tun und den Ort des Unglücks zu verlassen. Der Vater war also tot. Der Mann, der am Hofe ein und aus gegangen, einer der besten Musiker gewesen und ihm, seinem Sohn, immer so zugetan war. Der ihn beschützt hatte, ihn auf den Knien gewiegt und ihm jede Untat verziehen hatte. Vorbei. Der Vater war tot.

Aber der Bruder lebte noch und auch eine Schwester. Er unterdrückte die Tränen, die ihm eben heiß in die Augen quellen wollten, löste sich mit einem wütenden Schnauben aus den Erinnerungen und ging zu seinem Pferd, um sich auf den Weg in die Strada Genova zu machen.

Cellini jagte sein Pferd fast rüde durch die Stadt. Sollten die Händler und Marktweiber doch jammern, wenn die Hufe seines Rappen ihnen bedenklich nahe kamen. Sein Vater war tot. Und er wusste nicht, ob es tatsächlich stimmte, dass sein Bruder und seine Schwester überlebt hatten.

Endlich erreichte Cellini die schmale, ungepflasterte Strada Genova. Der gestampfte Lehm war vom Regen der vergangenen Nacht aufgeweicht und er kam nur entnervend langsam vorwärts, während er in die geöffneten Werkstätten spähte und versuchte endlich einen Blick auf ein bekanntes Gesicht zu erhaschen.

»He – Ihr da. Gianfrancesco Cellini – kennt Ihr ihn?«

Aber der vorüberziehende Salamikrämer duckte sich wie ein geprügelter Hund und lief davon.

»Zum Teufel«, knurrte Cellini.

»Cellini? Der Name sagt mir etwas ...«

Ein Riemenschneider war aus seiner Werkstatt hinaus auf die Straße getreten, kratzte sich nachdenklich am Kopf, spuckte aus und sprach weiter: »Aber einen Gianfranceso Cellini – den kennen wir hier nicht.«

Cellini sprang mit einem Satz auf den Mann zu. »Man nennt ihn Cechino, den Pfeifer. Er ist bei den Soldaten.«

»Ach, Cechino! Den meint Ihr! Ja, der wohnt hier. Gleich da hinten. Das letzte Haus in der Straße.«

Cellini dankte dem Mann überschwänglich und lenkte sein Pferd auf das Haus des Bruders zu.

Das Holzhaus drückte sich windschief und altersschwach gegen seinen Nachbarn. Das Holz der Fensterläden war verwittert und das strohgedeckte Dach schien nicht mehr dicht zu sein. Hier hausten zweifelsohne Menschen, die nur wenig zum Leben hatten. Wie es ihnen wohl ergangen war? Den Menschen, die ihm so am Herzen lagen?

Cellini ließ die Zügel einfach aus der Hand gleiten, stürzte auf die Tür zu und hämmerte mit geballten Fäusten dagegen.

»Cechino! Cechino! Liperata! Öffnet die Tür!«

Nach geraumer Zeit lugte Cechinos Gesicht aus dem Rahmen.

»Was wollt Ihr?«, knurrte er.

»Ich bin's! Ich, dein Bruder! Benvenuto!«

»Der ist tot.«

Cechino wollte die Tür schon wieder schließen.

»Aber hier bin ich doch! Nun sieh mich doch an!«

Ihre Augen trafen sich. Da blitzten Freude und größte Überraschung in Cechinos Blick auf. Er öffnete ungestüm die Tür und schon lagen die Brüder sich lachend und weinend zugleich in den Armen. Cechino klammerte sich an Cellini und flüsterte immer wieder: »Ich dachte, du wärst tot.«

Schließlich drückte ihn Cellini etwas von sich, hielt ihn an den Schultern fest und grinste: »Warum sollte ich tot sein?«

»Das haben die Nachbarn erzählt. Du wärst am Fieber gestorben. In Mantua. Andere sagten, der Herzog hätte dich hängen lassen. Gerüchte gab es viele. Aber sie besagten immer nur: Mein lieber Benvenuto ist tot.«

Cellini lachte so dröhnend, dass er gar nicht hörte, wie seine Schwester die Treppe herunterkam, und nicht sah, wie sie ihn anstarrte, bleich wurde und ohnmächtig zusammensackte.

»Liperata! Was ist mit dir?«

»Sie dachte doch auch, du wärst tot!«

Cellini stürzte zu Liperata, tätschelte ihr das Gesicht und holte sie in die Wirklichkeit zurück.

»Sieh doch, dein Benvenuto ist wieder da. Er ist nicht tot«, flüsterte Cellini, während er ihr liebevoll eine dunkle Haarsträhne aus der Stirn strich und wieder unter die wollene Haube steckte.

Ein Becher heißer Wein wurde gebracht, eine herbeigeeilte Nachbarin streute Wermutblätter in die goldene Flüssigkeit, und als Liperata einige große Schlucke von dem Getränk genommen hatte, kehrte endlich wieder Farbe in ihr Gesicht zurück. Sie konnte aufstehen, immer noch etwas ungläubig Cellinis Gesicht betasten, ihn am Bart zupfen und schließlich in die Arme nehmen. Und als sie ihren Schwächeanfall endgültig überwunden hatte, scheuchte sie eine Magd zum Markt, um ein kleines Fest vorbereiten zu können.

Und als es Abend wurde, Cellini immer wieder beteuert und versichert hatte, dass er nicht gestorben, nur elend erkrankt war in Mantua, dieser scheußlichen Stadt, und sich die Nachbarn endlich in ihre eigenen Häuser zurückzogen, ließ er sich am Tisch in der Küche nieder, trank seinen Wein und starrte zufrieden ins Feuer. Liperata rührte im Kessel über dem Feuer, dem angenehmste Düfte entstiegen. Cechino setzte sich an seine Seite und irgendwann kam auch Liperatas neuer Ehemann, dem sie erst vor wenigen Tagen das Jawort gegeben hatte. Liperata begann zu weinen, schluchzte und erzählte aus den Tagen der Pest. Vom Tod des Vaters, der Schwester und schließlich des ersten Ehemanns.

»Aber nun ist alles wieder gut. Ich bin da und ich werde euch zuerst aus diesem Haus holen. Man bekommt ja Angst, dass der kleinste Windhauch die Bretter wegfegt«, knurrte Cellini, strich Liperata sanft über die Wangen, klatschte dann in die Hände und rief: »Und jetzt feiern wir das Leben! Wir haben überlebt! Und niemals wieder soll uns derartiges Unglück ereilen!«

Cechino reichte ihm den Becher Wein, sah ihm glücklich, aber dennoch ernst in die Augen.

»Kein Unglück mehr für uns.«

Cellinis Herz tat einen Sprung. Er liebte ihn so sehr. Cechino, den kleinen Bruder. Niemals wollte er ihn verlieren. Nie könnte er verwinden ihn tot zu sehen.

Ein neues Haus für Bruder, Schwester und Schwager war schnell gefunden in den nächsten Tagen. Und für sich selbst mietete er eine Werkstatt am Mercato Nuovo. Sie war nicht prächtig, kein Palazzo, aber gut ausgestattet, lichtdurchflutet und geräumig genug, um auch Platz für die neuen Lehrlinge und Giovanni, den neuen Gesellen, zu bieten.

So recht glücklich war er mit keinem von ihnen, aber andere ließen sich in der kurzen Zeit nicht finden, und so musste er eben mit ihnen vorlieb nehmen. Es gab viel Arbeit. Zwar litt er keine Geldnot, im Gegenteil, viele Scudi und Dukaten hatte er bereits erarbeiten können, und es reichte, um einen gut ausgestatteten Haushalt zu führen und dazu noch Cechino, Liperata und ihre Familie durchzubringen. Aber es dürstete ihn nach neuer Arbeit und vor allem nach Ablenkung. Zu viele Gedanken beschäftigten ihn bei Tag und bei Nacht. Es stand eine Entscheidung an und er wusste nicht, was zu tun war.

Da nun der Vater tot war, hätte es keinerlei Aufhebens mehr gegeben, würde er sich nun endgültig den Soldaten anschließen. Aber der Vater war dagegen gewesen. So sehr, dass er ihn nach Mantua geschickt hatte. So sehr, dass er Tränen in den Augen gehabt hatte, als er, sein Sohn, vom Dasein eines Soldaten gesprochen hatte. Und er war nach Mantua gegangen. Eigentlich nur, um dem Vater Zeit zu geben, darüber nachzusinnen, dass es nicht das Ende der Welt war, wenn er sich nicht mehr der Goldschmiedekunst widmete. Wenn er als Soldat in Kriege zog. »Willst du zerstören? Wenn du erschaffen kannst?« In etwa so hatte der Vater gesprochen.

Und nun wusste er nicht, was zu tun war. Durfte er das Andenken an den Vater schänden und gegen dessen Willen Soldat werden? Cechino war bereits Soldat. Reichte das für eine Familie? Sollte er einen anderen Weg einschlagen? Bei Gott – es war schwierig, eine Entscheidung zu fällen! Vorerst fand er Ablenkung in kleinen Goldschmiedearbeiten.

Wie nicht anders erwartet wusste bald ganz Florenz, dass der große Cellini nicht tot, nicht von der Pest, dem Herzog von Mantua und auch nicht vom viertägigen Fieber dahingerafft war, und die Aufträge häuften sich. Ringe, Amulette, Goldreifen und Gürtelschnallen – schlicht alles wurde verlangt. Und er nahm die Aufträge an, zeichnete Skizzen und Entwürfe, fertigte Modelle, ärgerte sich über seine Lehrlinge und insbesondere über Giovanni, den faulen Burschen, und arbeitete verbissen weiter.

»Seid Ihr Benvenuto Cellini?«

Cellini fuhr aus seinen Gedanken hoch und starrte in das Gesicht eines Fremden, der ihn fragend anlächelte.

»Wer will das wissen?«, knurrte Cellini, ärgerte sich, dass Giovanni wieder einmal die Tür offen gelassen hatte, legte den Goldring, an dem er eben filigranes Laubwerk modelliert hatte, zur Seite und erhob sich.

»Ich, Frederigo Ginori. Ein Freund hat Euch empfohlen

und nun möchte ich eine Medaille von Euch gearbeitet haben. Mein Freund hat nur beste Worte für Euch und Eure Arbeit gefunden. Deshalb bin ich hier. Nehmt Ihr meinen Auftrag an?«

Cellini ging nicht auf die Frage ein, wischte sie mit einer unwirschen Handbewegung aus dem Raum, verschränkte die Arme vor der Brust und schnaubte: »Wer ist dieser Freund?«

Der Fremde schmunzelte, lehnte sich an den Arbeitstisch, ließ seine Augen über die Geräte und den Golddraht schweifen, blieb mit seinem Blick kurz an dem filigranen Ring haften und sah dann wieder hoch.

»Michelangelo«, antwortete er mit gewollter Beiläufigkeit und Harmlosigkeit in der Stimme.

»Michelangelo?«

»Ja.«

»*Der* Michelangelo? Michelangelo Buonarroti?«

»Ja, *der*. Ich komme geradewegs aus seiner Werkstatt. Hier, er hat einen Entwurf skizziert und meinte dann, ich solle die Medaille von Euch anfertigen lassen. Keiner in Florenz könnte es besser.«

Der Fremde griff in die Ledertasche unter seinem Umhang und zog eine gerollte Skizze hervor, die er Cellini reichte. Cellini starrte auf das Blatt, unschlüssig darüber, ob sich der Fremde nun einen üblen Scherz mit ihm erlaubte oder ob er doch die Wahrheit sprach. Schließlich griff er nach dem Blatt, entrollte es auf dem Arbeitstisch, sah weiter darauf und wusste: Diese Zeichnung konnte nur von einem gemacht sein. Von Michelangelo Buonarroti.

»Keiner in Florenz könnte es besser. Hm? Das hat er gesagt?«, murmelte er dann unwirsch.

»Ja, das waren seine Worte.«

»So.«

Cellini nickte mit dem Kopf, nahm die Skizze auf und ging zum Fenster. Die schräg einfallenden Sonnenstrahlen trafen auf die feinen Linien, die geschwungenen Formen, auf das Werk des großen Michelangelo. Des größten Künstlers von allen. Cellinis Herz klopfte bis zum Hals. Also räusperte er sich lautstark, wandte sich wieder um und sagte lächelnd: »Ich nehme den Auftrag an und werde mich gleich daranmachen ein Modell zu fertigen. Kommt in einer Woche wieder vorbei und seht es Euch an.«

»In einer Woche bin ich wieder hier.«

Der Fremde hatte die Werkstatt kaum verlassen, da stürzte Cellini zu seinem Arbeitstisch, brüllte nach Giovanni und trug diesem auf für eine Woche keinerlei Aufträge mehr anzunehmen, überhaupt jedem die Tür zu weisen.

»Hast du das verstanden? Keine Störung! Ich brauche Ruhe! Absolute Ruhe!«

Nie zuvor war es wichtiger gewesen, sich auf die Arbeit zu konzentrieren!

Cellini sah auf die Skizze, versank in der Zeichnung und lächelte schließlich. Er würde es besser machen. Würde Michelangelos Entwurf weit übertreffen. Würde alles anders machen. Ha, die würden staunen!

Cellini nahm einen Kohlestift zur Hand, spitzte ihn mit seinem Taschenmesser an, breitete ein jungfräuliches Papier vor sich aus und ließ seiner Fantasie freien Lauf. Und schon nach wenigen Strichen, die die Figur des Atlas andeuteten und die Weltkugel zeigten, wusste er: Es würde tatsächlich besser werden.

»Das ist nicht nach dem Entwurf Michelangelos gearbeitet«, war die erste, etwas verhaltene Reaktion des *cavalieri*, als dieser nach einer Woche wieder in die Werkstatt kam. Der Mann hielt das Modell der Medaille in Händen und betrachtete es mit einer Mischung aus Skepsis und Faszination. Cellini sah sich genötig, mit helfenden Erklärungen einzugreifen.

»Nein. Es ist nicht nach Buonarrotis Entwurf gearbeitet. Aber so, wie die Skizze gehalten war, hätte die Medaille keine Schönheit gezeigt.«

Der Fremde nickte, das Modell in seinen Händen drehend, antwortete aber nicht.

Am liebsten hätte Cellini herausgebrüllt, dass der Fremde wohl keinen Sinn für Kunst hatte, hielt aber an sich, unterdrückte die aufkochende Wut, die nicht zuletzt von der Anspannung rührte, der er in den letzten Tagen ausgesetzt gewesen war, und sagte schließlich betont freundlich und zuvorkommend: »Nun nehmt das Modell und meine Entwürfe. Zeigt sie Michelangelo. Und holt Euch Rat bei ihm. Er soll entscheiden.«

Endlich sah der *cavalieri* auf.

»Einverstanden. Ich werde es ihm zeigen«, sagte er, rollte die Skizzen zusammen, ließ das Modell von Cellini vorsichtig in ein Tuch schlagen, verabschiedete sich und machte sich auf den Weg zu Michelangelo.

Cellini blieb rastlos in der Werkstatt zurück. Was würde Michelangelo sagen? Wie würde er das Modell beurteilen? Wie die Skizzen? Was würde er überhaupt dazu sagen, dass er die Entwürfe nicht angenommen hatte? Und warum zum Teufel war es ihm so wichtig, was Buonarroti sagte? Er schlug mit der flachen Hand gegen den gemauerten Kamin, fand keine Antwort und setzte seinen ruhelosen Gang durch die Werkstatt fort.

Er hatte bestimmt zwanzig *miglien* und mehr in der Werkstatt zurückgelegt, immer hin- und hergehend zwischen Kamin und Arbeitstisch, nur unterbrochen von einem kurzen Halt am Fenster, den er nutzte, um nach draußen zu spähen. Aber alles was er sah, war, wie die Sonne langsam ihren Zenit überschritt und die Menschen ihrem Tagewerk nachgingen. Die Welt da draußen drehte sich weiter, während sie in seiner Werkstatt still zu stehen schien. Beinahe schon dachte er, er wäre vergessen worden, der *cavalieri* käme nie mit einer Antwort zurück, und schon wollte er nach oben in seine Kammer laufen, Degen und Büchse holen und sich sofort und auf der Stelle auf den Weg zur Kommandantur machen, um sich wieder als Soldat zu melden, da doch niemand seine Kunst verstand – da klopfte es an der Tür.

»Ich öffne! Aus dem Weg, Bursche!«, schnaubte er und hielt auf die Tür zu wie ein wütender Stier, so dass Giovanni etwas bleich um die Nasenspitze das Weite suchte.

Cellini riss die Tür auf und im gleichen Moment, als er sah, dass nicht nur der *cavalieri* zu ihm gekommen war, stockte ihm der Atem. Da stand er. Michelangelo. Der größte unter ihnen Künstlern. Der Mann, der so wundervolle Statuen schuf, so herrliche Fresken. Der Mann, der Papst und Herzöge gleichermaßen zu begeistern wusste. Der Mann, der unter den Lebenden bereits unsterblich war.

»Wollt Ihr uns nicht hereinbitten?«, fragte Michelangelo lächelnd und mit einem Zwinkern um die Augen.

»Aber gewiss. Verzeiht mir die Nachlässigkeit«, murmelte Cellini und bat die beiden mit einer ausholenden Handbewegung in die Werkstatt.

»Ihr habt meinen Entwurf geändert? Hm?«, fragte Michelangelo, kam damit ohne Umschweife auf den Punkt und ließ dabei seinen Blick beiläufig durch die Werkstatt schweifen.

»Nun, es war keine Kritik. Keine Anmaßung, kein...«

Weiter kam Cellini in seinen Ausführungen nicht. Michelangelo lachte herzlich auf und wandte sich ihm zu.

»Ich finde das Modell großartig!«

»So?«

Mehr wusste Cellini nicht zu antworten. Es war ein seltener Moment der Sprachlosigkeit. Ihm wollte nichts Sinnvolles einfallen und so sah er einfach stumm zu Michelangelo, der auf ihn zutrat. Neugier und Wissbegier standen in seinen Augen.

»Wie wollt Ihr die Medaille gestalten? Welche Edelsteine werdet Ihr verwenden?«

Endlich löste sich der Knoten in seiner Brust. Endlich konnte er sich erklären, konnte seine Beweggründe für die Änderung zu verstehen geben. Vorsichtig griff er nach dem Modell.

»Seht her. Ich werde den Atlas mit der Himmelskugel auf dem Rücken aus getriebenem Goldblech schaffen. Der Tierkreis, der die Figur des Atlas umrahmen wird, soll aus Lapislazuli geformt sein.«

»Lapislazuli – kostbar, edel und so teuer, dass er oft nur für Könige und Päpste bestimmt ist. Die Medaille wird ein großes Schmuckstück werden«, antwortete Michelangelo. Der *cavalieri* trat zu ihnen, sah wieder auf das Modell, schien sich nur auf das fertige Stück zu freuen und ahnte ganz offensichtlich nicht im Ansatz, was die Worte Michelangelos für Cellini bedeuteten.

Michelangelo drehte das Wachsmodell bedächtig in seinen Händen. Seine tief liegenden Augen ruhten auf der Figur des Atlas.

»Ja, es wird wunderschön werden. Ich habe mich noch nie getäuscht. Und ich sehe, ich habe mich auch in Euch nicht getäuscht – Cellini. Ihr seid der beste Goldschmied der Welt. Das kann ich Euch versichern.«

Cellini strahlte über das ganze Gesicht, sah Michelangelo weiter stumm in die Augen und wusste wieder keine Worte zu finden. Und überhaupt – was war er doch für ein schöner Mann, dieser Michelangelo Buonarroti. Groß, etwas hager, der sauber gestutzte Bart, die hohe Stirn, das dichte Haar. Ja, ein schöner Mann mit dem größten Sinn für die Kunst.

»Es freut mich, dass es Euch gefällt«, sagte er schließlich, immer noch um Worte ringend. Aber Michelangelo schien zufrieden und so verabschiedeten sich die beiden in größter Herzlichkeit von Cellini.

Kaum hatte sich die Tür geschlossen, rannte Cellini brüllend durch sein Haus.
»Giovanni! Ludovico! Vito! Wo seid ihr? Zum Teufel! Her mit euch! Es wird ein Fest gegeben. Heute Abend noch!«
Als sich die Esel endlich einfanden, verteilte er die Aufgaben. Wein musste her, viel Wein. Und ein prächtiges Mahl. Spanferkel und gegrillte Hühner. Pasteten, Klöße, Naschwerk. Ach, einfach alles.
Dazu mussten die Gäste geladen werden. Er fand keinen Wimpernschlag lang Ruhe, bis alles bereitet war, und als die Gäste endlich eintrafen, lachend und fröhlich in sein Haus drangen, sich zu Tisch setzten und die Feier beginnen konnte, war immer noch kein Moment geblieben, in dem er darüber nachgedacht hätte, warum er so glücklich war.
Es wurde ein wunderbares Zusammensein. Alle waren sie gekommen. Nachbarn und Freunde. Und vor allem Cechino, der nun an seiner Seite saß und sich zum wiederholten Male haarklein berichten ließ, was Michelangelo gesagt hatte. Der große Michelangelo! In seiner, Cellinis, Werkstatt. Cechino lächelte, prostete ihm zu, klopfte ihm auf die Schulter und war stolz. Worauf genau, das wusste er wohl nicht so recht, dachte Cellini, und grinste Cechino an. Guter Cechino. Er hatte so gar keinen Sinn für die Kunst der Maler, der Goldschmiede und Bildhauer. Er war Soldat. Mit jeder Faser seines Herzens und aus tiefster Seele Soldat. Wie sollte er also verstehen können, was dieser heutige Besuch für seinen Bruder bedeutet hatte? Aber nichtsdestotrotz war er stolz. Zufrieden und glücklich, wenn er, Cellini, es auch war. Ach, er liebte Cechino so sehr.
Im Überschwang sprang Cellini hoch, sang ein Trinklied und leerte seinen Becher in einem Zug, wie es sonst nur die verfluchten Lutheraner taten. Aber heute war alles erlaubt. Grölend und lachend wischte er sich mit dem Handrücken über den Mund, setzte sich wieder und sah gnädig darüber hinweg,

dass sich mittlerweile auch Giovanni und Ludovico am Wein gütlich taten und sich heimlich die Becher füllten. Vito hatte das wohl auch getan, denn er schlief bereits selig am Kamin.

»Mein Bruder ist der größte aller Goldschmiede!«, lallte Cechino, legte seinen Arm um Bertino, seinen besten Freund, der zu seiner anderen Seite saß, und sprach weiter: »Mein Freund. Mach dir bewusst, welche Ehre es uns ist, hier an diesem Tisch zu sitzen!«

Völliger Ernst lag in seinen Augen und Bertino lachte Cellini zu. Aber Cellini lächelte nur kurz zurück und erhob sich schließlich. Er benötigte einen Moment der Ruhe. Da war es wieder gefallen. Dieses Wort. Das Wort, das ihn seit der Begegnung mit Michelangelo unangenehm berührte: Goldschmied.

Er nahm einen Krug und seinen Becher und wanderte nachdenklich von der Küche in die dunkle Werkstatt. Bertino hatte ein Trinklied angestimmt und die anderen Gäste fielen in den viel zu lauten Gesang ein. Cellini schloss die Tür hinter sich, die Stimmen wurden leiser, verschmolzen zu einem Rauschen, das er nicht mehr weiter beachtete. Er stellte Krug und Becher ab, fingerte einen Feuerstein aus seiner Gürteltasche und entzündete die Kerze auf dem Arbeitstisch.

In ihrem flackernden Schein nahm Cellini den filigranen Goldring zur Hand, drehte ihn zwischen den Fingern und besah ihn mit einer Mischung aus Abscheu und aufkeimender Wut.

Goldschmied.

Der beste Goldschmied in Florenz, hatte Michelangelo gesagt.

Goldschmied.

Er hasste dieses Wort! Voll des Widerwillens schleuderte er den Ring auf den Tisch. Der Ring prallte mit einem leisen Geräusch auf der Platte ab, sprang hoch und fiel in hohem Bogen in die Dunkelheit hinter dem Tisch.

Goldschmied zu sein bedeutete ein simples, kleines Dasein! Aber Cellini wollte weit mehr. Er wollte Bedeutendes schaffen. Statuen. Aus Bronze und Marmor. Statuen, wie sie Michelangelo schuf. Das und nichts anderes wollte er.

Bei diesem Gedanken breitete sich wohlige Zufriedenheit in seiner Brust aus. Sein Atem ging nun ruhig, sein Herz raste nicht mehr. Ja, er wollte große Kunstwerke schaffen. Und darüber hinaus konnte er das Andenken des Vaters in Ehren halten, musste das unausgesprochene Gelübde nicht brechen und brauchte kein Soldat zu werden. Aber er würde keine simplen Aufträge mehr annehmen. Keine Broschen, Ohrringe, Ringe und Gürtelschnallen mehr fertigen. Blieb nur die Frage offen, wie vorzugehen war. Der Papst hätte ihm nun behilflich sein können. Oder die Medici. Wie ärgerlich und unvorteilhaft, dass die Medici immer noch aus Florenz vertrieben waren. Und der Papst genau aus diesem Grund Florenz den Krieg erklärt hatte.

Cellini schnaubte. Der Papst hatte im Oktober des letzten Jahres endlich nach Rom zurückkehren können. In eine fast leere Stadt. In eine tote Stadt. Warum und wozu hätte er, Cellini, Florenz verlassen sollen? Michelangelo war schließlich auch hier, in Florenz. Nicht in Rom. Und nun fehlte es dem Papst an Scudi und Dukaten, um die Künstler zu bezahlen, sie zurück in die Ewige Stadt zu locken, um diese wieder aufzubauen.

Peruzzo arbeitete nunmehr in Siena, Caravaggio in Messina, sein Freund Maturino war von der Pest getötet worden. Und Giulio Clovio hatte in Mantua das Gewand der Geistlichen genommen.

So viel war verloren gegangen. Verloren für immer. Die Schule Raffaels war gesprengt, ihre Schüler in alle Winde zerstreut, wenn sie nicht bettelarm in einer Kneipe dahinsiechten oder schon vorher von den Lutheranern zu Tode gefoltert worden waren.

Und jetzt, nachdem der Papst weinend und das verbliebene

Volk segnend wieder in die Ewige Stadt eingezogen war und nun nach seinen Künstlern suchen und rufen ließ, kamen nur wenige wieder. Zu viel war zerstört. Zu viel für immer dahin. Rom war eine Stadt der Toten.

Nein, da blieb er schon lieber hier in Florenz. Wie Buonarroti. Er würde die nächsten Tage damit zubringen, nach Auftraggebern Ausschau zu halten.

Voller Entschlusskraft nahm Cellini seinen Becher zur Hand und trank.

»Meister! Kommt schnell!«

Die Tür zur Werkstatt wurde aufgerissen und Giovanni stolperte herein. Cellini fuhr herum.

»Esel! Lass mich allein!«

Giovanni verharrte ängstlich in der Nähe der Tür.

»Es ist wichtig«, wisperte er.

»Zum Teufel!«

»Meister – da ist ein Bote. Er hat einen Brief für Euch. Will ihn weder mir noch einem anderen aushändigen.«

»Ein Bote? Zu dieser Stunde?«

»Ja, es ist ungewöhnlich. Aber er bleibt hartnäckig. Kommt Ihr nun?«

Schnaubend stellte Cellini seinen Becher ab und folgte Giovanni in die Küche. Wenn er die Unwahrheit gesprochen und für eine Nichtigkeit diesen wichtigen Moment gestört hatte, würde es ein Donnerwetter setzen, wie es der Junge noch nie erlebt hatte.

Das Licht in der Küche blendete Cellini für einen Moment. Seine Gäste waren still geworden, sahen neugierig zu dem Boten. Liperata schien ängstlich, Cechino aufgebracht.

»Er will mir den Brief nicht geben«, sagte er und starrte dabei zu dem Boten, der mit eiserner Miene an der Tür stand und sich nun an Cellini wandte.

»Mir wurde aufgetragen den Brief nur Euch persönlich auszuhändigen.«

»Was kann das schon sein?«, knurrte Cellini, ging zu dem Boten und nahm die Pergamentrolle, die ihm entgegengestreckt wurde.

»Aus Rom«, sagte der Bote.

Cellini hörte das Aufkeuchen der Runde in seinem Rücken.

Cellini fingerte einen Scudo aus seiner Geldkatze, drückte ihn dem Boten in die geöffnete Hand und schob ihn dann zur Tür hinaus.

»Was schreibt man dir aus Rom? *Wer* schreibt dir vor allem?«, fragte Cechino in die Stille hinein.

Cellini betrachtete die Rolle in seinen Händen, steckte sie unter sein Wams und drehte sich zu den anderen.

»Nichts Wichtiges. Nur ein Freund, der in Rom geblieben ist.«

»Nun, öffne den Brief!«

»Ja, sag uns, was drinsteht«, wisperte Vito.

Vito. Unglückseliger Vito. War wohl gerade rechtzeitig erwacht, um nun Ärger zu verursachen.

»Ich sagte doch: nichts Wichtiges. Feiert weiter! Lasst uns trinken!«, rief Cellini in gespielter Fröhlichkeit, nahm einen Weinkrug zur Hand und schwenkte ihn über den Köpfen seiner Gäste. Der Brief unter seinem Wams indes brannte wie Feuer auf seiner Haut.

Florenz
im Jahre des Herrn 1558, in Cellinis Werkstatt

»Ja, und, was stand denn nun in diesem Brief?«

»Das geht dich nichts an. Das geht niemanden etwas an!«, polterte Cellini los, und gewiss hätte er Mario ordentlich durchgeschüttelt, wenn der sich nicht zur Seite geduckt hätte.

Er stand unter gehöriger Anspannung, schließlich beschrieb

er, wie sein Unglück zu einem steten Strom wurde, der direkt auf seinen gewaltsamen Tod hinführte.

»Meister?«

Mario wisperte in die einsetzende Dunkelheit, während er Feuerholz auf seinen Arm schichtete, um es zum Kamin zu bringen.

»Was ist denn? Du sollst mich nicht stören!«

Mario sah mit kugelrunden Augen und dem Ausdruck echter Verletzlichkeit zu ihm hoch, während er vor dem Kamin kniete und die Scheite in die Feuerstelle legte.

»Aber es ist wichtig. Es geht ja um Eure... Eure...«

»›Vita‹«, half Cellini mit verhaltenem Zorn aus.

»Ja, richtig. ›Vita‹.«

»Nun, was ist?«

Mario entzündete mit seinem Feuerstein einen Kienspan, hielt diesen sorgfältig und bedächtig zwischen die Scheite.

»Ja, also, wenn keiner weiß, was in dem Brief stand – warum erwähnt Ihr den Brief dann überhaupt?«, fragte er schließlich.

Es war wirklich zum Aus-der-Haut-Fahren!

Leichte Verzweiflung überkam Cellini, aber Mario sah ihn weiter fordernd, neugierig und stur zugleich an. Also seufzte er, stand auf und begann in der Werkstatt auf und ab zu gehen.

»Du bist wirklich dumm, Mario. Der Brief aus Rom kam im Auftrag des Papstes. Von einem gewissen Meister Jacobo, der dem Papst sehr nahe stand. Rom war geplündert, lag sterbend da, aber der Papst bemühte sich, wieder Leben in die fast tote Stadt zu bringen. Also rief er die Künstler zurück. Die Bildhauer, Maler, Philosophen und Literaten. Aber viele hatten Angst, andere wollten nie wieder einen Fuß in die Stadt setzen, die so viel Unglück über sie gebracht hatte.«

»Und Ihr? Warum seid Ihr nicht in Rom gewesen?«

Cellini unterbrach seinen Gang, sah völlig verdutzt zu

Mario, der hatte es sich wieder auf dem Schemel bequem gemacht hatte.

»Ja, wozu hätte ich denn nach Rom gehen sollen?«, polterte Cellini schließlich heraus. »Ich bin Florentiner, und das war ich auch immer – zum Teufel aber auch. Deine Fragen sind unermesslich stumpfsinnig.«

»Und warum habt Ihr den anderen bei Tisch den Brief nicht vorgelesen? Und warum wollten sie wissen, was darin steht?«

Marios Hartnäckigkeit erwies sich als echte Plage. Cellini strich sich über den Bart, versetzte sich in Gedanken wieder an diesen Abend zurück.

»Die Antwort ist sehr einfach. Die Medici waren vertrieben aus Florenz. Der Papst selbst war aus der Familie der Medici. Und ihm gab man die Schuld daran, dass der Kaiser seine Truppen überhaupt geschickt hatte. Zu lange hatte der Papst intrigiert, Frankreich, Spanien und die Deutschen gegeneinander ausgespielt. Und ein Kirchenkonzil, das die Frage der Lutheraner klären sollte, hatte er immer zu verhindern gewusst. Das Wort Konzil durfte in seiner Gegenwart niemand aussprechen. Und dann sind die Lutheraner über uns hergefallen wie das Jüngste Gericht. Die Menschen waren völlig überzeugt davon, dass dies die alleinige Schuld des Papstes war. Also hat man die Medici aus Florenz vertrieben. Seine Familie sollte nicht weiter in Florenz regieren. Ihren Palazzo wollte man abtragen und den Platz davor in ›Mauleselplatz‹ umbenennen.«

Mario kicherte.

»Das ist nicht lustig, Tölpel, du!« Am liebsten hätte Cellini mit seinem Stiefel nach Mario getreten.

»Aus Florenz waren die Medici vertrieben. Aber in Rom saß immer noch ein Medici auf dem Papstthron. Die Florentiner sahen sich nicht veranlasst, die Medici wieder zurückkehren zu lassen. Also erklärte Clemens Florenz den Krieg. Man war entweder für die Medici oder gegen sie. Ein Brief des

Papstes, ein Brief aus Rom, konnte nur eines bedeuten: Man stand auf der Gegenseite. Man war nicht für die Florentiner. Möglicherweise war man gar ein Spion aus den Reihen des Papstes. Auf jeden Fall aber ein Verräter. Sie haben jeden Verräter gehängt.«

Nun endlich schien Mario zu verstehen. Ihn schauderte.

»Was habt Ihr getan?«, hauchte er in das Dämmerlicht der Werkstatt, nachdem er sich wieder gefangen hatte.

Cellini schüttelte aufgrund der nun wiederkehrenden Erinnerungen verärgert und wutschnaubend den Kopf.

»Dieser Meister Jacobo war hartnäckig – so unendlich hartnäckig! Immer und immer wieder schrieb er mir. Ich müsse zurück kommen. Der Papst verlange nach mir. Meine Leute haben immer häufiger nachgefragt, warum ich Briefe aus Rom erhalte! Und heimlich habe ich Meister Jacobo geantwortet. Er möchte mir um Himmels willen nicht mehr schreiben, wenn ihm auch nur ansatzweise an meinem Leben liegt. Aber er hat nicht locker gelassen. Es war eine Tragödie! Mein Leben stand auf Messers Schneide.«

»Und wie konntet Ihr einem Unglück entgehen?«

Cellini wollte eben antworten, da riss ihn ein leises, kaum hörbares Pochen an der Tür aus den Gedanken. Wer konnte das sein? Zu dieser späten Stunde? Die Häscher des Herzogs? Seine Henker? Die, die ihn nun zum Schafott führen würden? Oder zumindest in den Kerker?

Wieder klopfte es leise, beinahe verhalten.

»Wer ist das?«, flüsterte Mario, bleich vor panischer Angst.

Cellini zuckte die Schultern, während es noch einmal pochte. Nein, es war zu spät. Heute würden sie ihn nicht mehr holen. Und wenn doch? Was scherte es ihn, wann sie ihn mit sich nehmen würden? Geschehen würde es ohnehin. Zu dumm nur, dass die Arbeit an seiner ›Vita‹ nicht weiter vorangeschritten war. Ach, es war ein Elend!

Wut machte sich nun in ihm breit und so stapfte er zur Tür,

riss diese beinahe aus den Angeln, als er sie öffnete, und zwinkerte in die Dunkelheit der Strada Julia.

»Wer ist da?«, dröhnte seine Stimme durch die einsetzende Nacht, aber noch immer konnte er nichts und niemanden erkennen.

»Ich. Ich bin da.«

Die Stimme war leise und verhalten, beinahe sanft. Mit Sicherheit gehörte sie nicht dem Soldaten, der seine Tür bewachte. Cellini benötigte noch einen Wimpernschlag länger, bis sich seine Augen an die Dunkelheit gewöhnt hatten. Gleichzeitig trat eine Gestalt näher an das Haus heran, tauchte in den Lichtkegel, der aus der Werkstatt auf die Straße fiel, und zeigte sich endlich.

Eine Frau! Eine Frau stand vor seiner Tür! Eingemummt in einen wollenen Mantel, das Gesicht halb verdeckt von einem Umhang, den sie über den Kopf gezogen hatte, und die Hände unter dem Mantel verborgen. Gleichwohl trug sie ein kleines Päckchen bei sich.

»Ich gebe nichts an Bettler und arme Weiber«, herrschte Cellini die Frau an, da tat sie entschlossen einen weiteren Schritt auf ihn zu. Cellini hielt inne, zog die Brauen hoch und fauchte: »Was willst du?«

»Eine Stelle als Magd.«

»Geh zu Meister Antonio. Der sucht eine Magd.«

»Ich will bei Euch arbeiten.«

»Bei mir?«

Nun war er doch erstaunt. So sehr, dass er die Tür wieder etwas mehr öffnete und einen fragenden Blick auf die Frau riskierte, die ihm nur Zeit und Geduld raubte.

»Ja, bei Euch, Meister Cellini. Bei keinem anderen.«

Sie war zweifellos stur und bockig. Wer war sie? Eine Diebin? Oder hatte der Herzog sie geschickt? Um ihn auszuspionieren? Cellini strich sich nachdenklich über den Bart.

»Wir könnten schon Hilfe gebrauchen. Sind ja nur noch

wir zwei da und wir haben viel Arbeit mit der ... der ... ach ja, mit der ›Vita‹«, lispelte da mit einem Mal Mario in seiner dummen Unbefangenheit und bereitete damit den Boden für diese Ränkeschmiedin.

Cellini hätte ihm gerne eine Ohrfeige versetzt, da fuhr Mario schon fort: »Und mein Essen ist nicht mal gut genug für die Schweine – das habt Ihr selbst gesagt. Vielleicht kann sie ja kochen?«

Die Frau sagte immer noch nichts, sah ihn einfach nur an. Mit diesen großen, mandelförmigen Augen. Dunkel und unergründlich. Und so ernst.

Ein Lächeln huschte über Cellinis Gesicht. So, da hatte der Herzog also einen Spion geschickt. Gut so. Er würde den Herzog und seinen weiblichen Knecht schon lehren, was es hieß, ihn, Cellini, auf diese Weise übertölpeln zu wollen.

»Und – kannst du wirklich kochen?«, fragte er schließlich freundlich.

Sie nickte nur.

Da machte Cellini einen Schritt beiseite, hielt die Tür weit geöffnet und bat die Frau mit einer übertriebenen Geste herein.

»Nun denn, dann sei meine Magd.«

»Endlich«, flüsterte Mario, verschloss eilends die Tür, schob den Riegel vor und huschte zum Feuer zurück. Cellini wandte sich der Frau zu. Er hatte in seinem Leben noch keinen Menschen gesehen, der sich unter derart vielen Schichten von Kleidung verbarg. Nur das schmale Gesicht mit dem runden Kinn und diesen großen Augen war zu sehen. Und ganz unten sahen die Spitzen ihrer Schuhe unter dem Saum ihres wollenen Rockes hervor. Die Kleider waren weder schmutzig noch zerlumpt, die Schuhe nicht zerrissen. Eine Bettlerin war sie nicht. Mit Sicherheit hatte der Herzog sie geschickt.

»Na, dann mach dich nützlich. Mach Feuer in der Küche,

bereite ein Mahl. Und schlafen kannst du auch gleich dort. Dann ist der Weg am Morgen nicht so weit.«

Sie nickte und ging hinaus. Klein und ernst – eine seltsame Gestalt. Der Herzog sollte seine Spione mit mehr Sorgfalt aussuchen, dieser Narr. Cellini lachte schnaubend auf.

»Möge der Herrgott geben, dass sie wirklich kochen kann. Ich habe Hunger«, sagte Mario.

Dieser Junge war einfach nicht satt zu bekommen.

»Wo waren wir?«, fragte Cellini, um sich von den leidigen Geschehnissen in seiner Werkstatt lösen zu können.

»Bei den Briefen. Von denen Ihr berichtet, aber nichts über deren Inhalt sagen wollt.«

Mit einem großen Satz war Cellini bei Mario, versetzte diesem eine längst fällige, schallende Backpfeife und tobte: »Kritik hat nicht von dir zu kommen!«

»Aber –«

»Kein ›Aber‹! Und außerdem – meine Hand schmerzt schon vom vielen Schreiben. Ab sofort werde ich diktieren und du wirst schreiben.«

Das einzig Gute an Mario war, dass der Tölpel tatsächlich schreiben konnte. Woher auch immer. Cellini schob seinem Gehilfen Federkiel und Papier zu und duldete kein Wort des Protestes. Dann ging er zum Kamin und stocherte zwischen den Scheiten herum.

Im Grunde war es damals gewesen wie jetzt. Seine Zukunft lag im Dunkeln. Und sein Leben war in Gefahr. Damals hatte Meister Jacobo es nicht aufgegeben und immer wieder Briefe geschrieben. So war man Cellini in Florenz schließlich überaus misstrauisch begegnet. Dabei wollte er doch Großartiges schaffen. Aber das Misstrauen, das man ihm, durch die Briefe ausgelöst, entgegenbrachte, hatte ihn in die missliche Lage versetzt, dass ihm keine großen Aufträge mehr erteilt wurden.

Also musste er zurückgehen. Zurück nach Rom. Und damit direkt ins Unglück reiten.

Rom
in den Jahren des Herrn 1528 bis 1534

Cellini hatte Florenz im Morgengrauen verlassen. Nur wenigen seiner Freunde hatte er Bescheid gegeben: seinem Bruder und Bertino und zudem auch Pier Landi, der ihm versprochen hatte, auf seine verwaiste Werkstatt zu achten und darüber hinaus üble Gerüchte zu zerstreuen, dass Cellini als Verräter nach Rom geflohen war – mitsamt seinen Lehrlingen und Giovanni. Schließlich gab es immer noch zu wenige kräftige und halbwegs talentierte Burschen in Rom.

Verflucht war dieser Meister Jacobo und der Papst gleich dazu. Cellini bekreuzigte sich, hoffte, dass niemand diese Geste beobachtet hatte, und beugte sich noch weiter über den Goldreif, an dem er arbeitete. Schnell spähte er zur Seite, aber Meister Raffaello del Moro war eben dabei, einem seiner Lehrlinge zu erklären, wie Edelsteine aus der Fassung gebrochen wurden. Gut so.

Für einen kurzen Moment vergaß er seine Wut, als sein Blick auf den alten und ruhigen Meister del Moro fiel. Er war ein guter Mann. Hatte ihm einen Platz in seiner Werkstatt angeboten, um kleinere Auftragsarbeiten ausführen zu können. Er könne so lange bleiben, bis er selbst etwas Passendes gemietet hatte. Cellini hatte das Angebot gerne angenommen. Vor nunmehr drei Wochen. Drei elend lange Wochen, während derer er nun doch wieder an nichtigen Goldschmiedearbeiten saß, um wenigstens ein paar Scudi zu verdienen.

Aber er brachte es nicht über sich, bei Clemens vorstellig zu werden. Zu sehr gärte die Wut in ihm, brodelte der Zorn auf leiser Flamme in seiner Seele. Was für Ungemach ihm dieser Papst bereitet hatte! Er hatte seine Vaterstadt, sein geliebtes Florenz, verraten müssen. Ja, er war gezwungen gewesen zu fliehen, nur weil dieser Papst nicht davon lassen konnte, ihm über Umwege Briefe zu schicken. Und nun saß er hier und arbeitete an kleinen, unbedeutenden Dingen, die er am liebsten über einem großen Feuer eingeschmolzen hätte. Wie damals die Kronen des Papstes. Cellini fühlte Verzweiflung ob seiner verfahrenen Situation in sich aufsteigen. Er brauchte frische Luft. Jetzt sofort.

Und so griff er hastig nach seinem Mantel, warf ihn sich um die Schultern und trat auf die Straße hinaus.

Es waren kaum Händler auf den Straßen und auch nur wenige Marktweiber und Krämer. Die Stadt schien an diesem frostigen Morgen wie ausgestorben. Von den wenigen Römern, die nach dem *sacco* am Leben geblieben waren, wagten sich heute nur wenige auf die Straßen. Hier und dort sah er einen halb erfrorenen Bettler.

Verfluchte Lutheraner. Sie hatten diese Stadt auf dem Gewissen. Und der Papst ebenso.

»Cellini! Benvenuto! Bleibt stehen!«

Cellini fuhr herum, hochgeschreckt aus seinen Gedanken. Sein Blick fiel auf Meister Jacobo. Ausgerechnet! Ach, wäre er doch nur in der Werkstatt geblieben. Verflucht war dieser Tag! Für einen kurzen Augenblick zog er in Erwägung, in die Apotheke zu flüchten, bei der er gerade stand. Aber Meister Jacobo kam blitzschnell auf ihn zu, packte ihn am Ärmel, hielt ihn fest und rief: »Na, da seid Ihr also doch nach Rom gelangt! Warum lasst Ihr nichts von Euch hören? Wie lange verweilt Ihr schon hier? Habt Ihr schon eine Werkstatt?«

Die Fragen wollten nicht abreißen und es dauerte einige Zeit, bis es Cellini gelang, den zierlichen Meister Jacobo auf Distanz zu bringen.

Als Meister Jacobo schließlich doch Luft holen musste, hielt er plötzlich inne, kniff die Augen zusammen und fragte leise: »Habt Ihr überhaupt schon beim Papst vorgesprochen?«

»Nein, da war noch keine Zeit. Schließlich musste ich mich erst um eine Werkstatt bemühen. Meine alte Werkstatt ist immerhin völlig zerstört. Geplündert, ausgeraubt und bis auf die Grundfesten niedergebrannt. Ihr erinnert Euch an den *sacco*, ja?«, knurrte Cellini. Nicht ohne Hoffnung, die Erwähnung der Plünderung Roms würde Meister Jacobo auf die Folgen dieser Verheerung bringen und damit gedanklich auch nach Florenz. Aber Meister Jacobo war stur.

»Wann werdet Ihr beim Papst vorsprechen?«

»Warum eilt es Euch so sehr damit?«

»Ich habe versprochen ihm dabei zu helfen, Rom wieder mit Künstlern zu bevölkern. Und ich halte meine Versprechen. Außerdem ist der Papst krank.«

»Ich hörte von seiner Krankheit und dachte, es wäre besser, ihn nicht ausgerechnet in diesem Ungemach zu stören.«

»Unfug! Wir gehen jetzt sofort zu ihm.«

Widerworte oder Einspruch würden nichts mehr helfen. Cellini hatte einen entscheidenden Fehler begangen, als er die Werkstatt verließ, und nun musste er dafür bezahlen.

Also folgte er Meister Jacobo zur Engelsburg.

Als sie durch die langen Gänge auf das private Schlafgemach des Papstes zueilten, überkam Cellini die Erinnerung. Er hörte die Schreie der einfallenden Horden, roch den Gestank von Rauch, Qualm und verwesenden Leichen und dachte für einen kurzen Moment an seinen Traum, Soldat zu werden. Das brachte ihn schließlich darauf, dass er doch endlich Statuen fertigen wollte. Nun, vielleicht war der Gang zum Papst doch nicht grundlegend falsch. Nur wenige Künstler weilten wieder in Rom. Möglich, dass er dadurch sehr leicht an einen großen Auftrag gelangen konnte.

Diese Überlegung beruhigte sein kochendes Blut, so dass er lächelnd das Schlafgemach betreten konnte, nachdem ihn Meister Jacobo angekündigt hatte.

»Da bist du also endlich. Ich dachte schon, du hättest mich vergessen.«

Die Stimme des Papstes klang leise und zittrig. Cellini

horchte auf. Wo waren seine Stärke und Strenge geblieben? Er richtete seine Augen auf den Papst, der unter Bergen von Decken und Bärenpelzen in seinem riesigen Bett verborgen lag. Er war noch schmaler geworden. Die Nase trat noch spitzer hervor. Die Augen aber, die tief in den Höhlen lagen, blickten so forsch und durchdringend wie ehedem.

Mit einer schwachen Handbewegung winkte ihn Clemens herbei und gab gleichzeitig Meister Jacobo und seinem neuen Kämmerer ein Zeichen, sich zu entfernen. Cellini wartete voll der Anspannung, bis der Papst endlich wieder zu sprechen anhob.

»Ich dachte in der Tat, mein Benvenuto hätte mich vergessen. Oder Schlimmeres ...«

Das Wort »Verrat« sprach er nicht aus und doch hing es nun drohend unter dem blutroten Baldachin. Cellini sank in die Knie, küsste den Fischerring des Papstes und verbarg schließlich sein Gesicht in seinen Händen. So verharrte er, bis er endlich wieder die Stimme des Papstes vernahm.

»Erhebe dich, Benvenuto. Mein lieber Benvenuto. Du bist mir sehr willkommen.«

Zögernd nahm Cellini die Hände vom Gesicht, richtete sich auf und wandte sich wieder Clemens zu. Da war wieder dieses feine Lächeln, das dessen Lippen umspielte. Dieses wohl bekannte und so gefährliche Lächeln, das er gerne auch Feinden entgegenbrachte, bevor er das Todesurteil über sie verhängte. Oder einen Bann aussprach. Cellinis Herz klopfte bis zum Hals. Er wollte doch Großartiges schaffen! Die Ungnade des Papstes war dabei nicht behilflich. Aller Ärger auf Clemens war vergessen. Er musste sich diesen Mann wieder zum Gönner machen. Und so fiel er erneut auf die Knie, konnte kaum die Tränen unterdrücken, die in ihm aufsteigen wollten, und flüsterte: »*Beatissimo Padre* – ich muss beichten. Hier und auf der Stelle.«

»Ich höre.«

»Ach, Heiliger Vater, als ich das Gold schmolz und die Mühe übernahm, die Edelsteine auszubrechen, befahl Eure Heiligkeit dem *cavalieri* François, dass er mir etwas für meine Mühe reichen solle, sobald sich die Gelegenheit ergäbe; ich erhielt aber nichts von ihm, vielmehr hat er mir unfreundliche Worte gegeben. Ich ging hinauf, wo ich das Gold geschmolzen hatte, durchsuchte die Asche und fand ungefähr anderthalb Pfund Gold, in Körnern so groß wie Hirse. Nun hatte ich nicht so viel Geld, um mit Ehren nach Hause zu kommen; ich dachte mich dieses Goldes zu bedienen und den Wert zurückzugeben, sobald ich imstande wäre. Nun bin ich hier zu den Füßen Eurer Heiligkeit, des wahren Beichtvaters: Erzeigt mir die Gnade, mich freizusprechen. Damit ich durch die Gnade Eurer Heiligkeit auch die Gnade Gottes wiedererlangen möge.«

Nun war es gesagt, endlich aus ihm herausgesprudelt, obwohl er es doch eigentlich gerne für sich behalten hätte. Zumal er doch fünfundzwanzig Scudi erhalten hatte für seine Arbeit. Fünfundzwanzig Scudi! So wenig! Nein, es war richtig gewesen, das wenige Gold für sich zu behalten. Schließlich war auch seine Werkstatt geplündert und zerstört worden. Das ersetzte ihm niemand. Aber die fünfundzwanzig Scudi hatte er bekommen. Und eigentlich gehörte das Gold Clemens.

Als der Papst endlich antwortete, schien es Cellini, als hätte er bereits ewig kniend am Bett des Papstes verharrt.

»Ich vergebe dir, mein Sohn. Dein Vater war ein geschickter, guter und braver Mann und du wirst nicht so viel anders sein. Es tut mir Leid, dass es nicht mehr war; aber das, was du angibst, schenke ich dir, und ich verzeihe dir.«

Cellinis Herz tat einen Sprung. Freudestrahlend sah er zum Papst hoch, küsste ihm die mager gewordene Hand, wollte eben zu einem Wortschwall der Danksagung ansetzen, aber Clemens bedeutete ihm, aufzustehen.

»Wärst du früher nach Rom gekommen, hätte ich dich die Kronen, die du damals eingeschmolzen hast, neu arbeiten lassen. Aber dieser Auftrag ist schon vergeben. Dafür könntest du etwas anderes für mich arbeiten: eine Schließe für mein liebstes Pluviale. Handtellergroß soll sie werden, mit Gottvater im Halbrelief und einem Stein in der Mitte.«

»Was für einem Stein?«

Der Papst richtete sich mit Mühe etwas auf.

»Jacobo, hol mir das Säckchen, das dort liegt. Ja, genau das. Das Ledersäckchen. Bring es mir. Danke.«

Beflissen trat Meister Jacobo mit dem Säckchen, an das Bett, hätte wohl zu gerne das Gespräch weiterverfolgt, wurde aber sofort wieder der Nähe des Bettes verwiesen. Cellini sah zu, wie der Papst die Lederschnur löste, das Säckchen öffnete und es über das Bärenfell kippte.

»Hier, diesen Stein sollst du einarbeiten.«

Cellini atmete hörbar ein. Der Stein war ein Diamant von so enormer Größe und Reinheit, wie er noch nie einen anderen zuvor gesehen hatte.

»Und um diesen Stein herum sollst du Rubine und Saphire setzen. Das wird sich doch bestimmt hübsch ausnehmen, nicht wahr?«

»Ja, das wird Euer Messgewand sehr zieren«, sagte Cellini freudig erregt.

»Nun, dann geh. Und eile dich. Den Auftrag habe ich eigentlich schon Caradosso gegeben, aber der wird und wird nicht fertig. Und ich würde mein Gewand gerne noch zu Lebzeiten tragen und mich an der Schließe erfreuen.«

Es eilte also. Und Caradosso hatte denselben Auftrag bekommen wie er. Es war demzufolge keine Zeit zu verschwenden und so verabschiedete Cellini sich nach nur drei ehrerbietigen Verbeugungen von Clemens und atmete erst wieder frei auf, als er die Werkstatt erreichte.

Er stürmte hinein und machte sich sogleich ans Werk. Konzentriert, völlig in sich versunken, fertigte er Skizzen und Zeichnungen an und begann dann das Wachsmodell zu erarbeiten. Ungewöhnlicherweise gestaltete er es so groß wie das Werk selbst, was nicht nur Neugierde und Bewunderung hervorrief, sondern auch Skepsis. Meister Raffaello del Moro warnte ihn, dass das Modell brechen würde. Cellini knurrte, das würde nie geschehen, und arbeitete weiter. Meister Raffaello holte Rat bei seinen Nachbarn ein, bei den anderen Goldschmieden und Steinschneidern, und es dauerte nicht lange, da standen sie auch schon in der Werkstatt. Pompeo, Micheletto, Bandinelli. Mitsamt ihren Lehrlingen und Gesellen raubten sie Cellini das letzte Quäntchen Geduld.

»Ruhe! So kann ich nicht arbeiten!«, fuhr Cellini hoch.

Die anderen starrten ihn an. Micheletto fing sich als Erster wieder.

»Ich frage mich ohnehin, wie Ihr überhaupt arbeiten könnt. Braucht Ihr keine Skizzen? Benötigt Ihr keine Entwürfe?«

»Natürlich«, erwiderte Cellini verdutzt und deutete auf den Stapel Blätter, der direkt neben dem Modell lag. »Hier sind sie doch.«

Micheletto wollte danach greifen, aber Cellini zog den Stapel zu sich heran.

»Und wer hat sie angefertigt?«, fragte Micheletto mit betonter Geduld.

»Ich.«

»Ha! So kann das ja nichts werden.«

Nun sah er sich doch genötigt, aufzustehen und weitere wertvolle Zeit zu vergeuden. Was bildete sich Micheletto ein? Glaubte er tatsächlich, er, Cellini, sollte Ehrfurcht zeigen, weil Micheletto nicht nur als guter Goldschmied und Steinschneider bekannt und beliebt war, sondern auch an den Kronen des Papstes mitgearbeitet hatte?

»Wie meint Ihr das?«

Cellini verschränkte die Arme vor der Brust, aber Micheletto lachte auf, schien wenig beeindruckt.

»Ein Goldschmied muss seine Skizzen immer von einem Maler anfertigen lassen. So ist das eben.«

»Benvenuto nicht. Der kann zeichnen, als hätte er nie etwas anderes getan«, mischte sich Meister Raffaello ein, aber Micheletto überhörte den Einwurf.

»Cellini, tretet beiseite. Der Papst hat mir befohlen, alles anzusehen, was für ihn gemacht wird. Also zeigt mir das Modell und vor allem die Zeichnungen.«

»Ich denke nicht daran. Wagt es nicht, Hand an meine Werke zu legen. Mir scheint, Ihr nehmt Euch viel zu wichtig. Spielt Euch einfach nur auf. Und nun lasst mich arbeiten! Schert Euch hinaus!«

Meister Raffaello wurde ein wenig blass um die Nasenspitze und stöhnte auf. Die Gesellen und Lehrlinge zogen die Köpfe ein. Michelettos Unterlippe zitterte vor Wut. Aber er erwiderte nichts, sondern machte auf dem Absatz kehrt und stürmte zur Werkstatt hinaus.

»Ihr hört noch von mir!«, brüllte er von der Straße.

Cellini gab keine Antwort, lachte nur schallend. Stümper waren sie. Allesamt.

Bereits am nächsten Tag hörte Cellini die Lehrlinge in der Werkstatt wispernd und flüsternd die Nachricht verbreiten, dass Micheletto und Pompeo nicht nur die Zunft einberufen und über den Fall Cellini beraten hatten. Nein, sie hatten auch mehrere Zeichner beauftragt, Skizzen anzufertigen. Sie wollten sich also mit ihm messen. Ihn als Stümper überführen. Sollten sie nur. Er war besser als sie alle zusammen. Michelangelo hatte ihn gelobt. Was waren diese anderen gegen den großen Buonarroti?

Siegesgewiss und völlig ohne Furcht legte er letzte Hand an sein Modell, fertigte es so fein und detailliert, als wäre es bereits das Werk selbst, hüllte es schließlich sorgfältig in Tücher und machte sich auf den Weg zu Clemens. Nichts und niemand konnte ihn aufhalten. Kurz vor der Engelsburg hielt er allerdings einen Moment inne, sah zu seinem Engel hinauf, bat ihn um Beistand und eilte weiter.

Clemens war der Streit natürlich bereits zu Ohren gekommen. Micheletto, Bandinelli und Pompeo hatten ganze Arbeit geleistet. Zumal Pompeo mit dem Kämmerer des Papstes befreundet war und Gerüchte und üble Nachreden so einen schnellen, direkten Weg in Clemens' Gemächer fanden.

»Ach, da bist du ja, Benvenuto«, empfing ihn der Papst lächelnd. Er hatte sich erholt und das Bett bereits verlassen.

Cellini verbeugte sich, wollte sogleich das Modell enthüllen, so sehr drängte es ihn, zu erfahren, was der Papst davon hielt. Aber der ließ sich in einem hohen, gepolsterten Lehnstuhl nieder und winkte ab.

»Wir warten noch auf Micheletto, Bandinelli und Pompeo. Sie haben ihrerseits Skizzen anfertigen lassen. Wir wollen alle miteinander vergleichen.«

»Wie Eure Heiligkeit wünschen«, murmelte Cellini und unterdrückte seinen Zorn, während er an der Tür des Audienzsaales stand, das Modell in Händen, und wartete. Er hatte nichts zu befürchten, sagte er sich, sein Modell war das bessere. Und allmählich wurde ihm langweilig. Er würde noch die Dauer von drei Ave-Maria hier ausharren, dann würde er sich zurückziehen. Alles hatte seine Grenzen.

»Heiliger Vater – hier sind Micheletto, Bandinelli und Pompeo«, kündigte in dem Moment Traiano, der Kämmerer, die anderen Männer an.

Lächelnd trat er an sie heran, die ihn keines Blickes würdigten. Clemens erhob sich, bedeutete ihnen an den großen Tisch zu treten, und forderte sie auf ihre Zeichnungen vorzulegen. Cellini schnaubte verärgert, sagte aber nichts weiter, beobachtete stattdessen den Papst.

Clemens nahm ein Blatt nach dem anderen zur Hand, betrachtete jedes davon eingehend und wanderte schließlich gedankenverloren zum Fenster.

Der Einfall der Sonnenstrahlen wird nichts an der Wirkung ändern, dachte Cellini grimmig und konnte es kaum noch abwarten, sein Modell zu zeigen. Und endlich, endlich drehte sich Clemens um, hob den Blick, sah Cellini an und sagte: »Nun, dann zeig mir dein Modell.«

Cellini deutete mit einer Kopfbewegung eine Verbeugung an und sagte laut vernehmlich: »Lieber Micheletto, tretet ein wenig weg – Ihr beschädigt mir sonst noch das Modell.«

Ehe Micheletto eine erboste Antwort geben konnte, hatte Cellini das Modell aus den Tüchern befreit und reichte es Clemens, der es in seinen Händen drehte und von allen Seiten genau besah. Der Papst blieb stumm, aber sein Gesichtsausdruck ließ darauf schließen, dass es ihm gefiel. Da fasste sich Cellini ein Herz: »Seht, Heiliger Vater – alle haben den großen Diamanten genau auf der Brust von Gottvater angebracht. Das ist nicht richtig und gibt der Figur eine völlig falsche Gestalt. Ich hingegen habe den Diamanten zwar in die Mitte der Schließe, aber unter Gott Vater angebracht. Ihr habt ein gutes Auge und einen sehr guten Geschmack – Ihr seid meiner Meinung, nicht wahr?«

Clemens sah kurz auf, in seinen Augen war ein Ausdruck, den Cellini nicht recht deuten konnte. War es Anerkennung? Oder Belustigung? Aber Clemens senkte seinen Blick wieder, sah noch einmal auf die Zeichnungen in seiner anderen Hand, ließ sie schließlich zu Boden gleiten und stellte das Modell sanft auf den Tisch.

»Ja, Benvenuto, du hast Recht. Und wenn du mir im Leib gesteckt hättest, du hättest es nicht anders machen können. Genau so wollte ich die Schließe haben. Ihr anderen konntet euch gar nicht in die Sache finden.«

Cellini ergötzte sich an den Fratzen seiner Konkurrenten.

Micheletto schien zu beben vor Wut, Pompeo war sichtlich beleidigt, nur Bandinelli zog die Brauen hoch, trat vor und sagte: »Aber Heiliger Vater. Ich bin Zeichner. Ich habe es so angefertigt, wie es seine richtige Proportion hat. Und nicht anders.«

So ein Schelm! Er widersprach dem Papst. Wie konnte er es wagen! Cellini war für einen kurzen Moment fassungslos, aber der Papst schien weiter im Anblick des Modells versunken und so trat Cellini näher an Bandinelli heran und knurrte: »Das ist genau der Grund, warum Zeichner, die keine Goldschmiede sind, die Finger von Skizzen für Goldschmiedearbeiten lassen sollten.«

Bandinelli atmete hörbar ein, als wäre es der letzte Atemzug, den er noch tun wollte.

»Ja, ich bin Maler und Bildhauer. Und dennoch verstehe ich etwas von edlen Steinen«, haspelte Bandinelli schließlich heraus.

»Ihr versteht weder von dem einen noch von dem anderen etwas«, versetzte Cellini mit einem höhnischen Grinsen.

»Und Ihr versteht Euch allein darauf, Euch jeden Mann zum Feind zu machen«, flüsterte Bandinelli.

»Nun streitet nicht. Es ist unnütz«, mischte sich Clemens ein. »Ich habe es doch bereits entschieden. Benvenuto wird die Schließe nach seinem Modell fertigen. Müßig, weiter darüber zu disputieren. Darüber hinaus, mein lieber Benvenuto – ich möchte, dass du mir das Modell zu einer Münze anfertigst.«

Cellini wandte sich augenblicklich Clemens zu.

»Und wenn Euch die Münze gefällt – wie wird der Lohn ausfallen?«, platzte es aus Cellini heraus.

Clemens lachte laut auf und fragte höchst amüsiert: »Schwebt dir etwas Bestimmtes vor?«

Natürlich tat es das! Hatte ihm doch Julius in Mantua erzählt, dass niemand so viel Geld zu machen verstand wie die

Münzpräger. Und war das nicht zudem ein Auftrag, der ihn endlich von dem elenden Dasein als Goldschmied befreien konnte? Nun galt es, vorsichtig zu sein, ehrerbietig und unterwürfig.

»Gerne hätte ich das Amt des Stempelschneiders«, hauchte Cellini kaum hörbar, aber dennoch fest genug, dass sein inniger Wunsch leise, aber bestimmt zu Clemens getragen wurde.

»Das geht nicht!«, wetterte Micheletto, bevor Clemens antworten konnte, und Pompeo fügte entsetzt hinzu: »Das Amt des Stempelschneiders! Cellini ist Goldschmied, kein Münzmacher! Die Zunft wird sich dagegenstellen!«

Clemens zog die Augenbrauen hoch und das Lächeln, das eben noch seine Lippen umspielt hatte, verschwand.

»Was die Zunft sagt, hat keine Bedeutung. Hier in Rom ist es immer noch mein Wort, das zählt. Oder siehst du das anders, Pompeo?«

»Nein, Heiliger Vater. Natürlich nicht.«

Während Clemens sich seinem Kämmerer zuwandte, damit er das nötige Gold für die Münze und die Schließe holte, trat Pompeo zitternd vor Wut an Cellini heran und zischte ihm ins Ohr: »Ihr werdet nicht glücklich damit, das verspreche ich.«

»Und – hast du das Amt des Stempelschneiders bekommen?«, fragte Cechino lachend.

»Natürlich! Säßen wir sonst hier, meine Freunde? Ich habe es bekommen!«, donnerte Cellini in die grölende Runde.

Die anderen brachen in Jubel aus, hoben ihre Becher, tranken auf ihn und ließen ihn hochleben. Cechino aber beugte sich zur Seite, fasste Cellini am Arm und sah ihm fest in die Augen: »Ich bin glücklich und vor allem stolz, dein Bruder zu sein«, flüsterte er gerade so laut, dass Cellini ihn hören konnte. »Benvenuto. Ich liebe dich so sehr. Du wirst unserer Familie Ruhm und Ehre einbringen«, fügte er ergriffen hinzu. Cellini war so berührt von den Worten seines Bruders, dass er aufsprang, Cechino an seine Brust riss und ihn überschwänglich umarmte. Und für einen kurzen Augenblick war es Cellini, als wären sie wieder Kinder. Als hätte Cechino wieder einen schlimmen Traum gehabt. Cellini hatte ihn immer getröstet. So hatte sich ein enges Band zwischen ihnen geknüpft, das nie gelöst werden konnte. Auch damals nicht, als sie in einen Zweikampf verwickelt und deshalb aus Florenz verbannt wurden. Oder als Cechino schließlich zu den Soldaten ging, in Kriege zog und nur noch selten in seiner Nähe war. Nein, niemand konnte sie trennen.

»Wo ist der Wein?«, rief Cellini ungestüm.

Giovanni! Dieser trödelnde Tölpel war seit Stunden unterwegs, um neuen Wein zu holen. Der Bursche konnte sich auf ein Donnerwetter gefasst machen.

Cellini befahl Vito und Ludovico, die Krüge einstweilen mit dem sauren *rosso garbo* zu füllen. Hoffentlich kam Giovanni wirklich bald. Schließlich gab es viel zu feiern. Auch die neue Werkstatt, die er gegenüber der von Meister Raffaello del Moro angemietet hatte. Eine gute Werkstatt und ein geräumiges Haus. Zudem so prächtig gelegen, dass er Micheletto, Pompeo und Bandinelli täglich begegnen und sie mit einem breiten Grinsen demütigen konnte.

Das krachende Geräusch der Werkstatttür, die aufgerissen wurde und mit Schwung gegen die Wand prallte, riss ihn aus seinen Gedanken. Cellini fuhr hoch, die Gesellschaft verstummte. Giovanni stand in der Tür, atmete keuchend und ruderte dabei mit den Armen durch die Luft.

»Was ist los? Hat man dich überfallen?«, fragte Cellini misstrauisch.

Giovanni schüttelte nur den Kopf und winkte dabei mit der Hand ab. Endlich schien er sich gefangen zu haben, richtete sich wieder etwas auf und rief stockend und von tiefen Atemzügen unterbrochen: »Es gab... Streit... bei den Soldaten...

Unten an den Bänken...« Wieder holte er tief Luft, sah hoch, direkt zu Cechino, und flüsterte: »Bertino ist tot.«

»Was?«

Der Becher war Cechinos Händen entglitten und zersprang auf dem Boden.

Giovanni nickte mit dem Kopf und wiederholte: »Ja, sie haben im Streit Bertino umgebracht.«

»Aber das ist ja entsetzlich!«

»Weiß man, wer es war?«

»Ja, wer war es?«

Cellini stürzte zu Giovanni, fasste ihn an den Schultern, zog ihn zum Tisch und hätte am liebsten die Antworten aus ihm herausgeschüttelt. Warum sprach der Junge nur so langsam!

»Ich...ich weiß nicht recht.«

Ach, es war so ein furchtbares Elend mit diesem Esel! Nun durfte nur nichts Unbedachtes geschehen. Cellini wollte sich Cechino zuwenden, ihn trösten, beruhigen, ihm sagen, dass es vielleicht nur ein Gerücht war, das umging. Er drehte sich um, sah auf den Platz, an dem Cechino eben noch gesessen hatte. Sein Herz setzte für die Dauer eines Wimpernschlages aus. Cechino war verschwunden.

»Wo ist Cechino? Hat ihn jemand gesehen?«, rief er in die Runde. Nackte Angst kroch ihm den Nacken hinauf und es war, als würde eine eiskalte Hand nach seinem Hals greifen und ihm den Atem rauben. Er sah in verdutzte Gesichter. Einer zuckte die Schultern. Nein, keiner wusste, wo Cechino war.

Cellinis Blick fiel auf die immer noch offene Tür. Er würde doch nicht...? Doch, mit Sicherheit war er bereits zu den Bänken unterwegs, um Bertino zu suchen. Seinen über alles geliebten Freund. Und wenn Bertino tot war, würde er seinen Tod rächen wollen. Auf der Stelle. Und dann konnte nur noch Gott allein ihm helfen. Nein! Nicht nur Gott. Er, Benvenuto Cellini, war sein großer Bruder. Und er würde ihm beistehen.

»Wo ist mein Degen? Verflucht! Giovanni – wo ist mein Degen?«

Suchend sah er um sich, entdeckte ihn, griff danach, steckte den Dolch in den Gurt, führte den Degen in die Scheide und hörte nur noch aus weiter Ferne, wie ihm seine Freunde hinterherriefen.

»Benvenuto! Benvenuto – bleib hier! Mach dich nicht auch noch unglücklich! Benvenuto!«

Er schenkte ihnen keinerlei Beachtung, raste zur Tür hinaus auf die Straße und wandte sich in Richtung der Bänke an den Ufern des Tiber. Wo war Cechino? Sein Blick irrte umher, während er weitereilte. Insgeheim hoffte er, Cechino wäre nicht schnell genug, hätte nicht zu viel Vorsprung. Aber immer weiter drang er vor und Cechino war nicht zu sehen. Als er schließlich die Bänke erreichte, sah er bereits die Menschenmenge, die sich dort versammelt hatte. Rüde drängte er sich durch, bis ihn einige erkannten und ihm murmelnd Platz machten.

»Hat jemand Cechino gesehen? Cechino, den Pfeifer?«, brüllte er in die Runde und fand schließlich eine Antwort in den betretenen Blicken, die sich zu Boden senkten. Was war los? Er begriff, als die Umstehenden zurücktraten und eine Gasse bildeten.

Cechino.

Er lag am Boden. Blutüberströmt. Aber er lebte noch! Ja, er lebte. Seine Hand hatte sich bewegt. Cellini sank neben ihm auf die Knie.

»Cechino! Cechino. Ich bin es. Benvenuto. Hörst du mich?«

Cechino öffnete die Augen. Cellini dachte, sein Herz würde brechen, als er den kleinen Bruder ansah.

»Bei Gott – was ist geschehen?«

»Ich habe Bertino gerächt«, flüsterte Cechino.

»Du hast seinen Mörder getötet? So rasch?«

Cechino verzog den Mund zu einem schwachen Lächeln. Cellini atmete durch. Cechino lebte. Er musste ihn retten! Sein Blick glitt über die schmale Gestalt seines Bruders, blieb an den blutgetränkten Beinlingen haften. Er sah die Blutlache, die aus einer Wunde knapp über dem Knie rührte. Die Lache wurde beständig größer, hatte schon den Saum seines eigenen Mantels erreicht.

»Einen Medicus! Hol doch endlich einer einen Medicus!«, brüllte er und fühlte sich zum ersten Mal in seinem Leben hilflos und völlig von Gott verlassen.

»Keinen Medicus – den brauche… ich nicht mehr«, wisperte Cechino. Seine Stimme war kaum mehr zu vernehmen. Cellini fasste ihn sanft an den Schultern. Erste Tränen quollen aus seinen Augenwinkeln.

»Sag das nicht, Cechino. Bitte sag das nicht.«

»Es ist die Wahrheit.«

»Dann muss ich dich jetzt rächen?«, schluchzte Cellini.

Wieder lächelte Cechino. »Mach dich nicht unglücklich, Benvenuto. Der Soldat in unserer Familie war immer ich. So ein Tod war mir vorherbestimmt. Du musst an andere Dinge denken. An das Schöne und an das Ewige und…«

Cechinos Augenlider sanken herab und ein Zittern durchfuhr seinen Körper. Dann schloss er die Augen.

»Cechino!«

Cellinis Schrei kam mit animalischer Kraft aus tiefster Seele. Wurde über die Köpfe der Menge zum Tiber getragen und schien von ihm fortgenommen in die Ewigkeit. Tränen strömten nun über Cellinis Gesicht. Er sah die Menschen um sich herum nicht mehr, hörte weder ihr Wispern noch ihr Gemurmel. Weder dachte noch fühlte er etwas. Er schien nur eine leere Hülle zu sein. Er hob den Körper Cechinos auf, drückte ihn an sich und machte sich auf den Weg, um den toten Bruder nach Hause zu bringen.

Drei Wochen war Cechino schon unter der Erde. Drei lange, einsame Wochen, in denen sich die Gedanken seines Bruders nur um eines drehten: den Mörder Cechinos. Keine Rache sollte er nehmen, hatte Cechino kurz vor seinem Tod geflüstert. Aber wie konnte er nur einen Tag weiterleben ohne Cechino zu rächen! Und dabei wusste er genau, wer der Mörder war. Ein Arkebusenschütze aus der Truppe des Kapitäns Cattivanza Strozzi. Lief frei herum und hatte nichts weiter zu befürchten. Es gab keine Anklage, keine Verurteilung. Ein unglücklicher Unfall sei es gewesen, hatte der Papst entschieden, und alle mussten sich fügen. Cellini nahm den Kohlestift wieder zur Hand und lenkte seinen Blick auf den Entwurf, der vor ihm lag. Seine Arbeiten für den Papst lagen allesamt brach. Wofür ihn dieser bereits mehrmals gerügt und ermahnt hatte. An das Leben sollte er denken, nicht an den Tod, hatte er ausrichten lassen. Cellini schenkte ihm kein Gehör. Es gab Wichtigeres zu tun. Der Grabstein für Cechino stand noch aus. Ein schöner Spruch sollte ihn zieren, dazu das Wappen der Cellini. Er setzte den Stift wieder an, warf in einer ersten Skizze die aufwärts gerichtete, zum Kampf bereite Löwenpranke in wenigen Strichen auf das Blatt und wollte eben die Lilie, die aus der Pranke erwuchs, zeichnen, da polterte Giovanni zur Tür herein. Cellini fuhr zusammen, das Papier zerriss. »Was ist los mit dir, du Esel?«

Giovanni stand in der Tür und haspelte: »Ich bin gestolpert, Meister.«

»Und hast das Essen gleich mit zerstört!«

Cellini sah nur noch Giovanni, den Tölpel, der so unbeholfen dastand und auf die Pastete starrte, die er eben fallen gelassen hatte.

»Scher dich fort! Ich will dich nicht mehr sehen!«, brüllte Cellini, packte Giovanni an den Schultern, drehte ihn herum und versetzte ihm einen Tritt in den Hintern, dass er der Länge nach in den Straßendreck fiel.

»Aber Meister...«, wisperte Giovanni, wischte sich Kot aus dem Gesicht und sah mit tränengefüllten Augen zu Cellini.

»Nichts ›Aber‹! Geh! Geh mir aus den Augen!«

»Aber Ihr könnt mich doch nicht einfach auf die Straße setzen!«

Giovanni rappelte sich hoch. Einige Nachbarn flüsterten hinter vorgehaltener Hand und deuteten auf das Geschehen. Cellini war es leid. Er wollte nichts mehr von Giovanni wissen. Mit einem Satz war er bei ihm, zog ihn am Wams dicht zu sich heran und zischte ihm ins Ohr: »Es war deine Schuld. Verstehst du – deine alleinige Schuld. Lass dich nie wieder bei mir blicken. Oder es ergeht dir schlecht.«

Er stieß Giovanni von sich, als hätte dieser die Pest, und stapfte ins Haus zurück. Giovanni liefen die ersten Tränen übers Gesicht. Wohin sollte er nun gehen? Was sollte er tun? Wo schlafen? Was essen? Der Meister war ungerecht. So schrecklich gemein. Er würde es ihm heimzahlen. Ja, das würde er. Giovanni fuhr sich mit der geballten Faust übers Gesicht, wischte trotzig die Tränen fort und machte sich auf den Weg in seine ungewisse Zukunft.

Cellini konnte sich kaum beruhigen. Der Kohlestift in seiner Hand zitterte, das Blatt verschwamm vor seinen Augen. Ja, er hatte recht getan. Schon ging es ihm besser. Das fühlte er genau. Giovanni war endlich weg. Er musste seinen Anblick nicht länger ertragen. Und es *war* Giovannis Schuld gewesen! Wäre der Tölpel nicht so kopflos hereingestürzt und hätte von Bertinos Tod erzählt, wäre Cechino nie in das eigene Verderben gelaufen. Hätte Giovanni seinem Meister doch nur leise berichtet, so hätte sich so vieles verhindern lassen. Nein, er wollte den Unglücksraben nie wieder sehen!

Cellini nahm ein neues Blatt, setzte wieder an, zeichnete die Löwenpranke und starrte darauf. Er würde eine Änderung vornehmen. Keine Lilie sollte dieses Wappen zieren. Nein, etwas anderes. Etwas, das aufzeigte, was er nun zu tun gedachte, um sich von diesen Dämonen, die ihn plagten, ihm den Schlaf raubten und ihn von seiner Arbeit fern hielten, zu befreien.

Mit wenigen Strichen hatte er die Streitaxt in die Löwenpranke gefügt. So, als würde sie gleich auf den Feind herabsausen. Ja, so war es gut. So sollte der Grabstein gefertigt werden. Er würde die Zeichnung gleich zum Steinmetz bringen. Und dann gab es noch den letzten Dämon zu erlegen. Langsam, völlig ruhig und sehr entschlossen erhob er sich, holte seinen Waffengurt, legte ihn an, schob den Degen in die Scheide, verstaute die Zeichnung sorgsam in einer Mappe und machte sich auf den Weg.

Der Steinmetz war schnell aufgesucht, das Blatt so gut angefertigt, dass es keinerlei Erklärungen bedurfte, wie der Grabstein zu machen war, und so war Cellini bereits kurz nach Sonnenuntergang nahe dem Palazzo Medici, zwischen der Piazza Nuova und Rotonda, direkt am Torre Sanguigna. Hier, in unmittelbarer Nähe zum Herzog, wohnte Antea, immer noch die schönste und teuerste Kurtisane Roms. Und direkt neben ihrem Haus hatte sich der Mörder seines Bruders eingenistet.

Aber er schien nicht zu Hause zu sein und so musste Cellini warten. Was weiter kein Aufsehen erregte, da man ja wusste, wer hier wohnte, und davon ausging, auch Cellini würde Antea seine Aufwartung machen.

Die Glocken schlugen Mitternacht. Die Luft wurde kälter. Die Steine kühlten langsam aus. Dicke Wolken schoben sich vor den Mond, da hörte Cellini lederne, schwere Soldatenstiefel über die ausgewaschenen Trittsteine klacken. Das musste er sein.

Cellini stieß sich von der Mauer ab, zog seinen Dolch und spähte die Straße hinauf. Ja, tatsächlich. Da war er. Er schien betrunken, torkelte langsam auf seine Haustür zu, lehnte sich dagegen, seufzte, während er vergeblich versuchte die Tür zu öffnen.

Versoffenes Schwein! Zeigte keinerlei Reue. Nicht unmittelbar nach dem Mord, nicht in den Tagen danach – und war jetzt so fröhlich betrunken, als hätte er nie Schlimmstes angerichtet. Cellini fühlte die Raserei in sich aufsteigen und er stürzte sich von hinten auf den Mörder, zog seinen Dolch und wollte dem Kerl die Kehle durchschneiden. Der Mann schwankte jedoch überraschend zur Seite. Cellinis Dolch verfehlte sein Ziel, stieß in die Schulter des Mannes. Der schrie auf, nun hellwach, sprang weg, wand sich derart, dass der Dolch herausgezogen wurde, und wollte fliehen. Cellini hatte ihn mit wenigen Schritten eingeholt, hob den Dolch erneut und stieß wieder zu. Der Dolch drang zwischen Hals und Nacken tief in das Fleisch des Mörders. Er sackte zusammen. Jemand schrie auf. Fensterläden wurden geöffnet. Frauenstimmen kreischten über Cellini hinweg. Schon hörte er wieder Soldatenstiefel. Er drehte sich um, sah eine ganze Horde Soldaten auf sich zuhalten. Er wollte den Dolch herausziehen, aber die Soldaten näherten sich zu schnell.

»Da ist der Mörder!«

»Haltet ihn!«

»Fasst ihn!«

Es war keine Zeit zu verlieren. Cellini ließ den Dolch los, sprang über den toten Mörder und rannte auf das Haus des Herzogs zu. Dort hämmerte er mit geballten Fäusten gegen das Tor, den Blick auf die Verfolger gerichtet, die rasch näher kamen.

Gerade als sie dicht genug waren, um ihn niederzustrecken, wurde das Tor geöffnet. Cellini drückte sich mit aller Gewalt dagegen, überrumpelte den erschrockenen *cavalieri*, der die Tür geöffnet hatte, drängte ihn zur Seite, warf die Tür wieder zu und schob den Riegel vor.

Schon pochten die Soldaten dagegen, schrien und riefen.

Ein Heidenlärm entstand auf der Straße. Der *cavalieri* neben Cellini legte die Hand an seinen Degen. Cellini winkte ab.

»Ich bin kein Mörder«, flüsterte er. »Ich habe doch nur meinen Bruder gerächt.«

Der *cavalieri* war überrumpelt und verdutzt, starrte den späten Besucher einfach nur an.

»Was ist hier los? Was soll der Lärm?«

Der Herzog stand am Treppenabsatz der mächtigen, steinernen Treppe, die von der Halle in den Saal hinaufführte. Cellini fuhr herum und warf sich auf die Knie, als er Alessandro di Medici erkannte.

»Cellini? Benvenuto Cellini – bist du das? Was ist geschehen?«

Der Herzog war mit schnellen Schritten bei ihm, zog ihn hoch und lauschte seiner hektisch vorgebrachten Erklärung. Schließlich nickte er mit dem Kopf und gab seinen Männern die Anweisung, die Menge vor dem Haus zu beruhigen und zu zerstreuen.

»Und du, Cellini, gehst nach oben. Verlass auf keinen Fall mein Haus.«

Cellini nickte ihm dankbar zu. Der Herzog hatte nicht vergessen, wie sehr er, Cellini, der Familie der Medici zugetan war, wie viele Ringe und andere Goldschmiedearbeiten er bereits im Auftrag des Herzogs zu vollster Zufriedenheit getan hatte. Er würde ihm helfen. Das war gewiss.

Der Herzog half tatsächlich, doch schien es diesmal länger als sonst zu dauern, den Papst gnädig zu stimmen. Schließlich hatte er ihm bislang keinen Mord vergeben müssen. Obwohl, damals auf der Engelsburg, als er um Vergebung für den Mord an den vielen Feinden gebeten hatte, da war ihm sofort vergeben worden. Und nun? Acht lange Tage saß er bereits im Haus des Herzogs fest, wagte es nicht, in die Werkstatt zurückzukehren, musste nicht nur um sein Leben fürchten.

Nein, wer konnte schon sagen, wie es um die Werkstatt stand? Die Edelsteine und das viele Gold konnten längst einem Raub zum Opfer gefallen sein! Er musste nach Hause. Aber es war nicht möglich. Zwar hatte ihm Antonio de Salvo, der *cavalieri*, der ihm in jener Schicksalsnacht die Tür geöffnet hatte, bereits vor drei Tagen zugetragen, dass die Soldaten ihn nicht länger für einen Mörder hielten. Aber warum ließ der Papst nichts von sich hören? Hatte der Neffe des Papstes keinen Einfluss mehr auf diesen? Wobei böse Zungen behaupteten, Alessandro wäre nicht der Neffe, sondern gar der Sohn von Clemens! Und wenn sich der Herzog für ihn, Cellini, einsetzte, dann musste der Papst ihm doch verzeihen!

Unruhig wie ein gefangenes Raubtier in einem Käfig ging Cellini nun schon seit Stunden in seinem Gemach auf und ab. Er konnte nichts anderes tun als zu essen, zu schlafen, zu warten und auf und ab zu laufen. Hin zum Bett, zurück zum Fenster. Durch die bunten Scheiben auf die Straße spähen, ob sich ein Bote zeigte, und den Weg wieder zum Bett zurückgehen.

Am liebsten hätte er geschrien, getobt, gewütet, die Möbel zerschlagen und aus dem Fenster geworfen. Aber er hielt an sich, wanderte weiter, bis es an die Tür klopfte und Antonio eintrat.

»Der Heilige Vater wünscht dich zu sprechen, Benvenuto. Sofort.«

Antonio musste nicht erst sagen, dass Eile angebracht war. Cellini stürmte an ihm vorbei und stürzte in mörderischem Lauf zur Engelsburg.

Offensichtlich wurde er wirklich mit Ungeduld erwartet, denn kaum an der Engelsburg angekommen stieß er am Tor mit Traiano, dem Kämmerer, zusammen. Der zog die Augenbrauen hoch und ein feistes Lächeln umspann seine wulstigen Lippen.

»Da seid Ihr also«, sagte er nur und brachte Cellini geradewegs in den Audienzsaal.

»Heiliger Vater – hier ist einer, der Euch zu sprechen wünscht. Und ich glaube, nein, ich hoffe, er will um Vergebung bitten.«

So ein ausgemachter Schurke! Wie konnte er es wagen, ihn dermaßen anzukündigen. Cellini biss die Zähne so fest aufeinander, dass die Backenknochen knirschten, sagte aber nichts weiter, trat ein, sah den Papst in seinem Lehnstuhl sitzen, einige Dokumente auf den Knien. Cellini ging mit gesenktem Kopf zu ihm, sank in die Knie und küsste den Fischerring.

»Erhebe dich, Cellini. Wir wollen uns kurz fassen.«

»Ja, Heiliger Vater«, murmelte Cellini und hob den Blick. Sollte er zum Tode verurteilt werden, dann wollte er es von Angesicht zu Angesicht erfahren.

»Cellini, ich weiß, du wolltest deinen Bruder rächen. Hast es auch getan. Aber hast du dir damit endlich Linderung verschafft? Ist es dir nun möglich, wieder an deine Arbeit zu gehen?«

»Ja, Heiliger Vater«, platzte es aus Cellini heraus.

Clemens sah ihn mit zusammengekniffenen Augen an. Kein Lächeln umspielte seine Lippen, nur Strenge, Tadel und ein gewisser Anflug von Ärger. Dennoch nickte er.

»Du kannst also die Aufträge endlich zu Ende bringen, die ich dir gegeben habe?«

»Ja. So schnell es nur möglich ist.«

»Nun, da du jetzt also geheilt bist, Benvenuto – achte auf dein Leben.«

Cellini hielt für einen Augenblick den Atem an. Dann aber nickte er schließlich ohne eine weitere Antwort zu geben. Oh, er hatte genau verstanden, was Clemens meinte. Zu gut hatte er seine Drohung verstanden. Und so verbeugte er sich und eilte in seine Werkstatt zurück. Er würde auf sein Leben achten. Ja. Und das bedeutete, die Aufträge des Papstes keinen Wimpernschlag länger aufzuschieben.

Die Drohung des Papstes war so unaussprechlich gefährlich gewesen, dass Cellini sofort mit der Arbeit begann, sobald er die Werkstatt erreicht hatte. Dass Giovanni nicht mehr bei ihm arbeitete, war bei Gott kein Verlust, aber dennoch fehlte seine Arbeitskraft, und so musste Cellini einen neuen Gesellen einstellen. Dazu noch vier Lehrlinge. Ja, so würde es zu schaffen sein, alle Aufträge des Papstes zu erfüllen.

Mit höchster Befriedigung ließ er nur zehn Tage nach dem doch eher beunruhigenden Gespräch mit Clemens seinen Blick durch die Werkstatt schweifen, sah gebeugte Köpfe, schwitzende Leiber, gekrümmte Rücken – hart arbeitende Burschen in seiner Werkstatt. Und mit größtem Wohlwollen betrachtete er Felice, einen der Neuen, der bereits jetzt sein erklärter Liebling war. Ein frecher, dreister Bursche von kaum vierzehn Jahren, der es faustdick hinter den Ohren hatte. Scheute keinen Streit und zeigte auch kaum Angst vor seinem Meister. Ein Junge ganz nach seinem Geschmack. Fröhlich zwinkerte er Felice zu, der frech zurückgrinste, bevor er sich wieder seiner Arbeit widmete. Cellini war zufrieden. Endlich hatte er Glück gehabt mit einem Lehrling und so konnte er sich ganz auf seine Arbeit konzentrieren. Er öffnete den Lederbeutel, der vor ihm auf dem Arbeitstisch lag.

Der Papst hatte an diesem Morgen die Edelsteine für die Schließe schicken lassen. Leider fehlte der große Diamant. Das Gerücht ging um, der Papst hätte ihn an genuesische Wucherer verpfänden müssen, um diverse Schulden zu begleichen. Schade. Der Diamant war so prächtig, so unbeschreiblich schön gewesen. Nun, seine, Cellinis, Arbeit allein würde die Schließe zu einem Prunkstück gestalten. Nicht der Diamant.

Dazu hatte ihm der Papst noch den Auftrag für einen Messkelch gegeben. Und die neue Magd stand ihm nicht nur bei Tage Modell für gewisse weibliche Figuren, sondern teilte des Nachts auch sein Bett. Eigentlich hätte er rundherum glücklich sein müssen. Aber er war es nicht. Bedeutendes wollte er schaffen und kam doch nicht über Gürtelschnallen und Kelche hinaus. Es war ein Zustand höchster Unbefriedigtheit, der ihn nur mühsam an dem getriebenen Goldblech für die Schließe arbeiten ließ. Schließlich warf er das Goldblech wütend auf den Tisch, nahm seinen Mantel und eilte in die Engelsburg. Er brauchte und wollte mehr schaffen, und dazu fehlte ihm die Anerkennung. Diese wollte er sich verschaffen.

Antonio, der *cavalieri* aus Alessandro di Medicis Haus, war mittlerweile ein gern gesehener Gast in seiner Werkstatt und wusste ihm vor allem wichtige Gerüchte zuzutragen. So hatte Cellini auch erfahren, dass die Stelle eines *mazziere*, eines Stabträgers, frei geworden war. Diese wollte er haben.

Als Cellini Clemens seinen Wunsch vortrug, lachte dieser zunächst laut heraus, schien ihn überhaupt nicht ernst zu nehmen, doch Cellini fand viele Worte, die den Papst schließlich doch überzeugten, ihm das Amt zu geben. Unter anderem wies er ihn darauf hin, dass die Bezahlung für einige kleinere Aufträge noch ausstand und dies eine gute Anzahlung wäre. Wieder lachte der Papst, war so amüsiert, dass er sich kaum beruhigen konnte, und sagte schließlich, um Ernst bemüht: »Aber ich will nicht, dass du deine Arbeit vernachlässigst. Ich gebe dir das Amt. Aber du wirst es nicht ausüben. Ich will nicht, dass du als Stabträger bei den Zeremonien zugegen bist. Du sollst den Kelch fertig arbeiten. Und meine Schließe würde ich auch gerne haben. Ich warte doch schon eine geraume Weile darauf...«

Cellini verneigte sich dankend und das Versprechen murmelnd, sich sofort wieder an die Arbeit zu machen, eilte in die Werkstatt zurück und errechnete, wie viele Scudi ihm dieses Amt bringen würde. Nicht weniger als zweihundert. Das war gut. Aber nicht ausreichend, um ihn zu befriedigen. Zumal es keinerlei Ablenkung bringen würde. Also machte er sich übel gelaunt wieder an die Arbeit an der Schließe. Dieses verfluchte Gerät musste fertig werden. Damit er es nicht mehr zu sehen brauchte.

Die Wochen vergingen und Cellinis Missmut wuchs. Die Nächte mit der Magd brachten ihm auch nicht das gewünschte Vergnügen, dennoch ließ er nicht davon ab, und die Arbeit am Kelch ging keinen Schritt voran. Seine Lehrlinge und Gesellen waren mit einfachen Aufträgen beschäftigt und er dachte nur daran, wann denn nun endlich die Zeit für ihn kommen würde, das Bedeutende zu schaffen, das ihm vorschwebte.

Aber sie kam nicht. Also eilte er erneut zu Clemens, wünschte das Amt des *frate del piombo* zu erlangen und – stieß auf Widerstand. Zumal der grässliche Bischof von Vaison eben bei Clemens weilte, das Gespräch demzufolge mitverfolgte und sich schließlich auch noch einzumischen wusste.

»*Beatissimo Padre*, das Amt des päpstlichen Siegelbewahrers wird traditionell an Zisterziensermönche vergeben. Aber mir scheint, Eurem Benvenuto steht das Schwert weit besser als die Kutte. Ich glaube nicht, dass er mit diesem Amt glücklich wäre«, säuselte der Bischof mit einem verschlagenen Seitenblick zu Cellini, bevor er sich wieder Clemens zuwandte und dabei überaus freundlich lächelte.

Bevor Clemens antworten konnte, entfuhr es Cellini: »Und doch hat der selige Papst Julius dieses Amt dem vortrefflichen Baumeister Bramante gegeben!«

Clemens zog die Brauen hoch.

»Ja, aber du, Benvenuto, bist nicht Bramante.«

Cellini war zutiefst gekränkt und entsetzt. Das verhaltene Kichern des Bischofs tat sein Übriges dazu. Das war es also, was man von ihm hielt. Er war ja nur ein Goldschmied, kein Baumeister, kein Bildhauer, geschweige denn wert, mit Pfründen versorgt zu werden. Und Pfründen hätte es obendrein gegeben bei diesem Amt.

»Würdest du nicht ewig widersprechen, hätte ich mich vielleicht dazu bereit erklärt. Aber du hast meinen Widerstand geweckt und nun gebe ich dieses Amt dem Maler Bastiano. Das habe ich eben entschieden. Und du hast mir dabei geholfen.«

Ehe Cellini ein Wort erwidern konnte, fuhr Clemens fort: »Und wie steht es um meinen Kelch?«

Beinahe atemlos vor Wut über diese entsetzliche Demütigung konnte Cellini nur unter größten Mühen antworten.

»Ich brauche Gold, um das Werk zu vollenden. Ohne Gold kein Kelch.«

»Da ist genug Gold in deiner Werkstatt. Verwende das. Ich werde dich bezahlen, sobald der Kelch fertig ist. Und nun geh.«

Diese Aufforderung hätte es nicht gebraucht. Er war ohnehin bereits auf dem Weg aus dem Audienzsaal. Ohne Verbeugung, ohne ein einziges Wort des Abschieds, machte er auf dem Absatz kehrt und stapfte hinaus. Die ganze Welt hatte sich wohl gegen ihn verschworen. Wohl wusste er, dass Pompeo, Bandinelli und Micheletto keinen Tag verstreichen ließen, ohne ein bösartiges Gerücht über ihn in die Welt zu setzen. Und andere Maler und Goldschmiede fielen gerne in den Tenor der niederträchtigen Zungen ein, aber dass es so weit gekommen war, dass ihm auch der Papst die Gunst verweigert, kränkte ihn mehr als jede andere Widerwärtigkeit. Nun, sollte Clemens doch sehen, was es brachte, ihn zu vergrätzen, ihm die Anerkennung zu verweigern und darüber hinaus noch das Gold, das für das Werk nötig war. Gar nichts würde es bringen. Zumindest keinen fertigen Kelch.

Also arbeitete Cellini während der nächsten Wochen an allem Möglichen, nicht aber am Auftrag des Papstes.

Leider ergaben sich einige Widrigkeiten, die sein zähes Ringen um Anerkennung erheblich behinderten. Der Papst ließ jeden Tag durch einen Boten nachfragen, wie die Arbeit voranschreite, und als er schließlich auf Reisen ging, beauftragte er Kardinal Salviati mit der Fragerei. Der stand tatsächlich jeden Tag höchstpersönlich vor seiner Werkstatt und fragte höhnisch lächelnd, wie weit der Kelch denn nun wäre.

Diese Belästigung ging so weit, dass Cellini dem Kardinal eines Tages entgegenbrüllte: »Wenn der Papst sein Werk will, soll er es erst bezahlen. Anständige und ehrliche Menschen verfahren in dieser Weise.«

Und schon schlug er Salviati die Tür vor der Nase zu. Felice grinste von einem Ohr zum anderen und warf ihm einen anerkennenden, bewundernden Blick zu. Aber Cellini achtete nicht darauf, sondern stapfte geradewegs in die Küche. Lucia, die Magd, war eben dabei, Zwiebeln zu schneiden, als Cellini ohne Worte von hinten an sie herantrat, seine Schamkapsel freilegte, ihren Rock hochschob, ihr mit dem Knie die Beine spreizte und sie derart umfing, dass sie mit dem Gesicht in die Zwiebeln gedrückt wurde. Kaum war er in sie eingedrungen, empfand er nichts als Widerwillen. Jeder Stoß machte ihn noch wütender und – er ekelte sich. Vor ihrem weichen Fleisch. Vor dem beißenden Gestank der Zwiebeln. Vor Lucias verhaltenen Schreien. Schmerz oder Lust – es war ihm egal.

Er hatte sich kaum in ihr ergossen, da stieß er sich ab von ihr, richtete seine Kleidung und ging in das Wirtshaus um die Ecke.

Am nächsten Tag war Cellinis Körper von leuchtend roten Pusteln übersät. Fingernagelgroße Blasen, mit Wasser und Eiter gefüllt. Lucia wollte den Medicus rufen, aber Cellini schrie sie an, sie hätte ihn mit der französischen Krankheit angesteckt, und entließ sie auf der Stelle. Dann schickte er Felice nach dem Medicus.

Der Stümper von Medicus wollte in seiner Sturheit nicht erkennen, dass es das französische Übel war, und reizte Cellini damit bis aufs Blut.

»Nein, es ist eine Art Ausschlag. Als wärt Ihr mit etwas in

Berührung gekommen, das Euch Ekel bereitet. Enormen Ekel. So einfach ist das.« Dann steckte der Medicus einen filigranen Ring als Bezahlung ein, ging schulterzuckend zur Kammer hinaus und murmelte noch einmal: »Nicht die französische Krankheit.«

»Verflucht!«, tobte Cellini und warf ihm den gusseisernen Kerzenhalter hinterher. Fasten sollte er. Das war der einzige Rat, das einzige Rezept, des Verbrechers gewesen.

Aber Cellini hielt sich daran. Es war schließlich nicht geklärt, ob der Medicus nicht doch einen Funken Verstand in sich trug, und schaden konnte es nicht. Fünfzig Tage fastete er, ernährte sich von Fisch, Brot und Wasser. Die Wangen fielen ihm ein, die Beinlinge schlotterten um seine Schenkel, aber er fühlte eine gewisse Linderung. Fünfzig Tage, die er damit zubrachte, auf die Felder vor den Toren Roms zu gehen, nach antiken Stücken zu suchen und zu graben oder mit der Büchse auf Tauben zu schießen. Fünfzig Tage ohne jegliche Arbeit. Aber die Pusteln platzten auf, eitriges Wasser verklebte seine Haut, sie verkrustete, und schließlich war die Plage vorüber. Diese Plage zumindest. Nicht das Unglück mit Salviati, der keinen dieser fünfzig Tage verstreichen ließ ohne vor der Werkstatt zu erscheinen und nach dem Kelch zu fragen. Hätte Salviati nicht so gehandelt, er hätte das unglückselige Ding tatsächlich vergessen können.

Und als der Papst schließlich wieder nach Rom zurückkehrte, hatte Salviati nichts Wichtigeres im Sinn, als dem Papst von dem Streit zu berichten. Was diesen natürlich nicht amüsierte, sondern höchst erzürnte. Zu allem Überfluss tauchten nun auch falsche Münzen in Rom auf und es war nur eine Frage von wenigen Stunden, bis sich seine Feinde darauf geeinigt hatten, er, Cellini, wäre der Verantwortliche für diese Münzen.

Es war nicht leicht, aber Cellini schaffte es dennoch, den Papst von seiner Unschuld zu überzeugen. Allerdings erst, nachdem die wahren Münzfälscher gefasst und zum Tode verurteilt waren. Eine weitere Kränkung, die ihm ein Augenleiden einbrachte.

Ja, er war so tief verletzt, dass er den furchtbaren Medicus erneut holen und sich untersuchen lassen musste.

»Nein. Ihr habt nicht den grauen Star«, schnarrte der Stümper. Cellini hob den gusseisernen Kerzenständer an, schwenkte ihn drohend über seinem Haupt. Der Medicus wich etwas zurück und sagte mit einer gewissen Verbitterung in der Stimme: »Aber etwas scheint Euer Augenlicht zu trüben. Das ist gewiss. Holt eine Reliquie des heiligen Lorenzo. Einen Holzsplitter. Legt diesen für drei Tage und Nächte in klares Wasser. Und betupft dann Eure Augen mit diesem Wasser.«

Endlich hatte er den Schelm zu einer vernünftigen Antwort gebracht und so ließ er ihn mit einem weiteren Goldring in der Tasche ziehen. Auch die Reliquie war durch Felice schnell beschafft und das heilige Wasser prompt angesetzt, nur der Papst war mehr als verärgert und schien die offensichtliche Tragödie nicht zu erkennen. Er glaubte schlicht nicht daran, dass Cellini erblinden würde, und schickte nach dem Medicus, diesen zu befragen. Der gute Mann gab die Auskunft, dass Cellinis Augen tatsächlich Schaden genommen hätten – wovon auch immer –, und der Papst musste sich damit zufrieden geben. Seinen Unmut äußerte er allerdings darin, dass er durch einen Boten mitteilen ließ, dass er Cellini mit sofortiger Wirkung die Münze nahm. Cellini war entsetzt. Er war also kein Münzmacher mehr. Und glaubte in tiefste Dunkelheit zu fallen. Das Augenleiden verschlimmerte sich prompt.

Dafür stellte Salviati seine täglichen Störungen ein. Aber nun kam der Medicus jeden Tag. Im Auftrag des Papstes. Und leider tat auch das heilige Wasser seine Wirkung, denn kaum zwei Monate später, die er mehr oder weniger in seinem Bett zugebracht hatte, stündlich die Augen betupfend, war er geheilt.

Er sah den wolkenlosen blauen Himmel vor dem Fenster der Kammer. Die goldenen Strahlen der Sonne blendeten ihn sogar. Und jede Falte im verhärmten Gesicht des Medicus stach ihm klar in die Augen.

»Ich sagte doch, es ist nicht der graue Star«, war denn auch die abschließende, trockene Diagnose des Medicus, bevor er sich rasch aus dem Staub machte.

Als dem Papst davon berichtet wurde, hatte es mit seiner Geduld ein Ende, und er verlangte, dass der Kelch fertig gearbeitet wurde. Cellini sah es nicht ein und machte sich wutschnaubend an die Arbeit einer Brosche, die Antea bei ihm bestellt hatte. Er setzte gerade eine Perle in die Mitte des goldenen Schmuckstücks, als es an die Tür pochte.

»Cellini! Cellini – macht auf! Wir wissen, dass Ihr hier seid! Aufmachen oder wir treten Euch die Tür ein!«

Der brave Felice fuhr hoch, griff zu seinem Messer und wartete nur auf einen Hinweis, dass er sich auf die Angreifer, die vor der Tür lauerten, stürzen dürfte, aber Cellini winkte ab. Wer konnte das sein? Jetzt, beinahe zur Mittagsstunde? Alle saßen bei Tisch. Niemand wollte einen Händel austragen. Misstrauisch erhob er sich, öffnete die Tür und sah fünf Soldaten des Papstes. Ihr Hauptmann trat vor und bellte: »Benvenuto Cellini, Ihr sollt augenblicklich mit mir kommen. Und bringt den Kelch mit, den Ihr für den Heiligen Vater arbeitet.«

»Er ist nicht fertig«, knurrte Cellini.

»Das ist egal. Ihr sollt bringen, was da ist«, war die unbeirrte Antwort.

Cellini seufzte, ging zu seinem Arbeitstisch, griff nach dem verhassten Kelch, wickelte ihn weder in schützende Decken noch Tücher und ging mit den Soldaten.

Felice stürzte ihm hinterher, drängte sich an seine Seite

und wollte ihn nicht verlassen. Das rührte zwar Cellinis Herz, dennoch sagte er nur knapp: »Geh zurück. Achte auf die Werkstatt. Ich komme gleich wieder. Stell schon Wein und Braten bereit.«

Diese Aussage beruhigte Felice etwas, der sich zögernd abschütteln ließ, schließlich stehen blieb und ihnen hinterhersah, bevor er in die Werkstatt zurückging. Allerdings entsprach die Aussage nicht der Wahrheit.

Kaum zeigte Cellini dem Papst den unfertigen Kelch, da sprang Clemens auch schon von seinem Lehnstuhl auf und schrie: »Was ist das?!«

»Euer Kelch.«

»O nein. O nein – mein Kelch sollte längst fertig sein. Das ist die Arbeit eines Tunichtguts. Eines Faulenzers, wie ihn die Welt noch nicht gesehen hat!«

Clemens war so erzürnt, dass seine Wangen eine tiefrote Färbung annahmen. Seine Schultern bebten vor Wut und seine Hand krallte sich am samtenen Wandbehang fest.

Cellini war auf der Hut. In dieser Stimmung hatte er Clemens noch nie gesehen. Also setzte er ein demütiges Lächeln auf.

»Ich habe Euch gesagt, ich brauche Gold, um das Werk zu vollenden. Ohne Gold kann ich Euch lediglich einen Kelch aus Blech gestalten. Das wäre nicht in Eurem Sinne, oder?«

Clemens löste seine Hand vom Wandbehang, tat einen Schritt nach vorn und sprach mit eisiger Stimme: »Genug – ab in den Kerker mit dir, Malvenuto, du Unwillkommener.«

Was den Papst umgestimmt hatte, wusste Cellini nicht. Aber nach drei elend lang erscheinenden Tagen und Nächten hatte er ihm die Freiheit wiedergeschenkt. Mit Grausen dachte Cellini an die Dunkelheit, die ihn fast um den Verstand gebracht hatte. An das Fiepen der Ratten, die sich an ihm gütlich tun wollten. Das Rascheln im Stroh, das nicht zu deuten war. An die feuchte Kälte, die ihm durch Mark und Bein gekrochen war. Und die Angst. Diese enorme Angst, der Papst könnte ihm so schlimm zürnen, dass er ihn nie wieder freilassen würde. Aber er hatte es getan. Ohne viel Aufhebens, ohne ihn zu empfangen, ohne ihn sprechen zu wollen.

Cellini war frei und konnte in seine Werkstatt zurückgehen. Er hatte die Schwelle kaum übertreten, da fiel ihm Felice in die Arme, drückte sich an ihn und schluchzte: »Verlasst mich nie wieder, Meister!«

Dieser gute Junge. Cellini ging das Herz über vor Rührung. Er strich Felice über die Haare und schob ihn dann in die Werkstatt hinein, um endlich von der Straße zu kommen, auf der sich die Nachbarn bereits zum Tratsch zusammenfanden. Elendes Pack. Er wollte niemanden sehen. Sich einfach verkriechen. In seiner Werkstatt bleiben und bis zum Jüngsten Tag nicht mehr herauskommen. Die Schmach war zu groß, die Demütigung zu schlimm. Verbittert schlug er die Tür hinter sich zu.

Cellini atmete tief durch und ließ den Blick durch die Werkstatt schweifen. Mit Erstaunen stellte er fest, dass mit Ausnahme von Felice, der stumm und mit großen Augen zu ihm sah, keiner der Lehrlinge und Gesellen anwesend war. Nur ein Fremder saß am Arbeitstisch. Offensichtlich ein Priester. Zumindest trug er die Soutane. Seine Hände waren zum Gebet gefaltet und den Kopf hatte er nach unten geneigt.

»Wer ist das?«, knurrte Cellini. Er wollte allein sein.

Der Priester sah hoch, löste sich betont langsam aus seiner Versenkung, zwinkerte mit seinen tief liegenden Augen und lächelte Cellini dann zu.

»Das ist ein Priester von San Marco. Ich habe ihn holen lassen«, flüsterte Felice.

»Wozu!?«

»Ja, äh...«

Felice druckste so lange herum und blieb eine erklärende Antwort schuldig, dass sich der Priester schließlich erhob, mit zum Gruß ausgestreckter Hand auf Cellini zukam und sagte: »Wir haben Euch aus dem Kerker befreit.«

Cellini zog die Augenbrauen hoch.

»Ihr?«

»Ja, wir. Euer Lehrling und ich. Haben seit zwei Tagen nur gebetet und gefastet. Zu Eurer Rettung.«

Cellini war mehr als verwirrt, schüttelte unwirsch den Kopf und wandte sich Felice zu.

»Woher kennst du den?«

Felice trat näher an ihn heran, so dicht, dass Cellini der Geruch nach Weihrauch und Rosmarin in die Nase stieg, der aus Felices Kleidung zu dampfen schien.

»Freunde haben mir von ihm berichtet. Er versteht sich auf wundersame Dinge«, wisperte Felice, wie es gar nicht seine Art war, schien in Ehrfurcht gefangen und flüsterte noch verhaltener, noch ergriffener: »Er kann Dämonen beschwören, Tote anrufen und allerlei andere Sachen. Er ist Sizilianer.«

Diese Antwort verwirrte Cellini mehr, als sie Klärung brachte, also sah er wieder zu dem Priester. Der grinste mittlerweile breit und unzählige Lachfalten verwandelten sein eben noch so ernstes, schmales Gesicht in einen fröhlichen Anblick.

»Ich verstehe kein Wort«, brummte Cellini.

»Ich werde es Euch gerne erklären. Bei einem Becher Wein? Oder zwei?«, sagte der Priester, weiterhin lächelnd.

Der Gedanke an Wein löste unbändigen Durst in Cellini aus und so ließ er sich darauf ein, den merkwürdigen Priester in seine Küche zu bitten, ihm einen Platz zuzuweisen und Felice aufzutragen, Wein zu holen.

Als sie schließlich in kleiner Runde zusammensaßen, verstand er, was Felice und der Priester getrieben hatten. Sie hatten für ihn gebetet. Für seine Freilassung. Unentwegt hatten sie gebetet, dabei die Heiligen um Hilfe angerufen und so möglicherweise tatsächlich ein gutes Werk getan. Braver Felice. Und der Priester war ein guter Mann. Einer, der ihm gefiel. Kein verweichlichtes Mönchlein, sondern ein richtiger Kerl, der die prächtigsten Geschichten zu erzählen verstand. Nach dem fünften Krug Wein waren sie beste Freunde.

Und Cellini war davon überzeugt, dass nur diese Gebete seine Freilassung erwirkt hatten. So war das also. Dieser Umstand rührte zwar sein Herz, weil es die Treue und Liebe von Felice bewies, nagte aber dennoch an seiner Seele. Der Papst selbst wäre also nicht auf den Gedanken gekommen, ihn wieder freizulassen. Er scherte sich nicht um ihn, würde ihm nie Bedeutendes zu schaffen geben.

Mit diesem üblen Gedanken schlief er schließlich am Küchentisch ein. Und kaum, dass er erwacht war und bemerkte, dass er nicht mehr im Kerker, sondern in seiner Küche saß, kehrte der Gedanke wieder. Schleichend, langsam und giftig. Sein Magen schien sich einmal um sich selbst zu drehen. Cellini erbrach sich auf den Küchenboden.

Nein, es ging ihm gar nicht gut. Der Priester erwachte, sah die Bescherung, murmelte ein Gebet, um böse Dämonen, die im Kerker möglicherweise in ihn eingefahren waren, auszutreiben, und blieb schließlich, bis die Mittagsglocken läuteten. Spannend und anregend waren die Gespräche und sie lenkten Cellini von Clemens ab.

Am Nachmittag schließlich wankte er in sein Bett und überließ es Felice, den Lehrlingen und Gesellen ihre Arbeiten zuzuweisen und darüber zu wachen, dass sie diese auch erledigten.

Die nächsten Tage verstrichen in einem seltsamen Dämmerzustand zwischen Ärger, Kummer und immer wiederkehrender Angst. Erst, als ein Bote des Papstes an die Tür klopfte und einen Auftrag für eine zu arbeitende Monstranz überbrachte, ging es Cellini so weit besser, dass er seine Schlafkammer verlassen und sich zumindest an den Arbeitstisch setzen konnte. Aber kaum nahm er Golddraht oder Goldblech zwischen seine Finger, übermannte ihn das Gefühl, das Gold würde seine Haut verbrennen, und er warf es von sich. Er konnte nicht arbeiten. Auf keinen Fall!

Und so ließ er sich durch die Straßen Roms treiben, besuchte den sizilianischen Priester, anschließend das eine oder andere Wirtshaus und wankte wieder nach Hause. Unglücklich, unzufrieden und mürrisch.

So ging es viele Tage und schon begann das Ungemach wieder, dass der Papst ein ums andere Mal anfragen ließ, wie weit es denn mit der Arbeit stünde, und Cellini war gezwungen, sich noch mehr treiben zu lassen.

Bis *sie* in die Werkstatt kam. Die Morgenglocken hatten gerade erst zur neunten Stunde geläutet, Felice hatte eben die Werkstatt geöffnet und einem der anderen aufgetragen das Feuer anzuschüren, da trat sie herein. Das Licht der einfallenden Morgensonne umstrahlte sie wie ein Heiligenschein. Ihr Lächeln war das der ›Venus‹ von Botticelli und ihre Augen waren die einer Edlen von da Vinci.

Für die Dauer eines Wimpernschlages schien die Welt still zu stehen, gab es nur noch sie und ihn. Wie von fremder Hand geführt erhob er sich, ging auf sie zu.

Sie lächelte aus ihrem Strahlenkranz zu ihm hoch.

»Meister Cellini?«

Er konnte nur nicken.

»Nun, ich habe einen Auftrag für Euch.«

Die Stimme eines Engels drang an sein Ohr. Ganz sicher. Ein Engel.

»Nehmt Ihr denn Aufträge von unbedeutenden jungen Frauen an? Oder arbeitet Ihr nur noch für die Großen und Mächtigen?«

»Für Euch würde ich alles tun«, brachte Cellini mit größter Mühe hervor.

Ein glockenhelles Lachen war die Antwort, die ihm den Verstand vollends rauben wollte.

Irgendwann fing er sich doch wieder, konnte die Art des Auftrages in Erfahrung bringen und das schöne Kind um ein Treffen außerhalb der Werkstatt bitten. Völlig ohne Arg. Nur in ihrer Nähe wollte er sein. Das glockenhelle Lachen umfing ihn erneut, brachte ihn dazu, noch nach ihrem Namen zu fragen, und als sie ihn in Einsamkeit zurückließ, wusste er: Er hatte sich verliebt. Verliebt in Angela, seinen Engel.

Diese Liebe ging so weit, dass er Clemens völlig vergaß. Der Bote brachte ihn nicht mehr in Rage, schließlich war er auch kaum mehr in der Werkstatt anzutreffen, sondern spazierte mit Angela durch Rom. Oder er saß in der Stube bei Angela und ihrer Mutter und lauschte mit Verzücken, wenn Angela aus der Bibel las oder einfach nur plauderte. Die Mutter allerdings war ein großes Ärgernis. Sie hatte Erkundigungen über Cellini eingeholt, und diese hatten ihr abgrundtiefes Misstrauen erweckt. So reifte in Cellini der Entschluss, mit Angela nach Florenz zu fliehen. Damit waren zwei Übel mit einem Schlag aus der Welt geschafft: Er konnte Clemens und Angelas grausame Mutter gleichermaßen hinter sich lassen.

Das Unglück wollte es, dass Angelas Mutter von den Plänen erfuhr, und eines Morgens, als Cellini wieder vor Angelos Tür stand und um Einlass bat, erfuhr er von einer Nachbarin, dass Angela und ihre Mutter abgereist waren.

»Wohin? Das weiß ich doch nicht!«, krächzte die Nachbarin und ließ ihn mit seinem Schmerz allein zurück.

Wie sollte er weiterleben ohne Angela? Sein Herz raste. Es gab nur einen Ausweg: den Priester. Er musste eine Beschwörung vornehmen, um Angela zu ihm zurückzubringen.

Der volle Mond hing strahlend über Rom, schien so nah zu sein, dass Cellini glaubte, ihn berühren zu können, wenn er nur die Hand ausstreckte. Auf diese Nacht hatte er lange warten müssen. Drei volle Tage! Aber nun war es so weit. Der Priester würde eine Dämonenbeschwörung vollziehen, und wenn diese gelang, würde Angela zu ihm zurückkehren. Das hatte er ihm versprochen.

Cellini brauchte sich nur mit einem unberührten Knaben zur zweiundzwanzigsten Stunde im Kolosseum einzufinden.

Und da stand er nun und zum ersten Mal in seinem Leben schienen ihm die antiken Mauern bedrohlich und fremd. Gerne hätte er Felice an seiner Seite gehabt, aber es war besser gewesen, den zwölfjährigen Luca mitzunehmen, der war mit Sicherheit noch unberührt – und zitterte jetzt bereits wie Espenlaub.

»Benvenuto – entzündet nun den *zaffetica*«, sagte der Priester mit fester Stimme und warf ihm einen Bund des stinkenden Gewürzes Asant zu.

Während Cellini seinen Feuerstein aus dem Gürtel holte, konnte er seine Augen nicht von dem Priester wenden. Der hatte sich einen schwarzen Mantel umgeworfen und eine schwarze Kapuze so weit über den Kopf gezogen, dass seine Augen kaum noch zu sehen waren. Mit Akribie zeichnete er nun einen Kreidekreis auf die Erde, erhob sich, streckte die Arme gen Himmel und begann in seltsamen Lauten zu sprechen. Was war das für eine Sprache? Cellini verstand kein Wort und lauschte ergriffen, während sich Luca an ihn drückte und aufschluchzte.

»Ruhig, Luca. Es geschieht schon nichts. Sei tapfer und standhaft«, flüsterte er.

Der Priester war völlig in sich versunken, seine Anrufungen wurden lauter, eindringlicher und noch Angst einflößender. Plötzlich breitete er die Arme aus und rief: »Kommt!

Schnell! Kommt zu mir in den Kreis. Vergesst das Räucherwerk nicht. Schnell! Sie sind da!«

Luca schrie auf und flitzte in den Kreis. Cellini folgte ihm. Der qualmende Asant in der Schüssel stank so Ekel erregend, dass er kaum noch Luft bekam.

»Still, ruhig – ich muss sie beschwören, damit sie nicht zu uns zu dringen.«

Die Stimme des Priesters schwoll von leisem Gemurmel zu einem Donnern in dieser fremden Sprache an, hob sich über ihre Köpfe, prallte gegen die Mauern des heidnischen Bauwerks, verfing sich in den Gängen und wurde wie von tausend Stimmen weitergetragen.

Der Priester nahm die Schüssel mit dem Asant, streute weiteres Rauchwerk hinein. Es gab eine Stichflamme, die für einen kurzen Moment sein Gesicht erleuchtete. Dann wurden sie wieder von Dunkelheit umhüllt. Der Rauch drang mit süßem, beinahe betäubendem Duft zu ihnen. Der Priester verfiel in seltsam anmutenden Gesang, wiegte seinen Körper hin und her, krächzte, murmelte, stöhnte, sang wieder.

»Meister, Meister – da sind Heerscharen von Teufeln«, keuchte Luca, krallte sich an seinem Wams fest und schien unter seinen Mantel kriechen zu wollen.

»Das Pentakel! Nimm das Pentakel! Wir müssen sie abwehren! Sie wollen in den schützenden Kreis! Das darf nicht geschehen!«

Cellini sah suchend um sich. Im milchigen Licht des Mondes schien alles vor seinen Augen zu verschwimmen, eins zu werden mit den Schatten, die um ihren Kreidekreis tanzten. Endlich sah er das Pentakel, riss es an sich und hob es hoch über seinen Kopf.

»Gut so, gut so...«, murmelte der Priester, sank auf die Knie, wiegte weiter seinen Körper, hob seinen Blick und sah zu Cellini hoch: »Und nun – sprich deinen Wunsch aus. Laut und deutlich vernehmbar. Sie müssen es alle hören.«

Cellini nickte und sah um sich. Da waren Heerscharen von Dämonen! Schatten, die um den Kreis tanzten, mit gierigen Fingern und behaarten Armen nach ihnen griffen, sie aus dem schützenden Kreis ziehen wollten.

»Sprich!«

Luca schluchzte auf. Cellini versuchte seine Stimme so klar wie möglich zu halten: »Ihr Dämonen! Macht, dass Angela wieder zu mir zurückkehrt!«

Wichen die Geister zurück? Fragend drehte er sich zu dem Priester.

»Sie beraten sich ...«, flüsterte er.

Sehr schön. Dann hatten sie ihn zumindest angehört.

»Da ist ein Riese! Da ist ein schrecklicher Riese!«, schrie Luca auf.

Cellini fuhr herum, drehte sich um sich selbst, aber da war kein Riese. Nur die Dämonen waren wieder näher gerückt.

»Sie sind zurück. Sie werden dir helfen.«

Die Stimme des Priesters klang so fremd. Dunkel, tief und wie aus einer anderen Welt. Nun lief auch ihm der erste eiskalte Schauer über den Rücken, aber Lucas Angst ließ ihm keine Zeit, selbst in Panik zu verfallen. Luca warf sich zu Boden, deutete nach vorne, hatte die Augen weit aufgerissen und starrte mit irrem Blick ins Leere.

»Das Kolosseum brennt! Seht doch – das Kolosseum brennt!«

Der Priester erhob sich, war mit einem Schritt bei ihnen, half Cellini, Luca wieder aufzurichten, und zischte: »Sie wollen, dass er den Kreis verlässt. Dass die Angst übermächtig wird und er davonläuft. Aber genau dann könnten sie ihn erhaschen. Sie wollen seine Seele. Wir müssen ihn beschützen. Verbrenn noch etwas Asant.«

Cellini griff nach dem Lederbeutel, holte die Kräuter heraus und streute sie in die Schale. Im gleichen Moment durchdrang der Gestank von frischem Kot den Qualm des stinkenden Asants. Luca hatte sich vor Angst in die Hose geschissen. Cellini warf dem Priester einen entsetzten Blick zu. Aber der lachte schallend und rief: »Sie ziehen sich zurück! Sieh nur – sie ziehen sich zurück. Der Gestank ist selbst ihnen zu übel!«

Dennoch verbrachten sie den Rest der Nacht um ihre Seelen betend auf den Knien im Kreidekreis. Erst als die Glocken zur Laudes riefen, erhob sich der Priester und sagte: »Es ist vollbracht. Das Werk ist getan. Wir können nach Hause gehen.«

Cellini verspürte eine gewisse Erleichterung, dass die Nacht vorüber war und sich die dunklen Schatten zurückzogen. Luca zitterte immer noch, war kaum zu beruhigen und murmelte unentwegt: »Sie sind noch da. Seht doch, da hinten auf den obersten Reihen. Da sitzen sie. Sie warten auf uns.«

»Da ist niemand. Und nun steh auf – wir wollen nach Hause gehen. Und vor allem musst du deine Kleider wechseln. Du stinkst schlimmer als eine Fuhre Dung.«

Cellini zog den ängstlichen Knaben am Ärmel mit sich. Sie hatten kaum das Kolosseum verlassen, da fasste der Priester Cellini am Wams und sagte leise, aber eindringlich: »Benvenuto, du bist mein Freund. Deshalb will ich dich warnen. Nimm dich in Acht: Die Dämonen geben nichts freiwillig. In dieser Nacht haben wir ihnen unseren Willen aufgezwungen. Und sie werden sich dafür rächen.«

»Wie meinst du das?«

»Sie werden dir geben, was du willst. Aber auf völlig andere Weise, als du es dir vorstellen kannst.«

Mit diesen warnenden Worten wandte sich der Priester ab und hielt auf San Marco zu, während Cellini die entgegengesetzte Richtung einschlug.

Luca blieb weiterhin ängstlich, und erst, als ihre Werkstatt nur noch wenige Schritte entfernt lag, riss er sich los und lief laut heulend zum Haus.

Cellini lachte dröhnend. Dieser kleine Angsthase. Zugegeben, ihm war auch etwas merkwürdig zumute und der viele Rauch und Qualm vernebelte ihm immer noch die Sinne, aber er fühlte sich gut. Ja, einfach prächtig. Wenn denn nur die Geister und Dämonen ihr Versprechen halten wollten!

»Cellini! Halt – bleibt stehen!«

Cellini schreckte aus seinen Gedanken, sah verwirrt um sich und erblickte schließlich Ser Benedetto, einen Notar, den er aus Florenz kannte und der mit großen Schritten auf ihn zuhielt.

»Na, Ser Benedetto? Zu so früher Stunde schon auf den Beinen?«

Cellini lächelte ihn an und gab sich Mühe, nicht zu wanken. Der Notar hätte noch denken können, er wäre betrunken. Aber Ser Benedetto schien überhaupt nicht darauf zu achten. Vielmehr machte er den Eindruck, als hätte ihn jemand arg erzürnt. Seine Wangen waren gerötet, das Haar stand wirr vom Kopf und seine Augen blitzten.

»Was ist mit Euch? Fühlt Ihr Euch nicht wohl?«, fragte Cellini und zeigte sich ehrlich besorgt, aber Ser Benedetto fuhr hoch: »Das wagt Ihr mich zu fragen?!«

Seine Stimme überschlug sich.

»Nun seid doch ein wenig leiser, um Himmels willen.«

»Warum sollte ich das? Hm? Cellini, Ihr seid der größte Lump, der mir je begegnet ist!«

»Was erlaubt Ihr Euch?«

»Ihr habt mich meine Stellung gekostet. Ihr und Euer sauberer Lehrling Felice«, donnerte Ser Benedetto in das morgendliche Rom.

Cellini schnaubte. »Nun erklärt mir doch einfach, was geschehen ist«, knurrte er, mühsam um Beherrschung ringend.

Ser Benedetto ließ ihn los, trat einen Schritt zurück und jammerte lauter als zuvor: »Euer Felice wollte Geld bei mir eintreiben und …«

»Welches Ihr mir schuldet – ja.«

»Und das kann er mir nicht persönlich sagen? Das muss er in die Runde brüllen, bei der ich gestern zu Abend gegessen habe? Ja?«

Cellini lachte auf.

»Felice ist gelegentlich etwas derb. Aber er ist ein guter Bursche.«

»Ein Lump ist er. Wie Ihr auch! Meine Herren saßen ebenfalls bei Tisch. Sie haben mich aus der Stellung entlassen – weil ich Schulden hätte. Ich!«

»Habt Ihr denn Eure Schuld beglichen für die drei goldenen Ringe?«

»Nein«, zischte Ser Benedetto.

»Dann habt Ihr also doch Schulden.«

Cellini wollte sich eben angewidert von Ser Benedetto abwenden, wollte nur nach Hause, sich zu Bett begeben, da packte ihn Ser Benedetto am Mantel, riss ihn herum und flüsterte: »Ich weiß sehr viel über Euch, Cellini. Zu viel. Wenn ich an richtiger Stelle sage, was Ihr in Eurer Werkstatt treibt und an anderen Orten – ist es um Euch geschehen. Also geht zu meinen Herren, sagt, dass ich unschuldig bin, und ich werde meinen Mund halten.«

»Was wollt Ihr schon über mich wissen?«, höhnte Cellini.

»Mehr, als Ihr glaubt. Ihr vergeht Euch an Knaben, sagt man. Treibt es mit Eurem Felice. Ich werde Euch anzeigen. Ihr seid ein Verbrecher!«

Cellini wand sich aus dem Griff, vergaß alles um sich herum, hörte Ser Benedettos weiteres Schimpfen nicht mehr, sah nicht die neugierigen Nachbarn – da war nur noch Ser Benedettos ekelerregende Fratze. Der Mund, der nicht aufhören wollte zu sprechen, nicht enden wollte, ihn mit übelsten Worten zu besudeln, ihm schlimmstes Unrecht anzutun. Wie von fremder Hand gelenkt bückte er sich, scharrte mit der Hand Kot, Dreck und Lehm zusammen, hob den schweren Klumpen an und schlug ihn Ser Benedetto auf den Kopf.

Ser Benedetto sackte in sich zusammen, fiel in den Dreck. Blut schoss aus einer Wunde an seinem Kopf. Cellini sah verwirrt auf ihn. Hatte ein wenig Lehm diese verheerende Wirkung erzielt?

»Bei Gott! Ihr habt ihn erschlagen! Habt ihn auf offener Straße erschlagen!«

Pompeos fassungslose Stimme rüttelte Cellini auf. Mit einem Schlag war er hellwach, starrte auf seine Hand, sah einen großen Stein und stierte zu Ser Benedetto, der tot auf der Erde lag.

»Dafür werdet Ihr büßen! Ich laufe jetzt zum Heiligen Vater – den Kerker werdet Ihr nicht mehr verlassen, Cellini!«

Ehe er Pompeo auch nur ein Wort erklären konnte von dem Missverständnis, dem Unglücksfall, machte dieser auf dem Absatz kehrt und lief Richtung Engelsburg.

Nun war es um ihn geschehen. Wenn der Papst von dem Vorfall erfuhr, war es aus. Und vorbei. Sein Leben war verwirkt. Und wer trug Schuld daran? Dieser elende, hartnäckige und vor allem so verleumderische Ser Benedetto. Der jetzt auf der Erde lag. Schon hatten sich die Nachbarn zusammengeschart, um den Toten zu begaffen. Nach dem Gouverneur wurde gerufen, nach Soldaten. Cellini drehte sich um, spuckte aus und lief in seine Werkstatt. Felice und die anderen standen am Fenster, spähten hinaus, und Luca hockte käsebleich am Kamin, zitterte und würgte.

»Meister – was ist geschehen? Wir haben etwas von Mord gehört!«

Felice war sofort bei ihm, sah ihn eindringlich und flehend an, aber Cellini schüttelte nur den Kopf.

»Es ist nichts weiter. Bring mir nur eine Schüssel Wasser, ich möchte mich säubern.« Und sanfter fügte er hinzu: »Und kümmere dich um Luca. Er braucht neue Kleidung.«

Felice kicherte nervös und zugleich erleichtert über die liebe Stimme des Meisters: »Ja, er stinkt zum Himmel.«

Die Zeit schritt nur zäh voran. Der Lärm auf der Straße wurde immer lauter. Mehrfach klopfte es an seine Tür, aber Cellini hatte es strikt verboten, zu öffnen. Die Tür blieb verschlossen. Bis die Glocken zur Mittagsstunde läuteten und Antonio, der *cavalieri* Alessandro di Medicis, atemlos vor der Werkstatt stand und um Einlass bat.

»Schnell – öffnet ihm und verschließt die Tür sofort wieder!«

Cellini blieb beim Kamin stehen, lauernd und die Hand am gezogenen Degen, die Augen auf die Tür gerichtet. In diesen Stunden war unklar, wer Freund und wer Feind war.

Antonio hastete herein, half den Lehrlingen, die Tür wieder zu verrammeln, erblickte Cellini und kam rasch zu ihm.

»Benvenuto – es sieht nicht gut aus.«

»Was ist geschehen?«, flüsterte Cellini.

Antonio sah ihn mitleidig an.

»Der Heilige Vater ist höchst erzürnt. Er hat den Auftrag gegeben, dich sofort an der Stelle hängen zu lassen, an der du den Mann erschlagen hast.«

»Aber es war keine Absicht.«

Seine Stimme war nur noch ein Hauch in die stille Werkstatt hinein. Die Lehrlinge hielten den Atem an. Nur Luca schluchzte in die furchtbare Stille hinein.

»Aber es war keine Absicht«, wiederholte Cellini fassungslos.

Antonio fasste Cellini an der Schulter, drückte sie fest.

»Das wissen wir. Der Herzog und ich und viele andere. Der Herzog wird für dich sprechen, das ist gewiss. Aber du hast den Papst verärgert in den letzten Monaten und nun will er zeigen, dass er der Herr ist. Verstehst du?«

Ja, er verstand. Es galt, dem Hund seinen Willen aufzuzwingen. Und wenn man den Hund dafür zu Tode prügeln musste.

»Nun mach dich bereit! Sattle dein Pferd und verlasse Rom.

Am besten gehst du nach Neapel. Dort habe ich Freunde. Sie werden dich aufnehmen. Aber nun geh! Jetzt! Hörst du: sofort!«

Cellini sah auf. Er löste sich vom Kamin, steckte seinen Degen in die Scheide zurück und gab den Lehrlingen Anweisungen, was sie in Windeseile heranzuschaffen hatten.

»Einen Lederbeutel mit Wasser! Meine Lederstiefel! Mein Wams! Und etwas Proviant!«

Um einen prall gefüllten Beutel mit Scudi und Dukaten würde er sich selbst kümmern. Antonio hielt Wache an der Tür. So lange, bis das Pferd gesattelt und Cellini zum Abschied bereit war. Er umarmte Antonio, strich dem hemmungslos weinenden Luca über das Haar und drückte Felice an die Brust.

Er hatte das Haus kaum durch den Hinterhof verlassen, da stürmten die Häscher des Papstes die Vordertür. Und so gab er seinem Pferd die Sporen, zog die Kapuze seines Mantels tief ins Gesicht und hoffte Rom unversehrt verlassen zu können.

Als er die Mauern Roms endlich unerkannt hinter sich gelassen hatte, atmete er auf, streifte die Kapuze von seinem Kopf und zügelte den Gang seines Pferdes. Nun war es nicht mehr so eilig. Sie würden zuerst jeden Stein in Rom umdrehen. Und dann in Florenz suchen. Niemals aber hier, auf der Straße nach Neapel.

Mit der Zeit genoss er den frischen Westwind und die würzige Brise des Meeres und irgendwann fiel ihm auf, dass er ein fröhliches Liedchen pfiff, während er weiter auf Neapel zuhielt. Ja, jetzt ging es ihm wieder gut. Felice würde auf die Werkstatt achten und irgendwann würde sich der Papst beruhigen und ihm schließlich auch vergeben. Hoffentlich.

Als die Sonne schwächer wurde und die Schatten länger, begann er nach einer geeigneten Unterkunft Ausschau zu halten. Die Straße war eine belebte Handelsroute und so dachte er, es würde kein Problem sein, etwas Geeignetes zu finden. Das erwies sich jedoch als Irrtum. Ein Wirtshaus war schäbiger als das andere. Als die Dämmerung einsetzte und Cellini noch immer keine Unterkunft aufgetan hatte, entschloss er sich im nächsten Wirtshaus zu nächtigen. Ob es nun angenehm war oder nicht.

Er sah das windschiefe Haus schon von weitem. Das Schild mit dem aufgemalten Anker schaukelte im Wind an einer rostigen Kette. Das Gebäude wirkte nicht sonderlich Vertrauen erweckend, aber Cellini stieg gleichwohl vom Pferd, band die Zügel an einen Zaunpfahl und trat misstrauisch in das Haus.

Das Dämmerlicht in der Stube machte ihn für einen Wimpernschlag beinahe blind, bis seine Augen die Theke, die Holzfässer und die wackeligen Tische und Stühle ausmachen konnten. Der Wirt bediente einige Gäste – ihrer Kleidung nach zu urteilen mussten es Pilger sein –, stellte einen Krug Wein auf den Tisch und eine Magd trug eine Platte mit dampfenden Speisen auf, von denen wohl der Geruch nach ranzigem Fett und altem Knoblauch herrührte.

Der Wirt drehte sich um, sah den neuen Gast, lächelte feist und kam händereibend auf ihn zu.

»Was kann ich für Euch tun?«

»Ich brauche ein ...«

Weiter kam er nicht. Sein Blick war durch die Runde geschweift und hatte dann ein Augenpaar gefunden, das er überall auf der Welt, nur nicht hier, vermutet hätte. Die Augen einer Edlen von da Vinci. Und dazu das Lächeln der ›Venus‹ von Botticelli.

»Wollt Ihr Unterkunft oder nur Speis und Trank? Wir haben heute frische ...«

Cellini nahm die Stimme des Wirtes kaum noch wahr. Da saß sie. Angela. Dort hinten, direkt beim Kamin. Sie sah zu ihm herüber, erkannte ihn und strahlte ihn an. Schien weder schockiert noch überrascht, sondern schlicht erfreut. Ihre Wangen glühten, ihre Augen funkelten, ihr Lächeln verhieß den Himmel. Die Dämonen hatten Wort gehalten.

»Wir werden heiraten! Auf der Stelle, oder wenn's nicht möglich ist, dann morgen. Oder übermorgen in Neapel. Aber wir werden heiraten!«

Mit diesen Worten stürzte er zu ihr, sank in die Knie, griff nach ihrer Hand und küsste sie. Angelas Mutter wollte Widerspruch einlegen, verstummte jedoch, als sich Angelas zarte Arme um Cellinis Schultern legten und sie ihn zu sich zog. Er fühlte ihre weichen, vollen Lippen auf seiner Stirn und Tränen bahnten sich einen Weg über seine Wangen. So hatte er also das schlimme Übel mit Ser Benedetto nur erleiden müssen, um Angela wiederzufinden.

Schließlich erhob er sich, wischte sich mit dem Handrücken die Tränen vom Gesicht und bestellte Wein für alle Gäste. Johlend und grölend applaudierten sie, erhoben ihre Becher auf das junge Paar und sangen ein Trinklied. Der Wirt eilte beflissen hin und her, rief der Magd zu, der Stallbursche möge sich um Cellinis Pferd kümmern, und freute sich sichtlich über den enormen Umsatz an diesem Abend. Nur Angelas Mutter saß mit zusammengekniffenen Lippen ihm gegenüber und war erst nach wortreichen Erklärungen und Versprechen davon überzeugt, dass er der richtige Mann für Angela war.

Von dem unglücklichen Totschlag musste sie vorerst nichts erfahren. Das hatte Zeit. Zeit bis nach der Hochzeit.

Einer der Gäste entpuppte sich als fahrender Musikant, holte seine Laute unter dem Tisch hervor, spielte einige Takte, und schon tanzten die ersten Gäste auf den Tischen und der Lärm in der Stube war so gewaltig, dass eine Unterhaltung nicht mehr möglich war.

Angela hatte ohnehin nur wenig gesprochen. Sie hatte Cellini ihr schönstes Lächeln geschenkt, seine Hand gedrückt und irgendwann damit begonnen, mit ihrem Knie sein Bein zu berühren. Zunächst verhalten, dann immer kecker. Schließlich wanderte ihre Hand unter den Tisch und strich an der Innenseite von Cellinis Oberschenkel entlang.

Er konnte nicht mehr warten! Hier, in dieser Kaschemme, sollte Angela zu seiner Frau werden. Noch einmal ließ er sich liebkosen, dann stand er auf, darum bemüht, seine Männlichkeit unter dem Wams zu verbergen, und beglich seine Rechnung an der Theke.

Nur Angelas Mutter stand noch im Weg, fand immer neue Ausflüchte und Ausreden, warum sie die Hand ihrer Tochter nicht so schnell freigeben wollte. Schließlich wurde es Cellini zu bunt. Er beugte sich zu ihr und schnaubte ihr entgegen: »Ich bin kein armer Mann. Es wird ihr an nichts fehlen. Weder an Geld noch an Liebkosungen.«

Die Mutter erwiderte nichts und schließlich sprach Angela mit ihrer wunderbaren, engelsgleichen Stimme: »Mutter, es ist mein Wunsch.«

Es schien eine Ewigkeit zu verstreichen. Dann nickte die Mutter kaum merklich.

Cellini nahm Angela auf die Arme, trug sie unter dem Applaus der Gäste über die Schwelle der Stube und schlug den Weg zur Treppe ein. Dort holte ihn allerdings Angelas Mutter ein.

»Was wollt Ihr noch hier? Es ist alles besprochen«, knurrte er ungehalten.

»Sie ist meine Tochter. Ich werde sie auf diese Nacht vorbereiten. Geht in Eure Kammer, betet, erlernt die Kunst des Wartens. Angela wird zu Euch kommen, wenn ich mit ihr gesprochen habe.«

Ihre Stimme ließ keinen Widerstand zu, also trug Cellini Angela in den ersten Stock bis vor die Tür ihrer Kammer, ging dann zu seiner, sah ihr mit brennender Leidenschaft nach und stieß die Tür zu seiner Kammer auf.

Schwungvoll riss er seinen Waffengurt vom Leib und schleuderte ihn in die Ecke. Er war so glücklich! Und wie elend hatte dieser Tag doch begonnen. Aber nun würde sich alles zum Guten wenden. Ganz gewiss. Er löste seine Schamkapsel, streifte die Beinlinge ab und stand nur noch mit dem Wams bekleidet in der dunklen Kammer. Die viel zu stickig war. Er brauchte Luft. Und das sanfte Licht des Mondes, das Angelas Körper so wunderbar beleuchten würde.

Cellini stieß die Fensterläden auf, trat an den Rahmen und sog die würzige Landluft ein. Er wollte eben zu seinem Bett gehen, als er Stimmen hörte. Aus Angelas Kammer. Er erkannte ihre Stimme. Neugier überkam ihn. Er beugte sich vor und lauschte in die Nacht.

»Denk daran. Das Geld ist in dem Lederbeutel. Und der ist prall gefüllt. Mach alles, was er will und so lange er will. Dann wird er tief schlafen und wir können das Geld an uns nehmen.«

»Aber ich will ihn nicht berauben.«

»Er will deinen Körper. Dafür muss er bezahlen.«

»Aber ich mag ihn.«

»Unfug! Seit dein Vater gestorben ist, schaffe ich unser Geld mit verbotener und sündiger Liebe heran. Das hast du auch genommen. Jetzt wirst du deinen Teil zu unserem Auskommen beitragen.«

»Wenn er mich heiratet, haben wir ein Auskommen.«

»Pah! Niemals wird er das tun. Er wird über dich kommen wie ein geiler Bock und morgen in aller Frühe ist er fort. So sind die Männer. Glaub es mir. Und nun geh. Geh. Und denk daran: Du wirst alles tun, was er verlangt. Alles.«

Cellini glaubte nicht, was er da hörte. Wollte es nicht glauben. Die Mutter von Angela war also eine niedere Metze, eine verschlagene Person. Eine Hure. Und eine durchtriebene Kupplerin. Und Angela war ihr völlig hörig. Sein wunderbarer Engel, den er endlich wiedergefunden hatte. Sie wollte ihn berauben. Weil sie kein Vertrauen zu ihm hatte. Ihm nicht glaubte, dass er sie tatsächlich heiraten wollte. Dieses schamlose Stück! Der Unglauben und das Entsetzen, die tiefe Kränkung wichen ersten Wellen von aufschäumender Wut. O ja – er würde sich gütlich an ihr halten. Und wie. Die ganze Nacht. Und wenn es sein musste, auch noch den nächsten Tag. Sie würde ihn niemals vergessen. Dafür würde er sorgen. Sie heiraten? Pah! Niemals. Nicht diese Hure.

Das Quietschen der Tür holte ihn aus seinen Gedanken. Tief durchatmend wandte er sich um und sah sie, von Mondlicht überflutet. Sie trug nur noch ihr Unterkleid. Ihre zarten Brüste hoben und senkten sich, zeichneten sich so klar ab, als wäre sie nackt. Ihre weiße Haut schimmerte wie Perlmutt und mit ihren zarten Fingern klammerte sie sich an den Türrahmen, den Blick verschämt zu Boden gesenkt. Sie spielte also die Unschuldige. Die Jungfräuliche. Dem würde er ein Ende bereiten.

Mit wenigen Schritten war er bei ihr, umschlang sie und presste sie so fest an sich, dass sie jetzt schon einen Vorgeschmack auf seine Männlichkeit bekommen sollte. Der Kuss raubte ihr fast den Atem und sie versuchte sich freizukämpfen, aber er ließ sie nicht los. In einem Arm hatte er mehr Kraft als sie im ganzen Leib. Er fasste sie an den Haaren, riss ihren Kopf nach hinten, presste seine Lippen auf ihren Hals und küsste sie nochmals. Sie duftete so wunderbar. Nach Rosen, Orangen und Moschus. Er durfte ihr nicht verfallen. Mit dem Fuß stieß er grob die Tür zu, riss im gleichen Moment ihr Unterkleid am Saum entzwei, starrte ihre Nacktheit lüstern und grinsend an. Sie stand zitternd vor ihm, versuchte sich mit den Händen zu bedecken, aber er drückte sie zur Seite und fasste dann mit beiden Händen an ihre Brüste. Knetete sie so rüde und grob, wie er es im Leben noch keinem Weib angetan hatte. Ein leiser Schmerzenslaut entwich ihr, aber sie wehrte sich nicht. Sie war der Mutter also völlig zu Willen. Verbittert und heißen Tränen nah zog er sie an den

Haaren zum Bett, schleuderte sie in die Decken und kroch dann über sie. Sie hielt völlig still. Starrte aber dennoch entsetzt zu ihm, wollte etwas sagen, öffnete bereits den Mund, schloss ihn aber wieder. Die Mutter hatte viel zu viel Macht über sie. Er lachte rüde und laut, spreizte ihre Beine in einer einzigen groben Bewegung seiner Hände und wollte eben in sie eindringen, in sie stoßen, auf dass aller Schmerz dieser Welt nicht nur ihn, sondern auch sie überfluten würde – aber er konnte es nicht. Seine Männlichkeit regte sich nicht.

»Du hast mich meiner Männlichkeit beraubt! Du Metze! Du elende Hure!«, brüllte er schließlich, nachdem nichts helfen wollte und er über alle Maßen gedemütigt über ihr kniete. Sie weinte stumm, wollte ihn berühren, aber er stieß ihre Hände fort, schlug ihr ins Gesicht und kroch vom Bett.

Er war kein Mann mehr. Einen animalischen Schrei ausstoßend drehte er sich ihr wieder zu. Sie zuckte zusammen, wollte vom Bett springen. Aber mit einem Satz war er bei ihr, zog sie an den Haaren zurück und zischte ihr ins Ohr: »Sag der Hure, deiner Mutter – bei mir gibt es nichts zu holen. Weder Geld noch anderes. Und noch eins: Verlierst du ein Wort über meine Männlichkeit, bringe ich dich um. Hat du das verstanden?«

Sie nickte nur. Tränen strömten über ihr Gesicht, tropften vom Kinn genau auf seine Hand. Sie schienen aus flüssigem, glühendem Eisen gemacht und verbrannten seine Haut. Mit einem Aufschrei ließ er Angela los und stieß sie über die Schwelle. Als er die Tür hinter ihr verriegelte, drang ein weiterer Schrei aus seiner Kehle.

Aber Cellinis Schmerz blieb, ließ sich nicht vertreiben. Sein Engel war fort. Sein Engel war nie einer gewesen. War nur ein Dämon gewesen. Nichts weiter als ein Dämon.

Florenz
im Jahre des Herrn 1558, in Cellinis Werkstatt

»Sie war ein Dämon? Ganz sicher ein leibhaftiger Dämon?«, hauchte Mario gebannt. Seine Finger krampften sich um den Federkiel und mit seinen kleinen, bräunlichen Zähnen kaute er auf der Unterlippe.

»O ja. Jede Frau ist ein Dämon«, antwortete Cellini.

In seiner Einfalt bekreuzigte sich Mario und schielte ängstlich zur Tür, in der die neue Magd eben verschwunden war, um Brot und Wein zu holen.

»Sie auch? Ist auch sie ein Dämon?«, flüsterte er.

»Die ganz besonders. Hüte dich vor ihr«, knurrte Cellini und warf einen vernichtenden Blick in Richtung Küche, wo er das Weib vermutete. Noch hatte sie sich nicht als Spion des Herzogs verraten, aber das würde die Zeit bringen. Denn eins stand fest: mit ihr stimmte etwas nicht. Und deshalb galt es, auf der Hut zu sein.

»Die weiblichen Dämonen sind die schlimmsten«, fügte Cellini noch hinzu, damit Mario wusste, woran er war.

Mario schüttelte sich, ging zum Kamin, legte Feuerholz nach und sprang einen Schritt zurück.

»Was ist mit dir?«

»Nichts. Hab mich nur erschrocken.«

»Wovor?«

Mario deutete mit zitternden Fingern in den Kamin.

»Vor dem Feuer. Es erinnert mich an die Hölle.«

»Nun, ich habe sie ja schließlich überlebt. Sonst säße ich nicht hier«, knurrte Cellini seinen einfältigen Gehilfen an und beschloss dann sich lieber dem Beten zu widmen als dem dummen Jungen. Vielleicht hatte er nämlich viel zu wenig gebetet in seinem Leben? Seit einigen Tagen schon trieb ihn dieser Gedanke um. Seine Augen huschten über die eben beschriebenen Blätter. Er hatte so wenig gebetet. Vielleicht stand ihm doch noch ein Engel bei in diesem Kampf gegen seine letzten Feinde? In diesem Kampf seiner letzten Tage, die er noch zu leben hatte?

»Geh jetzt und lass mich allein«, herrschte Cellini Mario an.

Mario nestelte jedoch an seinem Wams herum und trat nervös von einem Fuß auf den anderen.

»Habe ich nicht gesagt, dass ich alleine sein will?«

»Was soll ich denn tun?«

»Hilf in der Küche.«

»Da ist doch der Dämon.«

»Ach, Schwachkopf. Sie wird dir schon nichts tun.«

Mario war nicht dazu zu bewegen, sich auch nur einen Schritt zu entfernen, und so sah Cellini sich gezwungen, den Schelm zur Tür zu schleifen und ihn hinauszuwerfen. Auf das Gebet und die innere Einkehr wollte er sich schließlich besinnen. Dazu musste er Ruhe finden. Und Gott. Und das ließ sich nicht nur mit einem Gebet bewerkstelligen. Vielleicht konnte Gott sein Leben retten? Dafür würde er ihm seines schenken. In der Mönchskutte. Würde ihm dann verziehen werden? Cellini sank auf die Knie. Mit der Stirn an die Platte des Tisches gelehnt begann er sein Gebet:

Padre nostro, che sei nei cieli,
sia santificato il tuo nome,
venga il tuo regno,
sia fatta la tua volonta,
come in cielo cosi in terra ...

Die Worte beruhigten ihn, gaben ihm Kraft. Er hörte seine eigene Stimme, fühlte sich mit einem Mal beschützt. Und als er mit einem inbrünstigen »Amen« endete, wusste er, dass ihn sein Gefühl in den letzten Tagen nicht getrogen hatte. Er wollte sich in den Schutz der Mutter Kirche begeben. Dem Tod entgehen.

Wochen waren bereits ins Land gezogen, die er im Hausarrest hatte zubringen müssen, das Todesurteil schwebte weiter wie ein Damoklesschwert über ihm, aber der Herzog meldete sich nicht. Kein Bote kam, um eine erlösende oder vernichtende Nachricht zu überbringen. Keine Horde Soldaten, um ihn abzuholen und zum Henkersplatz zu schleifen. Nur der eine Soldat bewachte weiter die Werkstatt, war aber nicht bereit, Auskunft zu erteilen. Womöglich verrichtete er tatsächlich nur stumpf seinen Dienst.

Mehrmals schon hatte er Mario zum Palazzo geschickt, aber der Junge war stets mit leeren Händen zurückgekehrt. Keine Nachricht. Man wollte nicht mit ihm sprechen. Und in Florenz ging bereits das Gerücht um, er, Cellini, wäre bereits tot. Sagte zumindest Mario. Würde er nicht an seiner ›Vita‹ arbeiten, er wäre wohl wirklich schon tot. Gestorben aus Gram.

Woher sollte er noch Hoffnung schöpfen? Das Gebet. Es hatte ihn beruhigt. Erneut versank er darin.

Ein wenig befreit, wenn auch immer noch von Todesangst umschwebt, erhob er sich schließlich und ging zu dem kleinen Schrein direkt neben dem Arbeitstisch. Dort bewahrte er edle Steine auf, aber gestern hatte er dort etwas anderes hineingelegt. Etwas Wertvolleres als jeden Stein dieser Welt. Ein Messer. Und damit auch sein Versprechen, sich nur noch Gott zu widmen, wenn er die nächsten Monate überstand und das Todesurteil zurückgezogen wurde.

Cellini ging zurück zum Tisch, fühlte sich bereits jetzt wie in einer anderen Welt, sank wieder auf die Knie und betete erneut. Entschlossen und flehend zugleich. Dann hob er das Messer an und begann sein Haupthaar zu scheren. Als die Tonsur fertig rasiert war, legte er das Messer zur Seite, lehnte die Stirn wieder gegen die Platte und betete weiter. Endlos. Stunde um Stunde.

Cellini verlor jegliches Gefühl für Zeit und Raum, konnte

sich nicht mehr aus dem Gemurmel lösen, das ihn so sehr beruhigte.

So bemerkte er auch nicht, wie die Tür geöffnet wurde und Mario neugierig und ängstlich zugleich in die Werkstatt spähte. So ruhig hatte er den Meister noch nie erlebt. Da konnte etwas nicht stimmen.

Mario kniff die Augen zusammen, versuchte im schummrigen Licht der Kerze etwas zu erkennen. Und richtig. Da war der Meister. Auf dem Boden! Er war tot! Oder verletzt? Mario stürzte mit einem Aufschrei zu Cellini, rüttelte an seiner Schulter und stellte erleichtert fest, dass der Meister knurrte.

»Was macht Ihr da?«

Er bekam keine Antwort. Mario erschrak noch mehr.

»Meister? Was ist mit Euch?«

Cellini gab vor, nichts zu hören. Er hoffte, Mario würde sich einfach wieder zurückziehen.

Aber Mario blieb hartnäckig und rüttelte ihn erneut. Es blieb nichts übrig, als aufzustehen und dem Tölpel eine Maulschelle zu verpassen. Eben wollte er sich aufrichten, hatte die Stirn schon von der Platte gelöst, da hörte er eine leise Stimme: »Pst. Nicht stören.«

»Aber ich habe Angst um den Meister!«

»Er betet. Lass ihn allein. Komm.«

Wem gehörte nur diese Stimme? Cellini kannte sie nicht. Dieser seltsame Umstand irritierte ihn derart, dass an weitere Gebete nicht mehr zu denken war. Also würde er wieder schreiben.

»Mario!«, brüllte er und richtete sich ächzend auf.

»Mario – ich will weiterarbeiten. Komm und schreib!«

Mario setzte sich erleichtert auf seinen Schemel.

»Wo waren wir stehen geblieben?«, fragte Cellini barsch.

»Bei Eurer Flucht aus Rom«, antwortete Mario. Das Wort »Dämon« wollte er nicht mehr in den Mund nehmen. Es bereitete ihm zu viel Angst, zumal die neue Magd eben erst die

Werkstatt wieder verlassen hatte. Vielleicht lauschte sie an der Tür? Also lenkte Mario die Gedanken des Meisters noch einmal auf die Ewige Stadt.

»Wie seid Ihr zurückgekommen nach Rom?«

»Felice hat mir einen Boten geschickt. Er ließ mir ausrichten, dass Ser Benedetto doch mit dem Leben davongekommen ist.«

»Und man hat Euch vergeben?«

»Damals ja.«

Ein Gefühl der Bitterkeit überkam ihn, da man ihm hier in Florenz nicht vergeben wollte.

»Und dann? Was ist dann geschehen?«, drängte Mario.

»Der Papst ist gestorben. Und damit nahm das große Unglück seinen Lauf. Ach – und ich habe Pompeo getötet.«

Rom
im Jahre des Herrn 1534

Die Oktobersonne tauchte Rom in goldenes Licht. Der Anblick des bunten Laubs erwärmte Cellini das Herz. Er musste unbedingt ein Schmuckstück schaffen, das dem Herbst gewidmet war, dachte er, während er zu seiner Werkstatt ging. Einen Ring vielleicht. Oder eine Brosche? Mit filigranem Laubwerk verziert und die prächtigen Farben der Bäume in roten, braunen und grünen Edelsteinen verewigt. Womöglich wäre das eine Kleinodie, die er dem neuen Papst würde überreichen können!

Er musste ohnehin vorstellig werden. Ach, es war doch ein Jammer. Kaum hatte ihm Clemens verziehen, kaum war Rom nicht mehr gefährlich für ihn – da war es geschehen. Gerade zwei Wochen zuvor war er wieder in seine Werkstatt zurückgekehrt, hatte damit begonnen, einige Medaillen für den Papst zu arbeiten, da kam es diesem in den Sinn, zu sterben. Zu einem unvorteilhaften Zeitpunkt. Und zu allem Überfluss wurde Kardinal Farnese zum neuen Papst gewählt.

Die Medici waren zwar nach Florenz zurückgekehrt, sogar protegiert durch den Kaiser. Und die Tochter Lorenzo di Medicis, Katharina di Medici, war mit dem Sohn des Königs von Frankreich verheiratet worden. Was ein politischer Triumph war, aber sie hatten ihre Macht nicht mehr auf den Vatikan auszudehnen vermocht. Die Farnese zeigten sich einflussreicher und mächtiger. Insofern war die Wahl vorauszusehen gewesen. Und dennoch äußerst ungünstig. Ob Papst Paul III., ehemals Kardinal Farnese, sich noch daran erinnerte, dass er, Cellini, ihm beinahe das Leben geraubt hatte, als er damals auf der belagerten Engelsburg die verfluchte Tonne mit den Steinen herabgeschossen hatte?

Noch hatte der Papst nicht nach Cellini verlangt. Aber immerhin war die Sache mit Ser Benedetto ausgestanden. Der wetterte zwar ungemein, erholte sich jedoch, und die ganze Angelegenheit war als Versehen beurteilt worden und so war nicht einmal eine Geldstrafe zu bezahlen gewesen. Cellini konnte zufrieden sein.

Nun ja, außer dass er nebst dem Verlust von Clemens auch den von Felice zu betrauern hatte. Der Vater des guten Jungen war gestorben und nun war Felice zurück zu seiner Familie gegangen. Dafür hatte er einen neuen Lehrling eingestellt: Ascanio. Nicht ganz so rüde wie Felice und schön anzusehen war er, so dass Cellini ihn gerne und oft malte, seine schöne Figur auf Papier bannte.

Mit leichten, federnden Schritten bog Cellini auf den Mercato Nuovo ein. Sogleich würde er sich der Arbeit widmen. Der Papst war tot, die Medaillen wurden vorerst nicht benötigt. Also konnte er mit dem Schmuckstück mit Laubwerk beginnen.

Er wollte soeben ein fröhliches Lied summen, da sah er ihn.

Gerade war er aus einer Apotheke getreten, zählte seine Scudi und achtete nicht auf die Menschen um sich herum.

Cellini blieb abrupt stehen und starrte ihn an. Pompeo. Dieser Schuft. Der, der ihm den ganzen Ärger eingebrockt hatte. Der sofort zum Papst gelaufen und von Mord und Totschlag berichtet hatte. Seinetwegen hatte er Rom verlassen müssen. Seinetwegen war die Misere mit Angela geschehen. Dieser Lump!

»Pompeo!«, rief Cellini so laut, dass seine Stimme bis zum Ende des Platzes getragen wurde.

Pompeo sah überrascht auf, erkannte ihn und wurde aschfahl. Dann drehte er sich um und lief davon.

Mit großen, ausholenden Schritten nahm Cellini die Verfolgung auf, holte ihn ein, als Pompeo gerade in eine Seitengasse biegen wollte, packte ihn am Wams und zog ihn zurück. Cellini zückte augenblicklich seinen Dolch, traf den Widersacher aber nicht. Blinde Wut war über ihn gekommen. Er sah nur noch den verhassten Pompeo. Noch einmal stieß Cellini zu. Wollte dem Gegner mit dem Dolch ein Zeichen ins Gesicht schlitzen. Ihn für immer entstellen. Auf dass die ganze Welt wissen würde, dass er ein verleumderisches Maul hatte. Pompeo drehte sich jedoch in dem Moment und der Dolch fuhr ihm in den Hals. Verdammt. Cellini zog den Dolch heraus und stach noch einmal zu. Diesmal traf er Pompeo hinter dem Ohr, ritzte dessen Lebensader auf. Pompeo sackte in sich zusammen, eine Hand an die Wunde gepresst. Das Blut sprudelte zwischen den Fingern hervor.

»Du Schuft, steh auf!«

Pompeo kippte vornüber, fiel mit dem Gesicht in den Dreck. Dort blieb er reglos liegen. Nur sein Blut strömte weiter aus ihm heraus.

Bei Gott – er hatte ihn umgebracht! Dieser Schurke war einfach gestorben. Er hatte ihn doch nur zeichnen wollen! Schon stürzten die ersten Menschen herbei, die alles beobachtet hatten. Ein Marktweib kreischte auf, schlug die Hände vor den zahnlosen Mund. Ein Garsieder kam herbeigelaufen, drehte den leblosen Pompeo um, klopfte ihm auf die bleichen Wangen.

Cellini musste fort von hier. An den Neugierigen vorbei durch die Gasse. Aber wohin? In die Werkstatt? Nein, da würden ihn Pompeos Freunde finden. Zum Palazzo di Medici. Ja, das war die einzige Möglichkeit.

Cellini lief um sein Leben. Der Garsieder hatte ihn aufhalten wollen, war aber schnell abgeschüttelt, und so gelangte Cellini unbehelligt zum Palazzo di Medici. Als er an das Tor pochte, fühlte er sich für einen Augenblick an seine Flucht erinnert, nachdem er den Mörder seines Bruders niedergestreckt hatte. Verzweiflung stieg in ihm auf, da wurde das Tor geöffnet. Cellini stürzte hinein und verriegelte das Tor von innen.

Er stürmte in den oberen Stock, riss die Türen auf und polterte in den Saal. Mit einem Blick sah er, dass der Herzog nicht da war. Richtig, er weilte in Florenz. Aber Kardinal Medici war am Kamin mit anderen Kardinälen ins Gespräch vertieft. Er fuhr hoch.

»Was ist hier los?!«

Dann erkannte er Cellini.

»Was führt Euch mit diesem Lärm zu mir?«

»Ich brauche Eure Hilfe und Euren Schutz«, platzte es aus Cellini heraus.

Papst Paul, ehemals Kardinal Farnese, ließ mit einer Antwort nicht so lange auf sich warten wie ehedem Clemens. Bereits am Nachmittag kehrte Kardinal Medici freudestrahlend in den Palazzo zurück und erzählte beinahe Wundersames.

»Nun setzt Euch doch, Cellini, lauft nicht so unruhig umher. Setzt Euch!«

Nur widerstrebend nahm Cellini in dem Lehnstuhl direkt am Kamin Platz.

Der Kardinal winkte einem *cavalieri*, man möge Wein bringen, und sah dann amüsiert lächelnd in das prasselnde Feuer des Kamins. Am liebsten wäre Cellini wieder aufgesprungen, um seinen rastlosen Gang durch den Saal fortzusetzen. Da endlich sah der Kardinal auf, fuhr sich mit der Fingerspitze über das Kinn und blickte ihm dann direkt in die Augen.

»Euer Talent schützt Euch auch dieses Mal.«

»Wie meint Ihr das?«

Der Kardinal lehnte sich zurück, griff nach dem dargebotenen Silberkelch, bedeutete dem jungen *cavalieri*, auch Cellini einzuschenken, nippte an seinem Wein, schloss für einen Moment genießerisch die Augen und sagte: »Es ist ganz einfach. Der neue Papst schätzt Eure Kunst. Er schätzt sie so sehr, dass er Euch in Schutz genommen und von jeder Strafe freigesprochen hat.«

Cellini hielt den Atem an. Was hörte er da? Der Papst schätzte ihn? Mochte seine Kunst? Wenn der Kardinal nur Genaueres berichten würde!

Der Kardinal drehte indes den Silberkelch in seinen Händen.

»Ja, wisst Ihr, die Freunde des toten Pompeo waren bereits zur Stelle. Bandinelli, Micheletto – ach, Ihr kennt sie doch. Und sie haben Euren Kopf gefordert. Aber der Papst hat nur geantwortet: ›Cellini ist zu begnadigen. Ihr müsst wissen, dass Männer wie Benvenuto, die einzig in ihrer Kunst sind, sich an die Gesetze nicht zu binden haben.‹«

Cellini sank überrascht in seinen Lehnstuhl zurück. Der Kardinal hingegen beugte sich leicht vor, der Silberkelch funkelte im einfallenden Sonnenlicht. »Erstaunlich, nicht wahr? Aber durchaus richtig. Für Männer wie Euch gelten die Gesetze nicht.« Der Kardinal beugte sich noch weiter vor. »Nur eines noch, Cellini. Hütet Euch vor Pier Luigi Farnese. Er war auch zugegen. Und er hat Euren Kopf lauter gefordert als die

Freunde Pompeos. Er will Euch Übles. Ich habe gehört, dass er sich überall in Rom nach Euch erkundigt. Ihr müsst ihm arg geschadet haben.«

Cellini antwortete nicht. Pier Luigi Farnese. Er hatte ihn völlig vergessen.

Cellinis Arbeitswut kannte während der nächsten Wochen keine Grenzen. Papst Paul hatte nach Medaillen verlangt, nachdem er die Modelle für Clemens gesehen hatte. Noch prächtiger, schöner und großartiger sollten sie werden. Und er würde sie bekommen. Und wenn Cellini und seine Lehrlinge bis zum Umfallen schuften mussten.

Der Vorfall mit Pompeo hatte für Aufhebens gesorgt, aber der Papst hatte ihm vergeben und so stand es niemandem zu, sich an Cellini zu rächen. Zähneknirschend hatten Micheletto und Bandinelli die Worte des Papstes hingenommen und hielten sich von Cellini fern.

Cellini pfiff seit Tagen fröhlich vor sich hin. Mit seinem Werk ging es gut voran. Die Modelle waren bereits fertig und der Papst würde sie lieben!

Das Krachen von berstendem Holz riss ihn aus seinen Gedanken. Cellini fuhr herum. Vier Soldaten hatten die Tür zur Werkstatt eingetreten und polterten nun herein. Der Hauptmann sah kurz um sich und kam dann mit großen Schritten auf Cellini zu.

»Cellini, Ihr seid verhaftet – im Namen des Papstes nehme ich Euch hier und auf der Stelle gefangen.«

»Mich gefangen nehmen? Warum? Was soll der üble Spaß?«, schnaubte Cellini, während er sich langsam erhob. Seine Lehrlinge starrten die Soldaten an, Ascanio hatte schützend den Arm um Lucas Schultern gelegt.

Der Hauptmann kam auf Cellini zu: »Keine Widerrede. Ihr kommt mit uns.«

Mit einer knappen Kopfbewegung gab er seinen Männern ein Zeichen. Sie zerrten Cellini unsanft zur Werkstatt hinaus.

Es war eine furchtbare Schmach, in dieser Weise durch die Straßen Roms geschleift zu werden. Manch einer erkannte ihn und er hörte die Rufe: »Das ist Meister Cellini!« – »Seht doch nur: der Goldschmied!« – »Hat er nicht jemanden umgebracht?«

Als sie die Engelsburg erreichten, war Cellinis Unmut über diese Schande ins Unermessliche gewachsen. Wer auch immer dafür verantwortlich war, er würde es bezahlen müssen. Bitter bezahlen müssen. Und wer kam dafür infrage? Bandinelli. Und Micheletto. Wer sonst?

»Hier ist er.«

Mit diesen Worten schleuderten ihn die Soldaten dem Papst zu Füßen.

»Es ist gut. Ihr könnt Euch zurückziehen.«

Cellini richtete sich stöhnend auf. Er wollte seinen Feinden ins Angesicht sehen, wollte diese furchtbare Geschichte klären. Und so richtete er sein Augenmerk ganz auf Paul, der ihn mit strengem, dunklem Blick musterte.

»Warum habt Ihr mich verhaften lassen? Was habe ich getan?«

Der Papst antwortete nicht. Stattdessen trat Pier Luigi, sein Sohn, an ihn heran. Aber natürlich! Dass er daran nicht gedacht hatte! Pier Luigi Farnese. Sein alter Feind.

»Ihr wisst nicht, was Ihr getan habt?«, begann Pier Luigi. »Ihr seid ein Verbrecher durch und durch. Und da fragt Ihr noch, warum man Euch verhaftet hat? Lachhaft!«

»*Beatissimo Padre* – ich weiß es wirklich nicht«, stieß Cellini verzweifelt aus. Pier Luigi war gefährlich. Ein Feind, der nicht zu unterschätzen war. Und der engste Berater des Papstes. Sein Vertrauter. Sein Sohn.

»Ihr habt einige Menschen umgebracht, Cellini«, sagte Paul nach geraumer Zeit mit beinahe sanfter Stimme.

»Das sagen die anderen!«, verteidigte sich Cellini, reckte dem Papst seine Handflächen entgegen zum Zeichen seiner

Unschuld und fuhr fort: »Aber wenn man Euch nach dem Leben trachtet – würdet Ihr Euch nicht auch verteidigen?«

»Pompeo hat Euch nicht nach dem Leben getrachtet. Auch nicht der Mann, den Ihr im Namen Eures Bruders erschlagen habt«, fauchte Pier Luigi.

»Und würdet Ihr nicht das Gleiche für Euren Bruder tun?«, versetzte Cellini.

»Mich haben manche Menschen aufgesucht. Einige, die Euch nicht wohl wollen. Wie kommt es nur, dass so viele ehrbare Römer gegen Euch sind? Mir scheint, Ihr seid ein streitbarer Mann, der es nicht lassen kann, andere um Leib und Leben zu bringen! Ihr seid voll der Sünde. Ihr seid nicht nur ein Mörder! Ihr seid auch ein gemeiner Dieb!«

Pier Luigis Augen funkelten ihn hasserfüllt an.

»Ein Dieb?«

»Ja! Ein Dieb! Was war denn mit dem Gold für die Kronen, die Ihr eingeschmolzen habt? Habt Ihr da nicht enorme Mengen Goldes für Euch abgezweigt?«

»Doch, das habe ich«, erwiderte Cellini. Er schluckte hart. Wie hatte Pier Luigi davon erfahren? Aber das spielte keine Rolle. Wichtig war, den Papst gnädig zu stimmen, nicht seinen Sohn. Also wandte er sich wieder Paul zu, sah ihm fest in die Augen und fuhr fort: »Aber der selige Papst Clemens wusste davon. Ich habe gebeichtet und mir wurde die Absolution erteilt. Ebenso verhält es sich mit dem Totschlag an dem Mörder meines Bruders. Und die Sache mit Ser Benedetto war ein Unglücksfall und wurde als solcher betrachtet. Oder zweifelt Ihr am Gerechtigkeitssinn Eures Vorgängers?«

Paul zuckte zusammen. Schließlich schüttelte er verärgert den Kopf.

»Nein, natürlich nicht. Ich sehe Eure Einsicht und bin gewillt, alles auf sich beruhen zu lassen, und darüber hinaus ... nun ...«

»Vater!«, platzte Pier Luigi dazwischen, was ihm einen bösen Blick von Paul einbrachte. Pier Luigi neigte kurz den Kopf zu einer Entschuldigung und murmelte: »Heiliger Vater. Da ist noch mehr, was dieser Verbrecher angerichtet hat.«

»Und das wäre?«

In der Stimme des Papstes lagen Ungeduld und Missmut. Das war ein gutes Zeichen, jubelte Cellini innerlich, als Pier Luigi mit erhobenem Kopf auf ihn deutete und weitersprach.

»Er hat mehr gestohlen als nur das Gold. Er hat Edelsteine aus der Schatzkammer des Papstes entwendet. Das hat er nicht gebeichtet. Der selige Clemens konnte ihm diese Tat nicht vergeben und Cellini ist immer noch ein Dieb, der auf der Stelle bestraft werden muss.«

»Ich verstehe nicht…«, murmelte Cellini, aber Pier Luigi Farnese achtete nicht auf seinen Einwurf. »Es fehlen wertvollste Steine. Aus sicherer Quelle weiß ich, dass diese Steine während der Belagerung Roms in die Soutanen des Papstes eingenäht wurden. Und diese Steine sind aus unerfindlichen Gründen nicht mehr da.«

Pier Luigi stockte kurz, drehte sich zu Cellini und spie ihm seine weiteren Worte verächtlich entgegen: »Tatsächlich unergründlich? Vielmehr kann man wohl annehmen, dass dieser Dieb hier sie eingesteckt und verkauft hat.«

»Das ist eine bodenlose Unterstellung«, flüsterte Cellini fassungslos. Eben wollte er sich Papst Paul zu Füßen werfen, den Irrtum aufklären, aber der Papst funkelte ihn mit zornumwölkter Stirn an, winkte die Wachen heran und befahl: »Bringt ihn in den Kerker.«

Zumindest hatten sie ihn in der Engelsburg inhaftiert, nicht in den Torre di Nona geworfen, in den schreckenumwobenen Turm, der den schlimmsten Verbrechern vorbehalten war. Hier in der Engelsburg, dicht beim Heiligen Vater, wurden nur Personen von Rang festgehalten. Noch war er ihnen also nicht gleichgültig. Noch immer schien ihn seine Kunst zu beschützen.

Er sah auf den Tiber, der gemächlich, ruhig und mächtig an der Engelsburg einen Bogen beschrieb. Und direkt dahinter drängten sich die Häuser Roms. Rom war nunmehr wieder belebter und auch der Aufbau der Stadt ging voran. Wenn auch nur zögerlich.

Aber er saß nun hier fest. Warum? Was hatte er mit diesen verfluchten Edelsteinen zu schaffen? Wann würden sie ihren Irrtum einsehen und ihn wieder freilassen? Cellini dürstete nach Arbeit, er musste seine Hände beschäftigen, gleichsam seinen Geist, um ihn zu beruhigen und doch konnte er seit Tagen, die er nun schon hier fest saß, nur in dem engen Zimmer, das man ihm zugestanden hatte, auf und ab gehen. Und sich manchmal, wie in diesem Moment, auf die Zehenspitzen stellen und zum gemauerten Fensterschacht hinausspähen, um wenigstens den würzigen Duft Roms, den Geruch von Fisch und Schlamm, der vom Tiber zu ihm geweht wurde, in sich aufsaugen zu können.

Das Geräusch eines Schlüssels, der im Schloss gedreht wurde, riss ihn aus seinen trüben Gedanken. Der Kastellan! Cellini hoffte auf gute Neuigkeiten.

Aber kaum dass der kleinwüchsige, bucklige Alte hereintrat, ahnte Cellini, dass seine Hoffnung unbegründet war.

»Es sieht nicht gut aus, Benvenuto«, schnarrte der Kastellan ohne aufzusehen.

Cellini war mit zwei Schritten bei ihm.

»Guter Mann, so sprich doch. Sag mir, was du erfahren hast.«

Endlich sah der Kastellan auf, zwinkerte, als würde ihn das Dämmerlicht in der Zelle blenden, räusperte sich und lispelte dann: »Es ist äußerst schwierig, Benvenuto.« Wieder wand er sich und der enorme Bart, der sein kleines, rundes Vollmondgesicht zu überwuchern schien, bebte. Cellini trat einen

Schritt zurück. Wenn dieser arme alte Mann nur endlich sprechen würde!

Der Kastellan drehte sich um, winkte in den Gang hinaus, und gleich darauf erschien einer der Soldaten, der Cellini seit den Tagen der Haft mit karger Speise und saurem Trank versorgte, mit einem Tablett. Der Soldat stellte es ab und verließ die Zelle. Der Kastellan verschloss die Tür und bat Cellini an den wackeligen Tisch. Dann nahm er die Brotkugel, brach sie und hielt Cellini eine der Hälften entgegen. Cellini winkte nur ab. Mit zunehmender Verzweiflung beobachtete er, wie der Kastellan begann, das Brot zu zerkrümeln.

»Bitte«, flüsterte Cellini schließlich. »Hast du ihnen gesagt, dass sie die Bücher überprüfen möchten? Dass alles, was an Schätzen sich in den Kammern des Heiligen Vaters befindet, protokolliert wird? Und dadurch auch nichts entwendet werden kann, ohne dass es auffallen würde?«

Der Kastellan nickte mit trübem Blick.

»Und? Was haben sie gesagt? Haben sie ihr Unrecht eingesehen?«

Als hätte ihn eine unsichtbare Hand geschlagen, zuckte der Kastellan zusammen, hörte auf zu nicken und sah so verzweifelt zu Cellini, als wollte er jeden Moment zu weinen beginnen.

»Nein. Sie haben es nicht eingesehen. Wohl haben sie die Bücher überprüft und es scheint, als würde kein Edelstein fehlen. Was du gesagt hast, war richtig: Alle Edelsteine sind aufgeführt. Welche verkauft wurden in höchster Not, welche für Schließen, Spangen, Monstranzen und Messgerät verwendet wurden.« Der Kastellan senkte Stimme und Kopf zugleich, ehe er fortfuhr zu sprechen: »Aber du bleibst weiter hier.«

»Warum?«

Cellini fühlte, wie sich seine Verzweiflung nun beinahe übermächtig auf seine Seele legte.

»Pier Luigi Farnese hasst dich, wie ein Mensch einen anderen nur hassen kann. Du hast ihn dir einst zum Feind gemacht und Pier Luigi vergibt niemandem.«

Cellini schnaubte. Dieser verdammte Bastard. Er hatte ihn eigentlich bereits vergessen, nicht mehr an ihn und das leidige Gespräch gedacht. Damals, an dem Abend mit Pantasilea. Es war doch nur ein harmloser Disput gewesen. Gut, er hatte ihn ein klein wenig lächerlich gemacht. Aber nicht in dem Ausmaße, wie er nun gehasst und verfolgt wurde.

Der Kastellan betrachtete geraume Zeit die Brotkrümel auf dem Tisch, dann sah er Cellini an: »Du bleibst bis auf weiteres hier. Der Heilige Vater wollte dich gehen lassen. Er liebt deine Kunst. Aber Pier Luigi hasst dich zu sehr. Er will dich tot sehen. Und er hat großen Einfluss auf den Vater.«

»Und wie lautet die Anklage?«, zischte Cellini.

Der Kastellan räusperte sich.

»Das weiß bislang niemand. Aber er wird etwas finden.«

Cellini fühlte Angst in sich aufsteigen wie eine eiskalte Schlange. Nie gekannte Angst um sein Leben.

Der Kastellan seufzte, bevor er sich schwerfällig erhob und gekrümmt zur Tür schlurfte. Zwinkernd sah er ein letztes Mal zu Cellini.

»Ich werde versuchen mehr in Erfahrung zu bringen.«

»Danke.«

Der Kastellan drehte sich um, machte aber keine Anstalten, die Zelle wieder zu verschließen.

»Willst du die Zelle denn nicht versperren?«

Der Kastellan drehte sich noch einmal um und zum ersten Mal war der Anflug eines Lächelns in seinem Gesicht zu erkennen.

»Ich weiß, dass du nicht fliehen wirst. Du bist ein guter Mann, Benvenuto.«

»Was macht dich da so sicher?«

»Ich weiß, dass du dem Heiligen Vater sehr zugetan bist.

Du hast die Burg damals verteidigt. Du bist nach Rom zurückgekehrt. Und du bist aus Florenz. Wie ich auch. Ich vertraue meinen Landsleuten. Du wirst nicht fliehen. Ich weiß es einfach.«

»Dann darf ich mich frei im Kastell bewegen?«

Der Kastellan nickte. Völlig ergriffen von so viel Vertrauen sprang Cellini auf und rief: »Ich gebe dir ein Pfand dafür! Aber was?«

Der Kastellan winkte ab.

»Dein Wort ist mir genug.«

Cellini brachte flüsternd hervor: »Dann gebe ich dir hiermit mein Wort, dass ich nicht fliehen werde.«

Während der nächsten Tage und Wochen fühlte Cellini sich nicht mehr elendiglich eingesperrt und behindert wie zuvor. Dennoch wusste er, dass dies keine Freiheit war. Dieser bittere Gedanke schwappte immer wieder hoch und ließ ihm die kalte Angst um sein Leben spüren.

Andererseits war Cellini gerührt, dass ihm nicht nur der Kastellan Giorgio, sondern auch viele der Soldaten sehr zugetan waren und seine Gesellschaft schätzten.

Dennoch lastete das Unglück auf ihm und wirkliche Ablenkung brachte ihm anfangs nur Ascanio, der täglich im Kastell erschien. Ascanio berichtete, wie viele Menschen in Rom doch über die Ungerechtigkeit erbost waren, die Cellini widerfuhr und dass sich deshalb auch die Aufträge häuften. Die Werkstatt lief prächtig, das Geschäft ging so gut wie selten zuvor. Es waren allerdings nicht nur die Aufträge, die Cellini so sehr das Herz erwärmten. Es war Ascanio selbst, der ihn am Leben hielt. Ascanio war seine Verbindung zur Welt außerhalb der Mauern und Cellini liebte ihn dafür.

Und so arbeitete er nach den Besuchen Ascanios mit Feuereifer und neuer Hoffnung an Goldringen und Broschen, Gürtelschließen und Schnallen. Aber die Wochen vergingen und es kam keine Neuigkeit, wie man gedachte, weiter mit ihm zu verfahren. Der Heilige Vater äußerte sich nicht dazu. Ja, schlimmer noch: Er hatte Rom verlassen, war zu einer Reise aufgebrochen – und das Ende der Haft war damit in unbekannte Ferne gerückt. Der Papst schien ihn vergessen zu haben.

Langsam gewannen Verdruss und Hoffnungslosigkeit die Überhand. Und die Angst regte sich schlimmer als zuvor in ihm. So schlimm, dass er schließlich auch in seiner Arbeit keine Freude oder Aufmunterung mehr finden konnte. Hier und da arbeitete er noch an Wachsmodellen, fertigte kleine Figuren oder modellierte Laubwerk und Blumen. Aber nichts davon konnte ihn vergessen machen, dass er nicht frei war und dass er um sein Leben bangen musste. Und in den langen Stunden der einsamen und kalten Nächte wurde die Angst so übermächtig, dass er irgendwann nur noch Trost im Gebet fand.

So war ihm eine neu entstandene Freundschaft bald schon wichtiger als seine Arbeit. Cellini hatte ihn eines Tages bei den Soldaten getroffen. Ein großer, hagerer Mann mit schütterem Haar und Hakennase. Alles an ihm hatte sofort erkennen lassen: Da stand ein Mann Gottes. Einer, der ebenfalls nur im Gebet Ruhe und Trost fand. Und nur wenige Worte des Gespräches hatte es gebraucht, um herauszufinden, dass auch er nicht frei war. So fühlte Cellini sich ihm besonders verbunden. Schlimm war nur der Umstand, dass Pallavicini inhaftiert war, weil er Lutheraner war. Hatte den Papst öffentlich beschimpft, den *sacco* als »von Gott gegeben und befohlen« dargestellt, und war dafür in der Engelsburg inhaftiert worden. Man hielt ihn für gefährlich. Und vielleicht war er es auch. Seine listigen, so wachen Augen, sein spöttisches Reden, seine Überheblichkeit, die sich in Haltung und Sprache ausdrückte – all das ließ ihn als gefährlichen Quertreiber erscheinen.

Cellini schätzte seine Gesellschaft dennoch sehr. Die Gespräche mit ihm waren wohltuend tief gehend und darüber hinaus verstand Pallavicini es zu beten. Seine klare und kräftige Stimme schien direkt zu Gott getragen zu werden und Cellini verspürte in diesen Momenten wohltuende Ruhe und inneren Frieden.

Der Umstand, dass Pallavicini Lutheraner war, störte dennoch erheblich. Und die Tatsache, dass er mit Vorliebe aus Predigten des unglückseligen Savonarola zitierte, bereitete ihm großes Ungemach. Er hasste Savonarola, den er aus Erzählungen und Überlieferungen kannte. Und diese waren so düster und unvorstellbar grauenvoll, dass er keine Freundschaft mit diesem Prediger schließen konnte, der vor Jahrzehnten verbrannt worden war. Verbrannt wie die Kunstwerke, die unschätzbaren Werte und das nicht wiederzubringende Gut genialer Künstler. Bücher, Gemälde, Goldschmiedearbeiten – alles hatte er verbrennen lassen und diese schauerliche Inszenierung als »Verbrennung der Eitelkeiten« bezeichnet. Er hatte Roms Pracht und Herrlichkeit angeprangert. Das Leben der Päpste als verwerflich bezeichnet. Er war in gewissem Sinne ein geistiger Verbündeter dieses verfluchten Luther gewesen, hatte diesem möglicherweise den Weg bereitet. Cellini hasste ihn dafür. Und konnte dennoch nicht verhehlen, dass seinen Worten, seinen Predigten – von Pallavicini mit dunkler Stimme vorgetragen – ein gewisser Reiz nicht abzusprechen war.

»Der Glaube an Gott, gepaart mit strengster Tugendhaftigkeit – das sind die Werte, nach denen wir leben und streben sollen.«

Pallavicinis Stimme umhüllte Cellini und hielt ihn gefangen. Er starrte in die Flamme der Kerze vor ihm auf dem Tisch. Tugendhaft, ja, das wollte er auch sein. Und sein Leben würde er ohnehin ausschließlich Gott widmen. Bei diesem Gedanken stieg jedoch Bitterkeit in Cellini auf. Hatte er bislang nicht gedacht Gott mit seiner Kunst zu dienen? Denn sein Auftraggeber, der Papst, war ja Stellvertreter Gottes auf Erden. Und dennoch hatte ihn seine Kunst und damit sein Leben für Gott nicht vor Strafe bewahrt. Dieser Umstand brachte Cellini beinahe um den Verstand.

»Du haderst mit deiner Haft?«

Cellini schreckte aus seinen Gedanken hoch. Pallavicini sah ihn spöttisch lächelnd und mit leicht geneigtem Kopf an.

Cellini nickte. Pallavicini beugte sich weiter vor, so dass der Lichtschein der Kerze auf seinen hohlen Wangen tanzte.

»Warum fliehst du dann nicht?«

»Ich habe mein Wort gegeben, es nicht zu tun. Und ich halte mein Wort«, knurrte Cellini.

So oft schon hatte ihn Pallavicini auf dieses Thema angesprochen und genauso oft hatte er ihm erklärt, dass er nicht fliehen würde. Was er nicht gesagt hatte, war, dass er keinen Sinn in der Flucht sah. Wohin sollte er sich wenden? Wohin gehen? Wohin dem Zorn des Papstes entfliehen? Es gab keinen Winkel auf dieser Erde, der ihm Schutz geboten hätte. Wozu also sein Wort brechen?

Pallavicini lachte heiser auf, lehnte sich zurück und sprach nunmehr aus dem Dämmerlicht das seine Gestalt und vor allem sein Gesicht nur noch als Schemen zu erkennen gab.

»Ich weiß. Aber wenn du es tätest – wie würdest du vorgehen?«

»Unnütz, darüber nachzudenken.«

»Dann kennst du dich also doch nicht so gut aus im Kastell, wie du immer behauptest. Kann das der Wahrheit eher entsprechen als deine ewigen Beteuerungen um den Eid?«

Cellini war nahe daran, aus der Haut zu fahren. Warum nur ließ Pallavicini nicht locker?

Und als hätte dieser seine Gedanken gelesen, fuhr er fort: »Nun sag doch schon. Wie würdest du vorgehen? Ich gestehe, ich wüsste es nicht. Ich bin ehrlich und gebe es offen zu.«

Cellini beugte sich vor, hätte ihn am liebsten am Kragen gepackt und zur Zelle hinausgeworfen – aber er würde seine Gebete und Predigten vermissen, also ließ er es sein.

»Ich weiß, wie man von hier fliehen kann.«

»Durch den Passetto?«

Cellini winkte verächtlich ab.

»Der Geheimgang ist streng bewacht. Außerdem mündet er direkt in den Palast des Papstes. Eine schöne Flucht nenne ich das: direkt in die Arme des Kerkermeisters zu laufen. Nein, da wüsste ich schon etwas Besseres.«

»Und das wäre?«

Pallavicini stellte seine Frage ganz arglos und Cellini gab seine Zurückhaltung auf. Er stand auf, ging zu seinem Arbeitstisch und nahm eine der Wachsfiguren zur Hand. »Damit würde ich fliehen«, sagte er.

Pallavicini lachte laut auf: »Was würdest du denn damit machen?«

»Ich würde einen Schlüssel anfertigen!«

Pallavicini verstummte augenblicklich. Seine Augen wurden größer, der spöttische Zug um seinen Mund verschwand. Er hatte ihn also beeindrucken können. Cellini setzte sich eilfertig an den Tisch und begann das Wachs in seinen Händen zu erwärmen.

»Ich werde dir beweisen, dass ich fliehen könnte. Jederzeit.«

Cellini nahm ein Blatt Papier und den Kohlestift und begann zu zeichnen.

»Ist das deine Art, Wort zu halten?«

Cellini fuhr aus seinem Gebet hoch und erkannte schließlich den Kastellan, der in seine Zelle gestürmt war. Seine kleinen Augen funkelten voll des giftigen Zorns und seine Hände waren hoch erhoben. Dabei schwenkte er eine Skizze und etwas Undefinierbares hoch über seinem Haupt.

»Ich habe mein Wort nicht gebrochen. Ich bin doch hier, Giorgio!«

»Pah! Nenn mich nicht mit Namen. Ich bin dein Freund nicht mehr!«

Der Kastellan schleuderte die Gegenstände, die er in Händen hielt, auf den Tisch. Cellini trat heran, und als er sah, was ihm der Kastellan hingeworfen hatte, stockte ihm beinahe der Atem. Es war seine Skizze für einen Schlüssel und dazu das Wachsmodell.

»Woher hast du das?«

Der Kastellan schnitt mit einer Handbewegung durch die Luft.

»Egal. Du wolltest fliehen. Hast schon alles vorbereitet. Und damit dein Wort gebrochen. Schurke, elender.«

Cellini sank auf seinen Stuhl. »Ich bin schändlich betrogen und hintergangen worden. Bitte glaub mir, mein Freund.«

Der Kastellan zwinkerte verunsichert und brummte schließlich: »Dieser Teufelsmönch hat dich verführt, oder?«

»Pallavicini – ja.«

Der Kastellan nickte grimmig, strich sich über den Bart und sagte nach einer geraumen Weile: »Dachte ich's mir schon. Wir haben ihn unten eingekerkert. Bei Wasser und Brot. Der richtet keinen Schaden mehr an. Die Galeere wartet schon auf ihn.«

Cellini war es, als wollte sich ein Dämon in ihm ausbreiten, als schickte er sich an seine Kehle heraufzukriechen und ihn um den Verstand zu bringen. Was, wenn ihm der Kastellan nicht glauben wollte? Was, wenn der Kastellan auch für ihn einen Platz auf der Galeere vorsah?

»Glaubst du mir?«, flüsterte Cellini schließlich.

Der Kastellan fingerte an der Skizze herum, nahm das Wachsmodell in die knöcherne Hand, wog es ab und steckte es dann in den Lederbeutel an seinem Gurt.

»Dieses eine Mal. Ja. Möglicherweise. Aber ich muss dem Heiligen Vater davon berichten, das verstehst du doch, oder?«

Mit diesen Worten raffte er auch die Skizze an sich und ging eilends nach draußen. Die Tür fiel ins Schloss. Ein Schlüssel wurde herumgedreht.

Er war wieder eingesperrt. Hatte seine Freiheit verspielt – für nichts als eitles Gerede. Eine Träne stahl sich aus seinen Augen, lief seine Wange hinab und versickerte in seinem Bart. Er war gefangen. Allein, einsam und verlassen. Und die Welt schien ihn vergessen zu haben. Ascanio war schon seit Tagen nicht mehr gekommen und nun hatte ihm auch der Kastellan die Freundschaft gekündigt. Wozu sollte er überhaupt noch leben?

Er rutschte von seinem Stuhl, klammerte sich an den Tisch und begann in dieser seltsamen Haltung zu beten.

Nur im Gebet konnte er noch Frieden finden. Nur das Gebet vermochte ihn noch von völliger Verzweiflung abzuhalten. Die Kerze brannte nieder, das wenige Licht, das durch den Fensterschacht drang, wurde grau und ging schließlich in finstere Nacht über. Cellini betete weiter.

Als Ascanio Tage später zu Besuch kam, konnte Cellini in seiner Freude kaum an sich halten, drückte und herzte den Jungen überschwänglich. Dann erst bemerkte er, dass Ascanio seltsam bedrückt war. Cellini wurde wachsam. Allerdings dauerte es nicht lange und er hatte aus Ascanio das Schlimmste herausgequetscht: Die Werkstatt war geschlossen, die Lehrlinge und Gesellen waren auf Befehl des Papstes entlassen und Hab und Gut waren eingezogen. Aufträge an ihn, Cellini, durften nicht mehr erteilt werden und er war als verräterischer Verbrecher angeprangert und verrufen. Als einer, der sein Wort gebrochen hatte.

»Aber es ist noch Schlimmeres geschehen«, flüsterte Ascanio, den Blick immer noch gesenkt.

»So sprich endlich!«

Ascanio schluckte hart. »Der König von Frankreich hat sich eingemischt.«

»Wie bitte?«

»Ja. Er hat von Eurer Kunst nicht nur gehört. Auf ganz verschlungene Weise sind ihm einige Eurer Stücke in die Hände geraten und nun liebt er Euch über alles. Er möchte, dass Ihr für ihn arbeitet.«

»Der König von Frankreich!«

War das ein Silberstreif am Horizont? Endlich ein Funken Hoffnung in der Dunkelheit? Cellinis Herz klopfte bis zum Hals. Und er begriff nicht, warum dieser Umstand tragisch sein sollte. Also setzte er sich zu Ascanio und versuchte mit ruhiger Stimme, den Jungen zum Weitersprechen anzuhalten.

»Nun sag schon – warum ist es schlimm? Dann gehen wir eben nach Frankreich!«

Endlich sah Ascanio auf. Tränen liefen über seine geröteten Wangen.

»Aber das ist es doch gerade! Der Heilige Vater ist über alle Maßen erbost über diese Einmischung. Er verbittet es sich, hat er gesagt. Und der König hat ihn gedemütigt, hat gesagt, der Heilige Vater würde Euch zu Unrecht gefangen halten und damit Schande über sich bringen.«

»Das hat dem Papst wohl nicht gefallen?«

»Nein, gar nicht. Und dann ... dann hat der Heilige Vater wohl gesagt, dass er Euch niemals wieder freilassen wird.«

Die letzten Worte waren nur noch schwer verständlich, verloren sich beinahe in Ascanios Schluchzen.

»Was soll ich denn jetzt tun? Was wird aus mir? Aus Euch?«

Ascanio schrie die Worte heraus.

»Geh nach Hause. Zu deinen Eltern«, flüsterte Cellini, nicht fähig, Trost zu spenden. Es war, als wäre der Dämon aus seinem Bauch herausgebrochen und hätte ihn in die tiefste Hölle geworfen.

Ascanio weinte haltlos. Für Cellini war der Abschied von dem lieben Jungen wie ein Alptraum. Ein Alptraum ohne Ende. Und als sich die Tür hinter Ascanio schloss, war er wieder allein mit seiner Angst.

Während der nächsten Tage halfen ihm seine Gebete über die dunkelsten Gedanken hinweg, aber die Angst konnten sie nicht vertreiben. Der Kastellan hielt ihn weiter eingeschlossen, wurde täglich misstrauischer und ließ stündlich nach ihm sehen. Cellini war sicher, dass es doch nur noch eine Frage der Zeit sein konnte, bis er ihn hinrichten lassen würde. Und so keimte in ihm ein Gedanke, wurde stärker und schließlich unbezähmbar: Er musste sein Wort brechen. Er musste fliehen. Wenn er leben wollte.

Cellini wusste um beinahe jeden Winkel der Engelsburg, kannte das Mauerwerk, jeden Stein. Er würde sich abseilen. Die Flucht über die Mauern wagen. Denn damit würde keiner seiner Kerkermeister rechnen.

In den folgenden Wochen bat er immer wieder um frische Betttücher. Die alten gab er nicht zurück. Er hätte sie im Schlaf zerrissen, sagte er ein ums andere Mal und keiner fragte weiter nach. Zwar war der Kastellan unermüdlich misstrauisch, ja, schien noch beunruhigter zu sein als vorher und ließ immer noch stündlich nach ihm sehen, aber der Wunsch nach frischen Laken wurde ihm nicht verweigert.

Und nach endlos scheinenden Wochen war es soweit – er hatte genug Betttücher gesammelt, um die waghalsige Flucht antreten zu können.

Als die Kirchenglocken zur einsamen Stunde von Matutin läuteten, war das Werk getan. Er hatte die Streifen aneinander geknotet und sie somit zu zwei langen Seilen verbunden. Eines davon wickelte er nun über ein Holzkreuz, das er ebenso angefertigt hatte, schulterte es und ging zum Fensterschacht. Sein

Leib würde hindurchpassen. Er hatte alles genau berechnet. Mochte Gott geben, dass er sich nicht verrechnet hatte.

Er spähte in die mondlose Nacht hinaus, lauschte. Dann ließ er langsam und mit Sorgfalt das zweite Seil in die dunkle Tiefe hinab, befestigte ein Ende an der Fensternische und zwängte sich dann durch die schmale Öffnung.

Der Herrgott mochte ihm beistehen. »Hilf mir nun, weil ich Recht habe, wie du weißt, und weil ich mir selbst zu helfen gedenke!«

Sein Herz klopfte bis zum Hals, als er vorsichtig mit dem Abstieg an der glatten Mauer begann.

Der Herr hatte wohl ein Einsehen, denn er kam wohlbehalten unten an. Kein Wachsoldat war zu sehen. Vorsichtig bewegte er sich Schritt für Schritt von seinem Kerker fort. Es war kein langer Weg. Es galt noch, eine Mauer zu erklimmen, dann würde ihn die Freiheit wiederhaben. Aber diese Mauer bereitete ihm große Schwierigkeiten. Es gelang Cellini nur mit äußerster Anstrengung, sie zu erklimmen. Seine Handflächen rissen auf. Er fühlte warmes Blut zwischen seinen Fingern und war völlig erschöpft.

Grimmig entschlossen zog er sich das letzte Stück hinauf auf die Mauer, raffte das Seil zusammen, ließ es auf der anderen Seite wieder hinab. Er durfte jetzt keine Pause machen. Sie würden ihn sonst stellen. Nur schnell auf der anderen Seite wieder hinab. Sehr schnell. Er hörte das klackende Geräusch lederner Soldatenstiefel. Der Wachsoldat drehte seine Runde. Und er kam näher!

Rasch griff Cellini nach dem Seil, schwang sich von der Mauer und hangelte sich abwärts. Die Schritte kamen immer näher, waren so laut, dass er den Soldaten direkt neben sich wähnte. Panik überkam ihn. Er musste doch längst den Fuß der Mauer erreicht haben! Jetzt. Hier. Er ließ das Seil los in Erwartung, sogleich festen Boden unter den Füßen zu haben. Und stürzte ins Nichts.

Wo war er? Und woher rührte dieses dumpfe Pochen in seinem Schädel? Im grauen Dämmerlicht des beginnenden Tages sah er schließlich die Mauer, erinnerte sich und stieß einen Fluch aus. Er war so tief gestürzt, dass er ohnmächtig geworden war. Zum Teufel! Ein bares Wunder, dass ihn noch niemand entdeckt hatte! Nur rasch fort von hier! Cellini wollte sich aufrichten, als ein flammender Schmerz wie ein grellgelber Blitz durch seinen Körper jagte. Für einen Augenblick wurde ihm der Atem geraubt und wollten ihm die Sinne beinahe erneut schwinden.

Es dauerte geraume Zeit, bis er sich wieder gefangen hatte, bis der Schmerz so weit abebbte, dass er vorsichtig den Oberkörper anheben und sich betasten konnte. Dann sah er sein grotesk verdrehtes Bein. Verflucht! Es war gebrochen. Wie sollte er nun fliehen?

Cellini bekam ein Stück des Lakens zu fassen, das als Seil gebunden immer noch über die Mauer baumelte, riss es ab und wickelte es um sein gebrochenes Bein. Sie sollten ihn nicht zu fassen kriegen.

Cellini atmete noch einmal tief durch, versuchte das schmerzende Tosen in seinem Körper zu ignorieren und kroch auf allen vieren davon. Handbreit für Handbreit schleppte er sich voran, nur beseelt von dem Wunsch, der Kerkerhaft und der Todesgefahr zu entfliehen.

Schließlich erreichte er den Platz vor St. Peter. Schweißgebadet, beinahe irr vor Schmerzen und mit der Angst im Nacken, seine Häscher könnten ihn finden, musste er aufgeben. Er brach zusammen und blieb zitternd liegen.

»Um Himmels willen! Seid Ihr das? Benvenuto Cellini? Seid Ihr es wirklich?«

Die Stimme klang wie aus weiter Ferne.

»Ja, ich bin's«, krächzte Cellini mit letzter Kraft. »Helft mir – wer immer Ihr seid. Gott wird es Euch danken.«

Gnädige Ohnmacht umfing ihn, hüllte ihn in Dunkelheit

und ließ ihn erst wieder los, als er wundersam gerettet schien. Er brauchte einige Zeit, um sich zu orientieren, erkannte schließlich das Gesicht Kardinal Orsinis, der mit besorgter Miene an seinem Bett stand.

»Endlich seid Ihr aufgewacht, Benvenuto! Wir hielten Euch bereits für tot!«

»So schnell sterbe ich nicht«, flüsterte er, immer noch von rasenden Schmerzen gepeinigt.

Kardinal Orsini zuckte zusammen.

»Der Medicus ist bereits gerufen. Meister Jacobo aus Perugia – er ist der Beste. Vertraut mir nur und erzählt mir vor allem, was geschehen ist.«

Cellini beendete soeben seinen stockenden Bericht, als der Medicus eintrat. Kardinal Orsini zog sich umgehend zurück: »Ich gehe zum Heiligen Vater und werde mit ihm sprechen. Ihr habt Eure Strafe verbüßt. Er wird Einsicht haben und Euch als freien Mann bei mir bleiben lassen. Mein Diener hat Euch auf den Treppen St. Peters gefunden. Also bin ich für Euer Leben verantwortlich. Vertraut mir.«

Der Heilige Vater zeigte jedoch mitnichten Einsicht. Wohl war er sehr amüsiert über die Flucht, hatte dem Bericht über das waghalsige Unternehmen mit größtem Erstaunen gelauscht und sogar Bewunderung gezeigt, aber Pier Luigi hatte Einwände gegen eine Freilassung erhoben und darüber hinaus von weiteren Vorwürfen gesprochen, die gegen ihn, Cellini, vorgebracht wurden.

Welcher Art diese Vorwürfe waren, wusste er noch nicht, aber nach nur wenigen Tagen erwiesen sich Kardinal Orsinis Bemühungen als äußerst fruchtlos.

»Der Heilige Vater wird Euch nicht freigeben«, teilte der Kardinal Cellini mit. Dann ging er wortlos zum Fenster. »Aber er hat versprochen die Haft zu lockern. Euch werden wieder Freiheiten gewährt.«

Cellini schluckte hart. Seine ganzen Mühen, sein unglaublicher Schmerz – alles war umsonst gewesen. Hatte Gott seine Gebete nicht erhört?

Es musste wohl so sein, denn der Heilige Vater hielt sein Wort nicht. Als die Soldaten kamen, ihn auf eine Trage legten und mit sich schleppten, schlugen sie nicht den Weg zur Engelsburg ein. Mit Entsetzen erkannte Cellini, dass sie ihn zum gefürchteten Torre di Nona brachten. Das war sein Ende. Er wusste es. Hier würde er sterben.

Es mochten Tage vergangen sein, Wochen oder gar Monate. Cellini wusste es nicht. Er starb einen langsamen Tod in den dunklen und modrigen Innereien des Kerkers. Es drang so wenig Licht in das Loch, in das sie ihn geworfen hatten, dass er Tage gebraucht hatte, um sich in dieser ewigen Dunkelheit zurechtzufinden.

Er hörte Ratten durch Schlamm und Kot huschen. Handtellergroße Spinnen liefen über seinen Körper. Überall fühlte er Maden. Er wollte sich nicht mehr rühren, aber er wollte auch nicht im eigenen Kot und Urin liegen, also musste er mit seinem schmerzenden Bein in eine andere Ecke kriechen, um sich dort zu erleichtern, und sich dann auf allen vieren wieder zurückschleppen. Dann verharrte er wieder still und reglos. Er würde hier sterben. Und niemand würde es bemerken.

Nur sporadisch wurde die schmale Tür zu seinem Kerker geöffnet. Trockenes Brot und verschimmelter Käse wurden ihm zum Fraß hingeworfen. Stumm und von Dunkelheit umgeben verschwanden seine Kerkermeister wieder und er blieb allein. Allein mit seiner Angst und ohne jede Hoffnung auf Hilfe und Erlösung.

Ja, Erlösung.

Die einzige Erlösung war der Tod.

Aber der wollte nicht kommen. Scheute diesen Ort des Grauens wohl so sehr, dass er sich wand hier einzutreten und

Cellini endlich mit sich zu nehmen. Sie hatten ihm alles genommen, was auch nur annähernd als Werkzeug des Todes geeignet gewesen wäre. Doch halt. Nicht alles. Seine Hände hatte er noch. Und seine Zähne. Er würde sich die Adern an den Handgelenken aufbeißen, um hier im Kerker zu verbluten. Ja, so sollte es sein.

Aber ein letztes Gebet wollte er noch sprechen, bevor er diese Sünde begehen würde. Mühsam drehte er sich herum, richtete sich unter Schmerzen auf den Knien auf und begann zu beten. Er versank völlig in sich. Vergaß den Kerker, schien wegzudriften, hinweggehoben zu werden, fühlte sich ganz leicht und völlig von jeglichem Schmerz befreit. Es wurde heller um ihn herum. Luftig und sonnig. Und plötzlich sah er eine Gestalt. Einen Engel. Groß und stark mit mächtigen Flügeln und von gleißendem Licht umkränzt. Er war so wunderschön, dass es ihm den Atem raubte. Aber der Engel war zornig. Wütend. Erbost. Er deutete mit dem Finger auf ihn, Cellini, klagte ihn an und sagte: »Weißt du, wer dir den Körper geliehen hat, den du vor der Zeit verderben willst?«

Das brennende Gefühl von Schuld schwappte über ihn und ihm war, als würde er plötzlich seine eigene Stimme hören, obwohl er nicht sprach.

»Gott allein hat mir meine Natur gegeben.«

»Und doch verachtest du seine Werke, indem du sie zerstören willst? Lass dich von ihm führen und verliere nicht die Hoffnung auf seine Macht!«

Der Engel versank in dem Licht, wurde von ihm fortgetragen. Cellini reckte ihm beide Hände entgegen, versuchte die Lichtgestalt festzuhalten, was ihm nicht gelang und so fand er sich in seiner Dunkelheit wieder. Aber diesmal überkam ihn keine Verzweiflung. Gott hatte ihn nicht vergessen. Nein, er hatte ihm einen Engel geschickt. Ihm verboten, Hand an sich selbst zu legen und natürlich würde er diesem Gebot gehorchen. Und er wollte sich von Gott führen lassen. Aber dazu brauchte er eine Bibel. Das Wort Gottes sollte ihn führen. Und so fand er nun endlich eine Aufgabe. Er lauerte Stunde um Stunde auf seinen Wächter, und als dieser endlich eintrat, seine stumme Arbeit verrichten wollte, da kroch er auf ihn zu und flehte um eine Bibel. Der Mann schien zu stutzen, machte nicht sofort kehrt, brummte etwas Unverständliches und ließ ihn wieder allein. Die Hoffnung auf die Bibel ließ ihn die Ratten, Spinnen und Würmer vergessen, auch die Feuchtigkeit und den üblen Gestank von Kot und Urin. Und er wurde dafür belohnt. Der Wachsoldat brachte tatsächlich eine Bibel – irgendwann. Nach Stunden oder Tagen, das wusste Cellini nicht einzuschätzen. Aber er brachte sie. Und brachte damit auch endlich noch mehr dieser wunderbaren Hoffnung.

Von nun an nutzte er die verheißungsvollen Stunden, in denen das wenige Licht zu ihm drang und las in der Bibel. Es störte ihn nicht, dass seine Augen schmerzten, dass er sein Augenlicht mitunter riskierte, wenn er in der schummrigen Dämmerung las – er fand zu viel Trost im Wort Gottes.

Die Belohnung dafür war, dass ihn der Engel immer öfter aufsuchte. Ihn besuchte, mit ihm sprach, nicht mehr zornig war, sondern sanft und mitunter sogar fröhlich. Cellini war selig in seinem Kerker. Er war nicht mehr allein und er brauchte keine Angst mehr zu haben. Irgendwann machte ihn der Engel darauf aufmerksam, dass er doch von den verwitterten Ziegeln etwas Stein abkratzen und mit Urin vermischen und zu einer Art Paste verarbeiten könnte.

»Dann löse einen Splitter von der Tür. Dieser Splitter ist der Stift. Die Paste die Tinte.«

Natürlich! So konnte er ein Kreuz an die Steinmauer malen. Ein wunderbares Kreuz, vor dem er seine innigen Gebete sprechen würde. Cellini begann sofort mit der Arbeit, bereitete die Paste und kroch dann zur Tür. Mit den Zähnen löste er einen Splitter aus dem harten Holz.

Zitternd vor Freude und Glück kroch er zu seinem Platz zurück, tauchte den Span in die Paste und begann zu malen. Wie im Fieberwahn zeichnete er und der Engel stand ihm zur Seite. Das Kreuz geriet prächtig. Und sollte Gott der Vater ihn je aus diesem Kerker befreien, würde er ihm zu Ehren dieses Kreuz in Marmor schlagen und es ihm schenken.

Das gelobte er feierlich im Beisein des Engels.

Das Kreuz und der Engel gaben Cellini Kraft und Halt. Er rezitierte aus der Bibel oder sang Psalmen. Zunächst verhalten, dann immer lauter und inbrünstiger. Die Welt da draußen mochte ihn vergessen haben, aber er hatte hier dennoch sein großes Glück gefunden.

Cellini wusste, dass es um seine Gesundheit nicht gut bestellt war. Irgendwann schmeckte er süßes Blut auf seiner Zunge. Verwundert tastete er mit seinen wunden Händen seinen Mund ab und zog gleich darauf einen Zahn heraus. Seine Zähne lockerten sich. Einer nach dem anderen fiel ihm aus, hinterließ eine blutende Wunde. Aber es machte nichts. Sein Engel tröstete ihn. Und so betete und sang er zahnlos geworden weiter.

Bis eines Tages nicht nur ein Wachsoldat in seinen Kerker trat, sondern ein Trupp von vier oder fünf Mann. Einer sprach schließlich mit ihm, während sein Engel in gleißendem Licht dicht über ihm schwebte.

»Wir bringen Euch in die Engelsburg zurück, Cellini.«

Cellini hatte sich reinigen können. Sie hatten ihm Wasser gebracht und Seife. Dazu neue Kleider. Und sogar Stiefel.

So saß er wieder in der alten Zelle in der Engelsburg.

»Ich sehe, es geht dir besser.«

Der Kastellan schob sich in gekrümmter Haltung zur Tür herein und stellte ihm einen Teller mit gebratenem Fleisch und püriertem Gemüse hin.

»Hier, iss. Du musst wieder zu Kräften kommen.«

»Warum?«

Der Kastellan strich sich mit den Fingern durch den Bart, bevor er sagte: »Nun, der Heilige Vater wünscht es so.«

»Aber warum sollte ich gesunden? Um weiter in Haft zu bleiben?«

»Nun, sei doch einfach nur glücklich darüber, dass du nicht im Torre vergehen musstest.«

»Und was sagt der Papst? Wird er mir je vergeben?«

Der Kastellan spielte nervös an seinem Schlüsselbund und schnarrte: »Ich weiß es nicht. Es gibt das Gerücht, dass er dir die Flucht vergeben wollte. Aber Pier Luigi hat neue Beweise gegen dich. Und diese halten dich hier fest.«

»Beweise?«

Der Kastellan senkte seine Stimme und haspelte: »Dämonen sollst du beschworen haben. Aber das glaube ich nicht. Dazu hast du zu viel gebetet im Torre. Und... sie sagen, du hast dich an deinen Lehrlingen vergangen. Sündige Liebe mit ihnen getrieben. Weil du den Weibern nicht zugetan bist.«

Nun war es also heraus.

»Wer behauptet das?«

»Pier Luigi. Er hat Zeugen vorgebracht. Einen ehemaligen Gesellen von dir, einen Giovanni. Und dazu die Aussage eines Weibes. Sie heißt Pantasilea.«

Cellini zuckte zusammen.

»Ich werde also ewig im Kerker bleiben?«

Der Kastellan wand sich, ging zur Tür und drehte sich noch einmal um.

»Fast scheint es so.«

»Ich weiß«, flüsterte Cellini.

»Aber nun iss. Es wird dir gut tun.«

Mit diesen Worten ging der Kastellan. Die Angst drohte Cellini zu übermannen, aber sein Engel beschützte ihn, gab ihm die Kraft, einen Bissen zu nehmen. Es wäre schließlich zu schade gewesen, das gute Essen zu verschmähen.

Aber bereits nach zwei Bissen war Cellini unerträglich satt, glaubte sich übergeben zu müssen und schob den Teller von sich. Er ließ den Brei auf der Zunge zergehen und fühlte plötzlich etwas Hartes, Spitzes.

Vorsichtig tastete er mit seinen Fingern nach dem harten Gegenstand auf seiner Zunge und holte ihn aus dem Mund. Nein. Kein Zahn. Ein Stein. Ein glitzernder Stein.

Sein Atem stockte. Er stand auf, trat an das Fenster heran und besah den Stein genauer. Es handelte sich um Diamantensplitter in seinem Essen. Das war also die einzige Lösung des Heiligen Vaters, dem Dilemma zu entkommen. Man brachte ihn um.

Wie lange mochte es dauern, bis die Splitter seine Eingeweide zerschnitten hatten?

Er wusste es nicht. Und so setzte Cellini sich auf das Bett und wartete auf sein Ende.

Zweites Buch

Purgatorio

Florenz
im Jahre des Herrn 1559, in Cellinis Werkstatt

Der Meister hatte sich verändert. Ruhig und in sich gekehrt war er geworden. Immer auf den Knien und die Stirn gegen die Tischplatte gelehnt. Und so lange schon hatte er keine Maulschellen mehr verteilt. Ein Mann Gottes wollte er werden. Ein Mönch! Hatte sogar nach einem Priester geschickt. Und nun sprach die ganze Straße von der wundersamen Wandlung des Meisters.

Ja, es gingen eigenartige Dinge vor in seiner Werkstatt in der Strada Julia. Aber Mario mochte sie nicht, diese Dinge. Konnte sie nicht verstehen und hatte Angst davor. Der Priester, der erst nur widerwillig gekommen war und anschließend ein langes Gespräch mit dem Meister geführt hatte, hatte am Ende größte Bedenken geäußert. »Ich sehe Euch nicht in der Kutte des Mönchs, Cellini. Ihr seid für anderes bestimmt. Aber mit Sicherheit nicht, um in den Schoß der Mutter Kirche zu kriechen.«

So oder ähnlich hatte der Priester gesprochen. Mario war tief beunruhigt. Der Meister wollte also in ein Kloster gehen. Und was sollte dann aus ihm werden? Aus ihm, dem hinkenden Mario? Er wollte doch beim Meister bleiben.

Ob Gott auch Gehör für einfache Lehrbuben hatte? Noch dazu für solche, die hinkten und dumme Esel waren?

Mario seufzte und schielte dabei zu Piera, die an der Kochstelle stand und gehackte Kräuter in den Kessel streute. Sie war dem Meister sehr ähnlich. Inzwischen. So still und ruhig. Ach, er vermisste den überschäumenden, kraftstrotzenden Meister. Was für ein Geheimnis verbarg sich in seiner ›Vita‹?

An der er nur noch selten arbeitete. Es war wirklich ein Jammer mit dem Meister.

Aber wenn er weiter an der ›Vita‹ arbeitete – womöglich fand sich der Meister dann wieder?

Das war doch ein wunderbarer Gedanke! Oder?

Mario nippte an seinem heißen, mit Lavendel und Rosenblättern gewürzten Wein, den ihm Piera gab, ohne vom Meister die Erlaubnis dazu eingeholt zu haben.

»Glaubst du, es wäre gut, wenn der Meister an seiner ›Vita‹ weiterschreibt?«

Piera rührte bedächtig in dem Kessel weiter, probierte von der herrlich duftenden Brühe und drehte sich um. Während sie ihre Hände an der Kochschürze rieb, sah sie Mario an. Schließlich lächelte sie und ihre dunklen braunen Augen umhüllten ihn für einen kurzen, kostbaren Moment mit Wärme und Geborgenheit.

»Ja, das glaube ich.«

Mario trank den Rest des heißen Weines aus und hinkte zur Tür.

Piera war gewiss kein Dämon in Frauengestalt. Nein, ganz bestimmt nicht. Und auch kein Spion – wie der Meister mutmaßte.

Oder?

Mario holperte in die Werkstatt, nahm stirnrunzelnd zur Kenntnis, dass die Fensterläden noch geschlossen und die Kerzen auf dem Tisch niedergebrannt waren. Also ging er entschlossen zu den Fenstern, entriegelte die Läden und stieß sie auf. Die Strahlen der Morgensonne fluteten in die Werkstatt und hüllten den Meister in beinahe überirdisches Licht.

Mario trat langsam an Cellini heran. Stieß ihn sanft mit dem Finger an die Schulter.

»Meister!«

Der Meister gab keinen Laut von sich.

»Pst. Meister! Wir sollten wieder etwas arbeiten.«

Woher kam nur diese Stimme? Ach, das war Mario, der Tölpel. Dass ihm der Junge aber auch keinen Moment der Ruhe gönnen konnte! Immer und immer wieder piekste sein knöcherner Finger gegen seine Schulter. Eigentlich hätte er wütend werden sollen, hochspringen und den Kerl in der Luft zerreißen. Aber die Wut wollte nicht aufwallen.

»Meister – Eure ›Vita‹. Sie ist wichtig!«

Was sagte der Esel da? Die ›Vita‹. War sie wichtig? Vielleicht hatte der Tölpel gar Recht?

Cellini bekreuzigte sich, blinzelte und nahm verdutzt wahr, dass es bereits heller Tag war. Dann hatte er wohl die ganze Nacht gebetet. Ächzend erhob er sich, wischte sich mit den Fingern über die Augen, rieb sich die Lider und befühlte seinen Kopf.

Die Tonsur musste neu rasiert werden.

»Meister – was ist denn nun mit der ›Vita‹?«

Verwirrt sah Cellini zu Mario. Ach ja – natürlich. Die ›Vita‹. Hatte es denn noch Sinn? So lange war er nun schon in seinem Haus gefangen. Das Leben da draußen schritt voran. Nur er saß als Gefangener im Haus und konnte am Leben nicht mehr teilhaben. Nur durch Marios Geschichten von den Gerüchten, die er zu ihm trug, hatte er noch ansatzweise das Gefühl, zu leben. Und wenn er selbst erzählte. Aus seinem Leben berichtete, das er irgendwann einmal tatsächlich gelebt hatte.

Vielleicht hatte der Junge wirklich Recht. Ja, es mochte gut sein, an seiner ›Vita‹ weiterzuarbeiten.

Warum nur meldete sich der Herzog nicht? Warum kam keinerlei Depesche? Keine Nachricht. Nichts. Man ließ ihn hier langsam vergehen. Beinahe war es so wie damals, als er aus der Kerkerhaft entlassen worden war. Der Papst hatte keinerlei Anstalten gemacht, mit ihm sprechen zu wollen. Aber damals hatte er die Möglichkeit gehabt, einfach zu gehen.

Sein Hab und Gut zusammenzupacken, Ascanio zu holen und mit ihm und Paolo nach Frankreich zu gehen. Auf Anraten und Empfehlung des Kardinals von Ferrara. Der König von Frankreich würde ihn erwarten, hatte der Kardinal gesagt. Und so hatte er sich auf den Weg gemacht. Nach Frankreich. Hatte er davon bereits berichtet?
»Wo waren wir?«, fragte Cellini.
Mario lachte erleichtert auf.
»Hier – die Engelsburg. Die Kerkerhaft. Das klang, als wärt Ihr gestorben.«
»In gewissem Sinne bin ich das auch.«
»Und dann?«
»Sie haben mich frei gelassen, und so bin ich nach Frankreich gegangen. Die Reise war sehr beschwerlich und ging nur schleppend voran. Zwischenzeitlich wollte der Kardinal von Ferrara, dass ich doch in Italien bleiben sollte. Bei ihm. Um nur für ihn zu arbeiten. Aber ich habe mich nicht beirren lassen. Und im Jahre 1540 kam ich schließlich in Fontainebleau an.«
»Wo?«
»In einem Schloss des Königs von Frankreich, du Esel. Nahe bei Paris. Ascanio, Paolo und der Kardinal von Ferrara waren bei mir.«
Und jede Menge Ungemach auch, fügte er in Gedanken hinzu. Auf der Reise hatte er einen Postmeister erschossen. Dieser Schurke hatte ihm übel mitgespielt und es hatte keinen Ausweg als den Tod für diesen Mann gegeben. »Mord!«, hatte die Familie des Postmeisters geschrien, aber der Kardinal hatte ihn vor Rache gerettet. Und so dachte der Kardinal, er, Cellini, stünde in seiner Schuld. Unverschämter Kerl. Nun gut, er hatte ihm zumindest die Stellung am französischen Hof verschafft.
Und Mord war es nicht gewesen. O nein. Aber man warf es ihm heute noch vor. Irgendjemand hatte diese alte Geschichte aufgetan, darin herumgewühlt und die Innereien dem Her-

zog unter die Nase gehalten. Was aber nicht der Hauptanklagepunkt gewesen war. Das war etwas anderes – etwas wie in Frankreich.

Frankreich
in den Jahren des Herrn 1540 bis 1544

Da stand er nun also vor dem christlichsten aller Könige. Vor dem König von Frankreich. Endlich, nach der langen und beschwerlichen Reise, mit Ascanio, Paolo und dem Kardinal von Ferrara im Schlepptau, quer durch Italien, die Schweiz, hinüber über die Berge und dann noch im Rumpf eines schwankenden Schiffes gefangen. Aber der Papst, Pier Luigi Farnese und der Kerker lagen hinter ihm. Hier in Frankreich würde er ein neues Leben beginnen. Und das hatte Cellini nicht zuletzt ihm, Franz I. von Frankreich, zu verdanken.

Von Dankbarkeit ergriffen sank er vor dem König zu Boden und küsste dessen Knie. Ein Hauch von Moschus, Lavendel und Rosenwasser umhüllte ihn und zum ersten Mal seit Monaten hatte Cellini das Gefühl, tatsächlich gerettet zu sein.

»Erhebe dich, mein lieber Benvenuto. Ich freue mich sehr einen Künstler deines Ranges an meinen Hof gelockt zu haben. Ich hoffe, es wird alles zu deiner Zufriedenheit sein.«

Cellini erhob sich und sah in das Antlitz eines stattlichen Mannes mit kleinen, listigen Augen. Das lange und schmale Gesicht war fein gezeichnet und ließ auf einen festen Charakter schließen. Cellini stellte fest, dass der König fast alle seine Untertanen um mindestens eine Kopflänge überragte. Nur seine Nase gab seiner Erscheinung eine seltsame Note. Groß, geradezu übermächtig, beherrschte sie das Gesicht, schmälerte jedoch die beeindruckend männliche Erscheinung des Königs um keinen Zoll.

Der König besprach mit dunkler, samtener Stimme mit seinem Haushofmeister, dass Cellini im Gefolge mitreisen sollte, und wandte sich diesem wieder zu.

»Nun, ich hoffe, du wirst mir lange und fruchtbar zu Diensten sein.«

»Das hoffe ich auch«, sagte Cellini mit kaum unterdrückter Freude, verneigte sich noch einmal tief und entfernte sich.

Was nicht einfach war. Der Audienzsaal des Königs schien völlig überfüllt. *Cavalieri* und edle Damen standen plaudernd zusammen, Knappen und Diener eilten umher und Bittsteller warteten, um zum König vorgelassen zu werden. Cellini fühlte sich unwohl, während er vergeblich nach Ascanio und Paolo suchte, um zu erfahren, ob die beiden bereits ihre Unterkunft gesehen hatten. Mochte Gott geben, dass der König ein schönes Zimmer für sie bereithielt.

Das Schloss Fontainebleau gefiel Cellini, auch wenn es beileibe noch lange nicht fertig war. Dennoch zeigte es bereits jetzt seine große architektonische Schönheit, wenn es auch nicht groß war und nicht verspielt genug, um wahre Lust zu symbolisieren. Aber er war gekommen, um diesen Missstand zu beheben.

»Ah – da bist du ja, mein lieber Benvenuto.«

Der Kardinal von Ferrara. Schon wieder. Etwas missgelaunt wandte sich Cellini um und versuchte ein Lächeln auf seine Lippen zu zwingen, was nicht gelingen wollte. Der Kardinal schien nicht weiters irritiert, hielt stramm auf ihn zu, fasste ihn in einer viel zu vertraulichen Geste am Ärmel und zog ihn zu einem der hohen Fenster, an dem noch ein Fleckchen Platz war.

»Der König ist sehr angetan von dir. Er wartet mit Freuden darauf, was du für ihn anfertigen wirst.«

»Dazu müsste ich erst wissen, wo ich meine Werkstatt habe«, knurrte Cellini.

Der Kardinal schien ehrlich verwirrt.

»Aber du brauchst hier kein Quartier aufzuschlagen!«
»Was soll das heißen?«

Cellinis Misstrauen war mit einem Schlag geweckt. Was sollte diese mysteriöse Aussage bedeuten? Der Kardinal lachte grunzend.

»Nun, der Hof zieht weiter. Heute noch. Halte dich also bereit.«

Mehr war aus dem Kardinal nicht herauszubekommen, was Cellini mehr als verdross, aber ehe er den Schurken an der Soutane festhalten konnte, rauschte dieser bereits von dannen, schob sich durch die Menge und war gleich darauf wie von ihr verschluckt und nicht mehr zu sehen. Also blieb ihm nichts weiter zu tun, als sich an Ascanio und Paolo zu halten.

Als er sie endlich bei den Stallungen gefunden hatte, waren die Neuigkeiten, die die beiden zu berichten wussten, nicht sehr berauschend.

»Der König hält sich nie lange an einem Ort auf. Und sein Hof folgt ihm. Überall hin«, hatte Ascanio gesagt und betont, die Nachricht würde stimmen, schließlich hätte er sie vom ersten Stallburschen des Königs.

Cellini blieb misstrauisch. Wie sollte er arbeiten, wenn er keine Werkstatt hatte? Wie große Werke vollbringen, wenn er auf Reisen war? Die Sache war nicht zu klären und schon gar nicht abzuwenden, wie er bald darauf feststellen musste. Tatsächlich bereitete sich der Hofstaat auf die Abreise aus Fontainebleau vor und er und seine Gesellen mussten mit auf den Weg.

Nun, vielleicht konnte er im nächsten Schloss um eine Werkstatt bitten. Aber auch dieser fromme Wunsch blieb nur ein solcher.

Bald schon stellte Cellini fest, dass der König tatsächlich nur auf Reisen war. Begleitet von seinem ganzen Hof, was bedeutete, dass bis zu achtzehntausend Reiter durch das Land zogen, gefolgt von einem Tross aus edlen Damen, Knappen, Stallburschen, Dienern, Köchen, Mägden, Schmieden und niederem Gesinde. Es war, als wäre eine ganze Stadt auf den Beinen, mitsamt Wagen voll geladen mit Vorräten und Weinfässern, zudem Leuchtern, Teppichen, Möbeln, Gewändern, Tellern und Bechern, ja selbst Tapisserien wurden mitgeschleppt.

Cellinis Missmut wuchs. An Arbeit war überhaupt nicht zu denken. Es schien nur eine logische Schlussfolgerung, dass keiner der Goldschmiede des Königs Großartiges zustande brachte – waren sie doch mehr damit beschäftigt, ihre Gerätschaften zu verpacken, als Hand an Ringe oder Geschmeide zu legen. So konnte und wollte er nicht leben! Nach zwei Monaten der beschwerlichen und andauernden Reise stand für ihn fest: Es musste dies sofort ein Ende finden. Zumal bislang kein Wort über seinen Lohn gesprochen worden war.

Während etlicher Tage dachte Cellini nur darüber nach, wie er dem König seinen Wunsch am besten vortragen konnte, und entschied sich dann für die Zeit des Mittagsmahles. Der König speiste viel und gerne, seine Laune hob sich bei Tisch, also schien das der bestgewählte Moment. So lief Cellini also durch die Gassen der Zeltstadt auf das Zelt des Königs zu. Er war denkbar schlechter Stimmung. Und so fiel seine Verbeugung auch recht knapp aus. Der König aber nippte an seinem Wein und schien glücklich, ihn zu sehen. Cellini grübelte noch, wie er beginnen sollte seinen Wunsch, nein, seine Forderung vorzutragen, da kam ihm der Kardinal, den er ins Vertrauen gezogen hatte und der am Ende der Tafel platziert war, zu Hilfe.

»Heilige Majestät! Dieser Benvenuto hat große Lust, zu arbeiten, und man könnte es fast eine Sünde nennen, wenn man einen solchen Künstler Zeit verlieren lässt.«

Cellini horchte auf. Tat der Kardinal endlich auch einmal Gutes? Der König nickte bedächtig und wandte sich Cellini zu.

»Nun, das verstehe ich. Und es sei gewährt. Liebster Benvenuto, suche dir ein Haus aus. Ich will es dir zur Unterkunft überlassen. Dann bliebe nur noch die Sache des Lohnes zu besprechen.«

»Mir scheinen fünfhundert Scudi sehr angebracht. Als Lohn für ein Jahr«, mischte sich der Kardinal ungefragt ein.

Cellini schnaubte vor Wut.

»Fünfhundert Scudi! Dafür hätte ich Italien gar nicht erst verlassen. Allein die beschwerliche Reise, der Aufwand und nun die Umstände hier – nein, für fünfhundert Scudi im Jahr arbeite ich nicht.«

Der Kardinal starrte Cellini mit großen Augen an und fast schien es, als wollte ihm vor Entsetzen der Silberkelch aus den Händen fallen. Cellini blieb stur. Es war gesagt und er hatte recht daran getan.

»Fünfhundert Scudi sind eine Menge Lohn, mein lieber Benvenuto«, sagte der König schließlich sanft.

Cellini schüttelte nur den Kopf und rang nach Worten. In diesem Moment beugte sich die Frau an der Seite des Königs zu Ihrer Heiligsten Majestät.

»Mein König – es hat Euch so nach diesem Cellini gedürstet. Nun ist er hier. Also entsprecht doch dem geringen Wunsch nach mehr Lohn.«

Der König lachte auf, drehte seinen Kelch in den Händen und sagte schließlich: »Nun, dann gewähren Wir dir eben siebenhundert Scudi.« Bevor Cellini etwas erwidern konnte, setzte der König hinzu: »Sag nichts, was du bereuen könntest. Das ist der Lohn, der Leonardo da Vinci gewährt wurde, als er in Frankreich Dienste trat.«

Siebenhundert Scudi waren immerhin ein Anfang. Und er stand mit da Vinci auf einer Stufe. Auch wenn da Vinci schon seit Jahrzehnten tot war und in diesen Tagen wohl mehr Lohn gefordert hätte. Also brummelte Cellini einige Worte der Zustimmung in seinen Bart.

»Und fünfhundert Scudi dafür, dass du die Reise zu mir überhaupt angetreten hast«, fügte der König mit einem offenen Lächeln hinzu. Die Person mit den blonden Haaren lachte perlend und lehnte sich selbstgefällig zurück. Diese Frau wollte Cellini überhaupt nicht gefallen. Gewiss, sie war sehr hübsch anzusehen. Schlank, zierlich, grazil und klein. Das blonde Haar glänzte wie Gold. Aber etwas an ihr mochte Cellini nicht. In ihren großen Augen erkannte er einen klugen Geist, und das stand Weibern nicht gut an. Oder störte ihn ihr wohl geformter Mund mit den schmalen Lippen, die immer zu lächeln schienen? Und dabei darüber hinwegtäuschten, dass diese Person keineswegs sanft war? Das konnte er beinahe riechen. Wittern, wie ein Tier in der Dämmerung den Jägern, riechen konnte. Und sie schien zu viel Macht und Einfluss auf den König auszuüben, stellte er mit Abscheu fest, bevor er sich nach einer knappen Verbeugung entfernte.

Wichtig war zunächst, dass er eine feste Bleibe hatte. Heraus aus Wind und Regen. Und er wollte endlich arbeiten. Seine Gedanken auf große Werke lenken, die er für den König erarbeiten würde. Er brauchte eine Werkstatt, und zwar sofort. Die beste Wahl für den Standort seiner Werkstatt schien ihm Paris zu sein. Dort gab es gewiss den einen oder anderen reichen Händler oder eine betuchte Kurtisane, die bereit waren, seinen Lohn durch Aufträge aufzubessern.

So trieb er Ascanio und Paolo an, die Sachen zu packen, und bereits am Nachmittag waren sie unterwegs nach Paris.

Zwei Wochen zogen ins Land, in denen er täglich auf der Suche nach einer Bleibe durch das lärmende, stinkende Paris streifte. Sein Heimweh nach Rom und Florenz wurde immer heftiger, da hatte er es eines Nachmittags endlich gefunden. Das Haus seiner Wahl. Ein kleines Schloss, direkt an der Stadtmauer gelegen, so dass der Lärm aus dem Kern der Stadt nur in gemilderter Form zu ihm dringen konnte. Es war nicht groß, aber ein wehrhaftes Kastell. Und nicht zu klein, um eine

Werkstatt mit Gesellen und Lehrjungen, Mägden und vielleicht sogar einem Stallburschen darin einzurichten. Und ansehnlich genug, um seinen Status auch nach außen für alle sichtbar zu symbolisieren.

Ja, *das* wollte er haben, dachte Cellini glückselig. Und so eilte er in den Gasthof, in dem Ascanio und Paolo auf ihn warteten, und setzte sogleich eine Depesche an den König auf. Der antwortete geraume Zeit später, das kleine Schloss, Petit-Nesle, werde Cellini als Unterkunft zur Verfügung gestellt. Es gehörte jedoch dem Prevost von Paris und mit diesem gelte es, sich zu einigen. Und darüber hinaus bewohnten noch einige andere Menschen das Schloss. »Ein Buchdrucker, ein Salpeterhersteller, zwei Kupferstecher und deren Gesellen!«, rief Cellini mit Entsetzen aus, als der Schatzmeister der Languedoc, Marmaignes, der vom König persönlich beauftragt worden war, sich seiner anzunehmen, im Gasthof seine Aufwartung machte und über die Zustände im gewünschten Schloss berichtete.

Cellini konnte es kaum fassen. Wie sollte er eine Werkstatt einrichten, wenn es in dem Schloss von Menschen nur so wimmelte?

Der Schatzmeister grinste ihn unflätig an: »Ihr wünscht den Besitz eines anderen. Da braucht Ihr wohl auch ein wenig Gewalt, um ihn an Euch bringen zu können.«

»Na, dann brauche ich eben Gewalt!«, rief Cellini und fasste wütend an seinen Waffengurt. Der Schatzmeister trat einen Schritt zurück: »Macht Euch nicht zu viele Feinde in Paris. Der Prevost ist ein französischer Edelmann. Wie ich auch. Wie viele andere auch. Wir stehen auf seiner Seite.«

Cellini begriff. Kaum in Frankreich angekommen wurde ihm seine italienische Abstammung bereits zum Verhängnis. Aber er würde nicht aufgeben!

»Meister, vielleicht sollten wir eine andere Unterkunft wählen?«, flüsterte Ascanio.

Cellini fuhr wütend herum. »Der König hat mir ein Haus meiner Wahl überlassen. Und meine Wahl fiel auf dieses Schloss. Wer will sich dem Befehl des Königs widersetzen? Hm?«

Der Edelmann öffnete die Tür und sagte, während er bereits hinaustrat: »Dann achtet darauf, dass man Euch darin nicht totschlägt.«

Die Stimme des Mannes klang eisig und drohend, aber Cellini ließ sich nicht beirren. Kaum war der Schatzmeister fort, trug er Ascanio und Paolo auf, alles zu packen und zum Schloss zu bringen.

Sie waren nun bereits seit Tagen in Petit-Nesle, aber nichts war geschehen. Das Geld für die Spieße und Dolche hatte er wohl umsonst ausgegeben. Keiner hatte ihnen den Zugang verwehrt, sich gegen sie gestellt. Lediglich etwas Misstrauen hatte man ihnen entgegengebracht.

Der Salpeterhersteller, ein kleiner, gebückter Mann mit gelben Fingern, hatte sich bei ihrer Ankunft brummend in seine Räume zurückgezogen. Der Buchdrucker hatte höflich darum gebeten, weiter hier wohnen zu können, dann würden sie sich schon gut vertragen, nur den Kupferstechern hatte Cellini bereits bei der Begrüßung gesagt, sie möchten ihre Sachen packen und verschwinden. Nun war Platz genug und er konnte endlich darangehen eine Werkstatt einzurichten.

Was er zügig vorantrieb. Der König war mit seinem Tross wieder in Paris angelangt und der Kardinal hatte Cellini einen fantastischen Auftrag des Königs überbracht. Zwölf Silberleuchter sollte er herstellen. Mannshoch und so prächtig, wie sie die Welt noch nicht gesehen hatte. Das nötige Silber für die erste Statue hatte der gute König auch gleich durch den Kardinal überbringen lassen. Cellinis Freude kannte keine Grenzen.

Er suchte Lehrlinge, Gesellen, einen Stallburschen und

eine Magd und es war ihm eine große Wohltat, schon bald das Hämmern und Klopfen aus der Werkstatt zu hören, dazu die vielen Stimmen. Wie sehr hatte er das alles vermisst, es gab ihm das Gefühl, wieder zu leben. Cellini konnte überhaupt nicht mehr von der Arbeit lassen, arbeitete Tag und Nacht, trieb die Burschen dazu an, zu schuften wie er, und fand keine Ruhe mehr außerhalb der Werkstatt. Schließlich galt es, den König zufrieden zu stellen.

Mit Eifer stürzte er sich auf die Skizzen für die Modelle. Zuerst wollte er Jupiter, Vulkan und Mars anfertigen. Der Gottvater der Heiden war natürlich als Erster in Silber zu gießen, dann sollte der Kriegsgott folgen und diesem der Gott des Feuers, der möglicherweise auch seinem Unternehmen beistehen könnte. So viel hing dabei vom Feuer ab. Ob die Statue wohl geraten würde oder nicht.

Seine Zeichnung zumindest war perfekt und so begann er, das Modell aus Ton zu formen. Oft hörte er die bewundernden Stimmen seiner Lehrlinge und Gesellen, wenn sie in seinem Rücken standen und bestaunten, was er schuf. Dann bereitete ihm das Werk gleich noch mehr Freude. Immer wieder tunkte er seine Hände in die Wasserschale, ließ die Finger dann über den Ton gleiten und sah wieder zu Jean, dem schmalen Burschen, der so klein und zierlich geraten war, dass man anfänglich nicht hätte vermuten mögen, dass ausgerechnet er für die Statue Modell stehen sollte. Aber er hatte alle seine Lehrlinge und Gesellen angewiesen, sich auszuziehen, damit er ihre Körper begutachten konnte, und da war ihm Jean ins Auge gefallen. Er reichte ihm kaum an die Schulter und schien viel zu dürr, doch unter seinem Wams verbarg sich der Körper eines Adonis. Und sein edles Gesicht verriet nichts von seiner Abstammung von einer Hure.

Es war so eine Freude, den Knaben anzusehen, dass Cellini etwas länger an der Zeichnung und dann an dem Modell arbeitete, als er für gewöhnlich getan hätte. Aber endlich war er fertig damit und das Modell konnte gebrannt werden. Mit dieser heiklen Aufgabe betraute er Ascanio und Paolo, zwei der wenigen Italiener in seiner Werkstatt. Die Franzosen oder gar Deutschen hatten dafür so gar keine Hand. Nein, diese Arbeit musste von Ascanio und Paolo getan werden.

Er aber prüfte bereits das Silber, das der König hatte schicken lassen. Es war von reinster Qualität und würde dem Leuchter gut anstehen. Ja, das konnte er jetzt schon erkennen. Voll der Ungeduld wartete er, bis das Modell endlich gebrannt und vorsichtig aus dem Ofen gezogen werden konnte. Dann begann er mit Akribie Wachs darüber zu ziehen und dieses sorgfältig auszubossieren, um die edle Gestalt des Jupiters wieder erkennen zu können. Er benötigte keinen Schlaf, nur etwas Brot und reichlich Wein, um weiterarbeiten zu können. Seine Gesellen lagen bereits in ihren Betten, manch ein Lehrling war mitten in der Werkstatt über der Arbeit eingeschlafen, er aber nutzte das diffuse Licht der flackernden Kerzen, um die feuerfeste Form über das Modell zu arbeiten.

Bereits drei Tage und Nächte später, bei Tagesanbruch – Ascanio kam gerade gähnend und mit wirr abstehendem Haar in die Werkstatt geschlurft – konnte das Wachs aus dem Modell geschmolzen werden.

Mit pochendem Herzen begutachtete er die Arbeit. Der Ton war nicht gebrochen und das Wachs sauber geschmolzen. Nun konnte er das Silber hineingeben, das den Leuchter formte. Diese Arbeit war äußerst schwierig und konnte nur schrittweise getätigt werden.

Nach wenigen Tagen erkannte Cellini, dass ihm Silber übrig bleiben würde. Was war damit zu tun? Aber natürlich! Er würde dem König eine Freude bereiten. Eine Kanne und ein wunderschönes, filigran gearbeitetes Wasserbecken würde er daraus kreieren. Etwas, das der König bei Tisch verwenden konnte. So dass er in guten Momenten seiner gedachte. Und dem geringen Lohn, den er ihm zugestand.

Dieser Gedanke beflügelte ihn derart, dass er ohne Unterbrechung weiterarbeitete. Ascanio brachte ihm etwas gebratenes Huhn und Oliven und murmelte, er möchte sich doch endlich zu Bett begeben, aber er scheuchte den Jungen nur mit einer Handbewegung fort, nahm einen Bissen vom Huhn und arbeitete weiter. Paolo war der nächste, der ihn störte und der eine Ohrfeige dafür kassierte. Zwar fand Cellini es rührend, wie man in der Werkstatt um seine Gesundheit besorgt war, aber er sah sie nicht in Gefahr, im Gegenteil, er fühlte sich besser denn je, und so bestand keinerlei Anlass, die Arbeit zu unterbrechen, bis auf die kleinen Momente, die er wartend zubringen musste, bis das Wachs getrocknet oder das Silber geschmolzen war.

Als er mit der filigranen Arbeit der Verzierung begann, versammelten sich die Burschen wieder hinter ihm und staunten über seine Schultern. Ja, sollten sie ruhig ihr Wissen erweitern, dachte er grimmig und arbeitete weiter bis sowohl die Kanne als auch das Wasserbecken fertig waren.

Der Kardinal kam gerade zu rechten Zeit und konnte beides als Geschenk für den König mit sich nehmen. Cellini wanderte wie ein Raubtier in seinem Käfig auf und ab, warf einen Blick auf den Jupiter, der so wohl geraten war und nur noch in Silber gegossen werden musste und setzte seine Wanderung durch die Werkstatt fort bis endlich, nach Stunden, ach, wohl einem ganzen Tag, eine Depesche des Kardinals eintraf.

Cellini riss dem Boten die Nachricht aus der Hand, öffnete sie so ungestüm, dass er sie beinahe zerstörte und wollte fast in Ohnmacht fallen. Wie vom Blitz getroffen stand er da und starrte auf die Buchstaben, die vor seinen Augen einen wilden Veitstanz vollführten.

»Mein lieber Benvenuto, die Geschenke haben ihre Wirkung getan. Seine Heilige Majestät ist äußerst angetan und froh darüber, Euch an Seinem Hof zu wissen.«

Mehr nicht? Mehr war nicht zu überbringen? Fassungslos, aber stumm, sah er zu dem Mann, der die Botschaft überbracht hatte und noch immer im Türrahmen seiner Werkstatt stand.

»Mehr nicht?«, flüsterte er.

Der Mann lachte auf, dass sein silbergrauer Bart an den Enden erzitterte, und sah dabei so freundlich und gleichzeitig so wissend aus, dass Cellini nicht in Wut geriet, sondern von Neugier übermannt wurde.

»Überbringt Ihr immer so üble Nachrichten?«, fragte er schließlich, kniff die Augen zusammen und versuchte, durch bloßes Fixieren den Mann zum Reden zu bewegen.

Der aber neigte den Kopf, legte eine Hand auf die Brust und sagte in singendem florentinischen Dialekt: »Tötet nicht den Boten. Zumal ich eigentlich keiner bin.«

Die Sprache seiner Heimatstadt erweichte Cellinis Herz so sehr, dass er zur Seite trat und den Fremden mit einer schwungvollen Bewegung zum Eintreten aufforderte.

»Wer seid Ihr dann?«, fragte er schließlich, während er die Tür verschloss.

Der Fremde ließ seinen Blick anerkennend durch die Werkstatt schweifen, wandte sich ihm wieder zu, verneigte sich kurz und sagte: »Guido Guidi, meines Zeichens der Medicus seiner Allerheiligsten Majestät. Und aus Florenz wie Ihr.«

Das erklärte die schwarze Kleidung, nicht aber, warum ausgerechnet der Medicus die Botschaft überbrachte. Genau das sagte Cellini diesem auch und brachte ihn erneut dazu, hell aufzulachen.

»Ich sollte mich ein wenig in Eurer Werkstatt umsehen, Euch ausfragen, wie es um die Leuchter steht, und da schien Seiner Majestät ein Landsmann des Künstlers die beste Wahl zu sein.«

Das war ein prächtiger Kerl. Ein ehrlicher Mann, dachte

Cellini anerkennend. Und, na, seine Arbeit konnte sich sehen lassen und so ließ er sich nicht zweimal bitten, sondern führte Guido Guidi sogleich durch die Werkstatt, schubste Ascanio aus dem Weg, schickte Paolo um Wein und Essen und zeigte dem Medicus den Jupiter, der ihm selbst so viel Freude bereitete. Und ihn auch wieder zu der leidigen Sache mit der Depesche und dem mangelnden Dank brachte.

Nach mehreren Gläsern Wein, die sie in einer stillen Ecke seiner Werkstatt geleert hatten, fasste er sich schließlich ein Herz, zog die Depesche unter seinem Wams hervor, las sie noch einmal und reichte sie dann dem Medicus, den er bereits mit Vornamen ansprach und zu seinen Freunden in dieser fremden Stadt zählte.

Er mochte sein schmales, freundliches Gesicht, die hohe, schlanke Gestalt, die feine Art zu sprechen. Alles an diesem Mann zeugte von edlem Charakter. Zumal er aus Florenz kam und schon allein aus diesem Grund kein Schurke sein konnte. Auch wenn er Florenz verlassen hatte, weil er Gegner der Medici und Anhänger der Strozzi war. Das tat der keimenden Freundschaft keinen Abbruch. Florenz war weit, die Medici nicht. War doch Catarina de' Medici hier am französischen Hof. Aber ihr Einfluss reichte nicht aus, um die aus Florenz vertriebenen Strozzi-Anhänger auch aus Paris zu verjagen. Und so hatte sich hier eine stets größer werdende Gemeinschaft florentinischer Landsleute zusammengefunden. Aber auch aus anderen Gegenden Italiens flohen sie nach Frankreich und scharten sich um den König, der sie alle aufnahm. Die meisten von ihnen waren Schurken, Aufwiegler und schlimme Bestien, die zu Recht aus Italien verjagt worden waren. Nicht so Guido. Das fühlte Cellini genau.

Als Guido die Nachricht gelesen hatte, schmunzelte er, reichte Cellini die Botschaft wieder und schenkte sich Wein nach.

»Der Kardinal sagt nicht die ganze Wahrheit …«, murmelte er in den Raum hinein, während er wie versonnen auf den Wein in seinem Becher sah.

»Wie meint Ihr das? Nun sprecht schon!«

Guido sah hoch.

»Nun, der König war so angetan von Eurer Arbeit, dass er dem Kardinal dafür, dass er die kostbaren Geschenke überbracht hat, eine Abtei geschenkt hat.«

»Eine Abtei!«

»Ja, eine Abtei. Sie bringt jährlich siebentausend Scudi ein.«

»Siebentausend!«

»Jaja. Der König wollte Euch etwas Ähnliches schenken, aber der Kardinal hat es zu verhindern gewusst.«

»Dieser Schurke!«

Cellini sprang hoch. Nichts hielt ihn mehr in seiner Werkstatt. Seinen Waffengurt brauchte er noch, dann würde er dem Kardinal zeigen, was es hieß, ihn, Cellini, um den guten Sold zu bringen!

Guido lachte auf, fasste ihn am Arm und drückte ihn so fest, dass Cellini seine Wut für einen Moment zügelte, um sich Guido zuwenden zu können.

»Was ist? Ich will Rache!«, schrie er so laut, dass die Lehrbuben und Gesellen augenblicklich in ihrer Arbeit innehielten und erschrocken zu ihrem Meister schielten.

Guido schüttelte den Kopf.

»Nun setzt Euch wieder, trinkt etwas vom Wein und beruhigt Euch.«

»Wie kann ich mich beruhigen?!«

»Setzt Euch.«

Etwas lag in Guidos Stimme, das ihn dazu brachte, nicht zorniger, sondern im Gegenteil, ruhiger zu werden. Also ließ er sich wieder nieder, brüllte zu den Burschen den letzten Rest seiner Wut hinaus und befahl ihnen, sie sollten wieder arbeiten, ehe er sie allesamt auf die Straße setzen würde. Dann nahm er einen großen Schluck vom Wein.

»So ist es gut. Mein lieber Benvenuto. Eure Zeit kommt noch. Der König liebt Euch und Eure Arbeit. Das kann auch der Kardinal nicht verhindern.«

»Warum wollte er nicht, dass ich ein Gegengeschenk erhalte?«

Seine Stimme war mehr das Krächzen eines Verzweifelten als die seine, die er kannte. Aber war es ein Wunder, dass er fast an seiner Verzweiflung über diesen Schurken von Kardinal erstickte?

Guido lachte auf.

»Ihr müsst noch viel lernen, Benvenuto. Der König ist den Künsten sehr zugetan und fördert sie, wo er nur kann. Er gibt gerne und viel und hält mit Belohnungen und Komplimenten für seine Künstler nicht hinterm Berg. Er weiß die Menschen an sich zu binden. Er wollte Euch durch ein großzügiges Geschenk Lust auf und Mut für Eure Arbeit machen. Der Kardinal seinerseits will das größte Stück dieser Gunst, deshalb will er Euch vom König fern halten. Ihr habt also etwas gelernt aus dieser Posse.«

»Und was?«, knurrte Cellini.

»Dass Ihr Geschenke immer selbst überbringt.«

Mit diesen Worten stand Guido auf, leerte seinen Becher Wein, klopfte Cellini aufmunternd auf die Schulter und verabschiedete sich. An der Tür wandte er sich noch einmal um und rief: »Ach ja – ehe ich es vergesse: der Kardinal hat versprochen, Euch dreihundert Scudi zu geben. Jährlich. Aus seinem Einkommen der Abtei. Er steht nun also in Eurer Schuld.«

So war das also! Cellini hieb mit der geballten Faust auf den Tisch, während er immer noch zur Tür starrte, aus der Guido eben in die Nacht von Paris entschwunden war. Der Kardinal brachte ihn um seinen Lohn und wollte ihn nun mit einer läppischen Summe abspeisen. So nicht! So auf keinen Fall! Er brauchte ein neues Geschenk, und zwar schnell. Wie viel war von dem Silber, das eigentlich für den Jupiter bestimmt war, noch übrig?

Zu wenig, stellte er verbittert fest, nachdem er das Silber gewogen hatte. Es reichte kaum noch für den Leuchter. Der Kardinal zwang ihn dazu, an seine Ersparnisse zu gehen. Er würde Gold aus seinen eigenen Reserven einschmelzen und daraus ein prächtiges, wunderbares, unfassbar schönes – ja, was eigentlich? – gestalten. Der König hatte ein Wasserbecken und eine Kanne. Beide würde er noch vergolden. Was dann noch fehlte, was die Tafel unendlich schmücken würde lag auf der Hand! Ein Salzfass musste es sein. Ein Salzfass so unglaublich anzusehen, dass es jedermann in Erstaunen versetzen würde. Und so prächtig, dass der König kein anderes mehr verwenden wollte. Damit er seiner immer gedachte. Und seinem geringen Lohn, setzte er in giftigen Gedanken hinzu.

Das Beste an der Sache war, dass er bereits einen Entwurf für ein derartiges Unterfangen erstellt hatte. In Ferrara. Für den Kardinal. Aber als er das Wachsmodell diesem Schurken gezeigt hatte, da hatte der nur gelacht und voll des Hohnes gesagt: »Dieses Werk ist in zehn Menschenleben nicht zu vollenden! Du feierst zu viel und gibst dich zu vielen Lustbarkeiten hin, als dass du so ein Werk zu Ende bringen könntest.«

Damit hatte ihm der Kardinal die Lust an dem Salzfass gründlich verdorben. Er hatte das Modell wieder mitgenommen und nie wieder davon gesprochen. Nun aber konnte es von reichlichem Nutzen sein. Es war einfach prächtig.

Und warum eigentlich an die Ersparnisse gehen? Nein, das war Verschwendung. Und es wäre nicht recht gewesen.

Gleich morgen würde er mit dem Modell dem König seine Aufwartung machen, ihn dafür begeistern und genügend Gold bekommen, um es endlich fertig zu stellen. Aber wo war es nur? Er begann hektisch zu suchen, seine Gerätschaften durcheinander zu wirbeln, Kisten und Truhen zu durchwühlen, die Lehrbuben aufzuscheuchen, bis es ihm endlich einfiel. Das Modell lagerte in seiner Truhe. Oben in seinem Gemach. Wohlverborgen in der Wäschetruhe.

»Zur Seite!«, brüllte er und stürmte zur Werkstatt hinaus.

Der Weg in sein Gemach war weit, führte durch lange, einsame Gänge, die in der Nacht nur schwach von einigen Fackeln beleuchtet wurden. Beinahe verlief er sich in seiner Vorfreude, stieß gegen den Buchdrucker, der vom Lärm aufgeschreckt die bebrillte Nase ängstlich zur Tür seiner Kammer herausgestreckt hatte und sich schnellstens wieder darin verkroch, als er Cellini an sich vorüberstürmen sah.

Cellini knurrte ihn nur an und lief dann weiter zu seinem Gemach, stieß die Türen auf und stürmte das große Zimmer, stürzte zur Truhe, riss sie auf und hielt dann inne. Nun galt es, vorsichtig zu sein. Bloß keinen unnötigen Schaden anrichten. Seine Finger wühlten sich sanft durch die feine Wäsche, bis sie auf etwas Festes trafen. Das Modell!

Als er es endlich in Händen hielt, klopfte ihm das Herz bis zum Hals. Zitternd vor Freude entzündete er eine Kerze und trug das Modell zum Tisch. Es war wunderbar geraten, und in Gold würde es jedes Auge entzücken. Das war gewiss. Mit Liebe betrachtete er die beiden Figuren: die Erde und das Meer. Das Meer, dargestellt durch einen Mann, einen Gott des Meeres mit Dreizack und wallendem Bart. Die Erde hingegen als Frau, die Fruchtbarkeit symbolisierend. Ihrer beider Beine berührten einander, so wie sich Erde und Meer mancherorts miteinander verbinden, ineinander übergehen und eine Einheit bilden. Neben der Frau hatte er einen verzierten Tempel angebracht, der den Pfeffer enthalten würde, während neben dem Mann ein Schiff auf den Wogen des Meeres saß, das so viel Salz fassen konnte wie an einer herrschaftlichen Tafel benötigt wurde. Er konnte seine Augen von dem eigenen Werk nicht wenden, war entzückt und musste doch plötzlich lachen. Ja, der Dreizack war so angebracht, dass er die Männlichkeit des Meeres hervorhob. Die Frau hingegen war leicht nach hinten gebeugt, bereit, den Dreizack und damit die Männlichkeit zu empfangen.

Hatte der König Sinn für derartige Andeutungen? Vielleicht. Schließlich lautete einer der Wahlsprüche des Königs auch: »Ein Hof ohne Frauen ist ein Jahr ohne Frühling, ein Frühling ohne Rosen". So sollte er zumindest einmal gesagt haben. Dann würde er auch die Symbolik des Dreizacks verstehen, gewiss. Dennoch blieb ein kleiner Rest des Zweifels in ihm, und er fragte sich erneut: Ob es dem König wohl gefallen würde?

»Es ist prächtig! Einfach wunderbar! Was für ein herrlicher Einfall. Diese Arbeit ist göttlicher als alle anderen Arbeiten, die ich bislang von meinem Benvenuto gesehen habe.«

Cellini wagte es endlich auszuatmen. Qualvolle Momente lang hatte er den Atem angehalten, war reglos vor dem König gestanden, hatte die vielen Umstehenden, Kardinäle, Bischöfe, edle Damen und *cavalieri* überhaupt nicht wahrgenommen, sein Augenmerk ausschließlich auf den König gerichtet, der neugierig wie ein kleines Kind das Wachsmodell entgegengenommen und auf den goldenen Tisch vor sich gestellt hatte. Kurz hatte Seine Majestät gewartet, den Moment der Überraschung hinausgezögert und dann das leinene Tuch gelüftet.

Jetzt aber hörte er die vielen Ahs und Ohs, die entzückten Ausrufe der Damen, das bewundernde Gemurmel der Männer. Ja, sie mochten das Modell und der König liebte es. Natürlich sah Cellini auch die bösen Blicke, hörte das Tuscheln hinter seinem Rücken. Die Sache mit dem Schloss, das er für sich beansprucht hatte, war noch nicht ausgestanden. Der Prevost hetzte in ganz Paris gegen ihn, die Edlen waren teilweise sehr aufgebracht, drohten ihm hinter seinem Rücken, wie ihm Lehrbuben und Gesellen zutrugen, aber letztlich konnten sie nichts gegen ihn ausrichten. Der König liebte nicht nur sein Modell, er liebte auch ihn. Ihn ganz persönlich. Und das war der beste Schutz in Frankreich, den man sich vorstellen konnte, dachte er in grimmiger Zufriedenheit.

»Nun, natürlich ist es göttlich. Bleibt nur die Frage, ob es jemals vollendet werden wird.«

Die näselnde Stimme schnitt in sein Glück. Der Kardinal von Ferarra. Natürlich. Es wäre auch zu schön gewesen, wäre dieser Schurke einmal, wenigstens ein einziges Mal, nicht zugegen gewesen. Cellini wandte missmutig seinen Blick zum Kardinal. Der schob sich feist lächelnd durch die umstehende Menge. Der König sah fragend zu ihm, hatte eine Augenbraue gehoben und wartete sichtlich auf Antwort.

»Wie ist das zu verstehen?«, fragte er schließlich, als der Kardinal sich zu ihnen gesellte, sich an die Seite des goldenen Tisches stellte, das Modell sanft mit den Händen drehte und schwieg. Nach einem grauenvoll langen Moment sah er schließlich hoch, immer noch lächelnd: »O, Sire. Das Unternehmen ist groß, und ich fürchte einfach, wir werden es nie vollendet sehen.« Er wendete sich Cellini zu, stierte ihn mit funkelnden Augen an und lächelte böse weiter. »Denn diese braven Künstler, die so trefflicher Erfindungen fähig sind, fangen gar zu gern an, daran zu arbeiten, ohne zu denken, wann die Arbeit fertig werden können. Wenn ich so etwas bestellte, wollte ich doch gerne wissen, wann ich es haben könnte.«

Das feiste Lächeln ging in dreistes Grinsen über, das Cellini bis zur Weißglut ärgerte, doch ehe er etwas sagen konnte, erwiderte der König: »Aber wenn man sich um das Ende sorgt, kommt es nie zu einem Anfang.«

Ja, so sprach ein wahrer Mann! Cellinis Zorn legte sich augenblicklich, und er konnte und wollte nicht verhindern, dass nun seinerseits ein breites Lächeln seine Miene erhellte. Der Kardinal lief rot an und blieb stumm, und das war sehr gut so. Cellini drängte sich an den Tisch, schob die Dame mit den

blonden Haaren, die zu keiner Stunde von der Seite des Königs zu weichen schien, etwas rüde vom Tisch und sagte: »Ihre Majestät ermuntern Künstler, so große Unternehmungen nicht nur zu beginnen, sondern auch zu Ende zu bringen. Dieses Werk wird schon bald Eure Tafel zieren.«
Der König lachte so frei und ohne Arg – und vor allem so breit, dass seine Nasespitze mit der Oberlippe zu verschmelzen schien.

»Ich glaube dir. Und ich freue mich darauf.«

Er schnippte mit den Fingern und sein Schatzmeister, der nur wenige Schritte von ihnen entfernt gestanden hatte, trat herbei.

»Vicomte, bringt gleich morgen tausend goldene Dukaten in die Werkstatt Cellinis. Er braucht das Gold für eine Arbeit, die er so schnell wie möglich beginnen soll.«

Der König hielt Wort. Bereits am nächsten Tag wurde das Gold gebracht und Cellini sah keinerlei Grund, die Arbeit an dem prächtigen Salzfass aufzuschieben. Er wollte es anfertigen. Jetzt, sofort und auf der Stelle. Er würde nicht mehr schlafen, nicht mehr essen, nicht mehr trinken, bis es fertig war. Nun, etwas Wein brauchte er schon.

»Und Schinken und auch von diesen französischen Pasteten mit Kräutern!«, rief er Paolo noch hinterher und hoffte, der Junge hatte ihn noch gehört, während er bereits in Richtung Markt eilte.

Ach, es gab so viel zu tun. Er brauchte noch mehr Lehrlinge, ein paar andere Gesellen. Manche von ihnen taugten nichts. Die einen tranken zu viel, die anderen arbeiteten zu wenig und manch einer tat beides zur gleichen Zeit. Nur Paolo und Ascanio blieben ihm treu. So hatte er Ascanio den Auftrag gegeben, in seinem Namen tüchtige Gesellen zu suchen. Was nicht einfach war. Und ein noch schlimmerer Umstand war der, dass sie zu wenig Platz hatten im Schloss. Der

Buchdrucker beanspruchte mehrere Räume für sich und der Salpeterhersteller war so dreist und brachte immer mehr Leute ins Schloss. Dazu benötigte er viel zu viel Platz im Innenhof. Seine Fässer und Holzwannen, dazu die Kupferöfen – das alles störte doch enorm. Zudem der Gestank von der Lauge nicht unbeträchtlich war. Mehrmals schon hatte er ihn aufgefordert, das Schloss zu räumen, aber der Salpeterhersteller zuckte nur mit den Schultern, brummte unverständliches Französisch und ging dann wieder an seine Arbeit. Nun, er würde sich später um diesen Schurken kümmern.

Ein einziger Trost war neben Ascanio und Paolo nur noch Jean, der kleine Franzose mit dem wunderschönen Körper. Aber ihn zu bewundern, gar zu zeichnen, dafür blieb keine Zeit. Das Salzfass stand an erster Stelle, und so machte er sich sofort daran, nachdem er sich mit einem kräftigen Schluck gestärkt hatte.

Die Arbeit ging ihm flott von der Hand, bereitete so viel Freude, dass er keine Müdigkeit verspürte, und so konnte er in den Stunden, die sonst mit sinnlosem Warten auf geschmolzenes Gold oder andere Kleinigkeiten verronnen wären, damit zubringen, den Sockel für den Jupiter herzustellen. Er hatte eine glänzende, atemberaubende Vision gehabt. Er wollte an dem Sockel den Raub des Ganymed darstellen und Leda mit dem Schwan. Aber das brauchte Zeit. Viel Zeit.

Zu allem Überfluss kamen nun auch täglich neue Aufträge. Pietro Strozzi, der Graf von Anguiollara und weitere hochgestellte Herren wollten feinste Goldarbeiten. Dazu kamen Aufträge für Ringe, Ohrringe und anderes Geschmeide für edle Damen. Es war eine wahre Lust, diese Werkstatt zu führen. Wie gut hatte er doch daran getan, Rom zu verlassen!

Dazu hatte er einen guten Freund gefunden – Guido. Diesen traf allerdings nicht unerheblich Schuld daran, dass er den Buchdrucker noch nicht auf die Straße gesetzt hatte. Der Buchdrucker nämlich hatte es verstanden, Guido darauf aufmerksam zu machen, dass er ihm ein selbst geschriebenes Werk in wunderbare Lettern setzen könnte. Nun, dann sollte er Guidos Aufzeichnungen noch drucken, aber dann würde er ihn auf die Straße setzen. Basta.

»Der König kommt! Der König kommt!«

Paolo stürzte zur Werkstatt herein, blieb mit dem Ärmel seines Wamses an der Tür hängen und fiel beinahe in einen Kessel, der zum Schmelzen des Goldes bereit stand.

»Was ist los? Tölpel, du – pass doch auf!«

Paolo riss sich von der Tür los, ein Stofffetzen seines Wamses blieb an der Türklinke hängen, aber er achtete nicht weiters darauf, sondern stolperte direkt in Cellinis Arme und schrie: »Der König kommt! Schaut doch nur, Meister! Schaut!«

Cellini schob den Jungen ungeduldig zur Seite, hatte Mühe zur Tür zu gelangen, denn schon hatten sich seine Gesellen und Lehrlinge dort versammelt. Der Lärm hunderter Stimmen drang in die Werkstatt, dazu der Klang von Lederstiefeln und Pferden. Hatte Paolo vielleicht doch recht? Ach, er konnte einfach nichts sehen.

»Nun macht doch Platz«, schrie er ärgerlich und bahnte sich mit den Ellenbogen einen Weg zur Tür. Jean stand noch immer im Weg, glotzte hinaus und bewegte sich nicht von der Stelle. Cellini versetzte ihm einen kräftigen Fußtritt und Jean flog auf die Straße hinaus. Endlich konnte Cellini sich durch die Tür zwängen. Jean schrie erstaunt auf – und plumpste direkt vor die Füße des Königs, der sich, von zwei Wachen begleitet, eben anschickte, die Werkstatt zu betreten.

Cellini hielt den Atem an – was musste dieser Tölpel ausgerechnet dem König vor die Füße fallen! Am liebsten hätte er Jean noch eine Maulschelle verpasst, aber der Zeitpunkt war ungünstig, zumal sich der Junge schon aufrappelte und nun völlig verdreckt eine etwas ungeschickte Verbeugung vor dem König machte. Es war wohl an der Zeit, sich ebenfalls zu verneigen.

»Ich sehe, du bist bei der Arbeit!«, lachte der König.

Cellini atmete erleichtert auf. Der König bewies Humor und war nicht böse, dass er ihm diesen Jungen direkt vor die Füße befördert hatte. Einer der Wachmänner schob Jean zur Seite und bedeutete Cellini mit dem Kopf, Platz zu machen, damit der König eintreten konnte. Cellini trat zur Seite und nahm mit Erstaunen wahr, dass der König wohl den halben Hofstaat mitgebracht hatte. Nach und nach drängten edle Damen und *cavalieri* herein, auch Guido konnte er in der Menge erkennen. Schwatzend und lachend schwappte er mit den anderen herein, die die große Werkstatt regelrecht zu überfluten schienen. Guido winkte ihm fröhlich zu, widmete sich dann wieder zwei edlen Damen, denen er einige Gerätschaften zu erklären schien. Irgendwo erspähte Cellini für einen kurzen Moment die feiste Gestalt des Kardinals, aber er verlor ihn sogleich wieder aus den Augen. Die Blonde drängte sich an die Seite des Königs, der neugierig um sich sah, seinen Blick dann auf Cellini richtete und ihn anlachte.

»Nun, zeig mir deine Arbeiten. Ich bin voll der Neugier.«

Cellini verneigte sich nochmals, klatschte dann in die Hände, aber sein Zeichen für die Gesellen und Lehrbuben ging im Lärm der Besucher unter und so sah er sich genötigt, sich selbst einen Weg zu einem seiner Arbeitstische zu bahnen, dicht gefolgt vom König.

»Hier sind einige Schmuckstücke für die Damen des Hofes. Da vorn steht ein Krug, der noch vergoldet werden muss. Und hier seht Ihr das Salzfass – es ist beinahe fertig.«

Cellini schob das Salzfass in die Mitte des Tisches, damit es im Schein des einfallenden Sonnenlichts besser zu sehen und zu beurteilen war. Der König trat heran, beugte sich etwas vor und kniff die Augen zusammen. Stumm betrachtete er das Salzfass, fasste es schließlich mit seinen schlanken, langen Fingern und drehte es nach allen Seiten. Cellini wartete voller Ungeduld auf Erlösung.

»Es ist wundervoll! Wann wird es fertig sein?«
»Bald schon. Sehr bald«, entgegnete Cellini eifrig.
Der König wandte sich der Blonden zu, die natürlich bereits wieder an seiner Seite stand und deutete auf das Salzfass.
»Nun, was meint Ihr dazu, meine liebe Madame d'Etampes?«
»Entzückend«, hauchte sie und lächelte ihn an, nachdem sie einen kurzen prüfenden Blick auf das Salzfass geworfen hatte.
Verstand diese Person überhaupt etwas von Kunst? Ein Weib? Eine Mätresse des Königs? Nun, es war nicht zu erwarten, dachte Cellini grimmig, aber andererseits, fügte er in Gedanken hinzu, sie war einflussreich und hatte eben ein Kompliment an ihn ausgesprochen. Das konnte ihm nicht zum Nachteil gereichen.
»Ich glaube, das Geschenk für Cellini ist angebracht und wird ihm viel Freude bereiten«, setzte sie hinzu.
Der König zwinkerte ihr in beinahe aufreizender Weise zu und wandte sich dann an Cellini.
»Madame hat recht. Deshalb will ich dir das Geschenk auch sogleich überreichen.«
Er hob eine Hand, schnippte mit dem Finger, und gleich darauf drängte sich der Vicomte beflissen durch die Menge, die sich immer noch plappernd und plaudernd durch die Werkstatt schob. Mit einer Verbeugung überreichte er dem König eine Urkunde, die dieser, ohne einen weiteren Blick darauf zu werfen, an Cellini weitergab.
Cellini entrollte die Urkunde, wusste nicht recht, was ihn wohl erwartete, hoffte aber inständig darauf, es mochte eine Besitzurkunde sein, die ihm ein Lehen, vielleicht gar eine Abtei versprach. Seine Augen huschten über die Lettern, er las noch einmal und noch einmal. Aber er verstand nur die Hälfte.
»Ihr schenkt mir das Schloss?«, fragte er schließlich ratlos ob seiner schlechten Kenntnisse der französischen Sprache.
Der König lachte auf.

»Ja, aber das ist nur ein kleiner Teil des Geschenkes. Mit diesem Dokument«, er tippte mit seinem schlanken Zeigefinger auf das Papier in Cellinis Händen, »mit diesem Dokument erteile ich dir die Naturalisation.«

Kaum waren die Worte ausgesprochen, verstummte für einen Moment das muntere Plappern der Besucher. Dann ging ein Raunen durch die Menge. Flüsternd, wispernd und tuschelnd sahen die anderen zu ihnen, deuteten auf Cellini, schienen erstaunt und überrascht. Was hatte das zu bedeuten? Was hatte es mit dieser Naturalisation auf sich? Cellini hatte nicht die leiseste Ahnung, aber es schien etwas Herausragendes zu sein. Und so verbeugte er sich und murmelte: »Vielen Dank.«

»Es ist zu *meinem* Wohl geschehen«, antwortete der König schlicht und wandte sich wieder Madame zu, die den Kopf geneigt und einen Finger an das Kinn gelegt hatte.

»Was überlegt Ihr?«, fragte er liebevoll. In seinem Ton lagen Fürsorge und Interesse.

Sie sah auf und strahlte ihn an, während sich ihre Mundwinkel noch weiter nach oben zogen, was den König sichtlich zu erfreuen schien.

»Ich denke, Cellini könnte auch in Fontainebleau Großartiges bewirken. Meint Ihr nicht auch?«

Der König nickte überrascht und nachdenklich, dann wandte er sich wieder Cellini zu.

»Ja, Madame hat recht. Fällt dir etwas ein, was sich zur Zierde meines Lustortes eignen würde?«

Aber natürlich fiel ihm etwas ein! Hatte er doch schon darüber nachgedacht. Jeder wusste, dass der König Fontainebleau über alles liebte, das Schloss als verzauberten Ort betrachtete und nur zu gerne für immer dort geblieben wäre. Lag es da nicht auf der Hand an ein Kunstwerk zu denken, das dieses Schloss verschönern sollte?

»Überlege dir etwas und zeig mir dann die Entwürfe.«

»Ich dachte daran, Fontainebleau als Portal zu gestalten. – Ich meine, die Nymphe der Quelle. Fontainebleau. Mit Satyrn und Hirschen und Rehen«, platzte es aus ihm heraus.

»Oh, du hast dir bereits Gedanken gemacht? Nun, das ist natürlich hervorragend und der Einfall gefällt mir. Erarbeite deine Entwürfe und dann komm zu mir und leg sie mir vor.«

Cellini konnte sein Glück kaum fassen und flüsterte: »Ich danke Euch von ganzem Herzen.«

Gerne hätte er seinen Dank wortreich ausgedrückt, aber es schien ihm unpassend, zumal so viele Besucher zugegen waren. Aber dieser König war ein phantastischer Mann, einer mit Verständnis für die Kunst und die Künstler, offen für Einfälle jeder Art und nicht abgeneigt, die Künstler für ihre Arbeit zu belohnen.

»Er arbeitet viel und hat prächtige Ideen. Ich muss zusehen, ihn wirklich bei mir zu halten«, sagte der König eben zu Madame und fasste sie dabei sanft am Ellenbogen, zum Zeichen, dass er zu gehen wünschte. Madame lächelte entzückt und flüsterte: »Ich werde Euch daran erinnern, Majestät. Damit Ihr Euren Künstler nicht vergesst.«

Madame zwinkerte Cellini zu, der wie in Stein gehauen an seinem Platz stand und nichts mehr zu sagen wusste. Er deutete nur eine knappe Verbeugung an, schenkte ihr kein Lächeln, sondern legte all seinen Dank und seine Bewunderung in die Verneigung vor dem König. Madames Mundwinkel sanken für einen kurzen Moment tiefer und ihre Stirn legte sich in kleine Falten, bevor sie sich endgültig abwandte und dem Hofstaat das Zeichen für den Aufbruch gab.

Hatte er sie etwa beleidigt? Nein, das konnte nicht sein. Ärgerlich wies Cellini diesen Gedanken von sich. Sie war die Mätresse des Königs. Was erwartete sie? Dass er vor ihr in die Knie ging?

»Nun, nicht in die Knie. Aber Dankbarkeit will sie sehen. Und Anbetung. Und Ehrfurcht, gepaart mit Furcht. Sie ist die mächtigste Frau im Land.«

»Sie ist nicht die Königin«, knurrte Cellini und biss in eine gefüllte Pastete. Fett troff in seinen Bart. Er wischte mit dem Handrücken über sein Kinn und aß weiter. Guido, der ihm gegenüber saß, schüttelte den Kopf und runzelte die Brauen, während er sich über den Tisch beugte, die Platte mit den Pasteten zur Seite schob und ihn ernst ansah.

»Benvenuto, ich glaube, du verstehst mich nicht. Oder du *willst* mich nicht verstehen.«

»Kann schon sein«, brummte Cellini und zog die Platte wieder näher zu sich heran.

Wohl schon seit Stunden redete Guido nun auf ihn ein. Es war wirklich ärgerlich. Zu Beginn hatte er sich sehr über den Besuch gefreut. So sehr, dass er den Gesellen und Lehrbuben gesagt hatte, sie könnten ihre Arbeit für kurze Zeit unterbrechen, sich ihren Lustbarkeiten hingeben, zum Markt gehen oder einfach nur schlafen. Nur Paolo und Catherine waren hier geblieben. Was trieben die beiden eigentlich im Hof? Nun, es war egal. Guido saß hier und erzählte von großen Schwierigkeiten, die der Besuch des Königs in Cellinis Werkstatt mit sich gebracht hätte. Verursacht durch ihn selbst. Er, Cellini, hätte Madame d'Etampes beleidigt, fürchterlich vor den Kopf gestoßen. Was er nicht verstehen konnte.

»Es wäre aber besser, du würdest es verstehen«, brummte Guido und schenkte Wein in ihre Silberkelche nach.

»Dass er dich so schnell naturalisiert hat, lag allein an ihr. Ihrer Fürsprache hast du es zu verdanken, dass du nun Franzose bist. Mit allen Rechten. Du hast wohl keine Ahnung, wie lange man üblicherweise auf diese Gunst wartet. Nimm mich als Beispiel – ich warte schon seit Jahren. Oder Peter Strozzi. Ihn hat dieses Dokument eine Unmenge an Golddukaten gekostet. Nur du hast es bereits nach wenigen Monaten in

Frankreich und ohne einen Scudi dafür bezahlen zu müssen bekommen. Und dann die Sache mit Fontainebleau!«

»Was ist damit?«

»Ja, ist dir nicht aufgefallen, dass sie den König dazu gedrängt hat, dir einen Auftrag für Fontainebleau zu geben? Nein?«

»Nein – es war sein Einfall.«

»Unsinn!«

Guido schien völlig außer sich. Er hob die Hände in einer übertriebenen Geste gen Himmel, verdrehte die Augen und fuhr sich dann mit den Fingern durch das Haar, bevor er erneut weitersprach: »Benvenuto – sie fördert die Künste, versteht viel davon – nein, widersprich mir nicht. Sie weiß die Kunst zu schätzen. Aber wichtiger ist: sie ist mächtig. Über ihr steht nur noch der König. Machst du dir Madame d'Etampes zum Feind, machst du dir Frankreich zum Feind.«

Cellini schwieg, sah den Ernst in den Augen des Freundes und wurde für einen kurzen Moment nachdenklich. Nun, vielleicht hatte Guido in gewissem Sinne sogar recht? Vielleicht hatte er ihr zu wenig Aufmerksamkeit geschenkt? Zum Teufel auch mit diesem Weib! Welch ein Umstand! Alles schien in Ehrfurcht, beinahe Angst vor ihr zu vergehen. Ein Zucken ihrer ewig lächelnden Mundwinkel schien auszureichen, über Gunst oder Ungunst zu entscheiden. Wer ihr gefiel, gefiel auch dem König. Und sie hatte sich wohl wortreich und sehr offensichtlich über ihn, Cellini, beschwert. Die ganzen letzten Tage, die seit dem Besuch verstrichen waren, hatte sie damit zugebracht, sich über seinen mangelnden Respekt und seine nicht vorhandene Dankbarkeit ihr gegenüber auszusprechen. Der ganze Hofstaat wusste bereits Bescheid. Es war wirklich schlimm mit dieser Person. Welches Ungemach sie doch bereitete.

»Ich werde ihr meine Aufwartung machen«, knurrte er schließlich.

»Mit einem Geschenk?«
»Ja, mit einem Geschenk.«
Guido lachte auf, schien endlich wieder heiterer und griff nun auch nach einer Pastete. Er drehte sie in Händen, sah sie an, als hätte er noch nie derartiges Backwerk gesehen, und fragte schließlich leise: »Was hast du nur gegen die Frauen, Benvenuto?«

Sie waren unpünktlich, unberechenbar und über alles anmaßend. Das hatte er gegen die Frauen, beantwortete er Guidos Frage Tage später, in grimmigen Gedanken versunken, während er vor den Gemächern von Madame saß. Auf seinen Knien balancierte er ein kleines silbernes Gefäß, das er nur für sie angefertigt hatte und ihr nun zum Geschenk überreichen wollte. Aber sie ließ ihn warten. Wie lange saß er nun eigentlich schon auf dieser schmalen Bank direkt im Gang? Wohl schon seit Stunden. Am Vormittag war er gekommen. Mittlerweile hatte die Sonne ihren Zenit überschritten, die Strahlen fielen schräger ein, die Schatten wurden länger. Immer wieder huschten Kammerfrauen mit kaum unterdrücktem Lachen an ihm vorbei, und er spürte, wie der Zorn in ihm hochkochte. Aber er harrte aus. Guido hatte ihm so nachdrücklich ins Gewissen geredet, dass er beinahe bereit war, einzusehen, dass er sich mit Madame gut zu stellen hatte.
Aber Madame hatte ihm nur ausrichten lassen, er möge warten, bis sie Zeit für ihn finden würde. Sehr offensichtlich hatte sie ihre Zeit jedoch in ihren Wäschetruhen oder Geschmeideschatullen verlegt.
»Was ist denn nun?«, bellte er einer Kammerfrau entgegen, die mit einem perlenbestickten Kleid am Arm an ihm vorbeieilen wollte.
Das Weib blieb kurz stehen, sah ihn an, als wäre er ein völlig Unbekannter, zuckte mit den Schultern, murmelte: »Dau-

ert wohl noch ein wenig. Madame ist noch nicht angekleidet«, und ging einfach weiter.

Das war zu viel. Was bildete sich diese unverschämte Person eigentlich ein? Ließ ihn hier warten wie einen einfachen Bittsteller, machte ihn zum Gespött des gesamtes Hofes. Ja, er konnte ihr Kichern und Tuscheln doch schon hören. Roch ihren Neid und ihre Missgunst. Zurechtweisen wollte ihn Madame. Na, dann würde *er sie* jetzt zurechtweisen. Ihr zeigen, dass sie nur Mätresse, nicht Königin war.

Völlig außer sich stand er auf, verwünschte sie von Herzen und stapfte davon. Er würde das Gefäß dem Nächstbesten schenken. Und wenn es ein Stallbursche war! Nein, so einem würde er es gewiss nicht schenken. Es musste jemand sein, der sein Geschenk zu ehren wusste und zu schätzen. Und der Madame nahe genug stand, damit ihr die ganze Angelegenheit auch zu Ohren kam.

Sein Weg führte ihn wunderbarerweise direkt zu den Gemächern des Herzogs von Lothringen. Der Schatzmeister des Herzogs trat eben aus einem der Wohnräume und sah überrascht Cellini, der aufgebracht und mit großen Schritten auf ihn zuhielt.

»Benvenuto Cellini, was ist mit Euch? Habt Ihr Euch verlaufen?«

»Gewiss nicht«, knurrte Cellini und hätte dem Mann am liebsten eine Maulschelle für diese unverschämte Frage verpasst. Aber er durfte ihn nicht verärgern. Also trat er auf ihn zu und drückte ihm das silberne Gefäß in die Hände. Der Schatzmeister sah ihn erstaunt an, blickte auf das Gefäß und sah fragend wieder zu ihm hoch.

»Ein Geschenk für den Herzog. Es war eigentlich für Madame d'Etampes bestimmt«, erklärte Cellini und hielt kurz inne, so schwer fiel es ihm, den Namen der Mätresse auszusprechen. Er holte tief Luft und sprach wütend weiter: »Aber sie hatte keine Zeit für mich.«

»Nun, Madame ist soeben zu Tisch gegangen mit dem König.«

So war das also mit dieser dreisten Person! Sie hätte ihn wohl noch Tage und Nächte warten lassen.

»Und deshalb ist dies jetzt auch ein Geschenk für den Herzog. Für jemanden, der es zu würdigen weiß«, brachte Cellini atemlos hervor.

Der Schatzmeister drehte das Gefäß in seinen Händen, begutachtete es, schätzte es mit wenigen Blicken, nickte anerkennend und grinste.

»Ja, das wird er mit Sicherheit.«

»Richtet ihm nur aus – als Lohn möchte ich lediglich eines: er soll mich beim König empfehlen und in der Gunst des Königs erhalten.«

Er wartete keine Antwort ab, drehte auf dem Absatz um und stürmte davon.

Als er seine Werkstatt endlich erreichte, war sein Zorn noch immer nicht verraucht. Im Gegenteil, er war sogar noch angewachsen und saß nun tobend in seiner Magengrube.

»Diese Weiber! Diese verfluchten Dämonen!«, schrie er seine animalische Wut hinaus, während er die Tür hinter sich zuwarf. Seine Lehrlinge und Gesellen schraken hoch, das Hämmern und Klopfen in der Werkstatt hörte auf und beinahe greifbare Stille breitete sich aus, senkte sich unangenehm und drückend über ihn.

»Nun glotzt doch nicht so dämlich. Arbeitet weiter!«

Die Burschen senkten ihre Köpfe, wandten sich schnell ab und wieder den Arbeiten zu. Was sollte er jetzt tun? Er musste etwas unternehmen, sich beschäftigen, ablenken von diesem dummen Weib!

»Hat der Madame das Geschenk gefallen?«

Ascanio war lautlos an ihn herangetreten, sah neugierig zu ihm, war aber offensichtlich auf der Hut, da er sich in reichlich Abstand von ihm an eine Anrichte drückte.

»Sie hat es nicht erhalten. Ich habe es dem Herzog gegeben.«

»Ihr solltet Euch mit den Frauen gut stellen, sagt der Medicus«, flüsterte Ascanio und war selbst überrascht, dass ihm diese Worte überhaupt über die Lippen gekommen waren. Er mochte den Meister. Er war ja auch schon sehr lange bei ihm, hatte er in ihm nicht beinahe so etwas wie eine Familie gefunden? Nein, was er gefunden hatte, war eher ein gutes Auskommen. Und er sah die Möglichkeit, noch mehr Scudi zu verdienen, hier bei ihm. Aber auch wenn der Meister oft betonte, er, Ascanio, wäre wie ein Sohn für ihn, so sah er selbst die Sache doch anders. Er hatte einen Vater. Einen guten und liebevollen leiblichen Vater, der ihn niemals schlug und vor dem er keine Angst zu haben brauchte.

Denn das war das größte Gefühl, das er dem Meister entgegenbrachte: Angst. Er hatte schlicht große Angst vor ihm. Vor seinem ungezügelten Temperament, seiner Wut und seiner Raserei. Hinter vorgehaltener Hand tuschelten die Leute über den Meister. Er wäre verrückt und sehr gefährlich, sagten sie. Der Buchdrucker oben im ersten Stock hatte noch mehr Angst vor ihm als er selbst. Und der Salpeterhersteller glaubte, der Meister wäre von Dämonen besessen.

Niemand von den Gesellen und Lehrbuben wagte es, dem Meister zu widersprechen. Nun, Paolo vielleicht. Paolo, der so alt war wie er. Dreiundzwanzig Lenze. So ungefähr. Und der ebenso darauf hoffte wie er auch, dass der Meister ihn noch besser entlohnen würde, damit man eines Tages eine eigene Werkstatt aufmachen konnte. Das war nicht gut. Paolo war ein Konkurrent in dieser Sache. Er war aus dem gleichen Grund wie er, Ascanio, mit dem Meister nach Frankreich gegangen. Und sie buhlten tagtäglich um seine Gunst. Er durfte den Meister also keinesfalls verärgern.

Aber irgendjemand hatte ihn aufs Schlimmste provoziert. Der Meister war außer Rand und Band, das konnte er genau sehen. Der Bart war zerrupft, die Haare standen wirr vom Kopf, die Wangen des Meisters waren ungesund gerötet und in seinen Augen hatte er diesen merkwürdigen Glanz gesehen. Dieses irre Funkeln. Eben schlug er mit der Faust gegen die Wand und tobte weiter gegen die Weiber.

Er mochte sie nicht. Das wusste jeder von ihnen. Der Meister liebte Männer. Auch das wussten sie alle. Jean nutzte diesen Umstand schamlos aus, auch das war Ascanio sehr wohl klar und es erzürnte ihn sehr. Nicht, weil er eifersüchtig war auf das Verhältnis zwischen den beiden. Nein, er hatte Angst um sein Auskommen. Er war länger beim Meister und ihm gebührte das größte Stück, wenn etwas abfiel.

Aber der Meister begab sich in Gefahr mit seiner Vorliebe für die Männer. Auch wenn die Kirchenmänner gegen Unzucht mit Männern wetterten, so war es doch ganz normal, dass sich Männer zu Männern gesellten. Goldschmiede taten es, Händler und selbst *cavalieri*. Aber es war gefährlich. Da hatte der Medicus schon recht. Er musste sich ein Herz fassen, den Meister noch einmal darauf ansprechen.

»Ihr solltet Euch ein Weib nehmen, Meister«, sagte er so leise, dass er sich selbst kaum hörte. Fast hoffte er, der Meister mochte seine Worte überhören. Er durfte ihn nicht noch wütender machen.

»Du Schuft!«

Cellini fuhr herum und versetzte Ascanio einen Fausthieb mitten ins Gesicht. Ascanio stöhnte auf, taumelte zurück, prallte gegen die Wand und sackte zusammen. Er riss die Augen auf, sah zu seinem Meister und rieb sich stöhnend die blutende Nase. Dann rappelte er sich auf und lief in geduckter Haltung davon.

Dummer Junge. Hatte er ihn deshalb aus Italien mitgebracht? Behandelte er ihn deshalb wie ein Vater seinen Sohn? Damit er ihm nun Binsenweisheiten auftische? Er hasste Frauen. Sie waren Dämonen. Das hatte ihm Angela nur zu gut bewiesen. Seit dem Vorfall mit dieser Hure war er bei keiner Frau mehr gelegen, ekelte sich allein schon bei dem Gedanken daran und konnte nur wahre Freude empfinden, wenn er einen schönen Mann oder Knaben sah.

Aber vielleicht hatte Guido recht? Vielleicht war es besser, wenigstens zum Schein mit den Weibern zu verkehren? Und damit hätte auch Ascanio recht gehabt.

Entschlossen und ohne weiters darüber nachzudenken stürmte er zur Werkstatt hinaus. Wo war Catherine? Wo war die Magd? Natürlich – im Hof mit Paolo. Wo sonst. Sie saßen auf der Bank unter der Eiche, kichernd und flüsternd in ein Gespräch vertieft.

Er stapfte auf sie zu, stieß einen der Gesellen des Salpeterherstellers so rüde zur Seite, dass dieser in eine Holzwanne fiel und baute sich vor Paolo und Catherine auf, die völlig überrascht hochschreckten. Paolo blinzelte ihn um Verzeihung heischend an. Sein Meister hatte ihm keine Unterbrechung der Arbeit gestattet. Catherine hingegen war hochrot geworden und senkte verschämt den Blick.

»Komm mit«, herrschte er sie an, fasste sie am Arm und zog sie mit sich.

Er hatte seine Männlichkeit unter Beweis gestellt, aber auch seine Wut an Catherine befriedigt, und zu seinem eigenen Erstaunen eine gewisse Linderung seines Ärgers über die Weiber festgestellt. Das gefiel ihm so gut, dass er in den nächsten Tagen und Wochen nicht mehr von Catherine lassen konnte. Sie hatte sich ständig in seiner Nähe aufzuhalten, das Schloss zu verlassen war ihr verboten worden.

Wohl bemerkte er Paolos tief verletzten Blick und so nahm er den Jungen beiseite und sagte ihm deutlich, dass er sich das Weib aus dem Kopf zu schlagen hatte. Als Paolo Tränen in die Augen stiegen, schickte er Ascanio, eine weitere Magd einzustellen, die den Haushalt besorgen sollte. Und andere Dinge.

Paolo blieb stur und litt. Catherine hingegen nahm es als von Gott gegebenes Schicksal. Sie ließ es geschehen. Sie begehrte nicht auf und war jederzeit willig.

So schritt auch Cellinis Arbeit gut voran. Seine Kräfte stiegen ins schier Unermessliche und die Entwürfe für Fontainebleau gerieten mehr als wohl. Catherine stand zum Vergnügen aller nackt Modell in der Werkstatt und das Stunde um Stunde. Ihm gefiel es, wenn er sah, wie sie nach langem Ausharren in einer Pose Schmerzen bekam, und arbeitete dann eher noch länger als geplant. Seine Rachlust an den Weibern war noch immer nicht ganz gestillt.

Und er wusste auch genau, woran das lag: Guido hatte ihm zugetragen, dass Madame über alle Maßen erbost über ihn war. Getobt hätte sie, mit dem Fuß aufgestampft und vernehmlich die Stimme erhoben. Gegen ihn, Cellini. Sie redete auf den König ein, der sich dieser Hasstiraden kaum noch zu erwehren wusste.

»Wie soll ich seine Kunst schätzen, wenn ich sie nicht zu sehen bekomme? Ja, wenn sogar Dinge, die für mich bestimmt sind, einem anderen geschenkt werden? Nein, dieser Cellini taugt nichts!«, sollte sie gesagt haben, und Guido hatte sich sehr besorgt darüber gezeigt.

In Cellini hatte dieses Gerücht nur noch mehr Wut entfacht. Sein Zorn auf die Frauen wuchs erneut so sehr, dass auch Catherine nicht mehr helfen konnte. Und er hatte es versucht. Oh ja, er hatte es ehrlich versucht. Schließlich aber hatte er erkannt, dass auch ein ganzer Nachmittag im Bett mit der Frau nichts half, und so hatte er grundlos den Salpeterhersteller vor die Tür gesetzt, einfach um sich abzureagieren. Der Nächste, den der rasende Cellini direkt in den Dreck vor der Tür gestoßen hatte, war der Buchdrucker. Dessen Bücher, Lettern und all die anderen unhandlichen Habseligkeiten hatte er aus dem Fenster geworfen und dabei wüste Drohungen und Beschimpfungen ausgestoßen.

»Das werdet Ihr büßen«, hatte der Buchdrucker unten auf der Straße getobt und mit der Faust gedroht.

Cellini hatte nur dröhnend gelacht und die Fensterläden zugeschlagen. Was sollte ihm dieser kleine Wicht schon anhaben?

Dass der Buchdrucker mehr Einfluss hatte als gedacht, erwies sich bereits einen Tag später. Guido stürmte mit bitterer Miene in die Werkstatt, zog ihn wortlos mit sich in eine stille Ecke und flüsterte: »Was hast du nur getan, Benvenuto?!«

»Was meinst du?«

Cellini stellte zwei Becher bereit, nahm die Karaffe mit Wein und goss ein. Warum nur war Guido so aufgebracht? Er reichte dem Freund einen silbernen Becher und nahm selbst den zweiten.

»Der Buchdrucker hat dich angezeigt. Auf Anraten von Madame.«

»Wie bitte?«

Beinahe wäre ihm der Silberbecher aus der Hand gefallen. Guido nickte grimmig.

»Ja, er steht in ihrer Gunst. Kennt sie gut und hat schon einige Bücher für sie gedruckt.«

»Das kann ich nicht glauben«, entfuhr es Cellini.

»Und doch ist es so. Oder warum glaubst du, war er hier im Schloss einquartiert? Hier wohnen keine gewöhnlichen Leute. Und jetzt hat er dich angezeigt. Du hättest ihm einige Sachen gestohlen.«

»Aber das ist doch lächerlich!«

»So lächerlich, dass der Termin für die Verhandlung bereits für nächste Woche anberaumt ist. Unter normalen Umständen ist auf eine Verhandlung viele Wochen, wenn nicht sogar Monate zu warten. Verstehst du?«

Seine Überraschung wuchs ins Unermessliche. Das war doch nicht zu glauben. Das war doch ganz und gar unmöglich! Dieser kleine Mann mit der bebrillten Nase sollte Einfluss haben? Niemals. Das konnte nicht sein. Das durfte einfach nicht sein.

»Und da ist noch etwas, das du wissen solltest«, sagte Guido mit gesenkter Stimme.

»Noch eine schlimme Botschaft?«

»Keine Botschaft, aber ein – ich nenne es unschönes – Gerücht.«

Cellini fühlte sich mit einem Mal sehr schwach, setzte sich und nahm einen kleinen Schluck von seinem Wein. Er schmeckte sauer und schal zugleich. Abgestanden mit einem Hauch von warmer Pisse. Angewidert leerte er den Kelch über dem Stroh und brüllte nach Paolo, dass er neuen Wein holen solle.

»Nun sag schon, Guido – immer heraus mit der Sprache. Was ist es?«

Guido setzte sich ebenfalls, sah dabei sehr unglücklich aus und zwinkerte verlegen mit den Augen, ehe er anhob weiterzusprechen.

»Sie wird dafür sorgen, dass dir die Aufträge weggenommen werden.«

»Das kann sie nicht!«, fuhr Cellini auf.

»Und ob. Sie hat so weit interveniert, dass ihr Günstling, Francesco Primaticcio, in der Achtung des Königs weit gestiegen ist.«

»Il Bologna? Der stümperhafte Maler aus Bologna, der in Fontainebleau seine Werkstatt eingerichtet hat und es nicht versteht, auch nur ansatzweise Kunst zu schaffen?«

»Ja, Bologna. Und soweit ich gehört habe, will Madame, dass er die Silberleuchter für den König herstellt.«

»Das ist mein Auftrag!«

Nun konnte Cellini sich nicht mehr halten, sprang hoch, lief quer durch die Werkstatt zu seinem Jupiter, riss das Tuch von der Statue und deutete zornbebend darauf.

»Sie hat ihn gesehen. Weiß, dass die Arbeit voranschreitet!«

»Und doch ist der Leuchter nicht fertig ... Geschweige denn, dass *zwölf* Leuchter kurz vor ihrer Vollendung stünden.«

»Ich arbeite bereits Tag und Nacht! Auch mir schenkt Gott keine Stunde zusätzlich am Tag oder in der Nacht, damit ich länger arbeiten kann!«, tobte Cellini völlig außer sich vor Wut und Entsetzen.

Guido stand auf, zuckte etwas hilflos mit den Schultern und sagte: »Konzentriere dich auf das Wesentliche, Benvenuto. Auf das Wesentliche.«

Guido trat zu ihm, klopfte ihm auf die Schultern, wollte ihm in dieser aufmunternd gemeinten Geste Mut und Zuversicht schenken, sah dabei aber über alle Maßen beunruhigt aus, so dass der Schulterschlag mehr Zweifel als Trost brachte.

Guido hatte kaum die Tür zur Werkstatt hinter sich geschlossen, da huschte Paolo mit dem Wein herein. Der Junge kam wie üblich viel zu spät.

»Stell den Krug auf den Tisch und lass mich in Ruhe. Scher dich zum Teufel«, flüsterte Cellini, in zwiespältigen Gedanken gefangen, ob er Paolo züchtigen sollte für die Trödelei oder sich doch gleich den Statuen widmen sollte.

Die Statuen waren wichtiger, und Paolo verließ ungehindert die Werkstatt. Während er den Jupiter betrachtete, seine wohlgeformte Gestalt, das edle Antlitz, die kräftigen Hände und das schöne Geschlecht, fiel ihm ein, dass das Salzfass vielleicht mehr Bedeutung haben könnte als Jupiter und ging zu dem langen Arbeitstisch, auf dem das Salzfass stand. Ja, das würde er zuerst vollenden. Und dann waren da auch noch die Zeichnungen für Fontainebleau. Das Schloss bedeutete dem König so viel, dass die Skizzen Seiner Majestät sicherlich mehr Befriedigung verschaffen würden als ein fertig gestellter Jupiter.

Dessen war er so gewiss, dass er sofort in den Hof stürzte, dort nach seinen Burschen brüllte und dann wieder zurück in die Werkstatt stürmte. Er würde arbeiten, Tag und Nacht. Und den König zufrieden stellen.

Gold musste geschmolzen, das Modell des Salzfasses noch einmal begutachtet werden. Er wollte noch Fische anbringen und Muscheln und dazu noch andere Tiere, die die Erde symbolisieren sollten im Gegensatz zu denen des Meeres. Es gab viel zu tun und so verstrich die Nacht als hätte er nur einen Wimpernschlag getan. Dennoch verspürte er auch keine Müdigkeit, als der erste Hahnenschrei ertönte und die Stadt aus ihrem unruhigen Schlaf erwachte. Erste Karren rumpelten auf der Straße am Schloss vorbei, und auch im Schloss waren die Stimmen des beginnenden Tages zu hören. Einer der Burschen brüllte nach heißem Wasser, Catherine huschte durch die Werkstatt, verquollen und mit Stroh im Haar und von irgendwoher hörte er Ascanio fluchen, der einen Schuh nicht finden konnte.

Aber nichts davon konnte ihn wirklich ablenken. Er konzentrierte sich ganz und gar auf das Salzfass, dessen Gestaltung prächtig voranschritt. Nur noch ein paar Kleinigkeiten, dann wäre es vollendet.

Es verging eine ganze Woche, und er arbeitete mit größtem Fleiß und Eifer. Den Prozess hatte er völlig vergessen, in die hintersten Winkel seines Gedächtnisses verbannt und so war er völlig überrascht, als ihm ein Bote die Nachricht überbrachte, er hätte am morgigen Tag vor Gericht zu erscheinen.

Wie unpassend. Ausgerechnet jetzt. Das Salzfass war fertig, aber an den Jupiter hatte er immer noch nicht Hand angelegt. Er hatte sich erst den Skizzen für Fontainebleau gewidmet. Das Portal würde wundervoll werden. Catherine hatte ihm die ganzen Tage Modell gestanden. Für ihre Arme allerdings hatte er auf Jean als Modell zurückgegriffen. Entstanden war ein wunderbares Werk. Ein Entwurf, so schön anzusehen, dass der König in Verzückung ausbrechen würde.

Und nun das. Diese Unterbrechung kam sehr ungelegen. Mehr als ungelegen. Es war eine Unverschämtheit, ihn die Arbeit niederlegen zu lassen und vor den Richter zu zitieren. Aber das Ungemach ließ sich wohl nicht mehr abwenden und so schickte er sich denn doch an, vor Gericht zu erscheinen. Es würde wohl nicht zu lange dauern. Diebstahl warf man ihm vor, hatte Guido gesagt. Pah, schnaubte er in Gedanken. Was hätte er diesem bebrillten Buchdrucker schon rauben können? Es war einfach lächerlich.

Und zu allem Überfluss auch noch äußerst unangenehm. Er hatte sich ein Gericht wie in Florenz vorgestellt. Eine Verhandlung mit den Richtern und den Stadtobersten, dem Rat, um die Sache aufzuklären. Ein kurzes Gespräch und dann konnte er wieder nach Hause gehen. Oder eine Unterredung wie damals in Rom. Bei diesem Gedanken schauderte ihn. Nein, eine Verhandlung wie in Florenz war besser.

Sein Erstaunen war mehr als groß, als er das Gericht betrat. Höllischer Lärm empfing ihn, halb Paris schien sich in den Saal zu quetschen. Der Gestank war atemraubend. Die Ausdünstungen von Schweiß, schmutzigen Kleidern und andere undefinierbare Gerüche machten ihn beinahe schwindeln, und es dauerte eine Weile, bis er sich zurecht fand. Erst als ihn ein Wachsoldat nach vorne stieß bis zur hölzernen Balustrade, die das gaffende Volk von den streitenden Parteien trennte, sah er die Advokaten und Prokuratoren und schließlich auch den Richter. Erhöht auf einem Podest, hatte die fette, beinahe feiste Gestalt sich halb hinter einem mächtigen Tisch verborgen. Das also war der Richter. Er würde sich an ihn halten und die Sache schnellstens klären. Cellini hielt auf ihn zu, wollte schon anheben zu sprechen, da wurde er von dem Wachsoldaten, der ihn eben noch nach vorne geschoben hatte, aufgehalten und wieder zurückgedrängt.

»Ich muss mich doch verteidigen!«, fuhr Cellini auf.

»Du hast hier nur zu sprechen, wenn ich eine Frage an dich richte«, schnarrte der Richter und sandte ihm einen strengen Blick.

Der Richter sah aus wie ein Dämon, konstatierte Cellini. Ja, ein leibhaftig gewordener Dämon. Ein finsterer Mann mit schwarzem Haar und dichtem Bart. Und Augen, so dunkel und unergründlich, dass sich nur noch Strenge darin zeigen konnte. Und kaum hatte er sein Augenmerk auf die Advokaten zu seiner Rechten gerichtet, begannen diese in wilder Diskussion zu schreien und zu disputieren. Sprach sich einer von ihnen für ihn, Cellini, aus? Und falls ja – welcher von ihnen täte es?

Er war in die Hölle geraten. Ja, das musste sie sein. Das lärmende Durcheinander, der Richter, einem Teufel gleich auf seinem Podest, einmal diesem, einmal dem nächsten Advokaten Gehör schenkend, in seinem Rücken das Volk von Paris, schnatternd, schwatzend, lachend und schreiend – und niemand beachtete ihn, Cellini. Dabei hätte er doch wohl das Entscheidende zu sagen gehabt. Aber keiner schien ihn zu beachten. Doch. Der Wachsoldat. Der hielt einen Spieß derart auf Cellini gerichtet, dass er bereit schien, jederzeit zuzustoßen, sollte sich Cellini auch nur einen Schritt zum Richter bewegen.

Eine unbekannte Hilflosigkeit schwappte mit einem Mal über ihn. Wie sollte er sich hier rechtfertigen, wie erklären? Vor allem, da es eigentlich überhaupt nichts zu erklären gab.

Der Lärm schwoll weiter an, die Wachsoldaten an den Türen hatten mittlerweile die Eingänge verriegelt, damit nicht noch mehr Menschen in den Saal drängen konnten. So gab es nun auch Gezeter bei den Türen nebst dem Geschrei vor dem Richter. Dem wurde es offensichtlich zu bunt, und er brüllte völlig unvermittelt und deshalb umso erschreckender in den Saal: »*Phe, phe, Satan, phe, phe – alè phe!*«

Cellini horchte auf, aufgeschreckt und zutiefst erschüttert. Was hatte der Richter geschrien? Waren das nicht die Worte Dantes? In französischer Sprache, ja, aber es waren eindeutig Dantes Worte, die er Pluto in den Mund gelegt hatte? *Pape Satan, pape Satan aleppe!*

Ja. Eindeutig. Und sah der Richter nicht aus wie Pluto? Der Gott der Unterwelt persönlich. Cellinis Herz begann zu rasen, Schweiß trat auf seine Oberlippe, und er fuhr mit der Zunge hektisch darüber, schloss die Augen, wischte sich mit der Hand über die Stirn, als könnte er mit dieser Geste einen Albtraum verbannen. Als er die Augen wieder öffnete, fand er sich allerdings immer noch darin. Nein, kein Albtraum, dachte er, und fühlte, wie er zu zittern begann. Er war tatsächlich in der Hölle gelandet. In einer Hölle wie auch Dante sie beschrieben hatte. War Dante nicht mit Giotto, dem Maler, in Paris gewesen? Konnte es sein, dass er Ähnliches erlebt hatte? Ja. Mit Sicherheit war es so. Und mit Sicherheit hatten alle diese so genannten klugen Köpfe, die Dantes göttliche Worte zu interpretieren suchten, geirrt, als sie glaubten, Dante beschriebe die Hölle als eine irreale Welt des Jenseits. Nein, diese Hölle war real und er, Cellini, saß nun mittendrin.

Die Gesichter der Menschen, das Podest, der Richter, der Wachsoldat – alles verschwamm vor seinen Augen. Der Lärm dröhnte in seinen Ohren. Ihm wurde schwindlig. Er klammerte sich an die Balustrade, konnte gerade noch verhindern, vornüber zu kippen, und schnappte nach Luft.

Die Atembeschwerden blieben. Auch als der Tag endlich vorüber war und er die Hölle verlassen durfte. Doch hatte er sie am nächsten Tag wieder aufzusuchen. Und am Tag danach auch. Eine ganze Woche verstrich und er fand sich jeden Morgen in der Unterwelt wieder und konnte sie erst des Abends wieder verlassen.

Ein Ende war nicht in Sicht. Der Buchdrucker war erschienen. Diese Bestie. Hatte anklagend mit dem Zeigefinger auf ihn gedeutet und seine verleumderischen Unterstellungen immer und immer wiederholt. Hatte eine Liste vorgelegt mit den Dingen, die er als gestohlen bezeichnete. Zu allem Überfluss konnte er Zeugen vorbringen. Gekaufte Zeugen, wie man später erfuhr. Verfluchte Normannen machten sich ein gutes Geschäft daraus, als gekaufte Zeugen aufzutreten. Und er, Cellini, hatte keine Möglichkeit gehabt, sich zu rechtfertigen, zu verteidigen oder bloß zu erklären. Die Advokaten stritten munter weiter, der Richter ähnelte immer mehr Pluto, und die Hölle drohte in ewige Verdammnis überzugehen.

Nach zehn Tagen war er mit seinen Kräften am Ende. Sie würden ihn wieder in den Kerker bringen. Dessen war er sich ganz gewiss. Hätte sich ansonsten nicht schon längst der König eingeschaltet? Warum hörte er nichts von ihm? Und Guido weilte in Fontainebleau, war nicht zur Stelle, konnte keine Hilfe leisten. Er würde sterben. Er würde hier in der Fremde sterben. Einsam und verlassen in einem Kerker der Franzosen.

Bei diesem Gedanken brach ihm der kalte Schweiß aus, trat auf seine Stirn, drang aus jeder Pore seines Körpers und überzog ihn mit eisiger Vorahnung. Er musste dem ein Ende bereiten. Sofort und unverzüglich, entschied er eines Nachts, die er wie die vielen anderen vorangegangenen Nächte nun schon schlaflos in seinem Gemach zugebracht hatte. Nicht in der Hölle enden. Er wollte vom König geliebt werden. Er wollte arbeiten. Er wollte leben.

Um der ganzen Sache ein Ende zu bereiten, war nur ein Ausweg in Sicht. Der Buchdrucker musste seine Klage zurückziehen. Und er würde ihm bei der Entscheidung, dies zu tun, behilflich sein.

Ja, das war die Lösung des Problems. Hoffnung keimte in seinem Herzen, er fasste endlich wieder Mut und ein Ausgang aus der Hölle erschien ihm wieder möglich. Wie von fremder Hand gelenkt kroch er aus seinem Bett, kleidete sich an und suchte im Dunkel der Nacht tastend nach seinem Waffengurt. Er ließ seine Finger über den Degen streichen. Guter, alter Degen. Er würde ihm einen Dienst erweisen. Ihn wieder einmal befreien von einem Dämon.

Als er tief durchatmete, durchströmte ihn so viel Kraft und Zuversicht, dass sich endlich wieder sein vertrautes Gemüt in ihm ausbreiten konnte. Leise Wut und verhaltener Zorn bahnten sich ihren Weg durch Hoffnungslosigkeit und Angst. Während er aus seinem Gemach schritt, die Gänge entlangeilte und das Schloss schließlich verließ, hatte er die verhasste Angst bereits völlig abgestreift.

Der Buchdrucker wohnte mittlerweile nicht weit von hier. Er braucht nur die Dauer von drei Ave Maria um zu dem gesuchten Haus zu gelangen. Die Dämmerung brach herein, das Dunkel der Nacht wich dem Grau des Morgens. Ein Hahn krähte in einem Hinterhof. Andere Hähne fielen ein. Irgendwo wurde ein Nachttopf auf die Straße entleert. Kot und Urin platschten auf die Pflastersteine. Und ein erster Fuhrwagen war in der Ferne zu hören.

Nicht mehr lange und auch im Haus des Buchdruckers würden sich die ersten Geister regen. Und dann würde der elende Wicht aus dem Haus kriechen, um zum Prozess zu gehen. Aber das würde er verhindern!

Da war es auch schon, das Fachwerkhaus in der schmalen Gasse. Ein ziemlich großes Haus konnte sich der Bebrillte leisten. Wohl mit Hilfe von Madame, dachte Cellini bitter und stapfte auf das Haus zu. Er würde direkt neben dem Eingang warten. Und so postierte er sich in einer Nische unter einem der Fenster. Angespannt, lauernd und mit grimmigem Blick.

Die Stadt erwachte zum Leben, Fensterläden wurden geöffnet, Nachttöpfe geleert, Werkstätten und Gademmen aufgemacht. Auch im Haus des Buchdruckers regte sich etwas.

Geräusche waren zu hören, Schritte auf einer hölzernen Treppe, das Lachen einer Frau.

Cellini ging in sich, betete. Betete inbrünstig, der Buchdrucker möge doch endlich heraustreten und sich seinem Gericht stellen.

Als die Tür tatsächlich endlich geöffnet wurde, war es Cellini, als würde er sich mitten in einem Traum befinden. Es war immer noch der Albtraum, den er nun seit zehn Tagen durchleben musste. Und nur sein Degen konnte dem ein Ende bereiten.

Da trat er auf die Türschwelle. Dieser Dämon, der den Traum überhaupt erst möglich gemacht hatte. Der Bebrillte blinzelte in den Tag hinaus, sog den schwärenden Pariser Duft ein, befestigte die Schließe an seinem Mantel, schob die Brille die Nase hoch und wollte eben aus der Tür treten, als Cellini aus der Nische sprang und den Buchdrucker mit Gebrüll in das Haus zurückdrängte.

Mit einem Schlag war die Tür wieder verschlossen und neugierige Blicke waren verbannt. Der Buchdrucker stieß einen überraschten Ton aus, stolperte hintüber und prallte auf den steinernen Boden. Cellini zog seinen Degen, legte die Spitze an die Kehle des Mannes.

Die Brille war verrutscht, das Gesicht des Buchdruckers hochrot. Eine Frau schrie irgendwo im Hintergrund. Cellini achtete nicht auf sie.

»Was ... was wollt Ihr?«, keuchte der Buchdrucker, versuchte, seinen Hals von der Spitze des Degens zu lösen.

Cellini stieß blitzschnell zu, wohl darauf bedacht, die Bestie nicht umzubringen. Das hätte nur noch mehr Schereien gebracht – und ihn vor allen Dingen direkten Weges in die Hölle zurückgeworfen, der er zu entfliehen versuchte.

»Du Schurke! Zieh deine Klage zurück oder es ergeht dir schlecht«, flüsterte er schließlich.

Der Buchdrucker schluckte hart. Und schüttelte verhalten

den Kopf! Er war also bockig und stur. Halsstarrig und widerborstig.

Cellini sank blitzschnell auf die Knie, zog gleichzeitig seinen Dolch, warf den Degen zur Seite und umfasste mit seiner Hand die Kehle des Mannes.

»An deiner Stelle würde ich freiwillig auf die Klage verzichten. Oder willst du, dass ich dich zwinge?«

Der Buchdrucker gluckste nur, schien aber immer noch widerwillig.

Eine Woge unbändiger Wut schlug über Cellini zusammen. Blitzschnell wandte er sich ab, griff die Beine des Mannes und stach zu. Immer und immer wieder. Blut quoll aus der Wade, eine Fontäne schoss aus dem Oberschenkel. Der Buchdrucker schrie wie ein Schwein, versuchte sich zu wehren. Cellini versetzte ihm einen Fausthieb auf das Kinn, der Kopf des Buchdruckers kippte zur Seite. Er fasste den Mann an den Kniekehlen und durchtrennte die Sehnen. Und mit den Sehnen zerschnitt er auch das eiserne Band der Angst, das sich um seine Brust gelegt hatte. Endlich, endlich fiel sie von ihm ab.

»Lasst ihn in Ruhe! Um Himmels Willen! Ihr bringt ihn um!«

Die Frau warf sich auf den Buchdrucker. Ihre Haube war verrutscht, Tränen strömten über ihr rotes Gesicht. Ihre Augen waren vor Entsetzen geweitet und sie zitterte am ganzen Leib. Der Buchdrucker war ohnmächtig geworden. Die Frau umfasste sein Gesicht mit ihren Händen, überschüttete es mit Küssen. Cellini wandte sich angewidert ab, wischte seinen Dolch am Wams des Buchdruckers sauber und stand auf.

»Wird er die Klage zurückziehen?«

»Ja, ja, ja«, flüsterte die Frau schluchzend, ihr Gesicht an die Brust des Buchdruckers gedrückt. »Aber geht jetzt. Geht endlich. Lasst uns in Frieden.« Ihre Worte gingen in ihrem kläglichen Heulen unter. Cellini hob seinen Degen auf, steckte ihn in die Scheide des Waffengurtes zurück und verbarg seinen Dolch unter seinem Wams.

An der Tür wandte er sich noch einmal um.

»Wenn die Klage heute nicht zurückgezogen wird, ist er morgen tot.«

Die Frau antwortete nicht, weinte nurmehr still auf den Buchdrucker, der sich immer noch nicht regte. Eine Blutlache hatte sich unter ihm ausgebreitet. Das Blut sog sich in den Saum ihres Kleides, tränkte die weiße Wolle und färbte sie rot.

Cellini schnaubte und verließ dieses Elend. Als er die Tür hinter sich schloss, atmete er befreit durch. Ja, er hatte die Hölle verlassen, das war gewiss.

Fröhlich machte er sich auf den Weg nach Hause. Paris stank mit einem Mal nicht mehr so sehr. Ja, fast schien ihm, als würde ihm die Stadt endlich gefallen, nicht mehr so fremd sein. Er lächelte einem Blumenmädchen zu, konnte sich aber gerade noch beherrschen, einen Bund Veilchen zu kaufen. Gerne hätte er seinen Degen damit geschmückt. Aber nein, das war vielleicht doch übertrieben. Zumal noch abzuwarten war, ob der Buchdrucker die Klage auch wirklich zurückzog.

Aber ihm stand der Sinn danach, seine Freude auszudrücken. Ihr ungehindert freien Lauf zu lassen, sie aus sich herausströmen zu lassen. In animalischer, ungebändigter Gier das Leben zu feiern.

Catherine fiel ihm ein. Ja, das war ein Anfang. Danach würde er Jean bitten, Modell zu stehen. Und dann? Ach, er wusste es nicht. Es würde sich zeigen.

Endlich erreichte er sein Schloss. Er stürmte in die Werkstatt, stellte mit größter Befriedigung fest, dass alle bei der Arbeit waren. Nun, fast alle. Wo war eigentlich Paolo? Egal.

»Catherine!«, brüllte er aus Leibeskräften.

Ascanio schreckte von seiner Arbeit hoch, ließ einen Edelstein fallen und sank augenblicklich auf die Knie, um ihn wieder zu finden, kroch dabei unter den Tisch, bis nur noch seine Beine zu sehen waren.

»Weißt du, wo sie ist?«

»Nein, Meister«, kam die Antwort Ascanios etwas gedämpft unter dem Tisch hervor

»Ich würde mal oben nachsehen«, grinste einer der Deutschen.

»Oben? Wo oben?«

»Na oben, in den Zimmern der Gesellen.«

Das Grinsen war beinahe unflätig. Und flackerte da so etwas wie Gier, ja, unzüchtige Belustigung in den Augen des Burschen? Cellini war mit einem Schlag alarmiert. Hier stimmte etwas nicht. Etwas wurde ihm verheimlicht. Wo war das Weib?

Fluchend stürzte er aus der Werkstatt, rannte die Treppen hoch, indem er mehrere Stufen auf einmal nahm. Sein Degen schlug an seine Beine, seine Lederstiefel klackten über den Steinboden. Endlich erreichte er das Stockwerk der Gesellen. Er stürmte den Gang entlang. Er wollte zuerst in Paolos Zimmer. Er stieß die Tür auf – und sah genau das, was vermutet hatte: Paolo und Catherine nackt auf dem schmalen Bett. Er lag auf dem Rücken, sie saß rittlings auf ihm. Beide zuckten zusammen, als Cellini die Tür aufstieß. Paolo versetzte Catherine vor Schreck einen Stoß, so dass sie zur Seite kippte.

Cellini stand wie vom Donner gerührt in der Tür. Das war es also, was hinter seinem Rücken getrieben wurde. Und wovon offensichtlich alle wussten. Und wahrscheinlich machte man sich insgeheim über ihn lustig.

»Raus aus diesem Haus! Verschwindet. Ich will euch hier nie wieder sehen!«

Cellini hörte seine eigene Stimme wie aus weiter Ferne. Sie klang so merkwürdig eisig und kalt. Er hatte den Eindruck, sich kaum bewegen zu können.

Catherine starrte ihn an. Sie hatte das Laken hochgezogen, versuchte ihre Blöße zu bedecken, was ihr nur leidlich gelang.

Paolo richtete sich auf, wollte seinen Arm schützend um ihre Schultern legen, ließ es jedoch und kroch etwas unbeholfen aus dem Bett.

»Was ist? Muss ich euch erst Beine machen?«

»Aber Meister, Ihr könnt uns doch nicht einfach so auf die Straße setzen!«

Paolo rappelte sich auf, tastete nach seinen Beinlingen und schielte gleichzeitig in tiefster Verzweiflung zu Cellini.

»Und ob ich das kann!«, brüllte Cellini. Endlich kam wieder Leben in seinen wie vom Donner gerührten Leib. Mit einem Satz war er bei Catherine, packte sie an den Haaren, zog sie vom Bett und schleuderte sie zur Seite. Die Hure schlug auf dem Boden auf. Er riss sie am Arm hoch, zerrte sie zur Tür und warf sie auf den Gang.

»Meine Kleider!«

Ihre Stimme war ein einziges Jammern. Ein verfluchtes, erbärmliches Jammern, durchsetzt von Schluchzern. Cellini achtete nicht darauf, sonst hätte seine Wut überhand genommen und er hätte die Hure einfach zum Fenster hinausgeworfen. Er wandte sich auf dem Absatz um, drohte Paolo mit der Faust und schrie: »Raus hier, habe ich gesagt! Und lass dich nie wieder hier blicken! Du geiler Bock!«

Nein, er konnte nicht an sich halten. Paolo war zusammengezuckt, versuchte zu entfliehen, aber Cellini war schneller und versetzte ihm einen Tritt in den nackten Arsch, dass Paolo nach draußen stolperte und über Catherine fiel.

»Hast wohl geglaubt, du könntest deinem Herrn und Meister Hörner aufsetzen! Ha? Nun schau zu wo du bleibst mit deiner Hure.«

Er zog seinen Degen, ließ ihn aufblitzen und schwenkte ihn über dem Kopf. Die beiden kreischten gleichzeitig auf. Paolo zog Catherine hoch.

»Weg hier. Der bringt uns um. Schnell, beeil dich!«, flüsterte er panisch.

»Ja, weg hier!«, brüllte ihnen Cellini hinterher und sah mit Genugtuung, wie die beiden nackt und entblößt den Gang hinunter flohen und aus seinem Leben entschwanden. Er hatte zwei Nattern an seinem Busen genährt. Catherine, die Hure und Paolo, der ihm fast wie ein Sohn ans Herz gewachsen war. Nichts als falsche Schlangen.

Bebend vor Zorn lief er in die Kammer zurück, raffte die Kleider und Bettlaken zusammen und warf das Bündel zum Fenster hinaus. Die Wäsche segelte in die Tiefe, regnete in den Hof hinab wie große Tränen, die er ihretwegen nicht vergießen wollte.

Mochte Gott geben, dass die beiden für immer aus seinem Leben verschwunden waren.

Aber dieses Stoßgebet wollte Gott nicht erhören. Schlimmer noch, es schien dem Herrn im Himmel zu gefallen, ihm noch mehr Schwierigkeiten zu bereiten. Nur wenige Tage nach dem unglückseligen Vorfall stand erneut ein Bote des Gerichts vor seiner Tür. Was ihn doch sehr verwunderte. Der Buchdrucker hatte die Klage tatsächlich zurückgezogen, der Prozess war eingestellt worden. Von heute auf morgen war nichts mehr davon zu hören gewesen. Und fast schon hatte er sich endlich wieder sein Arbeit widmen können. Fast. Erst hatte er noch jene Gesellen entlassen, von denen er vermutete, sie hätten von Paolo und Catherines Liebschaft gewusst. Dann musste er neue Burschen suchen. Dadurch ging viel Zeit verloren. Zu allem Unglück war Jean davongelaufen. Hatte eines Nachts das Schloss verlassen, und keiner wusste, wo sich der Junge nun aufhielt. Ob es ihm gut ging? Warum er nur weggelaufen war?

Hinzu kam, dass ihn der Betrug mehr gekränkt hatte als anfänglich geglaubt. Nicht, dass er von der Dirne etwas Besseres erwartet hätte. Aber dass ihm Paolo derart in den Rücken gefallen war, wollte ihm nicht recht schmecken. Der Gedanke belastete ihn so sehr, dass er sich seiner Arbeit nur schwer widmen konnte. Hatte er den Burschen nicht durchgefüttert? Gekleidet und bei sich wohnen lassen? Und hatte er ihm nicht ausdrücklich den Umgang mit Catherine verboten? Warum hatte er seine Lust nicht an der anderen Magd befriedigt? Wie hieß sie doch gleich? Ach, er wusste es nicht. Wusste nur, dass sie den Gesellen zur Verfügung stand und auch Paolo gut daran getan hätte, dieses Gesetz der Hierarchie nicht zu brechen.

Ach, es waren müßige Gedanken. Und er hasste Paolo um so mehr dafür, dass er diese Gedanken überhaupt hegen musste.

Und dann war da plötzlich der Bote des Gerichts. Als er die Depesche entrollte und die Anklage verlas, blieb ihm beinahe das Herz stehen, nur um gleich darauf bis zum Hals zu klopfen.

Die Anklage lautete auf Sodomie. Und Catherine war die Klägerin.

Diese unverschämte Metze! Diese Dirne klagte ihn der Sodomie an? Wie sollte das überhaupt möglich sein? Angeklagt von einem Weib? Von einer Hure?

Die nächsten Tage verbrachte er in sich stetig drehenden und wirbelnden Gedanken versunken. Was hatte es bloß mit dieser Sache auf sich? Was hatte Catherine vor? Und als sich die Zeit bis zum ersten Gerichtstermin schier unerträglich in die Länge zog, die Tage und Nächte nicht mehr verstreichen wollten, spürte er, dass die Angst sich wieder in ihm breit machen wollte. Dem trat er mit grimmiger Entschlossenheit entgegen. Er schürte seinen Hass, seine Wut und seinen Zorn auf Paolo und Catherine umso unerbittlicher.

Als er dann endlich vor dem Richter stand und das beinahe Unglaubliche aus dem Mund des Weibes hörte, war keine Angst mehr in ihm. Nur abgrundtiefe Verachtung.

»Sie sagt, du hast unzüchtigen Verkehr mit deinen Lehrlingen. Und sie sagt, du hättest außerhalb des Gefäßes, worin

Kinder gezeugt werden, auch mit ihr verkehrt. Du hättest sie dazu gezwungen. Ist das wahr?«, schnarrte der Richter von seinem Podest. Zwar war es ein anderer Richter als in dem vorhergegangen Prozess, doch ähnelte dieser dem Pluto in grauenvoller Weise. Ebenso düster und verbohrt im Blick, erinnerte er aufs Unangenehmste an die Hölle, die nicht weit sein konnte.

Aber dieser Vorwurf war zu viel. Ja, sicherlich hatte er an Catherine seine Lust gestillt. Und es war eben so, dass er sich an Frauen nicht richtig ergötzen konnte, also mussten Wege und Mittel gefunden werden, die ihm das richtige Vergnügen brachten. Aber das würde er dem Richter mit Sicherheit nicht auf die spitze Nase binden.

Für einen Moment schweifte sein Blick zu Catherine, die ihn herausfordernd angrinste und ihm den hochgeschnürten Busen entgegenreckte. Er wandte sich angewidert wieder dem Richter zu.

»Ich habe in keinster Weise mit ihr verkehrt. Sie ist ein verleumderischer Dämon, der sich nur an mir zu rächen wünscht, weil ich sie wegen ihrer Umtriebe mit meinem Gesellen auf die Straße gesetzt habe.«

Der Richter zog eine Augenbraue hoch, lenkte seinen Blick auf die Papiere vor sich auf dem Tisch, schien etwas nachzulesen und sah wieder hoch.

»Ihr habt sie entlassen?«

»Ja! Weil sie mit meinem Gesellen unsittlich verkehrt hat. Und jetzt will sie Rache. Ihr werdet einsehen, dass man mir Gerechtigkeit widerfahren lassen muss. Ja, ich *fordere* Gerechtigkeit.«

»Aber er lügt!«, keifte Catherine, und mehr als nur Bosheit lag in ihrer Stimme. Mit Genugtuung stellte Cellini fest, dass ein Hauch Verzweiflung darin mitschwang. Er lächelte sie milde an, bemerkte dann Paolo in der Reihe hinter ihr und drohte ihm mit der Faust.

»Er lügt!«, schrie Catherine wie von Sinnen weiter. »Und da ist auch noch der Bursche Jean – der kann alles bestätigen. Er hat sich auch an ihm vergangen!«

Cellini stockte für einen Moment der Atem. Jean war also auch ein Verräter? Mit stierem Blick sah er, wie Jean von seiner Mutter, der Hure, vor den Richter gezogen wurde. Die Hure lächelte ihm triumphierend zu. Aber Jean weinte, der gute Junge. Wurde wohl von der Hure gezwungen, hier auszusagen. Catherine indes brüllte weiter, immer und immer wieder: »Er lügt! Die werden es bestätigen!«

»Nun?«, fragte der Richter in einem Anflug von Ratlosigkeit ob des Durcheinanders in seinem Saal.

»Dieses Weib ist eine stadtbekannte Hure. Ihr Wort gilt nichts vor Gericht«, sagte Cellini laut, schrie es beinahe hinaus und deutete dabei auf Jeans Mutter.

Der Richter beugte sich zu einem der Advokaten, der an das Podest herangetreten war, ihm etwas zuflüsterte und dabei auf die Mutter Jeans deutete. Der Richter nickte grimmig, winkte mit der Hand. Einer der Wachsoldaten kam mit großen Schritten herbei, zog die Hure und Jean vom Podest.

»Ihr müsst sie anhören!«, heulte Catherine weiter.

»Ruhe, Weib!«, brüllte der Richter und fragte dann mit leiserer Stimme an Cellini gewandt: »Kann jemand bezeugen, dass du dich an keinem der beiden vergangen hast?«

»Mein bester und treuester Geselle – Ascanio. Wollt Ihr ihn anhören?«

Cellini fiel es mehr als schwer, ein Grinsen zu unterdrücken. Er sah im Gesicht des Richters erhebliche Zweifel Catherines Person betreffend, und er wusste, der Richter glaubte *ihm*, nicht ihr. Nur einen Wimpernschlag später bestätigte der gute Mann seine Vermutung: »Ich sehe keinerlei Sinn darin, diesen Prozess weiterzuführen. Die Verhandlung ist zu Ende. Und ihr Weiber tätet gut daran, keine Lügen zu verbreiten, sonst findet ihr euch im Kerker wieder, um euch diese Sünde abzugewöhnen.«

Cellini hielt arg an sich, um seine Freude nicht lauthals hinauszubrüllen. Noch einmal sah er zu Catherine, aber die hatte keine Augen mehr für ihn, war in Tränen ausgebrochen und verbarg das Gesicht hinter ihren Händen. Auch Jeans Mutter, die Hure, lachte nicht mehr. Sie starrte mit Schrecken zum Richter, die Schultern wie zum Schutz hochgezogen und Jean konnte nicht aufhören zu weinen.

Cellini lachte auf. Diese Schlacht hatte er gewonnen.

Mit dem überwältigenden Gefühl eines großen Triumphes stapfte er nach *Petit-Nesle* zurück. Nun konnte er endlich arbeiten. Er war frei, mehr noch: er war be-freit. Der Hölle entronnen. Nichts konnte ihn nun noch aufhalten. Das Leben war wunderbar und schön und einmalig und so würde er in den nächsten Tagen, Wochen und Monaten wohl nur die großartigsten Werke schaffen, die sich ein Mensch nur vorstellen konnte.

Am liebsten hätte er gesungen vor Freude, hielt sich aber zurück, um seine Burschen nicht in Übermut zu stürzen und damit zur Trödelei zu verleiten. Schwungvoll öffnete er die Tür, nahm seinen Mantel von den Schultern, schnürte den Waffengurt ab und warf ihn ebenso achtlos in eine Ecke wie den Mantel.

»Meister, hier ist eine Nachricht vom König.«

Ascanio eilte auf ihn zu, hielt ihm die Depesche entgegen. Cellini nahm sie strahlend und in höchster Zufriedenheit entgegen. Wie wundersam sich doch alles fügte! Kaum war der leidige Umstand der erneuten Anklage abgewendet, da meldete sich auch der König wieder. Zeigte, dass er durchaus noch an ihn dachte. Und vielleicht hatte sich auch Madames Ärger gelegt?

Gut gelaunt und voll der Hoffnung öffnete er den Brief und war dann doch erstaunt, dass die Worte, die dieser enthielt, keiner Einladung entsprachen, sondern einem Befehl näher kamen. Er sollte sich unverzüglich auf den Weg nach Fontainebleau machen. Mehr nicht. Aber das Wort »unverzüglich« war unterstrichen und stach in beunruhigender Weise ins Auge.

So beunruhigend, dass Cellini die Reise nach Fontainebleau tatsächlich sofort antrat. Allein, ohne Begleitung. Nicht einmal Ascanio wollte er noch an seiner Seite wissen.

»Sag dem Stallburschen, er soll mein Pferd satteln. Und du, achte auf die Werkstatt, Ascanio.«

Ascanio nickte, sah etwas verwirrt und zugleich neugierig aus, fragte aber nichts, sondern eilte zu den Stallungen. Guter Junge. Der verstand es wenigstens, ihn nicht dauernd gegen sich aufzubringen.

In aller Eile und weiser Voraussicht packte er das Salzfass in eine kleine Holzkiste, die das kostbare Stück auf der Reise schützen würde. Dann sammelte er die Skizzen und Entwürfe für das Portal von Fontainebleau, legte sie vorsichtig in eine Mappe und verschnürte diese zusammen mit der Holzkiste zu einem Paket.

Einmal noch blickte er sich um. Nein, er hatte nichts vergessen. Also konnte er sich sofort auf den Weg zum König machen. Die Nachricht klang beunruhigend kühl, wenn nicht sogar abweisend und herrisch. Aber das Salzfass und die Entwürfe würden die Gunst des Königs neu entfachen, sie zum Lodern und damit gleichzeitig Madame zum Verstummen bringen.

Dieser Gedanke, begleitete ihn während der kurzen Reise unentwegt. Er beruhigte und beflügelte ihn aber auch derart, dass er sein Pferd anspornte, in eine schnellere Gangart zu verfallen, sobald er die Stadttore von Paris hinter sich gelassen hatte.

Es war befreiend und anregend, die würzige Landluft zu atmen, die stinkende Stadt hinter sich zu lassen und den Augen den lieblichen Anblick von braunen Feldern und grünen Wiesen zu gönnen. Bald schon erreichte er den dichten Wald, der Fontainebleau gleichzeitig einschloss und sorgsam behütete.

Der späte Frühlingstag war kühl, die Luft frisch, und so war er froh, als er das Schloss endlich erreichte. Er saß ab, nahm die Kiste an sich und überließ das Pferd einem Stallburschen. Dann machte er sich ohne weitere Umstände auf zum König.

Ein kurzer Blick zum Himmel zeigte ihm, dass die Stunde wohl günstig war. Die Sonne stand bereits sehr tief, schickte sich an, unter den Horizont zu kriechen und den Himmel für die Nacht freizugeben. Das konnte nur bedeuten, dass sich der König bereit für das Abendmahl machte. Wie zur Bestätigung seiner Gedanken läuteten die Glocken der Schlosskapelle zur Vesper.

Im Schlosshof herrschte reges Treiben, von den Werkstätten hörte er das metallische Hämmern der Schmiede, aus den Bäckereien dünstete der betörende und verlockende Duft warmen Brotes. Später würde er ein deftiges Mahl einnehmen. Dann, wenn ihn der König gelobt und seine Arbeit für prächtig befunden hatte.

»Benvenuto! Benvenuto – so warte doch!«

Cellini blieb stehen, sah verwundert um sich, vermochte die Stimme nicht sogleich einzuordnen, sah dann aber die vertraute Gestalt Guidos, der ihm zuwinkte und nun auf ihn zuhielt.

»Wie schön, dich wohlbehalten zu sehen!«, strahlte der Freund und umarmte ihn.

»Ja, warum denn auch nicht?«, fragte Cellini verdutzt und schickte sich an, weiterzugehen. Er wurde jetzt nicht gerne aufgehalten, so sehr es ihn auch erfreute, Guido zu sehen.

Guido hielt mit ihm Schritt, ging mit ihm gemeinsam auf den Westflügel zu und hakte nach: »Nun, ich wähnte dich vor Gericht. Man munkelt von schlimmen Dingen.«

»Ach, das ist vorbei. Der Prozess ist beendet.«

Schon hatten sie das Gebäude erreicht und standen in der unteren Halle. Diener eilten umher. Der Duft von Gebratenem drang zu ihnen. Die Tafel wurde wohl bald aufgetragen. Cellinis Magen knurrte verdächtig laut und er wollte nicht noch mehr Zeit verlieren.

»Bitte, Guido, ich berichte später, aber nun will ich zum König.«

Er wollte sich abwenden und die steinerne Treppe hocheilen, als ihn Guido am Ärmel seines Wamses festhielt.

»Warte, Benvenuto. So einfach ist das nicht.«

Cellini, mit einem Fuß bereits auf der Stufe, wandte sich noch einmal um und fragte, misstrauisch geworden, nach: »Was meinst du?«

Guido lächelte schief, schien krampfhaft nach Worten zu suchen, wand sich und zog ihn schließlich näher zu sich.

»Der König ist nicht gut auf dich zu sprechen.«

»Dann hat Madame also weiter ihr Gift versprizt.«

»Pst. Nicht so laut! Bist du des Wahnsinns!? Wenn dich jemand hört!«

Guido sah in einem kleinen Anflug von Panik um sich, trat dann so dicht an ihn heran, dass Cellini genau riechen konnte, dass Guido wohl eben eine eingelegte Pflaume gegessen haben musste.

»Es ist nicht nur Madame. Du selbst bist es ebenso.«

»Ich? Warum?«

»Die Prozesse. Die Arbeit, die nicht vorangeht. Die Leuchter, die noch nicht fertig sind. Und dann Bologna, der Maler. Madame protegiert ihn ungeniert. Und der König hört nun auf sie. Bologna soll die Leuchter machen.«

Cellini war es, als würde sich der Raum um ihn herum drehen, als würde die Treppe unter seinen Füßen wanken. Er atmete tief durch, lehnte sich an das Geländer und starrte zu Guido, dem es offensichtlich unangenehm war, diese schlechte Nachricht überbracht zu haben.

»Aber es ist mein Auftrag«, schrie Cellini plötzlich heraus. Ein Anflug von Wut und Zorn hatte ihn gepackt. Dieser Schurke Bologna hatte sich nicht in seine Angelegenheiten zu mischen!

»Mein Auftrag!«, wiederholte er lauthals schreiend.

»Nicht mehr.«

Guido fuhr ebenso herum wie er selbst. Bologna eilte die Treppe herab, hatte wohl genau gehört, was er in Verzweiflung und Wut herausgebrüllt hatte. Aber Bologna schien ebenso bestürzt, ihn, Cellini, hier im Schloss zu sehen. Die schlanke Gestalt leicht gebeugt, die Augen misstrauisch zusammengekniffen und die Hände in nervöser Unruhe reibend, trat er zu ihnen.

»Was tust du hier, Benvenuto Cellini?«

Er unterstrich seine dreiste Frage mit einer abrupten Bewegung seines Kopfes, in der er das Kinn vorreckte und dabei herrisch und streitsüchtig wirkte.

»Das geht dich nichts an, Bologna«, knurrte Cellini.

»Doch. Und du kannst dich sofort wieder auf den Weg zurück nach Paris machen. Ich habe deine Aufträge erhalten. Ich. Verstehst du?«

»Wer sagt das?«

»Madame d'Etampes.«

»Ach?«, höhnte Cellini, packte Bologna blitzschnell am Wams und zog ihn zu sich. Guido wollte eingreifen, aber Cellini drehte sich zur Seite, so dass er halb abgewandt von Guido Bologna direkt ins Gesicht sehen konnte.

»*Mein* Auftrag kam vom König persönlich.«

Bologna lachte auf.

Dieser Schurke zeigte keinerlei Angst vor ihm. Keine Furcht, keinen Respekt. Wie konnte er nur lachen? Was war denn los mit ihm? Cellini war so überrascht über diese Frechheit, dass sich Bologna mit einer rüden Bewegung aus seinem Griff befreien konnte, sich aufrichtete und höhnte: »Der König hat längst anders entschieden. Dich geht das nichts mehr an. Du stehst nicht mehr in seiner Gunst. Aber geh nur hin zu ihm. Und sieh selbst.« Bologna zischte: »Es kann aber durchaus sein, dass du sofort in den Kerker wanderst, wenn er dich sieht – Unseliger.«

In Cellinis Werkstatt, 1560

Es war das Fegefeuer gewesen. Ja. Direkt nachdem er der Hölle zweimal entronnen war, hatten ihn Madame und Bologna ins Fegefeuer gestürzt. In die Zwischenwelt, in der sich der sündige Mensch von seinen Lastern reinigen konnte. *Purgatorio* – eine Welt, in der das Warten die schlimmste Strafe war. Eine Welt, in der Sünder der göttlichen Gnade harren und gleichzeitig Buße tun mussten.

Und er hatte gewartet! Lange sogar. Der König hatte ihn nicht vorsprechen lassen, kein Interesse an ihm und seiner Kunst gezeigt, in der Schwebe gehalten, wie er weiter mit ihm verfahren wolle. Gerüchte wurden ihm zugetragen. So schlimme und entsetzliche Dinge, dass er die Hölle nicht mehr weit wähnte. Madame war über alle Maßen rührig gewesen, ihn, Cellini zu verleumden. Und der König, des Wartens auf die Leuchter überdrüssig, hatte Madame endlich Gehör geschenkt. Dazu das Drängen Bolognas, seine höhnischen Reden, sein überhebliches Benehmen.

Ja, es war sein Fegefeuer gewesen. Aber das Fegefeuer barg auch Hoffnung. Hoffnung auf Vergebung und damit gleichzeitig auf das Paradies. Also war er nicht verzweifelt, hatte in Fontainebleau in den Gemächern Guidos Quartier bezogen und voller Hoffnung gewartet. Mit dem Salzfass und den Skizzen im Gepäck.

Nachdenklich überflog Cellini die letzten Zeilen, die er Mario diktiert hatte. Immer wieder glitten seine Augen über die Buchstaben, Seite für Seite. Die Erinnerung schnürte ihm beinahe die Kehle zu. Das Licht in der Werkstatt wurde diffus, schon konnte er die Zeilen nicht mehr richtig lesen. Wollte ihn die Dunkelheit verschlingen? Nein. Er durfte sich solchen Gedanken nicht hingeben. Es war nur die Sonne. Sie war untergegangen. Die Dämmerung kroch in die Werkstatt, die Kerzen mussten angezündet, die Fensterläden geschlossen werden. Die aufkommende Dunkelheit war nichts weiter als der Lauf der Natur. Kein übersinnliches Wirken, von Dämonen verursacht.

Mehrmals musste er den Zündstein schlagen, ehe er den Docht der Kerze entflammen konnte. Er brauchte einen neuen Zündstein. Mario sollte gleich morgen einen besorgen. Er durfte nicht vergessen, den Jungen darauf aufmerksam zu machen. Wo war er eigentlich? Wo war der Schelm? Er wollte weiter arbeiten. Die ›Vita‹ vorantreiben. Er brauchte Mario.

Ach ja, Mario holte Essen, war in die Küche gelaufen zu der Spionin. Was trödelte er nur so lange? Hatte er sich mit ihr verbündet? Besprach er gerade eben, wie er dem Herzog endgültig auszuliefern war? Er konnte niemandem vertrauen. Niemandem. So viele Menschen hatten sein Vertrauen und seine Liebe missbraucht. Angela, Paolo, Jean und später auch Ascanio. Nur vier Namen in einer langen Reihe der Verräter.

»Cellini! Macht die Tür auf! Aufmachen! Sofort!«

Cellini schreckte hoch, bemerkte erst jetzt den Lärm, der von der Straße in die Werkstatt drang. Waffengeklirr. Das Geräusch von Lederstiefeln. Die Soldaten des Herzogs waren da. Jetzt würden sie ihn holen. Seine ›Vita‹ konnte er nicht mehr zu Ende schreiben. Beinahe wehmütig legte er die Blätter aus der Hand, schob den Stapel sorgsam zusammen, während das Hämmern an der Tür lauter wurde. Jemand trat mit Füßen dagegen.

Nun denn. Sie würden ihn also abholen. Aber auch wenn er seine ›Vita‹ nicht zu Ende schreiben konnte, so würde er doch sein Leben bis zum bitteren Abschluss verteidigen. Kampflos begab er sich nicht in die Hände dieser Schurken.

»Öffnet die Tür oder wir treten sie ein!«

Sein Waffengurt lag wie immer dicht bei ihm, bereit, sofort umgeschnallt zu werden. Der Degen glitt leicht aus der Scheide, der Griff der Waffe lag kalt und beruhigend in seiner Hand. Einen der Soldaten würde er mit sich nehmen. Mindestens. Wenn nicht mehr.

Mit einem großen Schritt war er an der Tür.

»Meister! Was macht Ihr?«

Marios flehende Stimme drang von weitem zu ihm. Er hörte nicht auf den Jungen. Vielleicht war er sogar die Ursache dafür, dass nun die Soldaten vor seiner Tür standen? Mit Schwung riss er sie auf, den Degen fest in der Hand und ausgerichtet.

Kurz blinzelte er in das graue Licht des vergehenden Tages, dann erkannte er das verdutzte Gesicht des Hauptmanns. Der Hauptmann wich einen Schritt zurück, die Arme ausgebreitet, so dass er seinen Trupp nach hinten schob.

»Senkt die Waffe, Cellini.«

»Den Teufel werde ich tun. Wenn ihr mich holen wollt – nur zu. Aber um mein Leben kämpfe ich wie ein Löwe.«

»Wird wohl nicht nötig sein, Cellini«, bellte der Hauptmann, in seiner ganzen Haltung immer noch auf der Hut. Er senkte die Arme, ließ die Rechte langsam zu seinem Degen gleiten, griff mit der Linken unter sein Panzerhemd und zog eine Depesche hervor.

Cellini bemerkte nur schemenhaft, wie sich neugierige Nachbarn hinter die Soldaten drängten, Gesichter in den Fenstern sichtbar wurden. Ihr Tuscheln hörte er nicht, seine Sinne waren völlig auf den Hauptmann gerichtet, der die Depesche langsam entrollte, die Augen nicht von ihm gewandt.

»Senkt endlich die Waffe.«

»Erst will ich den Grund dieses lautstarken Besuches wissen.«

Der Hauptmann schüttelte verärgert den Kopf, deutete seinen Männern, sich so aufzustellen, dass sie Cellini jederzeit angreifen konnten, und fasste die Depesche nun mit beiden Händen.

»Der Herzog lässt verlautbaren, dass das Todesurteil gegen Euch, Benvenuto Cellini, mit sofortiger Wirkung aufgehoben ist.«

Cellinis Herz stockte für einen Augenblick, dann begann es zu rasen.

»Was?«, flüsterte er.

Der Hauptmann senkte die Depesche, sah Cellini in die Augen. Ein spöttisches Grinsen zog seinen Mundwinkel nach oben.

»Nun hättet Ihr Euch beinahe wieder versündigt, nicht wahr? Für nichts und wieder nichts. Ihr habt recht gehört – das Todesurteil ist aufgehoben.«

Cellini schob den Degen in die Scheide zurück, brüllte nach Mario, er möchte seinen Mantel holen, riss ihn dem Jungen aus der Hand, sobald der hinkende Tölpel endlich damit bei ihm war und wollte auf die Straße stürzen. Der Hauptmann war mit einem Schritt dicht bei ihm, die Hand wieder am Degen.

»Nicht so schnell, Cellini.«

»Geht mir aus dem Weg«, knurrte Cellini und versetzte dem Hauptmann einen rüden Stoß gegen die Brust.

Der Hauptmann packte ihn mit eisernem Griff am Arm.

»Das Todesurteil ist aufgehoben. Nicht der Hausarrest. Der Herzog wünscht Euch nicht zu sehen. Weder in seinem Palazzo noch irgendwo sonst in den Straßen von Florenz.«

Cellini erfasste den Sinn der Worte nur schwer. Zu unverständlich schienen sie ihm, zu närrisch und unvernünftig.

»Geht in Euer Haus zurück.«

Der Hauptmann sprach leise, seine Worte klangen wie ein unwiderruflicher Befehl. Cellini trat rückwärts in seine Werkstatt hinein. Der Hauptmann lachte hart auf, fasste die Türklinke, zog die Tür halb zu und zischte: »Und vermodert darin.«

Mit einem Ruck schloss er die Tür. Cellini hörte, wie der Hauptmann Befehle erteilte, die Menge auf der Straße zerstreute, wie die Soldaten abzogen. Völlige Ruhe umfing ihn. Er drehte sich um, blickte fassungslos zu Mario. Der Tölpel strahlte ihn an. Sah ganz so aus, als wollte er ihm gleich um den Hals fallen vor Freude. Zu seinem Glück hielt er an sich, der Esel. Klammerte sich nur an den Arbeitstisch, schlug ein Kreuzeichen vor der Brust und grinste dabei von einem Ohr zum andern.

»Hast wohl gar nichts verstanden, eh?«, knurrte Cellini. Marios Grinsen verschwand augenblicklich. Cellinis Blick schweifte zu den Blättern seiner ›Vita‹. Das Fegefeuer. Purgatorio. War sein Fegefeuer letztlich nicht Frankreich gewesen, sondern das Hier und Jetzt? Er saß fest in einer Zwischenwelt. Das Todesurteil war aufgehoben, doch das Schwert des Damokles schwebte noch immer über ihm. Der Herzog wollte ihn nicht sehen. Ganz Florenz wollte ihn nicht sehen. Hausarrest. Vermodern sollte er hier. Hier in seiner Werkstatt.

Er setzte sich an den Tisch, griff nach der ›Vita‹. Neben dem Gebet konnte nur die ›Vita‹ wirkliche Reinigung bringen. Noch war sie nicht vollendet. Also machte es nichts, dass er weiter hier ausharren musste. War das ein Fingerzeig Gottes? Schon wollte er vom Stuhl rutschen und in die Knie sinken, um sich wieder einer langen Kontemplation hinzugeben, als Marios Stimme zu ihm drang.

»Arbeiten wir weiter, Meister? Ja?«

Er gab keine Antwort, sah nur auf das Papier.

»Wir waren in Frankreich, und der König wollte Euch nicht vorsprechen lassen. Da sollten wir weiter schreiben.«

»Wir? Es ist *mein* Leben. *Meine* ›Vita‹, die hier erzählt wird. *Wir* schreiben gar nichts«, brüllte er.

Mario zuckte zusammen, biss sich auf die Lippen und sah den Meister herausfordernd an. Er würde keine Ruhe geben. Woher kam nur diese sture Widerborstigkeit dieses Jungen? Es war wirklich ein Elend mit ihm.

»*Wir* schreiben jetzt weiter«, sagte Cellini schließlich, versuchte sich mühsam zu konzentrieren und das Leuchten in Marios Augen geflissentlich zu übersehen, um wieder in der Erinnerung versinken zu können.

»Der König hat mir vergeben. Irgendwann durfte ich zu ihm und konnte ihm das Salzfass zeigen. Es hat den König so sehr erfreut, dass er mir augenblicklich seine Gunst wieder schenkte. Sehr zum Verdruss von Madame. Und noch mehr zum Verdruss von Bologna.«

»Und die Sache mit den Leuchtern?«

»Der König hatte den Auftrag tatsächlich an Bologna vergeben. Aber ich konnte ihn davon überzeugen, dass meine Werke besser sind als die dieses Stümpers. Nur Madame mischte sich wieder ein. Und so schlug ich einen Wettstreit vor. Jeder von uns – Bologna und ich – würde ein Kunstwerk gestalten. Dann sollte der König entscheiden, wer das bessere Werk ablieferte.«

»Na, das war doch sicher Eure Arbeit!«, rief Mario aus, den Federkiel über den Tisch wedelnd.

»Pass doch auf!«, schrie Cellini. »Hier – überall Tinte! Wisch das weg.«

»Oh.«

Mario legte den Federkiel zur Seite, zog am Ärmel seines Wamses und tupfte mit einem Zipfel davon die verspritzte Tinte vom Tisch.

»Und greif den Ereignissen nicht immer vor. Der König hatte zunächst nur wenig Zeit für unseren Wettstreit. Der Kaiser hielt auf Paris zu.«

»Warum?«, fragte Mario und hielt kurz inne.

»Du bist so dumm, dass es mich schmerzt. Du quälst deinen Meister, verstehst du das? Ach, lass es gut sein. Nun, es war das ewige Ränkespiel zwischen den Mächtigen. Der französische König fühlte sich immer noch um den Kaiserthron betrogen, sah, dass Frankreich eingekesselt war, von allen Seiten bedrängt, und suchte Verbündete bei den Osmanen, den Ungläubigen! Überhaupt hielt er es mit dem Glauben etwas seltsam: Die Lutheraner im eigenen Land, die sich nunmehr Protestanten nannten, ließ er verfolgen, während er die Protestanten in den deutschen Landen gegen den Kaiser von Zeit zu Zeit unterstützte. Dann wieder verbündete er sich mit dem Kaiser gegen alle Protestanten, egal, ob französisch oder deutsch. Im nächsten Moment verband er sich mal mit England, dann wieder mit Karl, dem Kaiser, dann mit dem Papst. Vier Kriege hatte dieses Spiel eingebracht! Vier! Aber als diese leidige Sache mit dem Frieden von Crèpy ein Ende fand – ein Damenfrieden im Übrigen«, fügte er knurrend hinzu. »Madame hatte auch da ihre Finger im Spiel, munkelte man, soll den König zu einem weibischen Vertrag überredet haben. Aber der Vertrag brachte eben den Frieden. Und der König hatte wieder Zeit für die Dinge, die ihm wirkliche Freude bereiteten. Die Frauen und die Kunst. Und so konnte ich endlich meinen Wettstreit mit diesem unseligen Bologna austragen. Also, schreib auf: Ich …«

Marios Federkiel kratzte nicht über das Papier. Cellini öffnete die Augen, die er wie üblich, wenn er in das Meer seiner Erinnerungen eintauchte, geschlossen hielt, und sah ärgerlich zu Mario. Was war denn nun wieder los? Mario starrte zur Tür, sah dann zu ihm und deutete mit dem Federkiel zur Tür.

»Was denn?!«

Cellini wandte ebenfalls seinen Blick und fand mit den Augen die Spionin. Stand in der Tür, das Weib.

»Scher dich fort! Du hast hier nicht zu lauschen.«

Sie stand schweigend da und sah ihn mit diesen großen Augen an, sanft und durchdringend. Was wollte sie nur?

»Trag das Essen auf und dann scher dich in die Küche zurück.«

Die Magd kam gemäßigten Schrittes herein, stellte eine Platte mit Gebratenem auf den Tisch, strich Mario in einer kurzen, aber liebevollen Bewegung über den Kopf, sah noch einmal aus dunklen Augen zu ihm, Cellini, und ging dann leise wieder hinaus. Sie war das merkwürdigste Wesen, das er je gesehen hatte. Und der wohl absonderlichste Spion, den es gab.

Pah, Dämonen eben. Wussten sich zu verstellen, wann immer es nötig war.

Frankreich im Jahre des Herrn 1545

Es war ein merkwürdiger Zustand der Läuterung. Ja, so konnte er es nennen. Es war eine Läuterung im Angesicht von Schweiß und durchwachten Nächten. Cellini arbeitete besessener als je zuvor, hegte schlimmste Befürchtungen, der König könne ihm seine Gunst für immer entzogen haben, und zugleich nährte er die Flamme der Hoffnung in sich. Seine Werke würden so wohl geraten, dass der König nicht anders konnte, als ihn wieder zu lieben. Ihn, seinen größten Künstler. Nicht Bologna, den Stümper.

Monate vergingen, die der König im Krieg gegen Karl verbrachte. Monate, die Cellini nutzte, um seine Werke zu vollenden. Für alle zwölf Leuchter war die Zeit zu knapp. Und was, wenn der König den Auftrag letztendlich doch an Bologna vergab? Dann wären die zwölf Leuchter völlig umsonst gefertigt. Cellini arbeitete nicht gerne ohne ausdrückliche

Aufträge. Das gute Silber müsste er zudem aus eigener Tasche vorstrecken und der Gedanke wollte ihm schon gar nicht gefallen. Nicht, dass er nicht genügend Gold, Dukaten, Scudi und andere Dinge des Wohlstands schwer erarbeitet und zur Seite geschafft hätte. Nein, nein. Wohlwollend sah er sich in seiner Werkstatt um. Edelste Steine, wertvollstes Geschmeide, dazu das beste Arbeitsgerät lagerten hier. Und die oberen Räume des Schlosses hatte er wohl ausstatten lassen mit feinen Stoffen und schweren, von Meisterhand gearbeiteten Möbelstücken. Alles, was er besaß, war kostbar und teuer. Aber vielleicht wollte er gerade deshalb nichts verschwenden. Verschwender kamen zu nichts. Und er wollte keine Not leiden. Nicht heute und morgen auch nicht.

Seine Lehrlinge bezahlte er gut, Ascanio bekam mehr, als er eigentlich verdiente, und dann war da noch das Kind. Constanza. Nachdem er Catherine auf die Straße gesetzt hatte, brauchte er eine neue Magd. Ein neues Modell für die Nymphe, denn die Skizzen mit Catherines Abbild vermochte er nicht mehr zu ertragen. Er hatte sie allesamt verbrannt.

Ascanio hatte eines Abends die neue Magd mit ins Haus gebracht. Ein stilles Mädchen von nicht zwanzig Jahren, beinahe scheu zu nennen, aber außergewöhnlich schön. Sie hieß eigentlich Gianna, aber er nannte sie *scorzone*, die Viper.

Sie war ein so viel besseres, edleres Modell für die Nymphe Fontainebleau als Catherine. Angespornt durch ihre ungeheure Schönheit skizzierte er sie ein ums andere Mal, stellte der Nymphe Hirsche an die Seite und Satyrn mit Hörnern. Dazu Rehe, wilde Schweine und anderes Wild aus dem Wald von Fontainebleau. Zu ihrer anderen Seite setzte er große Hunde, Doggen und Windhunde, die die Jagd symbolisierten. Da ihm das gesamte Bild aber noch zu karg erschien, ging er erst daran, das Modell in Wachs zu bilden. Dann fiel es ihm ein. Er brauchte noch Siegesgöttinnen in beiden Ecken. Göttinnen mit Fackeln in den Händen – so wie es die Alten zu gestalten pflegten.

Es war ihm so schön geraten, dass er das Modell auch dann immer wieder zur Hand nahm, es vorsichtig drehte, wendete und bestaunte, als sähe er es zum ersten Mal, als es längst fertig war. Aber jedes Mal, wenn er es sah, wuchs seine Hoffnung und entflammte seine Seele. Das Portal von Fontainebleau würde so wunderbar werden, dass er für immer in der Gunst des Königs stehen würde. Das war gewiss.

Für das zweite Modell ersann er einen Brunnen, umrandet von unzähligen Treppen, die einander kreuzten. In den Brunnen hinein arbeitete er eine Statue, die den Kriegsgott darstellte. Mit einer zerbrochenen Lanze in der einen Hand und einem Schwert in der anderen. Auch an die vier Ecken des Brunnens stellte er Figuren. Sie sollten die Künste darstellen. Der Kriegsgott selbst war der Künstler, der in seinem fortwährenden Streit um seine Kunst und um Anerkennung focht. Das allerdings wollte er dem König verschweigen. Für den König sollte es einfach nur der Gott des Krieges sein.

So verstrichen die Monate voller Arbeit. Der Jupiter war schließlich endlich fertig, vollständig mit Silber überzogen und Cellini war zufrieden, wenn er sein Werk betrachtete. Nun, sein Anblick versetzte ihn nicht derart in Verzückung wie die Modelle für Fontainebleau, aber er war immer noch so wohl geraten, dass er Bolognas Kunst ausstechen würde. Daran zweifelte er keine Sekunde.

Aber für die elf anderen Leuchter hatte er keine Zeit mehr. Schon war der König zurück in Fontainebleau und hatte nach ihm rufen lassen. Also blieb abzuwarten, ob ihm dieser Auftrag nun weiter blieb oder ob Bologna die Ehre haben würde, die Leuchter zu fertigen. Gut, dass er sein Erspartes nicht angegriffen hatte. Nein, da war es schon besser, ein paar Scudi mehr für das Kind zu bezahlen.

Scorzone war nicht lange bei ihm geblieben. Nur wenige Monate. Die Monate, die er benötigte, die Modelle mit der Nymphe zu fertigen. Dann war sie schwanger geworden. Hatte seine Tochter geboren. Constanza. Er hatte Scorzone gut ausgestattet, das Kind taufen lassen, mit namhaften Paten an der Seite, es einer Amme gegeben mit einer erheblichen Summe Geldes und sich dann von beiden verabschiedet.

Er fühlte nichts, wenn er an das Kind dachte. Überhaupt nichts. Keine Freude, aber auch keinen Zorn. Es war einfach da. Es war seine Tochter. Aber es gehörte nicht zu ihm. War weder sein Erbe noch sein Nachfolger. Er hätte die Scorzone nie geheiratet. Niemals! Und das Kind war schließlich nicht ersehnt. So wie etwa Katharina di Medicis Sohn, der im letzten Jahr geboren worden war. Der König selbst war bei der Geburt dabei gewesen, hatte die Nachgeburt sorgfältig in Augenschein genommen und daraus die Zukunft für das Kind lesen lassen. Cellini schüttelte sich vor Abscheu und Widerwillen. Bei der Geburt eines Kindes zugegen sein!

Aber ganz Frankreich hatte bei dieser Geburt gejubelt.

Als Constanza geboren wurde, war er in der Werkstatt und arbeitete an seinem Modell. Eine Amme war gekommen und Ascanio hatte irgendwann die Nachricht gebracht, dass ein gesundes Mädchen geboren war. Wenige Tage später waren Mutter und Kind fort. Und das war gut so. Kindergeschrei hätte er ohnehin nicht ertragen in seinem Schloss. Welcher große Künstler konnte damit leben und gleichzeitig noch Bedeutendes schaffen? Nein, es war richtig gewesen, das Kind wegzugeben und auch Scorzone fortzuschicken. Nun galt es, sich um die eigene Zukunft zu kümmern.

Wenn nur dieser Dämon von Herzogin, Madame d'Etampes, nicht gewesen wäre. Wie einfach könnte sein Leben sein! Wie herrlich das Auskommen mit dem König!

Aber Madame hatte ihn nicht vergessen. Im Gegenteil. Sie schien noch mehr als vorher bestrebt, ihn, Cellini, für immer der Gunst des Königs zu berauben.

Wutschnaubend ging Cellini in der Galerie des Schlosses auf und ab, betrachtete zornbebend die Statuen, die den langen Saal schmückten. Alles antike Statuen, von Meisterhand kreiert. Madame hätte den Platz ausgesucht, hatte Bologna höhnisch lachend erklärt, und ihm dann den Weg gewiesen.

»Hier soll ich meinen Jupiter aufstellen? Hier? Zwischen all den anderen Statuen? Nein, das geht auf keinen Fall!«

»Meister, Euer Jupiter ist um so vieles schöner...«, sagte Ascanio leise, die Augen zweifelnd auf eine der antiken Statuen gerichtet.

Cellini wollte ihn für die Lüge am liebsten am Kragen packen und quer durch die Galerie schleudern, aber Guido drängte sich zwischen sie und sagte: »Der Junge hat Recht. Du solltest dich nicht darum sorgen. Wähle einen guten Platz. Vielleicht hier am Fenster?«

Guido zog Benvenuto sanft am Ärmel, hoffte, damit seine Aufmerksamkeit zu erregen und einen Streit zwischen Benvenuto und seinem Gesellen abwenden zu können. Nur kein Streit. Kein Aufruhr. Benvenuto wusste es nicht, aber die Sache stand schlechter um ihn, als er dachte. Benvenuto hatte sich Madame zur größten Feindin gemacht und es nicht vermocht, ihre Gunst erneut zu gewinnen. Seine Prozesse, die Streitereien und schlimmer noch: die Gerüchte, die auch hier im Schloss angelangt waren – all das hatte dazu beigetragen, dass Madames Interventionen von kleinen Erfolgen gekrönt waren. Natürlich war es Madames Idee gewesen, den Wettstreit hier in der Galerie, zwischen all den anderen Statuen, auszutragen. Und natürlich ließ sie ihn nun so lange warten, bis es dunkel wurde und sein Leuchter nicht mehr zur Geltung kommen würde.

Aber Benvenuto war in der Tat ein heikler Fall. Er war im

Grunde seines Herzens ein liebenswerter Mensch. Nur fiel es schwer, das zu erkennen. Guido sah zu Benvenuto hinüber. Sein Freund konnte so aufbrausend sein, so temperamentvoll und so schrecklich unbeherrscht. Ja, wenn er ehrlich war zu sich selbst, dann hatte auch er Angst vor ihm. Und er hatte Angst vor dem, was Benvenuto noch anstellen mochte. Er hatte von dem Buchdrucker gehört. Hinter vorgehaltener Hand hatte ihm ein Mann seines Standes, ein Medicus aus Paris, von den schlimmen Verletzungen erzählt. Benvenuto hatte den Buchdrucker so übel zugerichtet, dass dieser nicht mehr würde gehen können. Und dann dieses Weib. Catherine. Er war sich sicher, dass sie die Wahrheit sprach. Ja, gewiss, sie war eine unstete Person, aber in diesem einen Punkt hatte sie nicht gelogen. Benvenuto wendete Gewalt an, wenn er nicht freiwillig bekam, was er wollte.

Er hatte sich so viele zum Feind gemacht. Auch der Kardinal von Ferrara wollte ihm nichts Gutes mehr. Er nahm ihm die Sache mit dem Salzfass noch immer sehr übel. Das Salzfass, das die Augen eines jeden ergötzte. Es war ursprünglich für den Kardinal gedacht, und der sah sich nun um die Bewunderung gebracht.

Und Benvenuto hatte sich Madame zum Feind gemacht. Und mit ihr den halben Hofstaat.

Um den König stand es nicht gut. Das konnte Guido als sein Medicus sehr wohl beurteilen. Viel Zeit blieb ihm nicht mehr. Er wusste es genau. Sah es im Urin, fühlte es am schwächer werdenden Fleisch. Auch wenn sich der König jugendlich gab, vital und voller Leben. Seine Zeit lief ab. Und damit auch die Zeit Benvenutos. Nur der König allein hielt noch schützend seine Hand über ihn. Mochte Gott wissen, warum. Ja, Benvenutos Kunst war göttlich, aber seine Art bisweilen teuflisch. Womöglich fühlte sich der König ihm deshalb so verbunden? Er hatte kein Wort über die Anklage der Sodomie verloren, hatte sogar Madame verboten, darüber zu sprechen. Nun, auch er war nicht frei von Anklagen dieser Art. Man munkelte seit Jahren, dass er seiner Tochter, Madame Marguerite, in unehrenhafter Weise zugetan war.

Aber wie lange würde der König seine Hand noch über Benvenuto halten? Guido musste ihn warnen. Er wollte eben dazu anheben, das Gespräch auf Madame zu bringen, als sich Benvenuto zu ihm umwandte, das Gesicht düster umwölkt. Nein, es war nicht die rechte Zeit, ihn zu warnen.

»Was meinst du? Stünde der Jupiter hier richtig?«

»Ja. Ja, du hast gut gewählt«, antwortete Guido.

Cellini nickte und rieb sich dabei den Bart.

»Lass die Kisten hinaufbringen, achte darauf, dass sie kein Tölpel fallen lässt. Ich werde mich um den Standort kümmern.«

»Findest du nicht das rechte Plätzchen für deinen Leuchter?«

Bologna war herausgetreten, strahlte ihn siegesgewiss an.

»Ich war in Italien, habe Kopien von antiken Statuen gemacht und sie in Erz gegossen. Und wie du siehst, hat der König Gefallen an der Arbeit der Alten. Diesen Streit gewinne ich, Cellini. Das ist gewiss.« Ohne eine Antwort abzuwarten, wandte sich Bologna wieder ab, ließ ihn mit seinem aufwallenden, beinahe übermächtigen Zorn einfach stehen und schrie den Burschen auf der Treppe zu, sie möchten vorsichtig mit den Kisten umgehen, die sie hochschleppten.

»Lass dich nicht provozieren, Benvenuto. Das bringt nichts Gutes. Wähle lieber einen guten Platz.«

Cellini nickte und schluckte seinen Ärger qualvoll hinunter. An der ganzen Misere war nur Madame schuld. Der Teufel mochte dieses Weib holen!

»Hier wäre es schön. Sieh doch.«

Mühsam lenkte Cellini seine Aufmerksamkeit in die Galerie zurück. Der Platz, den Guido ausgewählt hätte, war natürlich der denkbar schlechteste. Er musste selbst entscheiden.

Aber hier fiel das Sonnenlicht zu stark ein, dort standen die antiken Statuen und in den Ecken wäre der Jupiter schlicht in Düsternis versunken. Gerade als Ascanio mit den Burschen hereinkam, die die Kisten schleppten, entschied er sich doch für den Platz direkt am Fenster. Er konnte nun nichts mehr weiter tun als den Jupiter aufzubauen, nicht zu oft zu Bolognas stümperhafter Kopie zu schielen und sich seinem Schicksal zu ergeben. Der König war ein Mann mit Kunstverstand, er würde schon richtig entscheiden.

Allerdings ließ er auf sich warten. Der Jupiter war längst aufgebaut, Ascanio in einer Fensternische eingeschlafen und Guido des Wartens auch langsam müde, denn er unterdrückte bereits mehrmals ein Gähnen. Und selbst Bologna schielte bisweilen zu den Türen, ob sich diese nicht doch endlich für den König und seinen Hofstaat öffnen mochten. Aber die Sonne schritt über den Himmel, sank unter den Horizont, die Glocken läuteten zur Vesper und schließlich zur Komplet, aber vom König war nicht die kleinste Botschaft zu vernehmen.

Schon war es dunkel. Viel zu dunkel, um die Schönheit des Jupiter noch in Augenschein nehmen zu können. Irgendwann waren Kammerdiener durch die Galerie gegangen, hatten die Kerzen in den Kandelabern angezündet. Nun war die Galerie in ein seltsames Spiel aus flackerndem Licht und tanzenden Schatten getaucht. Es war zum Verzweifeln!

Cellini legte eben Hand an, um den Jupiter wieder zu verstauen, als er Lärm auf der Treppe hörte. Stimmengemurmel, das lauter wurde und zu ihnen drang. Das Lachen von Frauen und *cavalieri*, die Schritte vieler Menschen. Die Türen wurden geöffnet, und ehe sich's Cellini versah, trat der König ein – mit Madame an seiner Seite. Cellini verbeugte sich tief vor dem König. Für Madame hatte er keinen Blick.

Madame sandte ihm einen zornigen Blick. Aber der König lächelte. Und das war das Wichtigste.

Mit dem König und Madame drangen so viele Menschen in die Galerie, dass diese bald schon einem Marktplatz glich. Cellini sah, dass selbst der Dauphin und seine Frau, Katharina di Medici, der König von Navarra und Madame Marguerite zu den Schaulustigen zählten, und fühlte leichte Anspannung in sich aufsteigen. Bolognas erzene Statue machte sich äußerst gut in dem diffusen Licht. Zu gut, wie Cellini missmutig befand. Es galt, den Jupiter noch zu verschönern. Aber womit?, überlegte er, während er mit Widerwillen verfolgte, wie Bologna lächelnd, strahlend, ja beinahe schon siegessicher dem König seine Statue präsentierte. Es war widerwärtig. Und der Schein der Kerzen half Bologna. Die Kerzen. Aber natürlich!

»Rasch – hol eine Kerze aus einem der Kandelaber«, flüsterte Cellini Ascanio zu, wandte sich von den anderen ab und ging zu seinem Jupiter, der nun äußerst ungünstig im Schatten stand. Aber das würde sich ändern. Er nahm die Kerze, die ihm Ascanio reichte, und steckte sie in die Halterung, die so angebracht war, dass Jupiter die Kerze genau über seinem Kopf hielt. Cellini trat einen Schritt zurück. Prächtig. Ja, einfach wundervoll. Nun kam ihm der Umstand, dass der Jupiter völlig im Dunkeln stand, sehr zugute. Der Schein der Kerze warf einen Strahlenkranz über das Haupt des Gottes, fing sich im Silber und überflutete seinen Körper.

Aber noch war es nicht genug. Rasch zog er ein seidenes Tuch unter seinem Wams hervor und band es dem Jupiter um die Hüften. Das Tuch lag nun hauchzart und in vielen Falten um die Männlichkeit, verbarg diese ohne sie wirklich zu verstecken und verlieh der Statue etwas Leichtes, beinahe Schwebendes.

»Los, rasch, stell dich zu mir«, sagte er alsdann und zog Ascanio mit sich hinter die Statue.

Der König wandte sich nun endlich von Bolognas Statue ab und kam auf sie zu.

»Wir werden ihn bewegen. Sacht und sanft. Es muss wirken, als würde die Statue selbst gehen. Hast du verstanden?«, flüsterte Cellini.

»Nun, ist das der Leuchter, den ich bestellt habe?«

Die Stimme des Königs war das Signal, das Werk in Bewegung zu bringen.

»Jetzt«, zischte er.

In einer leicht schaukelnden Bewegung hielten sie mit dem Jupiter auf den König zu, drangen aus dem Schatten und blieben erst stehen, als Cellini die Schuhspitzen des Königs vor sich sah.

»Aber das ist ja wundervoll! Eine mechanisch bewegte Statue!«

Cellinis Herz tat einen Sprung. Der König war also begeistert. Mit einem Schritt zur Seite trat er hinter dem Jupiter hervor, verneigte sich noch einmal und sagte: »Nein, mein allerchristlichster König. Keine mechanisch bewegte Statue. Aber der Leuchter, den Ihr bestellt habt.«

Der König trat einen Schritt zurück, wieder nach vorn.

»Bei Gott, er ist wundervoll geraten.«

»Nichts weiter als billige Effekthascherei«, keifte Madame und stellte sich dicht zum König. »Die Bewegung hat eine Illusion ausgelöst. Mehr nicht. Seht doch nur, mein König, wie schön sich die antiken Statuen ausmachen – neben dieser Aufschneiderei!«

Cellini wollte eben zu einem wortreichen, zornigen Protest ansetzen, aber der König lachte und sagte: »Sag jetzt lieber nichts, Benvenuto. Lass mich für dich sprechen.«

Cellini biss die Zähne aufeinander.

Der König wandte sich an Madame.

»Nun, gerade hier sehe ich den Unterschied zwischen den alten Kunstwerken und dem, das Benvenuto geschaffen hat. Und ich sehe, dass seine Werke besser sind. Besser als alle anderen.«

Cellinis Herz tat noch einen Sprung vor Freude, aber sein Ärger auf Madame wollte sich trotzdem nicht legen. Die kleine Person schlich um den Jupiter, sah ihn mit zusammengekniffenen Augen an, blieb dann stehen und keifte: »Um dieses Werk beurteilen zu können, müsste man es schon bei Tage sehen. Und überhaupt – was soll dieses lächerliche Tuch hier?«

Sie zupfte mit ihren feingliedrigen Händen mit so abfälliger Geste an dem Tuch, dass Cellini nicht mehr an sich halten konnte. Ohne auf den König zu achten trat er zur Seite, nahm einen Zipfel des Tuches zwischen seine Finger und lächelte Madame an.

»Nun, wenn es Euch so sehr danach verlangt – dann seht doch, was das Tuch verbirgt.«

Mit Schwung riss er das Tuch von Jupiters Hüften. Einige der Damen kreischten auf, andere kicherten oder wurden rot. Madame Marguerite sah verschämt zu Boden und die *cavalieri* lachten lauthals heraus. Ebenso der König, dem er mit dieser Geste offensichtlich größtes Vergnügen bereitet hatte. Cellini grinste breit und ergötzte sich an Madames entsetztem Blick, während sie auf das prächtig geratene Gemächt des Jupiter starrte. Nur langsam löste sie ihre Augen von diesem Anblick. Aber als sie zu ihm aufsah, verschwand das Lächeln aus seinem Gesicht.

»Das ist die größte Unverschämtheit, die mir je ein Mensch bereitet hat. Wobei ich bezweifle, dass du ein Mensch bist, Benvenuto Cellini.«

Madame drehte sich um, hob ihr Kleid leicht an und rauschte aus der Galerie.

Cellini schnaubte. Leichte Verzweiflung mischte sich nun in seinen Ärger. War er zu weit gegangen? Hatte er Madame wirklich so sehr vor den Kopf gestoßen?

»Mein lieber Benvenuto, der Jupiter ist prächtig geraten und ich will auch, dass du mir die anderen Leuchter fertigst, aber mir scheint, es ist besser, du machst dich nun wieder auf den Weg in deine Werkstatt...«, murmelte der König indes gedankenverloren.

Cellini befolgte den Befehl des Königs. Er ritt zurück nach Paris in seine Werkstatt. Und er wartete. Wartete auf eine Depesche des Königs. Cellini schickte ihm die Modelle für Fontainebleau und erhielt immer noch keine Antwort. Er begann das Relief mit der Nymphe für das Portal im Schlossgarten in Bronze zu gießen, arbeitete mit so viel Liebe und meisterlicher Hand daran, wie er es noch nie zuvor getan hatte, und als es endlich fertig war, beschloss er nicht mehr länger auf eine Reaktion des Königs zu warten. Er würde ihm das Bronzerelief persönlich liefern, ihn in Verzückung versetzen mit dem kostbaren Stück, mit dem Anblick der zarten, so wohl geformten Nymphe, und alles würde vergeben sein. Hoffentlich. Aber alles war besser, als noch länger zu warten. Es war, als wäre er im Fegefeuer gelandet und wartet auf Läuterung. Insgeheim hegte er den Verdacht, die wahre Vergebung könnte nur durch Madame d'Etampes selbst kommen. Aber dieser Gedanke war so erschreckend, dass er ihn jedes Mal ärgerlich von sich wies.

Dennoch war er der Zeit des Wartens auf eine Nachricht bald überdrüssig und so trieb er seine Burschen an, das Relief gut zu verpacken, in Stroh und Leinentücher zu legen, auf einem Wagen zu verstauen, und machte sich mit Ascanio auf nach Fontainebleau.

Cellini verbrachte die Reise schweigend, und erst, als sie in Fontainebleau ankamen, trug er Ascanio auf: »Lass das Relief abladen und in die Galerie bringen. Richte keinen Schaden an, hörst du!«

Ascanio nickte nur, während Cellini sich auf den Weg zum König machte. Er wollte hier und heute vorgelassen werden.

Als er den Kardinal von Ferrara traf, schien es ihm, als wäre das Schicksal günstig gestimmt. Der Kardinal begrüßte ihn lächelnd, lauschte seiner Bitte, brachte ihn in den großen Saal, hieß ihn zu warten und ging zum König, der bereits beim Abendmahl saß. Cellini wartete voll der Anspannung, hatte keine Augen für die Menge um ihn herum.

»Du sollst zu ihm kommen.«

Der Kardinal winkte ihn zu der Tafel des Königs. Cellini atmete schwer. Wenn der König ihn anhörte, war alles gut.

Er drängte sich durch eine Gruppe von *cavalieri* an die Tafel, verneigte sich und bemerkte mit Freude, dass ihm der König zunickte. »Nun, ich höre, du willst mich sprechen, Benvenuto. Sind meine Leuchter endlich vollendet?«

Cellini trat noch einen Schritt vor.

»Nein, Sire. Aber das Bronzerelief für das Portal. Ich habe es aus Paris gebracht und in der Galerie aufstellen lassen.«

Der König nickte nur, während Madame ihren Silberkelch schwungvoll auf die Tafel stellte, dabei auflachte und höhnisch bemerkte: »Ich sage es doch – er hat für alles Zeit, für jeden Handel, für jeden Prozess, für jede andere Arbeit. Nur nicht dafür, was ihm sein König aufträgt.«

Cellini starrte sie an. Die Dreistigkeit dieser Person war unfassbar. So hetzte sie also gegen ihn. Sogar hier, an der Tafel des Königs, ging sie gegen ihn vor! Dieser weibliche Teufel. Dieser Dämon, dem der König so viel Gehör schenkte. So viel, dass er jetzt nickte und fragte: »Nun, Benvenuto, ist dem so? Spricht Madame die Wahrheit?«

Cellini hielt den Atem an. Es war ihm wohl kaum möglich, Madame der Lüge zu bezichtigen, auch wenn sie nur Gift verspritzte, sobald sie den Mund auftat. Was sollte er antworten?

»Nun? Ich höre.«

Cellini verneigte sich, versuchte seine Fassungslosigkeit zu verbergen und sagte: »Ich bitte darum, mich für einige Zeit aus Euren Diensten zu entlassen. Um zu neuen Kräften zu kommen. Um neue Kunstwerke zu ersinnen.«

Die Überraschung des Königs war nicht zu übersehen. Mit einem schnaubenden Geräusch lehnte er sich zurück, die Augen unverwandt auf ihn gerichtet.

Dann breitete er die Arme in einer übertriebenen Geste aus, die Ratlosigkeit symbolisieren sollte, und rief in die Runde: »Nun sage mir einer, wie ich diesen Cellini aufhalten soll. Wie soll ich ihm beweisen, wie viel mir an ihm liegt? Wie soll ich ihn dazu bringen, endlich das zu arbeiten, wonach ich verlange?«

Der Kardinal beugte sich vor und schnarrte: »Ich würde ihn aufhängen lassen. Auf diese Weise könntet Ihr ihn nicht aus dem Königreich verlieren.«

Madame brach in schallendes Gelächter aus, der König lächelte amüsiert und der Kardinal grinste zu Cellini hinüber. Voll des Hohnes und des Spottes. Umstehende fielen in das Lachen ein, andere tuschelten kichernd.

Cellini indes konnte nicht fassen, was hier geschah. Der König gab ihn dem Gespött dieser niederen Kreaturen preis. Der König war endgültig Madames Hass gegen ihn verfallen. Diese Demütigung konnte und wollte er nicht ertragen. Er streckte sein Kinn vor und sagte: »Eure Heiligste Majestät, ich bitte um meine Entlassung.«

Der König wurde schlagartig ernst, hob eine Hand, und auf dieses Zeichen hin trat Stille ein im Saal. Der König saß mit einem Mal aufrecht wie an einen Pfahl gebunden und fragte: »Du willst deine Entlassung?«

Cellini nickte nur, sandte Madame einen viel sagenden Blick, der dem König hoffentlich zu verstehen gab, wo genau der Quell dieses Wunsches saß. Er schnaubte und wandte sich wieder dem König zu.

»Ja, es ist mein Ernst.«

Der König sah ihn weiter unverwandt an, verharrte in der steifen Position und sagte schließlich leise, aber dennoch klar und deutlich: »*Adieu, mon ami!*«

Florenz
im Jahre des Herrn 1560, in Cellinis Werkstatt

Er hätte Frankreich nie verlassen sollen. Niemals. Hätte sich mit Madame gut stellen müssen.

Aber er verstand sich mit den Weibern eben nicht.

Noch einmal las Cellini die letzten Absätze, fühlte sich erneut an den französischen Hof zurückversetzt, in sein Schloss, nach Paris. Er roch die stinkende Stadt, hörte den Lärm von den Straßen, sah die prächtige Werkstatt, die eindrucksvollen Räume, die fürstliche Ausstattung.

Alles vergangen und für immer dahin. Seine Hände zitterten, als er das letzte Blatt auf den Papierstapel vor sich ablegte. Nein, er hätte Frankreich nicht verlassen dürfen. Hätte ausharren und sich die Gunst des Königs wieder erkämpfen sollen. Aber nein. Madame hatte ihm zu sehr gegrollt. Mehr noch, sie hatte ihn verabscheut. Ihn als Teufel bezeichnet. Der Weg zu ihrem Herzen war nicht aufzutun gewesen.

Weiber! Pah! Außerdem konnte er die Franzosen ohnehin nicht ausstehen. Hatten keinen Sinn für die Kunst. Alles, was sie erschufen, mussten sie erst aus der Fantasie und Vorstellungskraft anderer, meist der Italiener, rauben und kopieren. Eigenständiges brachten sie im Leben nicht zustande. Nein, er hatte recht daran getan, nach Hause zurückzukehren. Nach Hause. Nach Florenz.

Erneut überkam ihn das Zittern. Es war die verfluchte Kälte in der Werkstatt. Und die Dunkelheit. Er brauchte eine Kerze. Das Feuer im Kamin musste entfacht werden.

Cellini griff nach seinem Gurt, suchte mit den Fingern den Zündstein, fand ihn nicht und erinnerte sich daran, dass er den Stein in einem Anflug von Wut aus dem Fenster geworfen hatte.

Das erklärte auch Marios Abwesenheit. Der Esel sollte einen

neuen Zündstein kaufen. Wo blieb der Junge nur? Verflucht, es war so kalt in der Werkstatt.

Cellini zog sich seinen Mantel eng um den Körper. Wieder fiel sein Blick auf die ›Vita‹.

Frankreich zu verlassen war zunächst eine Befreiung gewesen. Eine Flucht aus dem Fegefeuer des Wartens und Bangens. Nur, um direkt in die Hölle zu reiten, fügte er bitter hinzu. Der König hatte ihn wenigstens vorsprechen lassen. Der Herzog ließ ihn hier in der Werkstatt darben, im Zustand absoluter Ungewissheit schweben, den Geruch des Verderbens schon in der Nase.

Das Zittern überfiel ihn erneut.

Die Tür wurde leise geöffnet, quietschte in den Angeln. Das Geräusch von leichten Schritten drang zu ihm. Das war nicht Mario. Cellini fuhr herum. Die Spionin war hereingekommen, ging zum Kamin ohne etwas zu sagen. Dieses unverschämte Weib. Bewegte sich hier, als würde alles ihr gehören. Lächelte ununterbrochen, selbst ihre dunklen Augen schienen zu lächeln. Zumindest sah es im diffusen Licht so aus. Sie raffte ihr Kleid. Zarte Knöchel, wohl geformte Waden wurden für einen kurzen Moment sichtbar, bevor sie sich vor den Kamin kniete, Feuerholz schichtete und Späne darunterlegte.

Sie war wirklich das seltsamste Wesen, das er jemals gesehen hatte. Er vermochte noch immer nicht genau zu sagen, warum er so empfand, aber jedes Mal, wenn er sie sah, versetzte sie ihn in einen merkwürdigen Zustand. Und meist war er zudem sehr überrascht, sie zu sehen. Dass sie immer noch hier war. Sich noch immer hier aufhielt, noch nicht gegangen war. Um dem Herzog zu berichten.

Cellini hörte das Knistern auflodernden Feuers. Sie stand auf, wischte die Hände an der Schürze ab, ging leise zu den Fenstern und verschloss die Läden. Dann brachte das Weib ihm eine Kerze, hielt dabei die Hand schützend über die Flamme.

Als sie die Kerze in den kleinen Silberleuchter auf dem Arbeitstisch steckte, war es, als wäre die Werkstatt mit einem Mal freundlicher, beinahe gemütlich.

Das Weib blieb am Tisch stehen, hatte ihre Augen auf die ›Vita‹ geheftet. Blitzschnell legte er seine Hand darauf.

Sie zuckte nicht etwa zusammen, sie lächelte ihn an. Sie war so seltsam.

»Wer bist du?«

Er hörte seine Stimme wie aus weiter Ferne. Und ihm schien, als wäre es nicht seine Stimme.

»Piera.«

»Piera«, wiederholte er.

»Piera de Salvadore Parigi«, sagte sie.

Ein leichter Duft von Äpfeln und Orangen wehte zu ihm. Sie streckte ihre Hand aus, legte sie an seine Stirn. Es war eine kleine, zarte Hand. Cellini ließ die Berührung geschehen.

Der Blick des Mädchens wurde dunkler, das Lächeln besorgt.

»Fieber. Ihr habt Fieber, Benvenuto«, sagte sie und sprach seinen Vornamen mit einer Selbstverständlichkeit aus, die ihn eigentlich in Raserei hätte versetzen müssen. Aber er fühlte keinen Zorn. Erneut rieselte ein Schauer über seinen Körper.

Drittes Buch

Dämonen

Florenz
im Jahre des Herrn 1561, in Cellinis Werkstatt

Er hatte alles verloren. Das Schloss. Ein Gutteil seiner Ersparnisse. Die Möbel. Diese kostbaren Möbel! Die Gerätschaften, Modelle und allerlei Skizzen, die er nicht mitgenommen hatte. Warum eigentlich war so viel in Frankreich zurückgeblieben? Weil seine Abreise rasch vonstatten gehen musste und weil er insgeheim vielleicht doch gehofft hatte, wieder zurückzukehren.

Nein, das hatte er nicht. Es war ihm zu gut bewusst gewesen, dass er Frankreich nie wieder sehen würde.

Ascanio hätte vieles verkaufen können, den Rest nach Florenz bringen. Aber Ascanio hatte ihn verraten. Er hatte auf das Schloss geachtet und im Laufe der Wochen und Monate, die ins Land zogen, alles für sich in Anspruch genommen. Hatte die Werkstatt übernommen – als seinen Besitz. Und noch viel Schlimmeres hatte Ascanio getan. Ascanio. Den er wie einen Sohn behandelt hatte. Hatte ihn so schändlich verraten.

Nein, eine Rückkehr nach Frankreich war ausgeschlossen gewesen. Aber auch der Gang nach Rom war nur von kurzer Dauer. Der Papst hatte nicht nach ihm gefragt und er hatte sich nicht bei ihm gemeldet. Es trennte sie eine unüberbrückbare Kluft. Aber Pier Luigi Farnese hatte er getroffen. Lächelnd war ihm der Schurke entgegengekommen, hatte ihn viel zu jovial empfangen und dann über die Kerkerhaft in der Engelsburg gesprochen.

»Ich habe mich für dich eingesetzt, Benvenuto. Habe versucht, meinen Vater dazu zu überreden, dich freizulassen. Aber mein Reden war völlig umsonst.« Das waren die Worte dieses Verräters gewesen. Was für ein Lügner. Pah! Und als er ihm angeboten hatte ihn in seine Dienste aufzunehmen, da hatte er Rom verlassen. Auf der Stelle. Er hatte mit einem Schlag gewusst, dass Rom gefährlich für ihn war. Pier Luigi Farnese wollte ihn nur an sich binden, um ihn wieder in den Kerker zurückbringen zu können. Er hatte es in Farneses kleinen, listigen Augen gesehen.

»Hier, Meister. Alles sortiert und richtig geordnet. Glaube ich.«

»Glauben heißt nichts wissen«, brummte Cellini und forderte die Aufzeichnungen. Mario reichte sie ihm, strahlte ihn dabei an. Mario hatte keine listigen Augen. Aber man konnte sich immer täuschen. In allen Menschen. Wenn er nur an Ascanio dachte, an Cencio, an Fernando...

Missmutig blätterte er die Aufzeichnungen durch.

»Machen wir dann weiter?«, drängte Mario.

»Nein, erst muss er seine Suppe essen.« Piera trat mit einem Tablett in das Zimmer. »Die Suppe wird ihn kräftigen und stärken. Das Schreiben an der ›Vita‹ muss warten.«

Piera griff nach einem Kissen und half Cellini, sich aufzurichten. Mario sah neugierig zu, als beobachte er ein seltenes Tier.

»Ich glaube aber, es wäre besser, wenn wir weiterarbeiten«, beharrte er schließlich stur. Piera lachte in ihrer sanften, stillen Art, nahm die Schale vom Tablett und setzte sich an den Rand des Bettes.

»Erst wird gegessen.«

Cellini brummte, war aber nicht wirklich verärgert. Auf eine gewisse Weise war es nicht nur seltsam, sondern beinahe schön zu sehen, wie die beiden miteinander harmonierten, eine Einheit bildeten, sich neckten, sich dabei so gut verstanden. Mario hatte wohl völlig vergessen, dass er in Piera anfänglich einen Dämon gesehen hatte. Andererseits war es mehr als dreist, dass sie über seinen Kopf hinweg nicht nur über ihn sprachen – nein, sie entschieden für ihn, als wäre er ein kleines Kind. Gänzlich unfähig, eigene Entscheidungen zu treffen. Sein Fieber hatte immerhin schon vor Tagen nachgelassen, flammte nur noch selten auf. Er fühlte sich fast schon wieder bei Kräften und eine Behandlung dieser Art ließ eigentlich nur auf völlige Missachtung seiner Person schließen. Konnte er das denn dulden?

»Ich bin hier. Wer etwas zu sagen hat, richtet seine Worte an mich. Und ich sage: Ich werde die Notizen lesen und weiter an meiner ›Vita‹ schreiben. Und später werde ich essen. Wann es *mir* beliebt.«

Piera wollte eben den Löffel in die Suppe tunken, hielt inne und lächelte Cellini an.

»Wenn du meinst, Benvenuto.«

Ach, immer diese Sanftmut, dachte Cellini. Nun, dann würde er eben ruhig bleiben und tatsächlich die Notizen lesen. Er hatte sich zu sehr an Piera gewöhnt. An ihre Stille, ihre ruhige Art. Mochte sie ein Spion sein – es war egal. Sie tat ihm gut. Und genau dieser Umstand beunruhigte ihn dann doch.

»Lass uns jetzt allein«, knurrte er.

Wo genau hatten sie ihre Arbeit an der ›Vita‹ unterbrochen? In Frankreich, richtig. Und Mario saß schon eifrig mit dem Federkiel bereit.

Das Feuerholz im Kamin knackte, es war gut geheizt und dennoch rieselte Cellini ein kalter Schauer über den Rücken. Es war wohl der Gedanke an den Herzog, der ihn so frösteln machte.

Und seine Erinnerungen. Hätte er doch Frankreich nie verlassen! Aber er war nach Florenz zurückgekehrt. Hatte seine Schwester besucht mit ihren sechs Kindern, die er allesamt unterstützte. Dazu Freunde, Goldschmiede und Bildhauer, und schließlich dem Herzog seine Aufwartung gemacht. Der göttliche Cosimo hatte ihn so liebevoll empfangen, ihn sofort dazu gedrängt, in Florenz zu bleiben. Hatte er das wirklich? Für einen Moment schloss Cellini die Augen. Ja, der Herzog war freundlich gewesen, aber nicht überschäumend. Er hatte nach einer Statue gefragt. Nach etwas Bedeutendem. Etwas, das ihn, Cellini, als Künstler unsterblich machen würde. Es hätte so schön sein können. So gut enden. Wenn da nicht diese Dämonen gewesen wären. Die Dämonen der Vergangenheit. Bandinelli etwa. Dieser unglückselige Stümper Bandinelli. Schien immer im Palazzo zu sein, umtanzte den Herzog, schmeichelte der Herzogin und riss alle Aufträge an sich. Dämon.

Aber der Herzog hatte ihn, Cellini, gebeten, in Florenz zu bleiben. Und er hatte zugestimmt. Für zweihundert Scudi! Für den lächerlich geringen Lohn von zweihundert Scudi!

Florenz
in den Jahren des Herrn 1545 bis 1554

»Zweihundert Scudi?«

Cellini war fassungslos. Zweihundert Scudi waren nicht annehmbar.

»Ist dir der Lohn zu gering?« Nicht etwa der Herzog antwortete, sondern der Haushofmeister! Näselnd und schnarrend zugleich, dazu misslaunig und mit dem starren Blick des Geizigen sah Francesco Riccio zu ihm. Den Kopf geneigt und das Kinn streitlustig vorgereckt. Am liebsten hätte er ihn am Kragen gepackt und ihm eine Maulschelle verpasst, aber der Zeitpunkt dafür schien äußerst ungünstig. Der Herzog hatte aufgehorcht, die dunklen Augen neugierig auf ihn gerichtet und die ganze Haltung seines schlanken, hohen Körpers verriet Neugier. Die Herzogin hatte sich in ihrem Stuhl etwas vorgebeugt, die fein gezupften Brauen hochgezogen und nestelte an ihrer Perlenkette, während sie ebenso auf eine Antwort wartete. Nur einer grinste von einem Ohr zum anderen: Bandinelli. Ausgerechnet Bandinelli musste bei dieser Unterredung im Palazzo zugegen sein und ihn mit seiner Anwesenheit in tiefste Bestürzung schleudern. Sein alter Feind Bandinelli. Hatte sich eine hohe Stellung bei Hof erschlichen, gab sich als erster Bildhauer des Herzogs aus und mischte sich in alle Angelegenheiten, die die Künste betrafen.

»Nun?«, hakte Riccio nach. »Bedenke, dass der große Bandinelli ebenso zweihundert Scudi erhält.«

Cellini schnaubte, wandte sich angewidert von Bandinelli ab, verneigte sich noch einmal vor dem Herzog und sagte: »Ich bin damit zufrieden. Auch wenn ich in Frankreich sechshundert Scudi erhalten habe.«

»Warum bist du dann nicht in Frankreich geblieben?«, fiel Bandinelli ein.

Cellini hielt die Augen fest auf den Herzog gerichtet: »Und ich brauche noch ein Haus. Ich muss eine Werkstatt einrichten und will gleich mit der Arbeit beginnen. Sofern Ihr Arbeit und Aufträge für mich habt.«

»Du sprichst etwas Wichtiges an«, antwortete der Herzog, der glücklicherweise diesen letzten Wink verstanden hatte. Er lehnte sich in seinem Stuhl zurück, strich sich mit der Hand über den fein gestutzten Bart und sah dann lange zu Cellini, ehe er zu sprechen fortfuhr:

»Ich möchte eine große Statue. Aus Erz. Sie soll den Platz vor dem Palazzo schmücken.«

»Nun, mir fällt mit Sicherheit etwas Schönes ein«, beeilte sich Bandinelli zu antworten.

»Ich denke, der Herzog hat mit mir gesprochen«, knurrte Cellini und sah zu Cosimo. Der lachte auf: »Ja, richtig. Bandinelli, ich schätze deine Kunst, aber es müssen sich auch andere beweisen. Und ich will von Cellini etwas Besonderes. Eine große Statue zum Staunen und Vergnügen des Volkes.«

»Und da hätte ich bereits eine Idee! Eine wundervolle Statue mit Perseus und Medusa. Perseus, der den abgeschlagenen Kopf der Medusa in Händen hält, triumphierend und stolz!«, sprudelte Cellini hervor.

Die Augen des Herzogs leuchteten, das sah er genau.

»Nun, das könnte mir gefallen. Erarbeite ein Modell und zeige es mir, dann werde ich darüber entscheiden.«

»Dazu brauche ich eine Werkstatt. Ich habe bereits ein Haus gesehen, das mir gefällt, und ich möchte mich gleich einrichten.«

»Was brauchst du?«

»Gehilfen und Lehrlinge. Dazu Material, um einen Brennofen zu bauen. Und natürlich die Werkstatt in der Strada Julia.«

Der Herzog nickte dem Haushofmeister zu, er möchte dafür sorgen, dass Cellini bekam, was er wollte, und entließ sie allesamt mit einer knappen Bewegung seiner Rechten.

Bandinelli konnte seinen Zorn nur mühsam unterdrücken, was ihm sehr deutlich ins hochrot gefärbte Gesicht geschrieben stand. Und auch der Haushofmeister hielt sich verbissen zurück, dem Herzog nicht zu widersprechen. Er mochte Cellini nicht. Das war so gewiss wie das Amen in der Kirche. Cellini fragte sich, was dem Haushofmeister so übel auf den Magen geschlagen war, dass er derart großen Groll gegen ihn hegte, und bekam die Antwort bereits auf dem Weg zur Schatzkammer. Bandinelli und Riccio schienen in tiefer Freundschaft verbunden, unterhielten sich leise und sehr vertraut und schielten dabei immer wieder zu ihm.

Dieses Pack hatte sich also gegen ihn verbündet. Nun denn, ihm war nur wichtig, dass ihm der Herzog wohl gesinnt war. Alles andere war nicht von Belang, entschied Cellini grimmig, während Riccio ihn hieß, vor der Schatzkammer zu warten. Bandinelli zeigte keinerlei Anzeichen, sich endlich wegzuscheren, und belästigte ihn weiter mit seiner stummen Anwesenheit und diesen anklagenden Blicken. Ach, es war insgesamt betrachtet sehr unangenehm, und beinahe schien ihm, als wollte er keine Luft mehr bekommen.

»Hier, fünfzig Scudi. Unterzeichne hier.«

Der Haushofmeister winkte ihn mit einer herrischen Geste zu sich an einen Tisch und legte einen kleinen Lederbeutel neben das Buch mit den Aufzeichnungen der Schatzkammer.

»Wieso fünfzig Scudi?«, fuhr Cellini hoch.

»Weil ich es so entschieden habe«, schnarrte der Haushofmeister.

»Der Herzog hat mir zweihundert Scudi Jahreslohn zugesprochen.«

»Und – bist du bereits ein Jahr in seinen Diensten? Nein. Nimm also das Geld und scher dich in deine Werkstatt.«

Das war zu viel. Mit wenigen Schritten war Cellini bei dem Schelm, packte ihn am Kragen und wollte ihm am liebsten auf der Stelle die Kehle durchschneiden.

»Gib mir meinen Lohn – armseliger Wicht.«

Nur ein seltsames Stöhnen kam über die spröden Lippen des Haushofmeisters.

»Lass ihn los, Cellini. Oder willst du gleich am ersten Tag schon wieder einen Mord begehen?«, keifte Bandinelli.

Die Worte drangen nur langsam zu Cellini durch, taten aber ihre Wirkung. Nein, er hatte nicht vor einen Mord zu begehen.

»Gib mir meinen Lohn«, knurrte er.

Der Haushofmeister nickte schwach unter dem harten Griff. Cellini ließ ihn los und wartete in stummer Wut auf das Geld.

Als der Haushofmeister endlich wieder aus der Schatzkammer trat, einen prall gefüllten Beutel auf den Tisch legte und ihm mit ausgestrecktem Arm die Feder zur Unterschrift reichte, schnaubte Cellini noch einmal, sagte aber nichts weiter. Er steckte den Beutel mit dem Lohn unter sein Wams und wandte sich zum Gehen.

»Scheint so, als brauchtest du den Kerker wie die Luft zum Atmen. Du tust alles, um gleich wieder in Haft zu kommen, nicht wahr, Benvenuto Cellini?«, zischte Bandinelli.

Cellini hielt inne und schloss für einen Moment die Augen. Er würde sich von Bandinelli nicht reizen lassen. Irgendwann würde sich eine Gelegenheit ergeben, mit der Bestie abzurechnen. Aber nicht an diesem Tag.

Cellini eilte geradewegs in die Strada Julia. Das leer stehende Haus, das er ausgewählt hatte, war mehr als geräumig und bot Platz für die vielen Lehrlinge und Gesellen, die er brauchen würde, um sein bedeutendes Werk nicht nur angehen, sondern auch vollenden zu können.

Der Ärger über Bandinelli und Riccio legte sich, als er die Räume und den Garten inspizierte. In der Halle würde er seine eigene große Werkstatt einrichten. In dem kleineren Raum daneben ließ sich eine Werkstatt für seine Burschen unterbringen. Die oberen Stockwerke boten reichlich Kammern für die vielen Lehrlinge, Gesellen, Stallburschen und Mägde. Ja, er hatte das richtige Haus gewählt. Direkt am Arno gelegen und aus Stein gebaut. Und als er daranging, die ersten Lehrlinge und Gehilfen auszusuchen, war seine Wut beinahe verraucht. Aber neuer Ärger tat sich auf. Es waren nicht genügend Burschen aufzutun, die gute Arbeit leisten konnten.

Zwar rodeten bereits zwei Tagelöhner den Garten, mehrere Burschen waren damit beschäftigt, den Ofen zu mauern, und drei Mägde huschten durch das Haus, legten Stroh aus, lüfteten die Kammern und bestrichen die Laken mit Biertunke, um Flöhe und Läuse auf ein Mindestmaß zu beschränken. Aber er brauchte mehr Lehrlinge, mehr Gesellen. Sonst war das große Werk nicht zu schaffen.

»Ich brauche mehr Leute – aber woher nehmen?«, brüllte er schließlich eines Augustmorgens. Die Sonne kündete bereits in diesen frühen Stunden von einem weiteren brütend heißen Tag und ließ seine Laune noch tiefer sinken als zuvor. Wenn es so heiß war, wurden die Burschen faul. Legten sich lieber unter den Feigenbaum und tranken kalten Wein, anstatt ihren Arbeiten nachzugehen.

»Bandinelli hat viele Burschen. Gute Burschen.«

Fernando, der neue Geselle, war leise an ihn herangetreten.

»Was sagst du?«, hakte Cellini nach.

»Bandinelli. Hat mehr Burschen, als er brauchen kann.«

Cellini sah Fernando misstrauisch an.

»Viele Burschen, sagst du?«

»Ja. Zu viele.«

»Dann hol sie her.«

Und nun huschte doch ein Lächeln über Fernandos Gesicht. Er nickte Cellini zu, ehe er sich auf den Weg machte. Cellini sah ihm hinterher. Fernando war schön. Sehr wohlgestaltet. Mit brauner Haut und dunklen, tiefgründigen Augen. Er würde ihn eines Tages malen. Und vielleicht hatte er endlich einen Burschen gefunden, der seine Gutmütigkeit nicht ausnutzte, sondern Dankbarkeit zeigte?

Mit dieser Hoffnung im Herzen ging er frisch ans Werk. Während der Ofen im Garten gemauert wurde, arbeitete er bereits an seinem Modell des Perseus.

Der Perseus. Endlich würde er ein wirklich großes Werk schaffen. Etwas Bedeutendes. Ein Werk, das sich an die Seite der Kunst eines da Vinci gesellen konnte. Eines Donatello und vor allem eines Michelangelo Buonarroti. Sein Herz tat einen Sprung der Freude, als er das Wachsmodell zwischen seinen Händen drehte. Ja, es geriet sehr wohl. Der Perseus stand kraftstrotzend dem Betrachter zugewandt. Der Kopf der Medusa fehlte noch. Und noch war ihm nicht klar, wie der abgeschlagene Kopf größtmögliche Wirkung erzielen konnte. Es musste so wirken, als strömte das Blut aus der frischen Wunde, als würde Medusa noch einmal den Mund zur Sprache öffnen wollen. Aber zunächst musste er den Perseus fertig stellen.

Er hieß Cencio, ihm Modell zu stehen, und begann dann mit Akribie, an dem Modell zu arbeiten. Cencio stand genau unter dem Fenster. Das Sonnenlicht flutete über seinen Körper, ließ ihn in einem atemberaubenden Spiel aus Licht und Schatten erstrahlen.

Fernando hatte Wort gehalten und einige Burschen und junge Knaben aus der Werkstatt des Bandinelli abgeworben. Wie auch immer der Junge das bewerkstelligt hatte. Das Ergebnis war alles, was zählte. Cellini war zufrieden und erfreute sich zudem an Cencio. Ein Knabe von vielleicht vierzehn Lenzen, der so unschuldig und jung aussah, dass er ihn einfach hatte wählen müssen als Modell für den Perseus. Perseus – der Sohn eines Gottes. Cencio sah aus wie der Sohn der Götter selbst. Dabei war er nur der Sohn einer Hure. Wie hatte dieses Weib nur einen Knaben von so vollendeter Schönheit gebären können? Es war unfassbar. Cellini freute sich täglich an seinem Anblick und Cencio himmelte ihn an. Das sah er genau. Er wollte gefallen. Und das wiederum schmeichelte Cellini und nahm ihn sehr für den Jungen ein. Zwar war Fernando seinetwegen eifersüchtig und hätte ihm auch gern Modell gestanden, aber Cencio war das auserwählte Modell und mit Fernando war er eine andere Verbindung eingegangen. So war ihr Arrangement. Nur, dass Fernando mit Argusaugen darüber wachte, dass Cencio dem Meister nicht zu nahe kam. Der gute Junge. Er hing so sehr an ihm. Also musste er ihm diese Liebe auch lohnen.

Und so arbeitete er Tag für Tag mit Cencio. Fernando schlich um sie herum, beobachtete sie und machte sich unentbehrlich. Bei den anderen Burschen stellte er sehr schnell klar, dass er die rechte Hand des Meisters war, und Cellini war's zufrieden. Denn die Arbeit schritt gut voran.

Das Haus war bald erfüllt vom lieblichen Klang der Hämmer, Stichel und Meißel. Sein Werk gedieh. Aber nach wenigen Wochen – er hatte das Modell gerade erst dem Herzog gezeigt und dieser hatte in wahrer Begeisterung geantwortet, er könne es kaum abwarten, bis die Statue fertig gestellt war – entschied er, dass er die Arbeit am Perseus unterbrechen würde. Der Perseus war bereits in Gips gegossen und in Ton gebrannt und so war es wohl nicht weiter schlimm, wenn er sich vorerst einer anderen Arbeit zuwandte.

Er wollte eine Statue des Herzogs schaffen. Eine Statue aus Erz – und Fernando sollte Modell dafür stehen. Fernando bedankte sich mit aller Liebe für diese Gunst, nur Cencio schien beleidigt und sah Cellini tief verletzt an.

Schon neigte sich das Jahr dem Ende zu, waren die Tage kürzer und vor allem sehr viel kälter, und Cellini dachte immer noch täglich daran, ob er mit seiner Entscheidung, Frankreich zu verlassen, recht getan hatte. Aber vor wenigen Tagen war ein Brief aus Paris eingetroffen. Von Guido. Und die Nachrichten waren erschreckend gewesen. Ascanio verleumdete ihn beim König, erzählte die abscheulichsten Dinge und hatte den König dazu gebracht, ihm das Schloss und die Naturalisation wieder abzuerkennen. Der Gram über diese schändliche Tat saß sehr tief und nur Fernandos ehrliche Liebe brachte ihm geringen Trost. Und die Gunst des Herzogs.

Leidig war nur, dass auch die Herzogin ihr Interesse an seinen Arbeiten bekundete und ein ums andere Mal nach geringen Goldschmiedearbeiten fragte. Ein Ring, ein Ohrgehänge, eine Gürtelschnalle. Es war zu lästig und kostete so viel Zeit! Aber er konnte diese Bitten nicht abschlagen. Zumal jedermann in Florenz wusste, dass Bandinelli in hoher Gunst bei der Herzogin stand. Und Bandinelli wiederum hatte nichts Besseres zu tun, als beständig gegen ihn zu hetzen. Und so hatte Cellini sich mit der Herzogin gut zu stellen, auch wenn es sehr viel Zeit und Mühe kostete.

Zwar fertigte er lediglich die Skizzen und ließ die Arbeiten dann von den Goldschmieden des Herzogs ausführen. Aber er musste die Arbeiten überwachen und zu diesem Zweck immer wieder in den Palazzo gehen. So wie an diesem Tag auch. Er eilte zu den Goldschmieden, betrachtete das Wasserbecken, fand einige Stellen, die nicht sehr wohl geraten waren, sagte aber nichts, schließlich sollten ihn niedere Arbeiten nicht über Gebühr von den großen Werken abhalten, nickte und gab die Arbeit zur Vergoldung frei. Dann eilte er wieder in die Strada Julia. Er wollte an der Erzstatue für den Herzog arbeiten. Die Gussformen sollten erstellt, das Modell musste mit Wachs überzogen werden. Arbeiten, die er selbst ausführen wollte.

Cellini stürmte in die Werkstatt und sah zufrieden um sich. Die Burschen arbeiteten fleißig, legten bereits erste Hand an das Gestänge für die Gussformen. Fernando überwachte die Arbeit und Cencio... Wo war Cencio?

»Wo ist Cencio?«

Fernando fuhr herum, ließ die Skizze, die er in Händen hielt, sinken und sah stumm zu ihm. Die anderen unterbrachen ihre Arbeit, das metallische Klingen und Hämmern setzte aus und Stille senkte sich über die Werkstatt.

»Wo ist der Junge?«, bohrte Cellini nach, misstrauisch geworden und auf der Hut.

»Er ist fort«, flüsterte Fernando.

»Wie: fort? Sprich schon!«

Fernando schüttelte etwas hilflos den Kopf. Seine Wangen waren blass geworden, die dunklen Locken umrahmten sein ovales Gesicht wie das eines Engels und seine vollen Lippen stachen blutrot hervor.

»Die Gambetta hat ihn abgeholt.«

»Wann war das?«

Cellini fasste Fernando an den Schultern, schüttelte ihn, ließ von ihm ab und konnte überhaupt nicht fassen, was er zu hören bekam. Die Gambetta, die Hure, war in seiner Werkstatt gewesen und hatte Cencio mit sich genommen. Warum? Warum war sie hier gewesen?

Fernando wusste keine Antwort darauf, auch die anderen Burschen nicht, die sich wegduckten, Schlägen entgehen wollten und Angst zeigten. Zum Teufel – was sollte er von dieser Sache nur halten?

»Aber sie wird doch irgendetwas gesagt haben?!«

»Nun, nur eine Andeutung...«

»Dann spuck's endlich aus!«

Fernando schlug die Augen zu Boden, wandte das Gesicht und sprach so leise, dass es kaum zu hören war: »Sie will nicht, dass der Junge bei Euch einen unsittlichen Lebenswandel hat.«

Cellini wollte eben etwas erwidern, da ertönte ein wütendes Pochen an der Tür. Er riss die Tür auf – und da stand die ungehörige Person: die Gambetta. Viel zu grell geschminkt, die faltigen Wangen mit Farbe übertönt, das Haar so stark mit Urin gebleicht, dass es in strohigem Gelb unter dem bunten Tuch hervorlugte, das sie um den Kopf geschlungen trug. Und an ihre Seite gepresst stand Cencio und wagte es nicht, Cellini anzusehen. Die Gambetta keifte: »Da bist du ja, Cellini. Hab mit dir zu sprechen.«

»Duz mich nicht, Weib«, brüllte Cellini.

Sie zuckte ungerührt die Schultern, wich aber einen Schritt zurück, um eventuellen Schlägen schneller ausweichen zu können. Die Hure hatte in ihrem Leben wohl schon einiges einzustecken gehabt und war deshalb erstaunlich flink in ihren Bewegungen. Er hatte seine Hand schon drohend erhoben, zur Faust geballt, hielt aber noch an sich. Erst wollte er hören, was sie zu sagen hatte.

»Du hast dich an Cencio vergangen. Meinem kleinen Jungen. Hast ihn geschändet, Cellini.«

Das war eine böse Überraschung.

»Das ist nicht wahr! Cencio – sag deiner Mutter die Wahrheit!«, donnerte Cellini auf die Straße hinaus, trat über die Schwelle, bemerkte sehr wohl, dass sich die Nachbarn ansammelten, die Köpfe neugierig gereckt, um nichts von dem Streit zu verpassen. Sollten sie nur alle hören, was die beiden zu sagen hatten. Unverschämtes Pack. Er hatte Cencio nie angerührt. Bei Gott, der Sinn hatte ihm danach gestanden, aber Fernando hätte ihm mit seiner Eifersucht nur das Leben erschwert.

»Sprich endlich, Cencio!«

Cencio zuckte zusammen. Seine Mutter hingegen grinste weiter unflätig und keifte so laut, dass es die neugierigen Nachbarn deutlich hören konnten: »Gesteh es doch, dass du dich mit Knaben abgibst.«

Cellini lachte hart auf und brüllte in die Straße: »Natürlich tu ich das! Ich bin schließlich Bildhauer und habe Burschen, Gesellen und Lehrlinge. Und jetzt, Cencio, sag: Habe ich anders mit dir verkehrt, als es unsere Arbeit verlangt? Habe ich das?!«

Cencio schüttelte den Kopf und heulte wie ein Kleinkind. Sein Anblick war Ekel erregend und Cellini spuckte auf die Straße, ehe er das Armgelenk der Gambetta fasste und die Hure so dicht zu sich zog, dass er ihre säuerlichen Ausdünstungen riechen konnte.

»Und jetzt scher dich fort, elendes Weib, oder es ergeht dir schlecht.«

Die Hure biss die wenigen Zähne, die sie noch hatte, aufeinander. Sie war ein zähes Biest. Also drehte er ihren Arm noch weiter herum.

»Hör auf, Cellini«, keuchte sie endlich. »Gib mir hundert Scudi.«

»Wofür?«

»Dafür, dass ich über die Dinge schweige, die in deiner Werkstatt vor sich gehen. Und dafür, dass ich Riccio, der ein spezieller Freund von mir ist – verstehst schon, was ich meine –, dass ich ihm sage, an den Gerüchten sei nichts Wahres dran.«

Cellini ließ sie los, versetzte ihr einen Fausthieb ins Gesicht und spuckte auf sie, als sie zu Boden fiel und Cencio unter sich begrub. Er fingerte seine Geldkatze vom Gürtel, nahm einige Kupfermünzen heraus, warf sie in den Dreck der Straße und zischte: »Lass dich nie wieder hier sehen. Und wenn du weiter Gerüchte dieser Art verbreitest – bringe ich euch beide um. Dich und den schamlosen Jungen.«

Mit diesen Worten wandte er sich ab und warf die Tür hinter sich zu.

Die Burschen hatten sich zurückgezogen, nur Fernando stand noch immer an der gleichen Stelle. Stand da wie erstarrt.

»Lass mich allein«, flüsterte Cellini.

Fernando ging nur zögernd und ließ bedrückende Stille zurück. Cellini wankte zu einem der Arbeitstische, ließ sich nieder und stützte den Kopf in die Hände. Warum hatte ihn Cencio derart verraten? Er stand ganz unter dem Einfluss seiner schändlichen Mutter. Gut, dass er ihn los war. Blieb nur zu hoffen, dass die Hure eingeschüchtert genug war, um nicht weiter gegen ihn vorzugehen. Ihr zumindest ging es doch nur um Geld. Sie war eine Hure und würde für Geld alles tun. Aber die Drahtzieher hinter der Sache waren Riccio und damit auch Bandinelli. Verfluchte Bastarde. Fielen über ihn her wie Dämonen der Nacht und wollten ihn vernichten. Es drehte sich um Macht. Und um Neid. Und er vermochte sich kaum zu wehren. Außer er festigte das lockere Band, das er zwischen dem Herzog und seiner Person geknüpft hatte. Aber wie sollte er das anstellen? Nun, mit seinen Kunstwerken. Mit seiner Kunst.

Cellini hob den Kopf, starrte in die Werkstatt, sah das Modell des Perseus. Direkt daneben das Modell für die Statue des Herzogs. Ja, er würde sofort weiterarbeiten. Am Perseus? Nein, der Sinn stand ihm nach etwas, das schneller vonstatten ging. Also die Erzstatue des Herzogs. Ja.

Das war das Richtige. Immer noch seltsam berührt, aber

innerlich so weit gestärkt, dass ein Funken Hoffnung aufkeimen konnte, erhob er sich.

Er brüllte nach Fernando, trug ihm auf, die anderen sollten sich augenblicklich wieder an ihre Arbeiten begeben, sonst würde es ihnen schlimm ergehen, scheuchte die Mägde, sie sollten das Feuer im Garten schüren, und rannte wie besessen durch die große Werkstatt auf der Suche nach den Skizzen. Er fühlte sich erst besser, als er sie fand, zur Hand nahm und das gebrannte Modell aus Ton noch einmal begutachtete. Ja, alles war wohl gelungen. Nun würde er die Statue mit Erz überziehen.

Er arbeitete weiter, konnte nicht mehr inne halten, forderte von seinen Burschen den gleichen Einsatz, fühlte, wie ihm der Schweiß aus den Poren strömte, sein Körper fast wie im Fieber geschüttelt wurde, und fand Linderung nur noch in der Arbeit. Kaum hielt er einen Moment still, schlugen schlimmste Gedanken über ihm zusammen. Bilder aus dem Kerker in der Engelsburg drängten sich ihm auf, längst vergessene Dämonen der Angst bedrängten ihn, streckten ihre Krallen aus, wollten ihn packen und mit sich reißen, und er konnte sich ihrer nur durch harte Arbeit entziehen.

Nach Tagen war das Modell in zwei Teile zerlegt, mit Eisengestängen versehen und bereit, in Erz gegossen zu werden. Der Ofen erinnerte ihn an das Fegefeuer des göttlichen Dante. Am liebsten hätte er sich in die Flammen gestürzt, um sich zu reinigen. Fernando schien seine Qualen zu erahnen. Der Junge schürte das Feuer, achtete auf die Glut, beobachtete die Öffnungen, in die das flüssige Erz quellen würde, und spendete ihm lindernden Trost mit seiner treuen Anwesenheit.

Als die Statue nach wenigen Tagen gegossen war, aus der Form befreit und endlich mit Grabstichel und Hammer bearbeitet werden konnte, schickte Cellini Fernando zum ersten Mal seit Tagen in seine Kammer, um sich auszuruhen.

Cellini hielt sich weiter in der Werkstatt auf, begutachtete die Statue, ließ die Finger über die Nähte gleiten und setzte den Grabstichel wieder an, um sie vollends zu beseitigen, als großer Lärm auf der Straße entstand. Ein kleiner Junge rief: »Der Herzog! Sieh nur, Mama – der Herzog!«, und Cellini horchte auf.

Er legte die Gerätschaften zur Seite, wollte eben einen der Burschen zur Tür schicken, als diese bereits aufflog und Riccio den Weg für Cosimo frei machte.

»Welche Ehre!«, rief Cellini aus, ehrlich erfreut und zugleich beunruhigt. Er eilte dem Herzog entgegen, der eben eingetreten war. Eine Schar *cavalieri* drängte sich hinter ihm zur Tür herein, und ehe der Herzog das Gespräch begann, war der Raum von lachenden und schwatzenden Stimmen erfüllt.

»Nun, was für eine überaus schöne Werkstatt«, bemerkte der Herzog und deutete mit einer ausholenden Bewegung durch den Raum. Cellini sah sich um. Ja gut, sie war groß und geräumig und bestens ausgestattet.

Dennoch erwiderte er nichts, wartete einfach nur ab und betrachtete mit Argwohn und Besorgnis, wie der Herzog durch die Werkstatt wanderte. Riccio hielt sich dicht bei ihm, wies ihn auf die eine oder andere Arbeit hin, schielte dabei immer wieder zu den Burschen und dann zu Cellini, so, als suche er etwas, das er aber nicht finden konnte.

Der Blick des Herzogs fiel auf die Statue aus Erz. Er neigte den Kopf und für einen kurzen Moment schien etwas wie Freude in seinen Augen aufzuleuchten.

»Ist das die Statue, die du von mir zu machen wünschst?«

»Ja, und sie ist beinahe fertig.«

Cellini eilte an seine Seite, wollte eben erklären, wie er mit Grabstichel und Hammer noch die Nahtstellen glätten würde, als sich Bandinelli zwischen sie drängte.

»Ah – eine schlechte Arbeit. Hier – seht nur: Die Nahtstellen sind viel zu grob.«

»Ich war eben dabei, sie zu glätten«, knurrte Cellini.

Bandinelli lachte auf.

»Und dann fällt dir alles auseinander. Nein, das ist eine schlechte Arbeit.«

Cellinis Hände zuckten, er fühlte, wie der Boden unter seinen Füßen nachzugeben drohte, wie die lachenden Stimmen in weite Ferne rückten.

»Nun – was sagst du zu den Vorwürfen?«, fragte der Herzog nachdenklich.

»Sie entsprechen nicht der Wahrheit«, brachte Cellini mühsam hervor.

Riccio und Bandinelli grinsten und Cellini konzentrierte sich vollkommen auf den Herzog, um nicht in Raserei zu verfallen.

Der Herzog blieb in seinen eigenen Gedanken versunken. Fast schien es, als wollte er nicht mehr daraus erwachen, als er sich schließlich mit einem Ruck aufrichtete und seinen Blick auf Cellini wandte. Ernst und ohne jedes Lächeln im Gesicht sagte er: »Die Statue gefällt mir. Aber in Anbetracht gewisser Umstände will ich dich etwas kürzer halten.«

Cellini verlor sich für einen Moment in der unergründlichen Schwärze der herzoglichen Augen.

»Nimm dich in deinen Handlungen in Acht, Cellini. Ich höre, du vertraust zu sehr auf meine Gunst und tust einiges, was sich nicht gehört. Mäßige dich.«

»Ja«, flüsterte Cellini.

»Ich helfe dir auch dabei. Ich kürze deinen Lohn auf hundert Scudi. Vielleicht bringt dich das auf den Gedanken, zu arbeiten und deine Zeit nicht mit anderen Dingen zu vergeuden.«

Keine Freundlichkeit, kein Wohlwollen und keine Gunst lagen in diesen Worten. Die Stimme des Herzogs war kalt.

Er konnte sich nicht mehr entsinnen, wie er die Tage nach dem grauenvollen Besuch des Herzogs hinter sich gebracht hatte. Womit er sich, seine Hände und seinen Geist beschäftigt hatte, aber irgendwann war ihm die Herzogin eingefallen. Eleonore. Der Herzog liebte sie über alles, las ihr jeden Wunsch von den Augen ab und lauschte jedem ihrer Einfälle in völliger Hingabe. Wenn sie sich für ihn, Cellini, aussprach, würde ihm auch der Herzog wieder wohl gesinnt sein.

Ja, mit Sicherheit war es so. Wichtig war nurmehr, die Gunst des Herzogs wiederzuerlangen, und wenn dies nur möglich war, indem er sich erst in das Herz Eleonores schlich, dann sollte es eben so sein.

Also widmete er sich in den nächsten Wochen völlig der Arbeit an kleinen Dingen. Er fertigte liebliches Geschmeide, mit filigranem Laubwerk verziert, mit Vögeln und Blumen, dazu Wasserbecken und Gürtelschnallen, dachte nur wenig an den Perseus – und arbeitete dann doch noch einen Ring.

Der Ring schien ihm bezaubernder und entzückender als jedes andere Geschmeide, das er je zuvor gearbeitet hatte, und so verwahrte er ihn in einem mit dunkelgrünem Samt ausgeschlagenen Schmuckkästchen aus Elfenbein, drapierte frische Blüten um den Ring, verschloss das Kästchen und eilte damit zum Palazzo.

Zu seinem Erstaunen ließ ihn die Herzogin auch sofort zu sich rufen, sobald sie von seinem Geschenk hörte, und so konnte er ihr den Ring höchstpersönlich unter größter Ehrerbietung überreichen. So tief hatte er sich wohl noch nie vor einem Weib verneigt, dachte er grimmig.

Sie wandte sich ein Stück ab, öffnete das Kästchen, entnahm den Ring und stieß einen Seufzer der Freude aus, während sie den Ring zwischen ihren feinen, weißen Fingern drehte und ihn gegen das Licht der einfallenden Sonne hielt. Die Strahlen brachen sich in den kleinen Steinen, die er zwischen die Blüten und Vögel gesetzt hatte, und warfen ein buntes Spiel aus tanzenden Farben auf das Gesicht der Herzogin.

»Er ist wirklich sehr schön, Benvenuto«, hauchte sie und fügte dann etwas fester hinzu: »Aber ist er auch von deiner Hand gearbeitet?«

»Ich verstehe nicht ...«

»Nun, die Frage ist doch sehr einfach, oder nicht?«

Ihre bernsteinfarbenen Augen funkelten, ihre Stimme klang etwas unwirsch, fast gereizt, und Cellini beeilte sich, sich noch einmal zu verbeugen und dabei mit fester Stimme von sich zu geben: »Aber natürlich, meine Herzogin!«

Als er sich wieder aufrichtete, schien sie etwas besänftigt. Ein Lächeln umspielte ihre Lippen.

»Nun, das ist gut. Und ich danke dir.«

»Wenn ich als Lohn eine Bitte äußern dürfte?«

Eleonore von Toledo sah erstaunt auf: »Was kann ich dir geben?«

Cellini trat im Überschwang einen Schritt vor: »Bitte sagt dem Herzog, dass ich seine Hilfe brauche. Hilfe für den Perseus. Nicht nur Silber und gute Bezahlung. Nein, auch den herzoglichen Beistand benötige ich. Der Herzog soll um Himmels willen der bösen Zunge des Bandinelli keinen Glauben schenken!«

Die Herzogin sah ihn unverwandt an. Keine wohlwollende Gefühlsregung zeigte sich in ihrem Gesicht. Schließlich zuckte sie die Schultern und erwiderte knapp: »Wenn die Zeit kommt, werde ich sehen, ob ich für dich sprechen kann.«

Cellini starrte sie an. Er konnte nicht fassen, welche Kälte ihm diese Frau entgegenbrachte. Hilfe war von ihr wohl kaum zu erwarten.

Entsetzen und eisiger Zorn begleiteten ihn auf seinem Weg zurück in die Werkstatt und ließen weder den Rest des Tages von ihm ab noch die folgenden Wochen und Monate. Die Herzogin schickte ein ums andere Mal nach ihm, brachte ihn beinahe um den Verstand mit ihrem unersättlichen Verlangen nach Tand und Schmuck, war aber nicht dazu zu bewegen, sich für ihn beim Herzog einzusetzen. Und der Herzog war auf Reisen, weilte in Rom, in Siena, in Pisa – nur selten in Florenz. Und war er zugegen, hatte er kein Ohr für ihn.

In dieser ungewissen und unbefriedigenden Zeit fiel ihm die Arbeit zusehends schwerer. Der Perseus war mittlerweile bereit, gegossen zu werden, auch Medusa war entworfen, aber er konnte seine Sinne nicht auf dieses Werk lenken, also gab er sich anderen Dingen hin. Der Liebe zu Fernando. Und einem Porträt aus Erz für den edlen Altoviti in Rom. Das Porträt geriet außerordentlich gut und so ließ er es dem *cavalieri* Altoviti denn auch nach Rom schicken.

Der Herzog ließ ab und an durch einen Boten nachfragen, wann der Perseus denn nun fertig sei. Zunächst antwortete Cellini noch, dann sah er keinen Sinn mehr darin und hüllte sich in Schweigen – und der Herzog strich ihm die Löhne für die Gesellen und Lehrlinge.

Nun musste er die Burschen aus eigener Tasche bezahlen, was ihm gar nicht recht schmecken wollte. Also machte er sich auf zu Riccio, aber der lachte nur laut und fragte: »Warum vollendest du nicht das gewünschte Werk? Den Perseus? Oder stimmt es, was alle Bildhauer in Florenz reden: Cellini hat sich übernommen und will es nicht zugeben? Ha!«

»Hol euch alle der Henker und alle, die glauben, ich könne es nicht vollenden!«, donnerte Cellini gegen das hölzerne Deckengebälk des Flures vor der Schatzkammer, machte auf dem Absatz kehrt und stürmte aus dem Kastell. Umbringen wollte er Riccio, und Bandinelli gleich mit. Aber eine solche Tat hätte unweigerlich auch sein eigenes Ende bedeutet. Nur deshalb musste er all diese Schmach erdulden, gestand er sich zähneknirschend ein, während er den Ponte Vecchio überquerte und auf die Strada Julia zuhielt. Die Gegend um die Brücke war eine einzige Qual für ihn. Goldschmied an Goldschmied hatte sich hier niedergelassen. Auf Geheiß des Herzogs, der den Gestank nicht mehr ertragen konnte, da die Metzger, Gerber und Knochenhauer, die früher hier ihre Werkstätten besessen hatten, all ihren Müll, die Gedärme und das Blut in den Arno gekippt hatten.

Cellini konnte diese Stadt nicht mehr ertragen: Die tägliche Erinnerung an den Herzog, der ihn so schändlich behandelte, lag ihm wie ein Mühlstein auf der Seele. Er stürzte in seine Werkstatt, rannte ohne ein weiteres Wort in sein Gemach und verließ es für den Rest des Tages nicht mehr. Düstere Gedanken umwölkten seine Seele. Hatte er deshalb Frankreich verlassen, um in Florenz weder Aufmunterung noch Liebe zu empfangen?

Sein Blick aus dem Fenster fiel auf den Arno, der sich ruhig und doch so mächtig durch sein Flussbett schob. Vielleicht war es besser, sich einfach in die Fluten zu stürzen? Gleich heute diesem furchtbaren Dasein ein Ende zu setzen? Er starrte weiter auf den funkelnden, glitzernden Fluss. Sah er dort seinen Engel? Den Engel aus dem Kerker? Und hörte er nicht die Stimme des Engels?

Du sollst nicht nehmen, was dir ein anderer gegeben, Benvenuto. Und was ist mit dem Kreuz, das du versprochen hast?

Richtig. Das Kreuz. Ja, das marmorne Kreuz, das er dem Herrn versprochen hatte, wenn er ihn aus dem Kerker erlöste. Damals in der Engelsburg hatte er dieses Versprechen gegeben. Es gab also noch einiges zu tun in dieser Welt. Er konnte sie noch nicht verlassen.

Aber woher sollte er den Marmor nehmen? Guter Marmor war unendlich teuer. Er hatte bereits so hohe Kosten.

Geh zum Herzog.

Sprach der Engel zu ihm? Mut, Zuversicht und Hoffnung durchströmten ihn, als würde der mächtige Arno mitten durch ihn hindurchfließen und ihm all seine Kraft überlassen. Er breitete seine Arme aus und überließ sich völlig seiner Vision und seinem Engel. So lange, bis er irgendwann gewahr wurde, dass die Nacht hereingebrochen war und sich nunmehr silbernes Mondlicht auf dem Fluss spiegelte, in tausend Scherben zu zerbrechen schien und ihn dazu drängte, endlich ans Werk zu gehen.

Er würde sich also endlich auf seinen Eid besinnen und das Kreuz aus Marmor fertigen. Es war nicht für den Herzog bestimmt, aber wenn dieser es sah, würde er endlich von seiner Kunstfertigkeit überzeugt sein. Dessen war er so gewiss, dass er in die große Werkstatt eilte, zum ersten Mal zufrieden war, als er den Raum völlig verlassen vorfand, nach einem Kohlestift und Papier suchte und sogleich mit der Arbeit begann.

Die Flamme der Kerze warf nur ein spärliches Licht, aber das Kreuz war so deutlich in seine Erinnerung gebrannt, dass es nur weniger Striche und Linien bedurfte, um es vollständig zu skizzieren. Danach blieben ihm noch Stunden, bevor er sich endlich auf den Weg machen konnte, um nach einem geeigneten Stück Marmor Ausschau halten zu können. Also nahm er Grabstichel und Hammer wieder zur Hand und ging schweren Herzens daran, die Statue des Herzogs zu vollenden.

Als die Sonne endlich über den Dächern von Florenz aufging, war die Statue fertig, und er gab Fernando Anweisungen, sein Pferd satteln zu lassen. Noch heute wollte er den Marmor kaufen.

Er hatte Glück. Er fand alsbald den gesuchten Marmor und nur wenige Tage später wurde der große weiße Block geliefert. Daraus würde ein Teil des Kreuzes entstehen. Und darunter wollte er schwarzen Marmor legen.

Er ließ seine Hände über den Stein gleiten, fühlte die kühle Fläche mit allen Sinnen und begann sich auf sein Werk zu stürzen. Die Skizzen konnte er nicht finden. Aber er brauchte sie nicht. Er hatte das Bild des Kreuzes im Kopf, trug es in seinem Herzen und seiner Seele gleichermaßen.

Seine Gesellen und Lehrlinge scharten sich um ihn, bestaunten den Stein, rätselten und mutmaßten, was er wohl daraus fertigen wollte. Cellini setzte Hammer und Meißel an und schlug ein Stück Stein ab, ging um den Stein herum, sah, dass er den Hammer falsch angesetzt hatte, und fluchte. War der Stein nun verdorben? Nein. Noch nicht. Aber es bedurfte größerer Sorgfalt. Noch einmal setzte er an, hieb mit dem Hammer auf den Meißel – und wieder brach der Stein an ungünstigster Stelle.

»Raus hier! Alle raus! Schert euch zum Teufel!«

Fernando wollte bleiben, aber Cellini schwenkte den Hammer über dem Kopf und Fernando floh mit den anderen in die kleine Werkstatt. Nun konnte er endlich in Ruhe arbeiten. Diese Tölpel! So viel Lärm zu veranstalten – da war es doch kein Wunder, dass nichts gelingen wollte!

Noch einmal hieb er auf den Stein. Ein großes Stück brach ab. Mit einem Schrei schleuderte er Hammer und Meißel gegen die Wand. Gerade in diesem Moment wurde die Tür geöffnet, Riccio trat ein – und erschrak fast zu Tode, als er die Gerätschaften dicht bei seinem Kopf gegen die Mauer prallen sah. Da drängte der Herzog sich an Riccio vorbei, kopfschüttelnd und erstaunt.

Cellini war für einen kurzen Moment wie erstarrt. Dieser Herzog hatte die unglückselige Angewohnheit, immer im schlimmsten Moment aufzutauchen. Und natürlich wie immer begleitet von der Herzogin – und Bandinelli. Ach, dieser Tag war verflucht!

»Wir wollten sehen, wie deine Arbeit am Perseus voranschreitet. Aber ich glaube, du arbeitest an anderen Dingen – oder wie soll ich den Marmorblock in deiner Werkstatt deuten?«

»Nun, nur ein Versuch – ein Versuch«, versetzte Cellini schnell. Da zwängte sich Bandinelli an seine Seite, warf einen Blick auf den behauenen Block und lachte laut auf.

»Nun, was erheitert dich so, Bandinelli?«, fragte die Herzogin und schenkte der Bestie ihr strahlendstes Lächeln.

»Nun, seht selbst – er kann es nicht. Er kann nicht in Marmor arbeiten«, jubelte Bandinelli und deutete auf den Stein.

Ehe Cellini in seiner aufkeimenden Wut auch nur ein Wort erwidern konnte, fuhr Bandinelli fort und schrie in die Runde, die sich nun um den Block versammelt hatte: »Und genauso verhält es sich mit seinem Perseus. Er kann es nicht!«

Cellini zitterte vor Wut.

»Wer über andere spricht, sollte erst auf das eigene Werk achten. Und dein Werk findet nur Hohn und Spott in ganz Florenz. Deine Statuen sind ohne rechtes Maß. Die Köpfe sind missgestaltet, erinnern an Dämonen und erfreuen kein Auge!«, polterte er Bandinelli entgegen, der einen Schritt zurückwankte und mit zitternder Hand Halt am Marmorblock suchte.

»Halt du dein Schandmaul«, flüsterte Bandinelli, das Gesicht blutleer und die Augen vor Zorn geweitet. »Schweig nur still – du Sodomit!« Bandinelli spuckte ihm die Worte regelrecht entgegen. Die Herzogin sog hörbar den Atem ein, einige *cavalieri* begannen zu tuscheln.

Cellini trat näher an Bandinelli heran. Er hasste ihn so sehr. Warum nur hatte er ihn nicht umgebracht?

»Ich bin kein Sodomit«, knurrte er.

»Doch«, brachte Bandinelli schwach hervor.

Cellini lachte auf und wandte sich an die Runde der *cavalieri*: »Und wenn ich einer wäre – befände ich mich wohl in bester Gesellschaft, nicht wahr? Sagt man nicht, dass gerade die Reichen und Vornehmen, ja die Kaiser und Könige diese wunderbare Kunst pflegen? Und verkehrten nicht Jupiter und Ganymedes in eben dieser Weise? Warum sollte ich mich diesem Kreis nicht anschließen wollen? Hm?«

Einer der *cavalieri* lachte auf und applaudierte, ein anderer fiel ein, und bald schon löste sich auch die Verdrießlichkeit im Gesicht des Herzogs in angenehme Heiterkeit auf. Nur Bandinelli zitterte weiter vor Wut.

Der Herzog hob eine Hand, immer noch schmunzelnd, und

sagte schließlich: »Nun, Cellini, wann bekomme ich den Perseus zu sehen?«

»Wenn ich Unterstützung erhalte – dann kann ich die Arbeit beenden.«

Das Lächeln verschwand aus dem Gesicht des Herzogs, als wäre es von unsichtbarer Hand daraus gestrichen worden.

»Du nimmst dir zu viel heraus, Cellini. Viel zu viel.«

Florenz
im Jahre des Herrn 1561, in Cellinis Werkstatt

Die Freundschaft hatte jäh ein Ende gefunden. So es denn überhaupt jemals eine Freundschaft gegeben hatte zwischen ihm und dem Herzog. Jegliches Gefühl von Zuneigung, Achtung und Respekt schien an jenem verhängnisvollen Tag weggefegt worden zu sein von ein paar wenigen Worten. Und so war er seinen Dämonen der Vergangenheit schutzlos ausgeliefert.

Cellini löste seinen Blick von den Blättern in seiner Hand. Wie lange schon starrte er auf die niedergeschriebenen Erinnerungen? Er wusste es nicht. Er hatte Mario irgendwann hinausgeschickt. Als sie zu der Stelle mit dem Streit kamen. Da wollte er allein sein. Hatte dem Jungen Federkiel und Papier entrissen und ihn unter Androhung von Prügeln hinausgejagt.

Das war irgendwann am späten Nachmittag gewesen. Nun ging die Sonne bereits unter. Immer weniger Fuhrwerke rumpelten über die Trittsteine, Tore wurden geschlossen, einige Weiber setzten sich auf die Straße, plauderten und lachten. Ihre Stimmen drangen schrill zu ihm hoch, taten in seinen Ohren weh.

Cellini verspürte nichts als Angst. Angst und Hoffnungslosigkeit. So lange schon. Damals hatte das Unglück seinen Lauf genommen. Es war, als hätte ihn jemand an einem Rad des Unglücks festgebunden, und er war dazu verdammt, sich immer weiter und weiter im Unglück zu drehen.

Und da war diese Frage, die er sich immer wieder stellte: Hätte er Frankreich doch nicht verlassen sollen? Und tat er nicht gut daran, Angst zu haben? Es war immer noch nicht ausgestanden. Ja, sie hatten die Todesstrafe zurückgenommen. Und dennoch wollten sie ihn sterben lassen. Verrecken in aller Einsamkeit.

Beinahe hätte er ihnen diesen Gefallen getan. Das Fieber hatte ihn für Monate niedergestreckt. Aber nun war es besiegt. Seit Tagen schon wurde er nicht mehr von Anfällen geschüttelt und er hätte eigentlich das Bett und damit auch sein Gemach verlassen können. Aber wozu? Wozu sich überhaupt in die Werkstatt bemühen? Nur um der bedrückenden Stille zu begegnen, die ihn bei jedem Schritt daran erinnerte, wie sehr diese Werkstatt noch vor wenigen Jahren mit Lärm und Gelächter, mit den Geräuschen von Arbeit und von Leben gefüllt war? Nein, er blieb lieber hier. Hier in seinem Zimmer. Der schwere samtene Baldachin schien ihn zu beschützen.

Aber erinnerten ihn die Möbel – das Bett, die Truhe, die Stühle – nicht allesamt an sein Verderben? Wie oft war er hier mit Fernando gewesen. Es war, als lebte sein böser Geist immer noch hier. Als hätte er mit seinem Verrat auch diesen Raum vergiftet.

Egal, wohin er sich auch wenden würde – die Dämonen würden ihn immer einholen. Alles, was er zu tun vermochte, war, Angst zu haben. Angst um sein vergeudetes Leben.

Cellini setzte sich auf, starrte weiter zum Fenster und fühlte, wie Schweißperlen auf seine Stirn traten. Die Tür wurde leise geöffnet. Ach, zum Teufel mit Mario, der ihn immer stören musste.

Aber es war nicht Mario. Er vernahm kein Schlurfen, vom schlimmen Bein verursacht, das bei jedem Schritt, den der Esel tat, nur über den Boden gezogen werden konnte. Dafür zog ein weicher, kaum wahrnehmbarer Duft von Veilchen in seine Nase. Es war Piera. Nur sie duftete nach Veilchen.

Er fühlte ihre sanfte Hand, die prüfend über seine Stirn glitt, und schluchzte auf.

Er erschrak beim Klang seiner eigenen Stimme, zuckte zusammen, wollte hochfahren und Piera zum Teufel schicken, aber da umfing sie ihn schon und drückte ihn an sich. Eigentlich hätte er sich wehren sollen, aber er vermochte es nicht. Es war nicht möglich. Er sog ihren Duft nach Veilchen ein. Vielleicht ließen sich Dämonen von diesem durch und durch guten Odem vertreiben?

Als sie ihre Haare löste, sie über ihren Körper fluten ließ, ihr Kleid öffnete und ihn erneut umfing, ließ er es geschehen und versank in Ruhe und Geborgenheit.

Florenz
im Jahre des Herrn 1554

»Keine Ruhe! Ich will mich jetzt nicht zur Ruhe begeben! Zum Teufel aber auch!«

Cellini schwenkte einen Ziegel drohend über seinem Haupt, deutete an, er würde sich nicht scheuen, ihn auch zu werfen, und schaffte es damit endlich, die Magd, die sich so sorgte um ihn, vom Ofen wegzuscheuchen. Das Weib war wirklich zu aufdringlich, lachte nur keck, zog sich aber doch zurück.

Immer wieder wurde er aufgehalten. Warum nur? Es blieb keine Zeit mehr. Er wollte den Perseus fertig stellen. Seinen Perseus. Nur diese Statue würde den Herzog besänftigen können. Aber der Ofen war noch nicht fertig. Ziegel um Ziegel musste aufgebaut werden, während Fernando und die anderen Burschen bereits die Grube aushoben, in der das Feuer unter dem Ofen entfacht werden würde.

Immer wieder überprüfte Cellini, ob die Ziegel auch nicht zu dicht saßen, genug Raum für das Feuer ließen, das ausströmen und sich durch die Luftzufuhr immer wieder neu entfachen musste.

Stein für Stein schichtete er auf, gönnte sich keine Ruhe, bis der Ofen endlich fertig war, besah dann die Grube, befand, dass sie genau richtig geraten war, und begann das Feuer in der Grube zu legen. Er hatte alles genau bedacht und bereits vor Wochen einige Klafter Pinienholz aus dem Wald nahe Monte Lupo bringen lassen. Das Pinienholz würde ein kräftiges, schnelles Feuer geben, das das Wachs und später das Metall gut zum Schmelzen bringen würde. Aber er sandte einen besorgten Blick gen Himmel. Dicke Wolken zogen auf, kündeten von unheilvollem Regen. Dazu kam Wind auf. Das war nicht gut. Er würde das Feuer zu stark entfachen, gar Funken gegen die Werkstatt treiben, gegen das Haus – und es in Flammen setzen. Hatte er den Ofen zu dicht an das Haus gemauert? Nein, auf keinen Fall. Er stand genau richtig. Nur der Wind war dämonisch und die Wolken waren es auch, aber er würde sich nicht mehr davon abhalten lassen, seinen Perseus nun endlich zu vollenden. Und wenn die Götter selbst sich dagegenstellten, fügte er in grimmigen Gedanken hinzu.

Schließlich ließ er den Perseus holen. Im Moment war nicht viel zu erkennen von der wohlgestalteten Figur des Halbgottes. Er hatte sie erst mit Wachs überzogen, dann sorgfältig mit Eisen umgeben und das Wachs wieder herausgezogen. Der Zwischenraum, der dadurch entstanden war, würde sich in den nächsten Stunden mit flüssigem Kupfer füllen, den gebrannten Ton überziehen und schließlich zur schönsten Statue werden, die je ein Menschenauge erblickt hatte. Ja, dessen war er gewiss.

Während Fernando und die anderen einen hölzernen Hebekran mit Winden und Hanfseilen aufbauten, besah er sich die Form noch einmal. Hatte er auch genügend Luftlöcher gestochen? Damit sich die Form gut füllen konnte? Ja, er hatte sie gut platziert, mit Bedacht gewählt.

Mit überströmender Liebe für seinen Perseus im Herzen schlang er die Hanfseile um die gebrannte und mit Eisenplatten überzogene Figur, ließ sie über die Grube und den Ofen anheben. So frei schwebend sah es beinahe aus, als wollte der Perseus davonfliegen, sich davonstehlen, mitten in den grau und düster verhangenen Himmel hinein. Beinahe wollte ihn Angst überkommen, aber er musste mit Bedacht vorgehen, und Angst war dabei nicht hilfreich. Also hielt er an sich, richtete die Figur sanft und sacht aus und ließ sie dann in die Grube hinab.

Er schichtete Erde um die Figur, so dass sie gut saß, stach Luftkanäle hinein, erklärte den Burschen, die ihn trotz des mittlerweile kalten und feuchten Wetters schwitzend und mit neugierigen Blicken umringten, wie weiter vorzugehen war.

»Schichtet das Kupfer und die anderen Stücke von Erz in den Ofen, häuft sie an – aber mit Verstand und Sorgfalt eins über das andere! Ja – genau so. Zeigt der Flamme, welchen Weg sie gehen muss. Je besser das Metall geschichtet ist, desto schneller erhitzt es sich und kann zusammenfließen. Und nun gebt dem Ofen Feuer!«

Er half seinen Burschen, schubste und drängte sie zur Seite. Sie waren nicht schnell genug, arbeiteten viel zu träge, und es war besser, er half mit, Pinienholz nachzulegen. Das harzige Holz flammte so lebhaft auf, dass das Feuer beinahe aus dem Ofen zu lodern drohte. Er sprang von allen Seiten heran, trieb das Feuer wieder zurück, fühlte sich beinahe wie ein Gott der Unterwelt, der mit mächtigem Feuer den Dämonen einheizte.

Unglücklicherweise wurde der Wind stärker, fachte die

Flammen nur noch mehr an und trieb sie tatsächlich gegen das Haus – so, wie er bereits befürchtet hatte. Fernando holte Burschen aus den umliegenden Werkstätten zu Hilfe, das Feuer einzudämmen und gegen den Garten nasse Tücher aufzuhängen, um die Bäume vor dem Funkenflug zu schützen. Dazu kam der nun einsetzende Regen. Er löschte das Feuer nicht, ließ aber den Ofen abkühlen. Zum Teufel! Er musste gegen die gesamten Kräfte der Natur kämpfen. Unermüdlich rannte Cellini um den Ofen, schichtete Feuer nach, stocherte im Holz, dann wieder im Metall, damit es gut schmolz. Die Flammen leckten nach ihm. Aber er war Hephaistos – die Flammen machten ihm nichts aus. Es war, als ginge er eine Verbindung ein mit ihnen, loderte mit ihnen auf, wurde angetrieben und erhitzte sich immer mehr. Fieber befiel ihn, zehrte an ihm, ließ seinen Körper glühen.

»Ich brauche Ruhe«, donnerte er in den beginnenden Tag hinaus. Der heulende Wind trug seine Worte über die Dächer von Florenz, fegte sie dem Himmel entgegen.

Er brüllte Fernando zu sich, der erschöpft unter dem Feigenbaum eingeschlafen war. Cellini verpasste ihm eine Maulschelle. Der Junge hatte aufzupassen, musste wach sein, um das Werk vollenden zu können.

»Hör zu – das Metall wird ohnehin bald gar sein, dann ist die Arbeit getan. Du kannst also nichts falsch machen.«

»Ich soll die Arbeit überwachen?«

Cellini nickte grimmig.

»Ja, ich brauche Ruhe. Lege mich hin zum Sterben. So fühle ich mich.«

Mit einem schwachen Wink unterband er jegliche weitere Fragerei. Das Fieber wurde schlimmer, zehrte ihn auf, ließ seinen Körper von innen verbrennen.

Wo war nur seine Kammer? Er konnte nichts mehr erkennen. Die Welt um ihn herum versank in rot glühenden Schlieren und loderndem Feuer, während er durch die Werkstatt wankte, sich schließlich von Fiora in sein Bett bringen ließ. War das das Ende? Brachte ihn der Perseus schließlich um? Sein Perseus – sein bedeutendes Werk! Die Welt begann sich um ihn zu drehen, das Bett schwankte, ein Sturm schien zu toben, der samtene Baldachin schaukelte im Wind und Dämonen tanzten um ihn. Stunde um Stunde verging, er konnte die Kirchenglocken hören. Aus weiter Ferne. Es war ihm, als könnte der Ruf der Gläubigen nicht mehr zu ihm durchdringen – er war völlig von Dämonen und Höllenfeuer umgeben. Es ging zu Ende!

Da kam ein Dämon auf ihn zu. Ein gekrümmtes, buckliges Männchen, zischend und flüsternd und wispernd sprach es auf ihn ein, fuchtelte mit den Spinnenarmen. Cellini kämpfte gegen den Wahn an, das Zimmer drehte sich langsamer, die rot glühenden, wabernden Schlieren wurden weniger – aber der kleine Dämon wollte nicht weichen.

»Benvenuto! Benvenuto – nun wach doch endlich auf! Dein Werk ist verdorben – vollkommen verdorben!«

Was war mit seinem Perseus geschehen?

»Das Werk ist nicht mehr zu retten. Hörst du mich?«

Das Werk verdorben?

Cellini stieß einen animalischen, inbrünstigen Schrei aus, wie er es im Leben zuvor noch nicht getan hatte. Der Schrei befreite ihn von den glühenden Zangen des Fiebers, die Dämonen wichen zurück. Er erkannte in dem letzten verbliebenen Dämon Messer Balducci aus der Werkstatt am Ende der Straße und schrie noch einmal wie von Sinnen.

Fiora, Fernando und einige Burschen stürmten kopfüber in sein Zimmer, wollten ihn stützen, ihm helfen, aber er trat und schlug nach ihnen. Keiner konnte ihm helfen! Diese Stümper! Diese Tölpel und Esel!

Hals über Kopf rannte er in den Garten hinaus, drängte sich durch die Menge der Burschen, die allesamt mit hängenden Köpfen um den Ofen geschart standen und in die Grube starrten. Dazu hatten sich neugierige Nachbarn angesammelt, so dass er kaum Platz fand, seinen Perseus zu begutachten.

Als er endlich einen Blick in den Ofen werfen konnte, setzte sein Herz für einen Moment aus. Das Metall war zu einem Klumpen geronnen, einem riesigen Fladen aus Kupfer, der sich niemals um seinen Perseus legen konnte.

»Los, Fernando – lauf zu Nachbar Capretta, dem Fleischer. Seine Frau hat mir einige Klafter Eichenholz versprochen. Hol es!«

Ja, nur Eichenholz konnte das Metall noch retten. Erlen- und Fichtenholz war nur für kleine Arbeiten geeignet, da es nur leichtes Feuer entfachte. Das harzige Pinienholz war hingegen zu schnell vergangen in den Flammen. Aber Eichenholz – ja, das würde ein gewaltiges, mächtiges und vor allem beständiges Feuer geben, in dem das Kupfer doch noch schmelzen konnte.

Als Fernando endlich wiederkam, ließ Cellini das Holz sofort aufschichten und schwor bei Gott, den Ofen nun nicht mehr zu verlassen, bis der Perseus vollendet war.

Denn das war doch der Fehler gewesen. Er hätte den Ofen nie verlassen dürfen. Das Holz war gut getrocknet, entflammte heftig, aber nicht zu schnell, und er brüllte nach seinen Burschen, ihm zu helfen. Auch die glotzenden Nachbarn wurden in die Arbeit eingebunden, keiner durfte untätig herumstehen und Maulaffen feil halten. Wer nicht spurte, nach dem trat er, und wer nicht schnell genug war, dem drohte er, ihn in die Flammen zu werfen.

Ihm selbst war, als wäre er von den Toten wieder auferstanden. Noch nie hatte er so viel Kraft in sich gespürt, so viel Macht dazu. Das Metall begann zu schmelzen – und es lag nur daran, dass er selbst zugegen war. Gewiss war es so. Brüllend stieß er mit einem Eisenstab in das Metall, als könnte er es dazu bewegen, noch schneller zu schmelzen. Aber es war zu wenig Metall. Viel zu wenig!

»Holt aus der Küche, was sich schmelzen lässt!«

»Was?«, schrie Fernando.

»Los! Zinnteller, Becher, Krüge – alles!«

Die Burschen und Mägde liefen, brachten aufeinander gestapelt den Hausrat der Küche, und er schichtete seine wertvollen Teller, Krüge, Platten und Kannen in den Ofen.

Das Feuer wurde heftiger geschürt, loderte und flammte immer stärker, schien wütend zu werden und fraß sich in zorniger Kraft durch die Scheite.

Mit einem Mal gab es einen gewaltigen Schlag. Ein Knall betäubte seine Ohren, er wurde von unbekannter, unsichtbarer Hand zurückgestoßen, fiel nach hinten, begrub Fernando unter sich und sah eine Explosion aus Flammen und flüssigem Metall über sich. Die Dämonen! Die Dämonen hatten wieder die Überhand gewonnen. Oder?

»Der Ofen ist explodiert – Meister!«

Cellini rappelte sich verdutzt auf. Metall fraß sich zischend in die Erde. Im Gras verglommen die letzten Funken mit einem Knistern. Cellini war mit einem Sprung beim Ofen.

»Verschließt die Decke – schnell! Rasch!«

Die Burschen taten, wie ihnen geheißen, er aber sank auf die Knie und begann zu beten. Einzig Gott selbst konnte nun noch helfen. Er versank in die Worte des Bittens, hörte nur noch aus weiter Ferne das Rufen, Schreien und Brüllen der Burschen, sah nicht mehr, was um ihn her geschah, und gab sich seiner inbrünstigen Fürbitte hin.

Das Gebet hatte geholfen. Und seine Anwesenheit. Das Metall war gleichmäßig geschmolzen, hatte die gebrannte Form des Perseus ummantelt, war nicht mehr geronnen. Er hatte Leben geschaffen. Ja. So wie Gott den ersten Menschen aus Lehm erschaffen hatte, so war es ihm gelungen, aus Erde und Feuer eine Statue von unglaublicher Schönheit zu kreieren.

Zwei Tage hatte das Werk abkühlen müssen, hatte seine

Schöpfung sich noch gedulden müssen, ehe sie sich der Welt zeigen konnte. Zwei Tage, in denen er seiner Freude mit Überschwang Ausdruck verlieh und mit den Burschen, Mägden, Nachbarn und einigen Freunden feierte.

Er ließ so viele Speisen und Getränke auffahren, dass sich die Tische bogen. Er bezahlte seine Helfer und stürzte sich dann auf das Mahl, als hätte er Jahre, ach, Jahrhunderte nicht mehr gegessen.

Und als die Feier zu Ende war, konnte er endlich darangehen, seinen Perseus von der schützenden Hülle zu befreien. In Ehrfurcht ergriffen standen seine Burschen um ihn herum.

Fernando staunte mit offenem Mund, Bernardo troff noch Fett vom Kapaun aus dem Bart und Baldassare hatte die Hände wie zum Gebet gefaltet.

Als er das Haupt der Medusa endlich erkennen konnte, war er selbst ganz ergriffen. Überglücklich legte er nun den Perseus frei.

Ja, es war wohl gelungen. Nirgends war die Figur aus der Form geraten, an keine Stelle war zu wenig Erz gelangt – sogar die Füße und die Fersen waren vollständig ausgegossen. Er war so prächtig! So unfassbar schön!

Cellini wollte eben in die Knie sinken, um Gott für sein Talent zu danken, als die Tür zur Werkstatt aufgestoßen wurde und Riccio hereinstürmte.

Mit aufgerissenen Augen starrte er in die Runde, schob sich dann zwischen verdutzten Burschen hindurch und baute sich vor Cellini auf.

»Was treibst du nun schon wieder?!«

»Ich stelle fertig, was der Herzog wünscht«, antwortete Cellini, misstrauisch und überrascht zugleich.

Riccio nickte in einer zittrigen Bewegung mit dem Kopf, hob die Hand, drohte mit dem Finger und lief dadurch Gefahr, einfach zur Tür hinausgeworfen zu werden.

»Dämonen beschwörst du! Das tust du!«

Was wusste Riccio von seinen Dämonen? Was? Bestie! Er fasste Riccio am Kragen, zog ihn zu sich heran.

»Was meinst du?«

»Na, du hast höllisches Feuer in deinem Garten entfacht. Über Tage hast du die Flammen am Lodern gehalten und dann gab es einen gewaltigen Knall und Dämonen haben sich über euch alle ergossen!«

Cellini lachte lauthals auf.

»Ach, du meinst, dass mir der Ofen explodiert ist und beinahe das Haus weggerissen hat!«

Er ließ Riccio los, schubste ihn zur Tür und zischte: »Sag dem Herzog, dass sein Werk vollendet ist. Bald schon bekommt er es zu sehen. Und jetzt scher dich – elende Bestie. Und wenn du nicht aufhörst, mich zu verleumden und mit übler Zunge gegen mich zu sprechen, dann such dir eine andere Welt. Denn in dieser werde ich dich erwürgen – dich und deinen Freund Bandinelli!«

Riccio keuchte auf und sah entsetzt zu Cellini hinüber. Der lachte hart auf und stieß ihn endgültig zur Tür hinaus. Diese Bestie! Verstand es sogar, den schönsten Moment in seinem Leben zu zerstören! Grauenvoller Schurke. Er wollte eben in Raserei verfallen, sich seiner Wut hingeben, einen Tisch zertrümmern oder wenigstens einen Stuhl, als Fiora an ihn herantrat, lachte und dabei mit einem Brief in der Hand wedelte.

»Hier – das wurde eben abgegeben.«

Er entriss dem dreisten Stück die Botschaft, gab sich nicht die Mühe, den Brief sorgfältig zu entfalten, zerfetzte das Papier beinahe in dieser ungestümen Bewegung, ließ seine Augen über die Lettern fliegen und keuchte vor Überraschung und Freude auf. Ein Brief von Michelangelo. Der göttliche Buonarroti hatte ihm geschrieben und damit den Tag gerettet.

Wie wundersam! Genau jetzt, im Moment dieses großen Verdrusses, kam eine Nachricht von ihm! Und welch schöne Nachricht noch dazu!

»*Mein lieber Benvenuto, ich habe das Porträt gesehen, das du von Altoviti gemacht hast. Es ist sehr gut gelungen. Ich wähnte dich als den besten Goldschmied aller Zeiten. Aber nun erkenne ich, dass du auch ein großer Bildhauer bist.*«

Michelangelo Buonarroti sprach ihm ein Lob aus. Ein großes, bedeutendes Lob! Wenn er doch den Perseus sehen könnte! Wie schade, dass Michelangelo in Rom weilte. Wie unendlich schade. Aber der Herzog musste den Brief sehen. Jetzt. Sofort. War es nicht ein Zeichen, dass er gerade in diesem Moment gebracht worden war, als Riccio mit so viel Hass im Herzen von dannen gegangen war?

Mit Sicherheit war die Bestie sofort zum Herzog gerannt und hatte die schlimmsten Dinge verbreitet.

Nun, dem würde er nun entgegenwirken. Mit dem Brief des Michelangelo.

Noch einmal warf er einen liebevollen Blick auf den wunderbar geratenen Perseus, der im Licht der einfallenden Sonne samtig braun schimmerte. Der stolze Perseus, der die Medusa besiegt hatte. Ja, er hatte sein Motiv wohl gewählt. Perseus war es gelungen, was keinem vorher hatte gelingen wollen. Die übermächtige Medusa zu besiegen. Dieses hinterhältige Weib mit einem Haupt, aus dem Schlangen erwuchsen. Mit einem Gesicht so hässlich, dass jeder zu Stein erstarrte, wenn er sie nur betrachtete. Ihr nur einen Blick schenkte. War sie nicht Symbol für alle Weiber? Cellini schnaubte. Ja. Und Perseus hatte sie besiegt. Ihr den Kopf abgeschlagen. Aber sie war auch Symbol für die umtriebigen Verräter in Florenz, die sich gegen die Macht der Medici sträubten und die Fürsten von ihrem Thron vertreiben wollten. Man hatte ihnen den Kopf abgeschlagen. Perseus siegte immer.

Cellini musste zum Herzog. Sofort und auf der Stelle. Er

brüllte nach seinem Waffengurt und seinem Mantel, beauftragte Fernando, über den Perseus zu wachen, und eilte zum Palazzo.

Wie vermutet hatte Riccio bereits sein Gift verspritzt. Zwar hatte ihn der Herzog sofort empfangen, aber das Gesicht des Herzogs war düster umwölkt, seine Augen sahen ernst zu ihm und auch, als er ihm voll des Stolzes mitteilte, dass der Perseus gegossen und deshalb bald geendigt sei, zeigte sich nur ein Hauch, nur die Ahnung von Freude auf seinem schmalen Gesicht.

Nun, dann würde eben Michelangelo helfen. Cellini verneigte sich noch einmal, zog die Nachricht unter seinem Mantel hervor und reichte sie dem Herzog: »Bitte lest diese Zeilen, mein Herzog. Sie werden Euch zeigen, dass meine Kunst Euren Ruf als Förderer der Künste nur steigern wird.«

Der Herzog nahm die Rolle mit einem Seufzen zur Hand und las. Schließlich ließ er die Nachricht wieder sinken, legte sie in seinem Schoß ab und sah wieder zu Cellini.

»Ich möchte, dass Buonarroti wieder nach Florenz kommt.«
»Wie?«
Cellini blinzelte dem Herzog entgegen.
»Wenn du so gut mit ihm stehst, dann bring ihn dazu, wieder zurück nach Florenz zu kommen. Auf dem Papstthron sitzt kein Medici mehr. Es wird Zeit, dass sich Buonarroti wieder der Familie zuwendet, der er das meiste zu verdanken hat. Bring ihn zurück.«

Der Herzog wartete keine Antwort ab, sondern erhob sich und verließ den Saal ohne ein weiteres Wort. Cellini starrte ihm hinterher, sah die *cavalieri*, die dem Herzog folgten, hörte den Lärm der vielen Schritte, das Klirren der Waffen an den Gurten der Wachmänner und glaubte, sich in einem üblen Traum zu befinden. Kein Wort über den Perseus, kein Wort der Bewunderung oder zumindest der Zustimmung.

Nur ein Befehl war über die Lippen des Herzogs gedrungen.
Und was für ein Befehl. Wie sollte er Michelangelo dazu bewegen, wieder nach Florenz zu kommen?

Noch am gleichen Tag hatte er Michelangelo einen Brief geschrieben, sich für die wunderbaren Worte bedankt. Zugleich hatte er den Befehl des Herzogs in eine Bitte umformuliert und mit sehr viel Lob ausgeschmückt.
Dann wartete er voll der Ungeduld auf eine Antwort – aber diese kam nicht. Tag um Tag verstrich, aber kein Bote aus Rom erschien, um die so wichtige Nachricht zu überbringen. Schließlich sah er sich genötigt, selbst nach Rom zu reisen und Michelangelo aufzusuchen. Als er in die Ewige Stadt ritt, wurde er von einem tiefen, verstörenden Gefühl der Sehnsucht überfallen. Erinnerungen durchfluteten ihn, wollten ihm beinahe die Luft zum Atmen rauben. Was waren es doch für schöne Zeiten gewesen! Damals, als Clemens noch lebte. Der Papst, der ihn so geschätzt, bewundert und gefördert hatte. Die Verteidigung der Engelsburg. Der *Sacco di Roma*. Und dann der unglückselige Farnese-Papst. Und die Kerkerhaft.
Rom war so prall gefüllt mit Erinnerungen, dass er glaubte, in einen Strudel geraten zu sein, der ihn mit sich reißen wollte, weg aus diesem Leben, zurück in bessere und schlechtere Zeiten.
Aufgewühlt, beinahe bebend vor Erregung, traf er schließlich am späten Tag in Michelangelos Werkstatt ein. Etliche Burschen arbeiteten in ruhigem Fleiß, leise Gespräche und Lachen erfüllten diesen Ort mit so großer Freundlichkeit, dass Cellini glaubte, nach Hause gekommen zu sein. Lag es nur an der Werkstatt, lag es an Michelangelo oder doch an Rom? Er wusste es nicht, konnte aber kaum sprechen, als er ihn sah. Alt war er geworden. Ging ein wenig gebeugt, aber immer

noch Kraft verströmend. Seine Schritte waren leicht, nicht die eines greisen Mannes, und in seinen Augen funkelte Freude, als er ihn erkannte. Mit ausgebreiteten Armen kam er auf ihn zu und umfasste ihn. Der göttliche Michelangelo umarmte ihn. Ach, am liebsten wäre er einfach hier geblieben. Hier in Rom bei ihm.

Michelangelo bat ihn zu Tisch, forderte ihn auf über den Perseus zu sprechen, lauschte ihm Stunde um Stunde, tat ihm so gut mit seinem ehrlichen Interesse, seiner leisen Art, zu sprechen, seinem freundlichen Lächeln. Irgendwann löste er das Gespräch von seiner Statue und kam auf den Herzog zu sprechen, auf Florenz und die Bitte, die eigentlich ein Befehl war.

Michelangelo lächelte nur sanft, drehte den Becher Wein in seinen Händen, trank, antwortete aber nicht. Cellini drang noch mehr in ihn, erfand Lobreden, die der Herzog nie gesprochen hatte, gestikulierte mit den Armen, wurde wieder stiller und trank schließlich erschöpft von seinem Wein. Michelangelo musste ihn einfach zurück nach Florenz begleiten!

»Ich arbeite für den Papst. Habe meine Kunst völlig der Kirche übergeben. Warum sollte ich nach Florenz zurückkehren?«

»Weil man dich sehen will – weil man sich sehnt nach dir!«, rief Cellini aus.

Michelangelo lachte leise auf.

»Und – was hältst du von deinem Herzog? Wie gefällt er dir?«

Cellini wusste nichts zu antworten. Es war, als hätte Michelangelo direkt in seine Seele gesehen, seine ganze Pein aufgedeckt, schon die ganze Zeit davon gewusst. Und ein leiser Spott funkelte in seinen Augen. Nein, nicht über ihn, Cellini. Aber Spott über die Verhältnisse in Florenz, die Verhältnisse generell der Kunst und den Künstlern gegenüber stand darin geschrieben.

»Sie geben sich gerne als Förderer der Künste aus. Sie bezahlen uns schlecht, sie sparen mit Lob. Da ist keiner besser als der andere. Warum sollte ich Rom verlassen – es geht mir gut hier. Wahrscheinlich besser, als es in Florenz sein würde...«

Cellini nickte stumm. Ja, Michelangelo hatte Recht. Er war ein weiser Mann. Ein kluger Mann, der Rom nicht verlassen würde. Wie er es getan hatte. Aber Michelangelo war auch nie von einem Papst geschmäht worden wie Cellini. Ihm blieb nur nach Florenz zurückzukehren. Und möglicherweise direkt ins Verderben zu reiten.

»Er will also nicht nach Florenz zurück?«

»Ja, so sagt er. Er steht noch in den Diensten des Heiligen Vaters und kann sich nicht daraus befreien.«

»Nun...« Der Herzog erhob sich mit mühsam unterdrücktem Zorn aus seinem Stuhl.

»Nun, dann soll er dort bleiben und glücklich werden. Schade, dass du versagt hast, Benvenuto.«

Ehe Cellini antworten konnte, verließ der Herzog mit großen Schritten den Saal. Seine Stiefel klackten über den Holzboden. Das Geräusch hallte in Cellinis Ohren wie ein Vorbote größter Sorgen. Natürlich war Cellini klar gewesen, dass der Herzog nicht erfreut sein würde, dennoch war die schroffe Reaktion schlimmer ausgefallen als befürchtet.

Er starrte dem Herzog hinterher, fühlte sich beinahe verloren in dem Saal, in dem *cavalieri* und edle Damen in Gruppen zusammen standen, miteinander redeten und lachten, als wäre nichts geschehen. Keiner schenkte ihm Beachtung. Nun, vielleicht war das auch gut so. So konnte auch niemand üble Reden gegen ihn ausstoßen. Aber wie nur sollte er die Gunst des Herzogs wieder zurückgewinnen? Wie nur? In dieser Stimmung würde er auch dem Perseus nicht die richtige Aufmerksamkeit schenken. Es war das größte Elend, ein Elend, das er sich niemals hätte vorstellen können.

Eben löste er sich aus seiner Starre, wollte in die Werkstatt zurückgehen, sich in seiner Kammer verkriechen und über sein übles Schicksal nachdenken, als ihn die Stimme der Herzogin aus den schlimmen Gedanken riss.

»Mein lieber Benvenuto. Vielleicht kann ich dir helfen, den Herzog wieder milde zu stimmen?«

Verwundert wandte er sich ihr zu. Sie lächelte ihn an, ihre Augen funkelten mit den Edelsteinen um ihren Hals um die Wette. Einige edle Damen standen im Halbkreis um sie geschart, lauschten neugierig dem Gespräch. Sie aber winkte ihn zu sich, ließ sich auf einer gepolsterten Bank direkt unter einem der hohen Fenster nieder und sagte: »Benvenuto, wenn du mir hilfst, werde ich für dich sprechen beim Herzog.«

Cellini trat so dicht es der Anstand erlaubte an sie heran, konnte seine Neugierde und seine sanft aufkeimende Freude kaum verhehlen.

»Ich werde alles tun, um meine Herzogin glücklich zu machen.«

Sie neigte den Kopf, lachte leise in sich hinein und winkte eine der Damen herbei, die zu ihnen eilte, knickste und der Herzogin ein kleines Kästchen aus Ebenholz entgegenhielt. Die Herzogin nahm es entgegen, öffnete es, und ein Strahlen ging über ihr Gesicht.

»Sieh nur, Benvenuto. Sieh nur diese wunderschönen Perlen. Wie gefallen sie dir?«

Sie drehte das Kästchen ein wenig, so dass er einen Blick hineinwerfen konnte. Fingernagelgroße Perlen reihten sich an einer Kette aneinander und in der Mitte saß eine noch größere Perle, eingefasst in Silber und mit Laubwerk verziert.

»Nun, es sind wirklich außerordentlich große Perlen«, murmelte er schließlich.

»Ja, nicht wahr?«, hauchte die Herzogin. Schließlich löste sie ihren Blick von dem Schmuck. »Ich will, dass der Herzog diese Perlen für mich kauft. Ich will sie haben. Verhilf mir dazu und es wird dein Schaden nicht sein.«

Cellini wich unwillkürlich einen Schritt zurück. Ja, die Perlen waren schön. Und sehr groß. Aber er glaubte nicht, dass der Schmuck von Meisterhand gearbeitet war. Er hätte ihn viel besser gestaltet. Verspielter und trotzdem nicht ganz so filigran – mehr Silber musste um die Perlen gesetzt werden.

Wenn er dem Herzog zum Kauf riet, würden andere ihn verspotten, ihn auf den schlechten Rat aufmerksam machen und ihn noch mehr gegen ihn erzürnen. Nein, das durfte auf keinen Fall geschehen! Niemals!

»Nun?«, drängte die Herzogin.

»Ich kann nicht dazu raten«, sagte er leise und verneigte sich leicht.

»Warum nicht?«, fragte sie spitz.

Ihre Stimme klang ganz und gar nicht mehr vornehm, hatte etwas von dem Keifen angenommen, das er auch bei Fischweibern und Huren hörte, wenn sie nicht bekamen, was sie begehrten. Dennoch versuchte er seinen Widerwillen zu verbergen, trat etwas näher an das Kästchen, deutete mit dem Finger auf die Perlen.

»Aber meine Herzogin – so seht doch nur. Die Perlen sind fehlerhaft, nicht vollkommen in ihrer Form. Das stünde Euch nicht zu Gesicht. Außerdem sind es Perlen. Perlen verlieren mit den Jahren an Schönheit. Lasst Euch lieber einen edlen Stein schenken. Einen Diamanten. Diese altern nicht.«

»Ich will aber die Perlen!«, schnaubte sie verdrießlich.

»Nun, dann werde ich mich für den Schmuck aussprechen, wenn Ihr darauf besteht.«

»Das habe ich doch bereits deutlich zum Ausdruck gebracht.« Sie drückte ihm das Kästchen in die Hände und fuhr fort: »Und nun geh zum Herzog und rate ihm zum Kauf.«

Cellini verneigte sich mit wild pochendem Herzen. Und zitternd vor Wut folgte er der Herzogin in die Gemächer des

Herzogs, wartete, während sie vorsprach, und folgte dann ihrem Wink.

Der Herzog saß an einem Tisch, blätterte in Briefen und Schriften und fragte etwas unwirsch: »Was willst du, Benvenuto?«

Cellini trat an den Tisch heran, öffnete das Kästchen und zeigte es dem Herzog.

»Ich möchte Euch zum Kauf dieser Perlen raten«, murmelte er etwas unbestimmt.

Der Herzog schnaubte auf, warf den Federkiel, den er in Händen hielt, achtlos auf den Tisch und lehnte sich zurück.

»Ich werde sie nicht kaufen, weil sie nicht von wahrer Güte sind.«

Cellini versetzte schnell: »Doch, das sind sie.«

Der Herzog sah ihn eisig an, klammerte sich mit seinen Händen an die Armlehnen und sagte leise und verächtlich: »Ich dachte, du wärst ein guter Goldschmied. Aber wer so schlechte Perlen nicht von guten Perlen unterscheiden kann, kann auch kein großer Künstler sein.«

Diese Worte trafen Cellini mitten ins Herz. Seine Knie zitterten, seine Hände ebenso. Er klappte den Deckel des Kästchens herunter, stellte es auf den Tisch und sank in die Knie.

»Mein lieber Herzog – wenn ich Euch die Wahrheit sage, so wird die Herzogin meine Todfeindin und ich bin genötigt, mit Gott davonzugehen, und die Ehre meines Perseus, den ich Euch versprochen habe, wird von meinen Feinden geschmäht werden. Ich bitte Euch, ich flehe Euch an: Beschützt mich!«

Tränen stiegen ihm in die Augen, während er seine gefalteten Hände dem Herzog entgegenstreckte. Dieser sah ihn lange an, bevor sich ein kaum merkliches Schmunzeln auf seine Lippen stahl.

»Steh auf, Benvenuto. Ich werde dich beschützen.«

Cellini erhob sich zitternd, wischte sich mit den Handrücken über die Augen und sah zum Herzog. Dieser schien beinahe amüsiert.

»Und nun geh und bereite deinen Perseus vor – ich will ihn endlich sehen.«

Cellini versuchte sich in einer tiefen Verneigung und verließ das Gemach des Herzogs. Er wollte die Türe schließen, aber eine der edlen Damen der Herzogin drängte sich zu ihm und fasste ihn leicht am Arm: »Ich soll dir ausrichten, dass es nie von Vorteil ist, eine Herzogin dermaßen vor den Kopf zu stoßen.«

Cellini starrte sie an, aber sie lächelte nur dreist, drückte sich an ihm vorbei und schob sich leise lachend wieder in das Gemach des Herzogs zurück.

Cellini arbeitete nun beständig am Perseus weiter, goss den Sockel aus und ließ die Figur polieren, dachte aber daran, beinahe täglich dem Herzog seine Aufwartung zu machen, damit dieser sein Versprechen nicht vergaß. Was allerdings sehr erschwert wurde durch die nachtragende Herzogin. Sie vergällte ihm den täglichen Gang in den Palazzo, indem sie ihm unter Strafe verbot, in die Gemächer des Herzogs vorzudringen, und ihm ausrichten ließ, er hätte nur im Saal vorzusprechen wie andere Bittsteller auch.

Zu allem Unglück hatte sich auch noch Bandinelli eingemischt. Dieser Schuft hatte es verstanden, den Herzog doch davon zu überzeugen, die Perlen zu kaufen. Hatte sogar eine Ohrfeige riskiert und auch erhalten, aber tapfer auch noch die andere Wange hingehalten. Unter Tränen hatte er um die Perlen für die Herzogin gebeten – und es war Bandinelli gewährt worden. Die Perlen wurden gekauft. Die Herzogin war zufrieden. Und Bandinelli stand nun unangefochten in ihrer Gunst. Sie überschüttete ihn mit Aufträgen und sie hatte ihm ein prächtiges Stück Marmor versprochen. Marmor, den Cellini selbst gerne gehabt hätte. Bandinelli wusste sehr wohl darum und nun wollte er sich ebenso in dieser Kunst beweisen.

Das war sein großer Kummer und die Arbeit wollte deshalb auch nur mühsam voranschreiten, aber schließlich war sie getan. Der Perseus war fertig. Bereit, dem Herzog gebracht zu werden.

Und so ließ Cellini einen Pferdekarren anspannen, ihn mit Stroh bedecken, den Perseus in eine Kiste verpacken und vorsichtig mit Hebeln, Winden und Hanfseilen auf den Karren laden. Als das Fuhrwerk zum Palazzo polterte, malte er sich bereits in buntesten Farben aus, wie der Herzog in Ehrfurcht erstarren würde, wie er dahinschmelzen würde ob der grandiosen Herrlichkeit des Werkes.

Sein Herz klopfte bis zum Hals vor Freude, als er mit seinen Burschen, die die Statue tragen mussten, in die Gemächer des Herzogs vordrang.

Der Herzog war jedoch noch nicht zugegen, die Sonne lächelte strahlend durch die hohen Fenster, erhellte den Raum bis in den letzten Winkel. Das warme Licht würde seinen Perseus noch göttlicher erscheinen lassen.

Mit Argusaugen überwachte er das Aufstellen der Statue und legte dann selbst letzte Hand an, als zwei der herzoglichen Kinder in den Raum stoben. Sie tollten herum wie junge Hunde, balgten und neckten sich und gerieten alsbald dem Perseus gefährlich nahe.

»Don Garzia, Don Giovanni! Meine jungen Signori, ich bitte Euch – Ihr wollt Euch doch nicht an der Kunst vergehen, oder?«

Die Kinder hielten inne, schielten zu ihm hoch. Don Giovanni, der Ältere, neun Lenze zählte er bereits, hatte Mühe gehabt, den fünf Jahre jüngeren Bruder zu bezwingen, und schien um die Unterbrechung froh.

»Es wäre nicht gut, würde die Statue nun umstürzen. Sie ist für den Herzog gedacht.«

»Ein Geschenk?«, fragte Don Garzia.

Cellini nickte.

»Geschenke sind gut. Sie erfreuen den Fürsten, gereichen ihm zur Ehre und sind außerdem eine Zierde für den Palazzo. So sie denn gut gearbeitet sind«, mischte sich Don Giovanni ein.

Cellini lachte in sich hinein. Don Giovanni war ein kluger junger Kerl und hatte zweifelsohne soeben die Worte seines Vaters nachgesprochen. Womöglich bereits mit eigenem Verstand. Und diesem Kind gehörte das Herz des Vaters. Vielleicht half es, wenn er sich mit dem Kind gut stellte?

»Gefällt es dir?«, fragte Cellini.

Don Giovanni antwortete nicht sofort. Mit seinen dunklen, tiefen Augen, die denen des Vaters beinahe in unheimlicher Weise ähnlich waren, betrachtete er den Perseus, umrundete ihn, neigte den Kopf, dachte lange nach und antwortete schließlich mit einem schlichten: »Ja. Sie ist sehr wohl geraten.«

»Ich will auch so etwas machen«, murrte Don Garzia und sah Cellini dabei fordernd an.

»Nun, dann muss der junge Herr es eben lernen.«

»Nun, dann kann ich es eben nicht.«

Don Garzia zuckte mit den Schultern, aber Cellini belehrte ihn lachend: »Etwas nicht zu können bedeutet einfach nur es nicht zu wollen.«

»Pah!«

»Doch, Meister Cellini hat völlig Recht.«

Der Herzog! Cellini hatte nicht gehört, wie die Türen geöffnet worden waren. War völlig in das Gespräch versunken gewesen. Cellini wandte sich von den Kindern ab und verneigte sich, während sein Herz für einen kurzen Moment beinahe aussetzen wollte. Der Herzog kam wie immer nicht allein. Nebst einigen *cavalieri*, Riccio und Bandinelli war auch die Herzogin zugegen. Er hätte seinen Perseus doch so gerne dem Herzog alleine gezeigt! Um mit ihm über die Schönheit der Statue sprechen zu können, ohne sich von Bandinelli reinreden lassen zu müssen. Schade.

»Ich will nicht, was ich nicht will«, brüllte Don Garzia und lenkte alle Aufmerksamkeit auf sich. Einige *cavalieri* schmunzelten, die Damen lachten amüsiert und die Herzogin lächelte ihren Sohn in mütterlicher Freude an.

»So wollt es nur getrost nicht. Es ist das gute Recht eines Fürsten«, antwortete Cellini, um sich auch wieder ins Gespräch zu bringen.

Der Herzog sah seinen Sohn lange an, ließ seinen Blick stumm und ernst auf ihm ruhen, bis sich Don Giovanni zu Wort meldete: »Ein Fürst muss sich stets darum mühen, alles zu können. Er hat es einfach zu *wollen*.«

»Sehr richtig«, sagte der Herzog, strich Don Giovanni über das Haar und ließ deutlich erkennen, dass all seine Liebe und Sympathie diesem Sohn galten, bevor er den Blick hob und weiter sprach.

»So, und nun möchte ich die Statue sehen, auf die ich so lange warten musste.«

Cellini verneigte sich und deutete dann auf den Perseus.

»Hier ist das Werk.«

Es mochte daran liegen, dass zu viele Menschen im Saal waren oder auch einfach nur daran, dass die Herzogin zugegen war und mit sauertöpfischer Miene auf den Perseus sah – er wusste es nicht, sah aber zu deutlich, dass der Herzog an diesem Tag mit Komplimenten sparen würde. Er rieb sich den Bart, umrundete das Werk, wie es eben noch sein Sohn getan hatte, neigte ebenso den Kopf, nickte und besah den Perseus noch einmal von vorne.

»Ja, er gefällt mir«, sagte er schließlich.

»Das ist alles, was ich erreichen wollte«, log Cellini.

»Aber, da er für den Platz vor dem Palazzo gedacht ist, will ich erst wissen, was das Volk über diesen Perseus denkt.« Er wandte sich der Herzogin zu, ergriff ihre Hand, küsste sie und sagte mit einem schelmischen Lächeln zu ihr: »Schließlich muss das Volk den Perseus täglich sehen. Wir wollen es nicht vor den Kopf stoßen.«

Riccio und Bandinelli lachten heiser auf und Cellini fand sich in einer tosenden See der Schmach und Demütigung wieder. Aber er schluckte seinen aufkeimenden Ärger mühsam hinunter. An diesem Tag entschied sich nun einmal, ob der Herzog ihm weiter seine Gunst schenkte oder nicht. Hier entschied sich sein Schicksal, also würde er den Teufel tun und dem Herzog widersprechen.

»Wo soll ich die Statue aufstellen, um sie dem Volk zu präsentieren?«

»Genau hier«, antwortete die Herzogin und deutete zu einem der Fenster.

Dieser Platz war denkbar schlecht gewählt, dachte Cellini grimmig, erwiderte aber nichts, nickte nur.

»Nun – dann mach dich an die Arbeit.«

Der Herzog nickte ihm zu, fasste die Herzogin sanft an der Hand und führte sie hinaus. Der Hofstaat folgte, auch Riccio und Bandinelli kamen hinterher.

Cellini kochte vor Wut. Am liebsten hätte er den Perseus aus dem Fenster geschleudert. Dann konnte das Volk die Figur tatsächlich aus nächster Nähe betrachten! Aber nein. Cellini kam ein besserer Gedanke. Er wusste genau, wo sich der Perseus gut ausmachte. Und genau dort würde er ihn hinbringen. Er hatte den Perseus erschaffen. Es war seine Statue. Und er würde selbst eine geeignete Stelle wählen. Über den Kopf der Herzogin hinweg.

Florenz
im Jahre des Herrn 1562, in Cellinis Werkstatt

»Sonette haben sie auf mich gedichtet! Gejubelt haben sie und...«

»Äh, Meister...«

»Und das natürlich nur, weil ich den richtigen Platz ausgewählt hatte. Ja, er war genau richtig gewesen. Stell dir nur vor! Als ich den Perseus so an das Fenster stellte und die Menschen ihn sahen in seiner göttlichen Schönheit, da begannen sie Loblieder auf das Werk zu dichten! Noch am gleichen Tag, als ich den Perseus abdeckte, hefteten sie mir zwanzig und mehr Sonette an die Tür meiner Werkstatt. Hier, an die Tür dieser Werkstatt. Die Sonette habe ich auch noch. Wir sollten sie in die ›Vita‹...«

»Meister, ich...«

»Nun sei schon still, Esel. Nörgle nicht, lausche meinen Worten und vor allem, schreib alles auf. Also, da waren die Sonette. Sie waren nur voll der guten Worte. Es waren auch lateinische und griechische Verse dabei, denn an der Universität von Pisa waren gerade Ferien und all die Scholaren, aber auch die hohen Gelehrten traten miteinander in Wettstreit, wer mein Werk am besten loben und preisen könnte. Aber was noch viel wichtiger war und mich darauf hoffen ließ, in der Gunst des Herzogs wieder zu steigen, war, dass sich Bildhauer und Maler und Goldschmiede und andere Künstler so sehr für den Perseus aussprachen. Da war der Maler Bronzino, der mir die Sonette gar durch seinen Diener überbringen ließ. Oder der Maler Jacobo da Pontormo – ach, sie haben so große Worte nur für mich gefunden. Es war mir wirklich ein Trost.«

»Meister, es ist wichtig...«

»Schscht.«

Cellini schloss die Augen, winkte Marios Einwurf nur ab

und lehnte sich in seinem Stuhl zurück. Ja, er konnte sie hören. Ihre Lobreden und ihren Jubel. Er hörte, wie die Sonette an die Tür geschlagen wurden. Genau die Tür, die ihm nun verschlossen war.

Cellini schloss die Augen, winkte Marios Einwurf nur ab, ärgerte sich einen kurzen Moment über den Esel, der ihm diese kostbaren, beinahe goldenen Erinnerungen mit kläglichen Zwischenreden zerstören wollte und lehnte sich in seinem Stuhl zurück. Ja, er konnte sie hören. So, als würde es heute geschehen, eben gerade und nicht längst Vergangenheit sein. Ihre Lobreden und ihren Jubel. Er hörte, wie die Sonette an die Tür geschlagen wurden. Genau die Tür, die ihm nun verschlossen war. Er saß in der Werkstatt, hörte das Lachen der Burschen, Fernandos Heiterkeit, wie er in den Tag hinausbrüllte, für den besten Meister der Welt zu arbeiten, wie Fiora übermütig sang und Wein an alle ausschenkte. Alle hatten sich zu der Statue geäußert, nur der Herzog sparte weiter mit seinem Lob. Er war damals bereits völlig in den Fängen von ihr gewesen. Der Herzogin. Und diese hatte ihren Groll gegen ihn, Cellini, nicht unterdrücken können. Auch, dass er sich mit den herzoglichen Kinder gut stellte, brachte ihm keine Vorteile. Ach, die Kinder. Waren nun schon erwachsen, stattliche Männer mit einer glänzenden Zukunft vor Augen. Das Schicksal hatte es gut mit ihnen gemeint. Auf den ersten Blick mochte es seltsam anmuten, aber Don Giovanni war zum Kardinal ernannt worden, während der jüngere, Don Garzia, das herzogliche Erbe antreten würde. Irgendwann, wenn sein Vater starb. Aber auf den zweiten Blick schien es logisch. Dann, wenn man wusste, wie sehr Cosimo I. seinen Sohn Don Giovanni liebte. Er hatte nichts weniger als den Papstthron für ihn ausersehen und ihn deshalb zum Kardinal gemacht. Mit ihm sollte endlich wieder ein Medici-Papst den Heiligen Stuhl besetzen. Und Don Garzia neidete dem Bruder diese Gnade. Tat es nicht öffentlich, aber doch sichtbar für jeden, der die beiden von Kindesbeinen an kannte.

»Meister!«, unterbrach Mario Cellinis Erinnerungen erneut. »Ich glaube, das Kind kommt!«

Mario, dieser Tölpel!

»Was ist denn?!«

»Das Kind – ich glaube, wir müssen die Hebamme rufen!«

»Oh« war alles, was ihm dazu einfiel. Das Kind. Sein Kind. Piera war schwanger. Schade. Er würde sie fortschicken müssen, sobald das Kind geboren war.

»Nun, dann hol das verfluchte Weib«, knurrte er, wischte sich in einer müden Geste über die Augen, öffnete sie wieder und sah Piera in der Tür stehen. Ihre Hand lag schützend über dem gewölbten Bauch. Sie war unförmig geworden. Sah beinahe wieder so aus wie damals, als sie plötzlich vor seiner Tür stand. Nur, dass sie damals einfach alle Kleider, die sie besaß, übereinander getragen hatte. Nun trug sie sein Kind unter ihrem Herzen. Zum Teufel! Warum nur war sie überhaupt gekommen? Cellini wusste es immer noch nicht.

»Es ist noch nicht so weit«, flüsterte sie und lächelte.

Fast schien es ihm, als würde sie von innen heraus leuchten. »Dann hol etwas zu essen für uns«, sagte er schließlich und winkte Mario mit einer harschen Geste an den Tisch zurück. »Nun setz dich endlich. Und unterbrich mich nicht dauernd.«

Mario nahm den Federkiel zur Hand und tunkte ihn in die Tinte.

»Konntet Ihr die Gunst des Herzogs wiedererlangen?«

»Säße ich dann hier? Pah! Damals, unmittelbar nach dem Jubel und der vielen guten Worte, ist das Unglück geschehen. Los, schreib auf!«

Florenz
in den Jahren 1554 bis 1558

»Zehntausend Scudi! Zehntausend! Bist du des Wahnsinns?!«

Cellini zuckte zusammen. Eben noch hatte er sich an der Aprilsonne erfreut, an ihren warmen und sanften Strahlen, an den bunten Frühlingsblumen, die schier überall aus der Erde sprossen. Boten des neues Jahres, Boten, die von Neubeginn kündeten und ihm so viel Hoffnung machten. Mit eben dieser Hoffnung war er in den Palast gegangen, vorstellig geworden und hatte mit dem Herzog über den Preis des Perseus gesprochen. Der Herzog hatte keine Summe nennen wollen, also kam er ihm entgegen. Nannte seinen Preis. Und nun geriet der Herzog völlig außer sich. Warum nur? War ihm der Perseus die Scudi nicht wert?

Ein rascher Blick in das Gesicht des Herzogs zeigte ihm, dass dieser ehrlich erbost war. Seine dunklen Augen funkelten, die Hände ruhten auf den Armlehnen, die gesamte Haltung des Herzogs war wie in Erz gegossen. Er musste wohl noch mehr für seinen Perseus sprechen, um den Herzog zu überzeugen. Also deutete er eine leichte Verbeugung an, übersah dabei geflissentlich, dass auch die Herzogin in leichtem Unglauben zu ihm sah, die Augenbrauen hochgezogen, mit der Hand am Dekollete nestelnd. Und auch Roccio und Bandinelli schenkte er keine weitere Beachtung. Nun galt es, sich völlig auf den Herzog zu konzentrieren, der mit dem Rücken zum Fenster saß und dadurch nur schwer zu fixieren war, da seine Gestalt mehr im Schatten denn im Licht auszumachen war.

»Mein Herzog – Ihr habt Euch sehr angetan gezeigt von der Statue. Aber dennoch ist sie Euch nichts wert?«

Cellini neigte den Kopf etwas, blinzelte – durch die äußerst ungünstigen Lichtverhältnisse dazu gezwungen – dem Herzog zu und wartete auf eine Antwort.

»Mit zehntausend Scudi bauen Monarchen ganze Städte auf – aber zehntausend Scudi für eine Statue!

Die Stimme des Herzogs erfüllte den Saal, brachte alle Umstehenden und Neugierigen in einem Donnerschlag zum Schweigen – und Cellini dazu, erste Anflüge von Wut und Zorn in sich zu fühlen. Warum entzog der Herzog ihm die Gunst? Warum wollte er den Perseus nicht bezahlen? Warum zum Henker war ihm die Statue nichts wert?

»Dann lasst doch den Perseus schätzen«, antwortete Cellini mit kaum verhohlenem Ärger und fügte – noch bevor der Herzog antworten konnte – hinzu: »Aber es wird schwierig werden, die Statue schätzen zu lassen. Sie ist von so großer Meisterhand gearbeitet, dass sich so leicht wohl niemand finden lässt, der in der Lage wäre, sie angemessen zu schätzen, der ihren Wert auch nur annähernd bemessen könnte.«

»Niemand?!«

»Ja, mein Herzog. Niemand. Der große Michelangelo ist zu alt.« Außerdem würde er nicht nach Florenz kommen, fügte er in grimmigen Gedanken hinzu und sagte laut: »Und außer Michelangelo fällt mir keiner ein, der die große Kunst des Perseus erkennen könnte.«

»So...«

Der Herzog strich mit den Fingern über seinen Bart. Huschte da ein leises Lächeln über seine Lippen? Ein Lächeln von leichtem Spott durchzogen? Cellini war sich nicht ganz sicher, da sagte der Herzog: »Bandinelli – schätze du die Statue.«

Bandinelli! Ausgerechnet dieser Schurke! Cellini tat einen schnellen Schritt vor, wollte Bandinelli den Weg verstellen, aber dieser schob ihn rüde zur Seite, trat zu der Statue, die zwar das eigentliche Objekt des Streites war und dennoch wie vergessen hinter dem Herzog direkt am Fenster stand. Das polierte Erz glänzte im einfallenden Licht der Sonne. Perseus reckte das Haupt der Medusa dem Herzog entgegen, doch der hatte keine Augen dafür, sah nicht die Symbolik darin, sandte lediglich einen eisigen Blick zu Cellini, er möchte Bandinelli den Weg frei machen.

»Also, ich höre – wie lautet dein Urteil?«, fragte der Herzog nach einer geraumen Weile, die Bandinelli dazu genutzt hatte, den Perseus zu umrunden, ihn zu betrachten, als hätte er ihn noch nie zuvor gesehen. Er führte mit Sicherheit eine Schurkerei im Sinn.

»Sechzehntausend Scudi. Ja, ich würde sie auf sechzehntausend Scudi schätzen.«

»Wie bitte?!«, flüsterte der Herzog kaum hörbar.

Bandinelli lächelte dreist.

»Mein Herzog, das ist nur eine erste Schätzung. Aber davon solltet Ihr die lange Zeit abziehen, die Ihr auf das Werk warten musstet. Dazu die Arbeiter, die mir Cellini genommen hat. Diese fehlten dann, um andere Werke für Euch zu erschaffen. Und nicht zu vergessen: die Statue ist vollkommen veraltet –«

»Du Bestie!«, fuhr Cellini hoch, wollte Bandinelli an den Kragen, sich auf ihn stürzen und am liebsten auf der Stelle erdolchen, aber der Herzog war schneller. Ein Wink seiner Hand reichte aus, um den Wachen zu bedeuten, sich an Cellinis Seite zu stellen und ihn vor unbedachtem Handeln zu bewahren. Cellini tobte, Bandinelli lachte heiser auf und der Herzog beugte sich interessiert nach vorn.

»Wie meinst du das? Sprich!«

Bandinelli verneigte sich leicht.

»Nun, ganz einfach. Der Perseus ist von schöner Gestalt. Das wohl. Das Erz ist gut gegossen. Dennoch: Die Figur zeigt sich dem Betrachter nur von vorn, ist ihm direkt zugewandt. Das ist die Schule unserer Väter. Wir Künstler aber müssen Neues entdecken, Neues schaffen. Cellini hätte besser daran getan, die Figuren so anzuordnen, dass sie von allen Seiten in den Raum greifen, dem Auge des Betrachters von allen Seiten etwas bieten. Das hat er versäumt. Deshalb würde ich nicht mehr als tausend Scudi für das Machwerk geben.«

Das war zu viel! Diese Bestie stellte ihn bloß, erniedrigte ihn, grinste dazu dämlich und schurkenhaft zugleich. Und der Herzog nickte nachdenklich. Wie leicht war er doch von üblen, verleumderischen Worten zu überzeugen! Hatte ganz offensichtlich keinen Sinn für die Kunst, glaubte einem Stümper mehr als ihm, Cellini. Er hatte hier nichts mehr verloren, wollte nur noch weg von diesem üblen Ort.

»Gebt mir, was immer Ihr dafür bezahlen wollt«, sagte er mit kaum unterdrückter Wut, drehte sich auf dem Absatz um und stapfte von dannen ohne jedes Zeichen der Ehrerbietung und ohne auf eine Antwort zu warten.

Vielleicht hätte er doch nicht einfach gehen sollen. Vielleicht wäre es besser gewesen, Bandinelli in einen Zwist vor dem Herzog zu verwickeln, ihn mit seinen eigenen Waffen zu schlagen. Bandinellis Kunst war veraltet, nicht die seine. Und er konnte es beweisen! Aber er hätte es damals nicht vermocht. Die Worte hatten ihm gefehlt, die Wut war übermächtig gewesen.

Cellini sah weiter aus seinem Fenster, den Blick auf den Arno gerichtet, der sich in ruhiger Kraft in seinem Flussbett bewegte, dem Meer entgegenströmte, um sich dann mit der See zu vereinen. Die beschauliche Ruhe, die der Fluss ausstrahlte, ließ ihn freier durchatmen. Monate waren vergangen seit dem Zwist, und noch immer war kein Preis, keine Bezahlung für den Perseus festgelegt. Manchmal tauchte Roccio in der Werkstatt auf, die Lippen zu einem feisten Grinsen, verzogen und überbrachte Nachrichten vom Herzog. Einig wurden sie sich dennoch nie.

Und dann war da noch Bandinelli. Die Bestie lief mit stolz

geschwellter Brust durch Florenz und sprach so übel von ihm, dass es an ein Wunder grenzte, dass er ihm die Kehle noch nicht durchgeschnitten hatte. Aber zum gegenwärtigen Zeitpunkt hätte ihm ein solches Vorgehen nicht zum Vorteil gereicht. Der Herzog hätte ihm nie vergeben.

Zu allem Unglück gab ihm der Herzog auch keine neuen Aufträge mehr. Keine weitere Statue, keine Büste, keine Medaille und keine Münze wurde verlangt. Nicht einmal der Wunsch nach einem kleinen Ring oder anderem Geschmeide wurde geäußert. Die Herzogin schmollte, der Herzog grollte und nur wenige *cavalieri* und edle Damen wagten es noch, ihm, dem Verleumdeten, Aufträge zu geben. Er hatte fast alle Lehrlinge und Gesellen entlassen müssen, vermochte nicht mehr, sie zu bezahlen. Und wozu auch? Wenn es doch keine Arbeit gab.

Cellini ballte die Hand zur Faust und schlug gegen den hölzernen Fensterrahmen. Das Holz krachte und ein Splitter fuhr in seinen Handballen. Fluchend zog er ihn aus dem Fleisch.

»Meister, der Notar ist eben gekommen.«

Cellini fuhr herum. Er hatte Fernando nicht kommen hören. Der Bursche war so verflucht leise. Ganz anders als der neue Lehrling, den er in die Werkstatt geholt hatte. Ein hinkender, linkischer Teufel, der durch sein böses Bein so viel Lärm veranstaltete, dass es in den Ohren schmerzte. Aber einen Besseren konnte und wollte er sich nicht leisten. Er hatte auf sein Geld zu achten, die Scudi zusammen zu halten. Nicht, dass er in nächster Zeit der Armut anheim fallen würde. Ha! Das auf keinen Fall. Er war immer sparsam gewesen, hatte sein Geld nicht zu Huren getragen. Dennoch, es fehlte in letzter Zeit an Aufträgen, also musste er sich in Umsicht üben.

»Meister – der Notar«, drängte Fernando an der Tür.

Der gute Junge. Er war so schön. Selbst jetzt noch, im erwachsenen Alter, war er von so unvergleichlicher Schönheit.

Ja, er war seine einzige Freude in diesen Tagen. Sein Trost. So kostbar wie sein Augenlicht. Und deshalb würde er nun sein Testament aufsetzen und Fernando zum Erben benennen. Schließlich hatte er keine Kinder. Seine Schwester war tot, seine Nichten und Neffen würde er nicht vergessen. Aber die Werkstatt, die kostbaren Möbel, das Arbeitsgerät und noch viel mehr – das würde er Fernando vermachen.

Er küsste Fernando auf die Stirn und machte sich auf den Weg in die Werkstatt.

Fernando sah ihm hinterher. Benvenuto wirkte müde. Sein federnder, harter Schritt war einem schleppenden Gang gewichen. Erste graue Fäden zogen sich durch das dunkle Barthaar. Es wurde Zeit, dass er sein Testament aufsetzte. Konnte gut möglich sein, dass er vor Gram und Kummer demnächst das Zeitliche segnete. Umso besser, wenn er gleich heute alles regelte.

Fernando ließ seinen Blick über das Schlafgemach schweifen. Er mochte den großen, hohen Raum mit dem hölzernen Gebälk, den schweren Stoffen, die über das Bett drapiert waren. Seine Finger glitten über eine silberne Kanne, fühlten das feine, filigrane Laubwerk der Verzierungen. All das würde ihm gehören. Bald schon. Sein Einsatz hatte sich also gelohnt. Sein Langmut des Tages, seine Liebesbezeugungen des Nachts. Ja, für alle seine Mühen musste er entlohnt werden. Das war nur recht und billig. Blieb nur zu hoffen, dass Benvenuto tatsächlich so müde war, wie er wirkte, wie er sich gab. Seine Wutausbrüche schienen in ihrer Gewalt nachzulassen, sein Temperament schien etwas gezügelt. Das ließ doch nur darauf schließen, dass der Todesengel schon auf ihn wartete, oder etwa nicht? Na, auf Benvenuto warteten eher Dämonen als Engel. Das war gewiss.

Fernandos Blick verdüsterte sich. Wenn er ehrlich zu sich war, musste er sich eingestehen, dass er Angst hatte. Angst vor Benvenuto. Angst vor seiner überschäumenden Liebe, seiner Anhänglichkeit, die er zwar kaum offen zeigte, die sich aber in vielen kleinen Gesten zeigte. Und Angst vor seiner Wut und seinem Zorn. Schien er auch momentan gemäßigt, so war er dennoch vollkommen unberechenbar. Blieb nur zu hoffen, dass er seine Meinung das Testament betreffend nicht mehr änderte. Und falls doch? Was dann? Fernando fühlte einen Kloß in seiner Kehle. Seine Nackenhaare sträubten sich. Beinahe schien ihm, als würde es im Zimmer kälter werden. Er hatte Schulden. Sehr hohe Schulden, von denen Benvenuto nichts wusste. Wenn er nicht im Testament eingesetzt wurde, war er verloren.

Ein Funkeln erregte seine Aufmerksamkeit. Die Strahlen der einfallenden Sonne fingen sich auf der Silberkaraffe, auf den Leuchtern auf dem Tisch und brachen sich an etwas Kleinem, Goldenem. Was war das? Ach, Benvenutos Ring. Der große, goldene Ring. Der war mehr wert, als er Schulden hatte. Sollte er es wagen? Fernando schluckte hart. Es war doch nur eine Vorauszahlung auf das Testament, nicht wahr? Irgendwann würde ihm der Ring ohnehin gehören. So wie alles andere hier auch.

Seine Finger schlossen sich um den Ring. Mit einer schnellen Bewegung zog er seine Geldkatze unter dem Wams hervor, fingerte sie hastig auf und ließ den goldenen Ring hineingleiten.

»Was machst du da?«

Fernando fuhr herum, die Hand um die Geldkatze gekrallt. Mario. Der Neue. Der hinkende Tölpel, noch ein halbes Kind.

»Du hast hier nichts verloren. Scher dir raus!«, zischte Fernando.

Der Esel zuckte zusammen, wich einen Schritt zurück, gerade so weit, dass er sein schlimmes Bein wieder über die Schwelle zog und wieder auf dem Flur stand.

»Ich wollte nur sagen, dass der Marmor angekommen ist. Du sollst ihn doch abmessen«, flüsterte Mario.

»Ach, den bekommt er ohnehin nicht. Der ist für Bandinelli bestimmt.«

»Aber der Meister hat gesagt, du sollst es tun.«

Sture Beharrlichkeit lag in Marios Stimme. Dazu etwas Trotz. Trotz, wie ihn nur Kinder und Schwachsinnige aufbringen, dachte Fernando zornig. Hatte der Esel etwas gesehen? Hatte er gesehen, wie er den Ring genommen hatte?

Mit wenigen Schritten war er bei Mario, packte ihn am Wams und zog ihn zu sich.

»Lass dich nie wieder hier blicken oder es ergeht dir schlecht.«

Er versetzte ihm einen Fausthieb in die Magengrube. Der Junge sackte mit einem überraschten Keuchen zusammen. Fernando stieg über ihn hinweg. Dann würde er eben den verfluchten Marmorblock ausmessen. Unnütze Zeitverschwendung. Aber auf dem Weg zu dem Händler konnte er Halt in dem Wirtshaus machen, in dem seine Gläubiger anzutreffen waren. So war der Gang nicht völlig umsonst.

»Nein, Cellini! Zum letzten Mal! Nein! Hast du mich verstanden?«

Der Herzog erhob sich, ging mit großen Schritten zum Fenster, verschränkte die Arme vor der Brust und sah mit düsterem Blick auf den Platz vor dem Palazzo. Cellini folgte dem Herzog mit seinem Blick und sagte schließlich mit fester Stimme: »Ja und nein.«

Cosimo wandte sich langsam um, löste die Arme und zeigte mit ausgestrecktem Finger auf Cellini.

»Du widersprichst mir erneut?«

Cellini winkte ab, verneigte sich leicht.

»Ich widerspreche nicht. Ich wollte nur anmerken, dass ich schönste Kunstwerke aus dem Marmor schaffen könnte.«

In einer übertriebenen Geste hob der Herzog seine Hände, ließ sie wieder sinken und wandte sich an die Herzogin, die immer noch am Tisch saß und mit verdrießlicher Miene dem Streitgespräch folgte. Nun wandte sie sich Cellini zu und sagte: »Wir wissen sehr gut, was du meinst. Aber wir wissen auch, dass dir bislang jeder Marmor gebrochen ist. Bandinelli hingegen vermag mit dem Stein zu arbeiten. Außerdem ist er ihm schon lange versprochen. Und jetzt wollen wir nicht mehr über den Marmor sprechen, es bereitet einfach nur Missvergnügen.«

Cellini ging einige Schritte auf sie zu, sah ihr fest in die Augen, fand keinerlei Zuneigung oder auch nur den Hauch von Gunst darin, fasste sich aber dennoch ein Herz und setzte sein gewinnendstes Lächeln auf.

»Es bereitet Missvergnügen, wenn ich um Eure Exzellenzen besorgt bin und nur daran denke, wie man Euch am besten dienen kann? Lasst mich einen Wettstreit mit Bandinelli austragen. Dann könnt Ihr entscheiden, wer den Marmor haben soll.«

»Nein!«

Ehe die Herzogin antworten konnte, donnerte der Herzog seine Verweigerung der Zustimmung in den Saal. Seine Wangen liefen dunkelrot an, seine Augen funkelten, während er mit drohend erhobenem Zeigefinger auf Cellini zuhielt.

»Zum letzten Mal. Der Stein ist für Bandinelli bestimmt. Und darüber hinaus will ich nichts von einem Wettstreit hören!« Er blieb dicht vor Cellini stehen. Der Odem von Moschus und Amber umwölkte ihn, stieg Cellini in die Nase und machte ihn für einen kurzen Moment schwindeln. Der Herzog neigte sich vor und zischte: »Ich bin dich so leid. Dich und deine Händel. Malvenuto!«

Heiße Tränen stiegen in Cellini auf. Er fühlte sich in frühe Kindertage zurückversetzt, fühlte sich, als wäre er ein kleines Balg, nicht fähig, den Vater von der Unschuld zu überzeugen. Dabei hatte er doch nichts getan. Warum nur, warum war ihm dieser Mann so übel gesinnt? Kurz dachte er daran, noch ein letztes Mal um den Stein zu bitten, doch in den Augen des Herzogs sah er die Antwort bereits. Diesen Marmorblock würde er nicht bekommen. Und auch die Gunst des Herzogs war dahin für immer.

Es blieb nicht mehr viel Zeit. Er fühlte es genau. Der Tod hielt mit großen Schritten auf ihn zu. Das Leben hatte jeglichen Reiz verloren, schien trist, trostlos und grau. Alles, was noch zu tun war, war, das Kreuz zu schaffen. Jenes Kreuz aus seiner Vision. Schwarzer auf weißem Marmor. Prächtiger als je ein anderes Kreuz gemacht worden war. Und es würde sein eigenes Grab zieren. Eigentlich hatte er dafür die Kirche Santa Maria Novella gewählt, aber die Priester hatten sich halsstarrig gezeigt, wollten erst den Herzog um Erlaubnis bitten. Als ob die Frage nach der Grabstätte den Herzog zu interessieren hätte! Aber nein, die Priester hatten nicht nachgegeben. Und er hatte sich nun für die Kirche Santa Maria dell'Annunziata entschieden. Mochte Gott geben, dass den Priestern dort nicht ebensolche Dummheiten in den Sinn kamen.

Aber zumindest die Arbeit an dem Kreuz geriet sehr wohl, schritt voran und gedieh. Er arbeitete meist allein, manchmal halfen ihm Fernando und der hinkende Esel. Und nur noch selten wurde die Arbeit durch den Besuch von Nachbarn oder Freunden unterbrochen. Seit dem letzten Streit mit dem Herzog hatten sich viele seiner Freunde aus seinem Leben verabschiedet. Nun, sollte sie doch alle der Teufel holen! Leider musste wohl einer dieser Besucher zu viel geschwärmt haben. Zumindest hatte die Herzogin von dem Kreuz erfahren und es zu sehen begehrt. Er hatte ihr ausrichten lassen, sie könne es sich jederzeit in seiner Werkstatt ansehen. Was sie auch getan hatte. Und nun verlangte das gierige Weib danach! Ha. Niemals würde er dieses Kreuz verkaufen. Vor allem stand doch ohnehin in den Sternen, ob jemals ein Lohn dafür zu sehen wäre. Nein, dieses Kreuz würde sein Grab zieren. Basta.

Und genau das würde er ihr nun auch sagen. Er würde in den Palazzo gehen und ein für alle mal klar stellen, dass dieses Kreuz nicht zu haben war. Aber verflucht, wo war sein Ring? Der, den er schon so lange suchte? Verflucht!

»Wo ist mein Ring?! Ich suche ihn schon seit Wochen – hat ihn denn keiner gesehen?«

»Nein.«

Fernando zuckte mit den Schultern, wandte sich dann wieder seinen Skizzen zu. Ach, der Junge war so fleißig. Ganz im Gegensatz zu dem hinkenden Tölpel, der momentan auch alle Arbeiten in der Küche zu verrichten hatte. Stand einfach in der Tür und glotzte dumm.

»Was ist? Was siehst du mich so an? Eh?«

Mario zuckte zusammen, zog seine Schultern hoch, wich aber nicht von der Stelle. Cellini konnte seinen Anblick nicht mehr ertragen, hielt auf ihn zu und verpasste ihm eine Maulschelle. Der Esel begann zu heulen, streckte die Hand aus und deutete auf Fernando.

»Er hat ihn.«

»Er hat was?«, fragte Cellini verdutzt. Hatte gedachte, der Tölpel würde einfach davonlaufen. Aber er blieb stehen, zwar geduckt, aber er war noch da und deutete weiter stur zu Fernando.

»Nun sprich schon.«

»Den Ring. Er hat den Ring«, flüsterte Mario mit tränenbelegter Stimme.

Cellini horchte auf. Was sagte der Esel da? Verleumdete Fernando. Sprach so übel von seinem Erben! Na, dem würde er helfen, seine Zunge künftig besser im Zaum zu halten.

Er packte Mario am Wams und schüttelte ihn.

»Lügen ist eine Todsünde! Weißt du das nicht?!«

»Ach, dieser hinkende Schwachkopf. Taugt zu nichts. Auf

die Straße sollte er gesetzt werden«, gab Fernando abfällig von sich, kam näher und trat nach Mario, der sich in Cellinis Griff wand, sich aber nicht befreien konnte.

Cellini brummte, stieß Mario von sich und eilte nach draußen. Den Ring konnte er später suchen, den Tölpel nachher auf die Straße setzen. Jetzt war die Herzogin wichtig. »Achte auf die Werkstatt!«, rief er Fernando noch zu, dann warf er die Tür hinter sich ins Schloss.

Seltsame Stille kehrte ein. Mario wagte kaum zu atmen, versuchte, sich so klein wie möglich zu machen, wegzuducken, Fernandos Schlägen, die nun unweigerlich erfolgen würden, zu entkommen, sah aber keinerlei Ausweg. Das war das Ende. Das war mit Sicherheit sein Ende. Fernando würde ihn umbringen. Der große, schöne Fernando mit den dunklen Locken und den beinahe schwarzen Augen, in denen die Mordlust geschrieben stand.

»Tu mir nichts, bitte«, wimmerte Mario.

»Warum sollte ich dich verschonen? Eh? Hast versucht, mich zu verleumden, du Kreatur!«

»Aber lügen ist eine Todsünde, sagt der Meister.«

»Dann hättest du einfach das Maul halten sollen!«, brüllte Fernando und trat mit seinen Lederstiefeln gegen Marios Kniekehlen. Mario sackte zusammen, prallte auf dem Steinboden auf. Fernando war blitzschnell über ihm, schlug ihm mit der Faust ins Gesicht, auf den Hinterkopf, in die Magengrube. Mario schrie auf, keuchte und bemerkte den metallischen Geschmack von Blut in seinem Mund.

»Warum wolltest du mich verraten?«

»Weil er ihn doch so sucht.«

»Wer sucht was?«

»Na, der Meister. Sucht ... seinen Ring ... schon so lange. Er mag ... den Ring ... du musst ihn ihm ... wiedergeben ...«, keuchte Mario, unterbrochen von Fernandos Schlägen.

»Du wirst einfach dein Schandmaul halten – sonst bring ich dich um!«

»Nein, eher bringe ich dich um, elender Dieb. Hundsgemeiner Saukerl. Dämon!«

Fernando fuhr zurück, Mario wagte es, die zusammengekniffenen Augen langsam zu öffnen und blinzelte direkt in das Gesicht Cellinis. Der Meister war wieder da! Welch ein Segen! Oder? Oder brachte ihn jetzt der um? Mario drückte die Augen wieder zu.

»Steh auf – Hurensohn!«

Mario verkrampfte sich in Erwartung des letzten, allerletzten Schlages, der ihn direkt ins Himmelreich befördern wurde. Oder in die Hölle – je nachdem. Er hörte Schreie, Schläge und das Geräusch von splitterndem Holz. Da kämpfte jemand. Aber er selbst war nicht in die Rangelei verwickelt. Langsam, sehr, sehr langsam, öffnete er die Augen und sah zu seinem Erstaunen, dass der Meister Fernando durch die Werkstatt prügelte. Der Tisch war zu Bruch gegangen. Golddrähte, Edelsteine und Arbeitsgerät lagen wild durcheinander auf dem Boden verstreut. Der Meister packte Fernando an den Haaren. Fernando schrie und spuckte Blut. Der Meister öffnete die Tür, trat Fernando mit Wucht ins Kreuz und beförderte ihn auf die Straße hinaus.

Was für ein glücklicher Tag. Er würde nicht sterben müssen, dachte Mario und lächelte blutend, aber selig, in sich hinein.

Der Junge hatte ihn verraten. So schändlich verraten wie keiner seiner Gesellen zuvor. Gut, Ascanio hatte sich sein Hab und Gut unter den Nagel gerissen. Aber da war er schließlich nicht zugegen gewesen. Cencio hatte ihn verraten, Ernesto ebenso – aber der schlimmste Verrat, das unwürdigste Verbrechen, hatte Fernando begangen. Er hatte ihn bestohlen. Ihn in seinem Schlafgemach beraubt. In jenem Zimmer, in dem sie so viele gemeinsame Stunden verbracht hatten. So schöne Stunden. Stunden voller Liebe und Zärtlichkeit. Ausgerechnet an diesem Ort hatte er ihn verraten. Dabei wusste er doch, wie sehr er den Ring geliebt hatte. Er war eines seiner ersten Werke gewesen, erinnerte ihn an glückliche Zeiten und wunderbare Jahre in Rom. Nun war der Ring verkauft. Verscherbelt an einen Halunken, der längst über alle Berge war, sobald er Fernandos Schulden eingetrieben hatte.

Cellini spuckte auf den Boden und fluchte. Seine Hände zitterten. Er musste vorsichtig sein. Das Kreuz war beinahe fertig. Nur der Stein musste noch poliert werden. Er durfte nun nicht unbedacht ans Werk gehen, sonst brach der Stein möglicherweise noch und damit würde das schönste seiner Werke zerbrechen. Sein liebstes Kind. Zärtlich strich er mit den rauhen Händen über den glatt polierten Stein. Ja, das Kreuz aus seiner Vision war sein liebstes Kind. Während er Fernando hatte verstoßen müssen. Und ihn aus dem Testament gestrichen hatte. Nun, einen Erben würde er schon noch finden. Und wenn er sein gesamtes Hab und Gut den Pfaffen hinterließ.

»Meister!«

Ach, der hinkende Tölpel störte schon wieder. Im Augenblick war er der einzige Gehilfe in der Werkstatt. Hoffentlich war ihm zu trauen. Zumindest hatte er sich in der Sache mit dem Ring ehrlich verhalten. Aber er war so anhänglich wie ein junger Hund. Und das wurde ihm langsam lästig. Er musste sich nach neuen Gesellen und Lehrlingen umsehen.

»Meister!«

»Was ist denn? Du störst – siehst du das nicht?«

»Doch. Aber ich muss Euch stören.«

Schlimm. Nicht nur ein Krüppel, sondern auch halsstarrig. Na, das würde er ihm noch austreiben. Cellini richtete sich auf und sah Mario drohend an. Der duckte sich, schien noch kleiner und schmaler zu werden und flüsterte: »Da draußen sind Soldaten. Die wollen etwas von Euch. Ich glaube, die wollen Euch abholen ...«

»Was zum ...?«

Weiter kam er nicht. Schon hatte jemand die Tür zur Werkstatt eingetreten und ein Trupp Soldaten drängte hinein. Der Hauptmann baute sich vor Cellini auf, der verdutzt zu den Männern sah und gar nicht daran dachte, nach seinem Degen oder wenigstens nach dem Dolch zu greifen.

»Benvenuto Cellini, du bist verhaftet.«

Mit einer Kopfbewegung bedeutete der Hauptmann seinen Männern, Cellini in ihre Mitte zu nehmen. Grobe Hände griffen nach ihm, Mario kreischte irgendwo im Hintergrund, und er konnte nur fassungslos fragen: »Aber warum?«

»Du bist eines schlimmen Verbrechens angeklagt.«

Dämonen. Er war umgeben von Dämonen. Die Richter, der Rat, der Herzog und die Herzogin, die Wachleute, die Aufseher im Kerker – alles Dämonen, die ihn in einen Albtraum gezerrt hatten, von dem er geglaubt hatte, er wäre vorüber. Er durchlebte all seine Ängste, seine schlimmsten Sorgen und Nöte noch einmal von vorn. Die Anklage, das Wispern und Flüstern der Neugierigen vor Gericht, das grinsende Gesicht eines jungen Mannes, den er so geliebt und der ihn so schändlich verraten hatte. Der mit ausgestreckter auf ihn deutete und mit lauter und klarer Stimme sprach: »Ja, er hat mich dazu gezwungen. Hat mich zu den schlimmsten Sünden gezwungen. Jede Nacht.«

Sodomie.

Die Tage und Wochen rasten an ihm vorüber. Zeit hatte keine Bedeutung mehr. Der hinkende Tölpel kam an jedem Tag der Verhandlungen zum Gericht, lächelte ihm stupide zu und brachte ihn ganz durcheinander. Aber er hatte ihn beauftragt, auf die Werkstatt zu achten. Und jeden Morgen winkte ihm der Tölpel mit dem großen eisernen Schlüssel zu. Das sollte wohl bedeuten, dass er gut abgeschlossen hatte. Herr im Himmel, warum nur wurde er so gestraft?

Immer und immer wieder befragten sie ihn, wollten jedes Detail wissen. Cosimo kam zu den Verhandlungen, lauschte mit eiserner Miene, ging jeden Tag ohne ein Wort des Trostes, ohne ein Anzeichen seiner Gunst oder gar Hilfe. Und dann Roccio und Bandinelli. Er hatte ihre grinsenden Gesichter gesehen. Irgendwo in den hinteren Reihen der Zuschauer.

Dann wurde das Urteil gesprochen: Tod.

Er war zum Tode verurteilt.

Sie brachten ihn in den Kerker zurück, warfen ihn in das finstere Loch, in dem er sich nur schwer zurecht fand. Die feuchte Kälte kroch in seine Kleider und schließlich auch in seine Knochen. Ratten huschten umher. Er hörte sie in der Dunkelheit. Die Spinnen hörte er nicht. Er fühlte sie nur. Wie sie über sein Gesicht liefen, sich in sein Haar versponnen. Ewige Dunkelheit schien ihn zu umfangen. Eine Dunkelheit, die er sich mit Ratten, Spinnen und finstersten Gedanken teilte. Minute um Minute, Stunde um Stunde dachte er über sein Leben nach. Warum nur hatte er Frankreich verlassen? Warum nur hatte er die Gunst des Herzogs nie erlangen können? Und warum hatte er so viele Feinde auf dieser Welt? Warum? Es war die einzige Frage, um die sich der Rest seines Daseins drehen würde.

Er fühlte, wie er fiebrig wurde von den vielen elenden Gedanken, die durch seinen Kopf tobten. Ein Zahn fiel ihm aus. Aber noch war er am Leben. Und ganz leise regte sich Wut in ihm. Warum ließen sie ihn dann nicht einfach sterben?

So vegetierte er dahin, gefangen in einem Strudel aus Wut und Angst, der ihn in die tiefste Hölle zerren wollte, bis eines Tages die schwere hölzerne Tür zum Kerker weiter als sonst geöffnet wurde. Der Schein einer Fackel warf unruhige

Schatten an die feuchten, bemoosten Wände. Die Ratten ergriffen fiepend die Flucht und er kroch auf den Schein der Fackel zu. Wenn sie ihn doch endlich sterben lassen würden. Wenn es doch nur endlich vorüber war.

Sie nahmen ihn mit, brachten ihn nach oben in den Gerichtssaal. Das Licht blendete ihn, dennoch nahm er wahr, dass nur wenige Menschen anwesend waren. Der Richter, die Räte, einige Wachleute und der Herzog. Er blinzelte dem Herzog entgegen, versuchte sich an einer Verbeugung, schwankte und musste sich am Tisch des Richters fest halten.

Cosimo räusperte sich.

»Bis das Todesurteil vollstreckt wird, kannst du nach Hause gehen. Du wirst deine Werkstatt nicht verlassen, bis wir dich holen lassen.«

»Danke«, flüsterte Cellini. Das Wort drang einfach über seine Lippen, ohne dass er es hatte sagen wollen. Wofür sollte er sich auch bedanken? Immerhin: den Kerker für eine Weile verlassen zu dürfen war durchaus eine Wohltat und Erleichterung.

Der Herzog achtete nicht weiters auf ihn, sah ihm starr in die Augen und sagte: »Geh und ordne deine Dinge.«

Die Soldaten zerrten ihn mit sich auf die Straße hinaus. Er sog den Geruch der Stadt ein. Es roch nach Dung und Abfällen. Der Duft von Florenz. Der Odem der Freiheit. Die Sonne schien viel zu grell, die Menschen waren viel zu laut. Aber es störte ihn nicht. Er konnte es kaum erwarten, in seine Werkstatt zurück zu kommen. Wenn nur der Esel gut darauf geachtet hatte!

Er konnte kaum an sich halten, nicht einfach loszulaufen. Immer weiter holte er aus, beschleunigte damit das Tempo der Soldaten, die ihn begleiteten. Ging immer schneller, bis er endlich die Strada Julia erreichte. Da war sie. Seine Werkstatt. Sein Zuhause.

Alles, alles war vorbei. Aber noch lebte er. Ja, er war am Leben. Am Leben! Er musste es ganz einfach aus sich herausbrüllen, in die Welt schreien – auch wenn ihm ein Trupp schwer bewaffneter Soldaten direkt auf dem Fuß folgte.

»E vivo – ich lebe noch!«, rief er, während er die Werkstatt stürmte.

In Cellinis Werkstatt, 1562

Cellini blätterte in den letzten Seiten seiner ›Vita‹. Er hatte sie zu Ende gebracht. Nun, zumindest war sie so weit gediehen, dass sie sein Leben erzählte bis zum heutigen Tag. Aber was würde nun noch kommen? Was würde es noch zu notieren und niederzuschreiben geben? Wie lange würde er noch arretiert im eigenen Haus sein? Wochen? Monate? Gar Jahre? Nein, Jahre nicht.

Er hatte Mario aufgetragen, den Priester aus dem Kloster noch einmal zu holen. Damit er mit ihm über sein Dasein als Mönch sprechen konnte. Seine Tonsur rasierte er immer noch täglich, auch wenn er sich mit Piera vergnügt hatte. Das eine schloss für ihn das andere nicht aus. So hielt es jeder Priester, so hielten es letztlich fast alle Päpste, dann konnte er es auch so halten. Zumal er nie das Gefühl gehabt hatte, mit Piera Unrechtes zu tun. Im Gegenteil. Immer, wenn er ihre weiche Haut fühlte, ihren heißen Atem spürte, ihren Duft nach Veilchen und wildem Honig einsog, wenn er von der kleinen, zarten Person Besitz ergriff, überkam ihn ein seltsames, zuvor nie gekanntes Gefühl des Glücks. Es war so überwältigend und stark, dass alle Dämonen, die ihn bedrängten und seit Angela nicht mehr verlassen hatten, zurückwichen, von ihm abließen. Zumindest für die wenigen Momente dieser tiefen, umfassenden Glückseligkeit.

Schade, dass es damit vorbei war. Das Kind wurde geboren. Kam vielleicht just in diesem Moment zur Welt. Er würde sie noch ausruhen lassen, dann musste sie gehen. Er wollte keine Kinder im Haus. Zumal er sich selbst der Kirche versprochen hatte. Darüber war dringend mit dem Priester zu sprechen, aber Mario war nur an ihm vorbeigeeilt und hatte ihm zugerufen: »Erst die Hebamme! Dann hole ich den Priester!«, und war schon zur Werkstatt hinaus gewesen ehe er Einwände erheben konnte.

Nun gut. Nun musste er eben warten. Der Priester kam und kam nicht. Dafür war die Hebamme da und kümmerte sich um die Geburt. Dauerte allerdings schon sehr lange. Das Kind ließ auf sich warten. Seit drei Wochen schon quälte sich Piera mit angeblichen Schmerzen, wollte die Hebamme rufen, dann wieder nicht und brachte alles durcheinander. Mario konzentrierte sich nur noch schlecht auf die Arbeit an der ›Vita‹, und auch er selbst verschwendete in letzter Zeit zu viele Gedanken an die Geburt. Schrecklich! Das musste ein Ende haben. Und was dauerte denn da so lange! Die Hebamme war nun bestimmt schon seit Stunden oben in der Kammer bei Piera. Mario hatte kurz heißes Wasser geholt und war wieder hinaufgeeilt. Seitdem hatte er nichts mehr von dem Jungen gesehen oder gehört. Der Esel hatte bei ihm zu sein und mit ihm zu arbeiten.

Wutschnaubend legte Cellini die Blätter aus der Hand, schob sie zu einem ordentlichen Stapel zusammen und machte sich auf den Weg nach oben.

Er nahm mehrere Stufen auf einmal, hastete hinauf, wollte Mario die Ohren lang ziehen wegen seiner Saumseligkeit und stolperte am Treppenabsatz beinahe über ihn.

»Was zum Teufel machst du hier?«, polterte er.

Mario sah mit großen Augen, in denen Tränen glitzerten, zu ihm hoch.

»Warten«, flüsterte er.

»Was ist los?«

Mario zuckte hilflos die Schultern.

»Weiß nicht. Die Hebamme sagt, 's gibt Komplikatonen oder so.«

»Komplikationen.«

»Ja, das hat sie gesagt.«

»Und was?«

»Das Kind liegt falsch. Sie muss es drehen oder so.«

Mario schluchzte auf und verbarg sein Gesicht in den Händen. Ach, dieser Esel. Hatte bestimmt alles falsch verstanden! Was sollte die Hebamme denn drehen? Zum Teufel! Er wandte sich zur Tür, wollte eben hineinstürmen – jemand musste schließlich nach dem Rechten sehen – als Mario aufschrie.

»Nicht!«

»Zum Donnerwetter – warum?«

»Wir Männer dürfen nicht rein. Hat die Hebamme gesagt.«

»Wir *Männer*?«, fragte Cellini und zog die Brauen hoch. Aber Mario verstand die Ironie nicht, schluchzte wieder auf und nickte dazu. Seine Wangen waren ungesund gerötet und Rotz lief aus seiner Nase. Das Elend konnte er nicht länger mit ansehen. Er zog ein seidenes Tuch aus seinem Gürtel und reichte es Mario.

»Da – schnaub dir die Nase.«

Mario grabschte mit zitternden Fingern nach dem Tuch, putzte sich lautstark die Nase und gab Cellini das Tuch zurück.

»Behalt' es«, brummte Cellini und lehnte sich etwas unschlüssig an das Treppengeländer. Aus der Kammer war deutlich die Stimme der Hebamme zu hören. Fluchte das unverschämte Weib etwa? Hörte sich zumindest so an. Und Piera stöhnte und wimmerte. Ja, eine Geburt wurde von Schmerzen begleitet. Aber es dauerte schon so lange. Viel zu lange. Und Pieras Stimme klang so anders. Noch leiser als sonst. So gepeinigt.

Ein markerschütternder Schrei erschreckte ihn zutiefst. Mario klammerte sich an seine Beine. Wieder ertönte ein Schrei. Noch mehr in die Länge gezogen, noch durchdringender.

»Zum Teufel – das ist mein Haus! Ich gehe da jetzt hinein!«, donnerte Cellini und stürmte in die Kammer. Er wäre gerne noch schneller in das Zimmer gepoltert, aber Mario ließ sein Bein nicht los und so schleppte er den Jungen mit sich hinein.

Cellini wollte toben, brüllen, schreien und die Hebamme aus dem Fenster werfen, erstarrte aber mitten in der Bewegung. Die Hebamme ließ sich nicht stören und auch Piera nahm keinerlei Notiz von ihm. Sie lag schweißgebadet und mit geröteten Wangen im Bett, ihre Augen glänzten fiebrig, das Haar klebte an ihrer Stirn. Dämpfe von Essig und Kampfer stiegen ihm in die Nase, vermischt mit dem Geruch von Blut. Warum musste er plötzlich würgen? Er kannte den Geruch von Blut, von verbranntem Fleisch und anderen Dingen – warum nur wurde ihm nun plötzlich so unwohl?

Weil Piera mit gespreizten Beinen auf dem Bett lag? Weil das Laken verrutscht war und er die Blutlache zwischen ihren Beinen sehen konnte? Weil er die Hände der Hebamme so tief in Piera sah? Er wusste es nicht, es würgte ihn erneut. Er musste hier raus. Sofort. Konnte sich aber nicht bewegen. Zum einen, weil Mario nun seine beiden Beine umklammerte und seine Bewegungsfreiheit enorm einschränkte, zum anderen, weil er seinen Blick einfach nicht von dem schrecklichen, Ekel erregenden, zutiefst erschütternden Geschehnis wenden konnte. Die Hebamme brachte Piera um. Ja, diese Mörderin drang noch weiter in sie ein, Piera schrie, bäumte sich auf, riss das Bettlaken entzwei und er konnte nicht helfen. Stand einfach nur da und glotzte.

»Gleich ist es da«, flüsterte die Hebamme, beinahe ungehört.

Mit der Hand vollführte sie einen Ruck und dann sah er etwas. Etwas Schwarzes, Flaumiges. Dann ein kleines Gesicht. Verschmiert mit Blut und undefinierbarem Schleim. Eine kleine Schulter, ein Arm, dann der zweite und mit einem Rutsch war das Kind da.

Die Hebamme hob es hoch und das Kind begann aus Leibeskräften zu brüllen.

Cellini quollen Tränen aus den Augen, stürzten heiß seine Wangen hinab und verloren sich im Barthaar. Er wollte etwas sagen, vermochte es aber nicht. Stand da wie ein gottverdammter Tölpel, sah, wie Piera das Kind an sich nahm, sank auf die Knie, direkt neben Mario, und dankte Gott für das Wunder, das er in seinem Haus zugelassen hatte.

»Ah – ich finde dich im Gebet!«

Die Stimme des Priesters sickerte etwas unangenehm in sein Gebet, wollte zudem so gar nicht in die Kammer passen. Piera immer noch mit gespreizten Beinen, die Hebamme, das blutverschmierte Kind, die zerrissenen und von Pieras Körpersäften getränkten Laken – das alles harmonierte nicht so recht mit der Anwesenheit des Gottesmannes. Und so stand dieser auch einfach da, starrte auf das Bild, das sich ihm bot, den Mund geöffnet und ganz weiß um die Nasenspitze herum.

Cellini rappelte sich hoch, konnte Mario endlich abschütteln, der weinend zum Bett ging und das Kind bestaunte. Cellini löste sich nur ungern vom Anblick seines Kindes, aber der Säugling sah im Augenblick gesünder aus als der Priester, der sich an den Türrahmen klammerte, würgte und spuckte.

»Ah, Padre, gut, dass Ihr gekommen seid. Ich muss mit Euch sprechen!«

»Hier?«, würgte der Priester an dem Wort wie eine Katze an einem Haarballen.

Cellini schüttelte lachend den Kopf und schob den armen Mann auf den Flur hinaus. Dort fasste er ihn an den Schultern, drehte ihn zu sich und sagte: »Sprecht mich frei. Gebt mich wieder frei – ich kann nicht in den Schoß der Mutter Kirche kriechen.«

»Schoß«, flüsterte der Priester und übergab sich auf den Treppenabsatz.

Cellini war viel zu glücklich, um wütend zu werden, schlug dem Priester auf die Schulter, nachdem der sich etwas erholt hatte, noch einmal hustete und schließlich zu ihm hoch blinzelte.

»Nein, ich kann nicht Mönch werden. Ich will Kinder haben. Viele Kinder. Ach – ich habe doch schon ein Kind! Das Leben hat mich wieder. Ich kann es Euch schenken.«

Der Priester nickte etwas benommen, sagte dann aber: »Gut, ich spreche dich frei«, und wankte dann die Treppen hinab, ohne weiter auf Cellini zu achten.

Warum nur hatte er so Grauenvolles sehen müssen? Ein entblößtes Weib, einen neugeborenen Säugling. Er würde viele Gebete sprechen an diesem Tag. Und in der Nacht auch noch. Um sich rein zu waschen.

Aber auch um zu danken. Ja, Gott, dem Herrn im Himmel sei größter Dank dafür, dass dieser ungestüme, so laute und völlig unberechenbare Cellini nun doch nicht in sein Kloster drängte, dachte der Priester, behielt es aber für sich. Bei den letzten Gedanken schlich sich ein seltsames Lächeln auf seine Lippen und gefangen im Zwiespalt zwischen tiefstem Grauen und unendlicher Dankbarkeit floh er schließlich aus der Werkstatt.

Cellini aber verschwendete keinen weiteren Gedanken an ihn. Überglücklich, überschäumend und von tiefster Freude erfüllt, ging er in die Kammer zurück und trat an Pieras Bett. Er befühlte ihre Stirn, strich das nasse Haar zurück, versank in ihrem Blick und wünschte schließlich, dass ihm sein Kind auf den Arm gelegt wurde.

»Nicht fallen lassen – das kann sonst ein böses Bein geben«, hauchte Mario und hätte an jedem anderen Tag eine Maulschelle dafür empfangen. Nicht so heute. Nicht jetzt. Cellini knurrte nur, und wandte sich dann ganz dem Kind in seinen Armen zu.

Der Säugling war mittlerweile gesäubert worden, schrie nicht mehr aus Leibeskräften und so konnte er sich an der unendlichen Schönheit des neuen Lebens erfreuen. Ja, er hatte gesehen, wie Leben wirklich entstand. Wie es in diese Welt geholt wurde. Nicht aus Lehm gemacht, nicht in Ton gebrannt und nicht im Feuer geschaffen. Das hier war keine tote Statue. Es war ein lebendes Wesen. Mehr noch. Es war sein Kind. Ein Mädchen. Aber das tat nichts zur Sache.

Vorsichtig drückte er Piera das Kind wieder in die Arme. Es gab viel zu tun. Als erstes musste er einen Brief an den Herzog aufsetzen, ihn um Vergebung bitten und um Gnade. Schließlich war er jetzt Vater. Der Herzog würde das verstehen. Denn wenn dem Herzog eines wichtiger war als Macht und Besitz, dann waren es seine Söhne. Seine Kinder. Natürlich auch die Herzogin, aber die Kinder waren sein ganzer Stolz. Ja, er würde ihn verstehen und ihm endlich wieder seine Gunst schenken. Dessen war er ganz gewiss.

Aber der Herzog zeigte sich nicht gnädig. Ließ lange auf sich warten. Tage vergingen, die er in rastloser Ungeduld verbrachte, immer wieder aus dem Fenster sah, ob denn nicht doch ein Bote mit einer Nachricht zu ihm käme. Aber da war nur das alltägliche Bild der belebten Strada Julia, das er so gut kannte. Fuhrkutscher, Marktweiber, Kinder, streunende Köter, die Meister aus den umliegenden Werkstätten, aber kein Bote. Die Tage vergingen, wurden kürzer. Der Sommer musste dem Herbst weichen. Die Farbe des Himmels änderte sich, ging von sattem Azur in goldgetränktes Blau über, und er war immer noch eingesperrt in seiner Werkstatt.

Piera hatte sich mittlerweile erholt, das Kind bereitete ihm enorme Freude. Kräftig und wohlgenährt, rundherum zufrieden, wenn es an Pieras Brust nuckelte – und ruhig und wenig aufdringlich, wenn es mit offenen Augen in die Welt um sich herum betrachtete. Mario ging Piera zur Hand, half bei der Hausarbeit, hackte Feuerholz für den kommenden Winter und besorgte die Einkäufe. An der ›Vita‹ war nicht mehr viel zu arbeiten. Zumindest konnte der Junge nicht mehr dabei helfen. So saß er meist alleine in der großen Werkstatt über seinen Arbeitstisch gebeugt, vor sich die Blätter, die von seinem Leben erzählten. Sein Leben, das nun in dieser Werkstatt vorbei sein sollte. Aber das durfte nicht sein!

Seine Verzweiflung wäre ins Unermessliche gewachsen, wäre da nicht das kleine Leben gewesen, das ihn vor den schlimmsten Gedanken bewahrte. Und als der Herbst sich schon seinem Ende zuneigte, kam endlich der ersehnte Bote, überbrachte die Nachricht, dass der Herzog Gnade vor Recht ergehen lassen wollte, und stürzte ihn damit in tiefste Freude. Er durfte die Werkstatt wieder verlassen. Der Hausarrest war aufgehoben.

Dennoch vermisste er einige Worte der Gunstbezeugung und Zuneigung. Zumindest hätte der Herzog das Kind erwähnen können. Nun, er musste ganz einfach mit ihm sprechen. Von Angesicht zu Angesicht.

Und so ließ er Mario ein Pferd besorgen, von Piera Proviant in die Satteltaschen packen, küsste das Kind auf beide runden Wangen, strich Piera über das Haar und knuffte Mario in verhaltener Liebe in die Seite und machte sich auf den Weg nach Pisa, wo der Herzog mit seinem Hofstaat weilte. Er war dort zur Jagd und würde guter Laune sein, da war er sich gewiss.

Als er aus der Werkstatt trat, war ihm, als wankte der Boden unter seinen Füßen, so überwältigend überkam ihn das lang vermisste Gefühl der Freiheit. Ein animalischer Schrei entwich seiner Kehle, ehe er sich auf den Gescheckten schwang, ihm die Sporen gab und sich ungeachtet der erbosten Rufe und Schreie der Menschen auf der Straße rüde seinen Weg aus Florenz bahnte.

Er ritt wie vom Teufel besessen, gönnte seinem Pferd erst Halt, als er in einem Kloster nahe Pontedera nächtigte, und erreichte anderntags endlich Pisa und damit den herzoglichen Sitz Cosimos. Er konnte kaum an sich halten vor Ungeduld, wollte sofort beim Herzog vorsprechen und wurde vom Haushofmeister höflich, aber dennoch sehr bestimmt in die Schranken gewiesen. Er möge sich in dem zugewiesenen Zimmer aufhalten und sich gedulden, bis der Herzog nach ihm rufen ließe.

»Unbotmäßige Hast und Eile von Bittstellern werden an diesem Ort nicht gern gesehen«, schnarrte der Haushofmeister und schloss die Tür hinter sich.

Cellini setzte sich auf das Bett und starrte zur Tür. Nun war er wieder gefangen. So nah beim Herzog und doch keinen Schritt weiter, als wenn er in Florenz geblieben wäre. Was sollte er nur tun? Warum ließ man ihn nicht vor? Warum verlangte der Herzog nicht nach seinem großen Künstler? Ach, es gab so viele Fragen – und keine Antworten darauf.

Er hatte sich mehrere Tage zu gedulden, wurde nicht an die große Tafel im Saal gebeten, sondern hatte sich mit der kleinen Tafel zu begnügen, an der sich keinerlei wichtige Personen einfanden. Den Rest seiner kostbaren Zeit verbrachte er in wilden Märschen durch den Palazzo, innerlich hoffend, durch Zufall doch auf den Herzog zu stoßen. Aber diesen Gefallen wollte ihm Gott nicht erweisen, obwohl er einige Stoßgebete gen Himmel schickte in diesen Stunden der Ungewissheit.

Nach einer Woche beschloss er, endgültig wieder abzureisen. Vielleicht sollte er sich doch wieder nach Rom wenden? Nein, das war nicht gut. Mit dem Heiligen Vater, der nun auf dem Thron Petri saß, würde er sich nicht verstehen. Er hatte keinen Sinn für die Kunst, keinen Sinn für die Künstler. Er würde also in Florenz bleiben. Würde kleine Arbeiten für unbedeutende Menschen schaffen und ab und an ein Geschenk an den Herzog schicken. Irgendwann würde er ihn erhören müssen. Ja, so sollte es sein. Er würde abreisen.

Cellini stand eisern entschlossen auf, nahm seine Satteltasche zur Hand und wollte sie eben packen, als der Haushofmeister eintrat.

»Der Herzog wünscht dich morgen bei der Jagd zu sehen.«

»Das ist endlich eine gute Nachricht!«, jubelte Cellini, aber der Haushofmeister war bereits wieder gegangen. Nun wurde doch wieder alles gut. Der Herzog war endlich bereit, ihm zu vergeben. Und gerade bei der Jagd würde sich die beste Gelegenheit für ein unterhaltsames und versöhnliches Gespräch ergeben. Ach, die Jagd. Wie sehr hatte er sie doch vermisst! Nun konnte ihm nichts mehr geschehen.

Die Herbstsonne war bereits aufgegangen, kroch über den Horizont und schickte ihre goldenen Strahlen über die weiten Felder und den See in der Ferne, der wie von tausend silbernen Blättchen belegt glitzerte. Der Morgentau saß noch funkelnd auf Blüten und Blättern und der erfrischende Duft von nassem Gras und feuchter Erde lag in der Luft.

Cellini atmete tief durch, sog den Geruch des frühen Morgens ein und fühlte sich von unendlicher Kraft durchströmt. Kraft, vermischt mit Hoffnung. Ja, die Hoffnung war das Beste an diesem Morgen. Er tätschelte seinem Gescheckten den Hals und sah sich um. Die Jagdgesellschaft hatte sich bereits versammelt. Die meisten der *cavalieri*, aber auch die edlen Damen, hatten ihre Pferde bereits bestiegen. Diener eilten mit heißem Wein umher, schenkten die dampfende Flüssigkeit in silberne Kelche und Becher und verteilten diese an die Edlen, die dankbar danach griffen, ihre klammen Finger um die Becher schlossen und gierig daraus tranken.

Weit hinten in der Menge, direkt neben den Stallungen,

konnte er die herzogliche Familie ausmachen. Sie waren also alle zugegen. Der Herzog, seine Gemahlin und zwei der drei Söhne. Don Giovanni und Don Garzia, beide noch keine zwanzig Lenze alt, wirkten neben ihrem Vater wie die jungen Hunde, die die alte Meute zum ersten Mal begleiteten. Dennoch strahlten sie Würde aus. Und noch etwas anderes. Cellini kniff die Augen etwas zusammen, um besser sehen zu können. Ja, die beiden schienen nicht wirklich fröhlich. Eher missmutig, übel gelaunt. Don Giovanni wendete sein Pferd so, dass er seinem Bruder den Rücken zukehren konnte. Don Garzia hingegen bedachte seinen Bruder mit einem Blick, der Cellini stutzig machte. Es war der blanke Hass, der in dieses Gesicht geschrieben stand. Nun, jedermann wusste, dass die beiden einander nie in brüderlicher Liebe verbunden waren, da der Herzog seine väterliche Gunst im Übermaß Don Giovanni angedeihen ließ und Don Garzia längst eindeutig ins Hintertreffen geraten war.

Aber, was scherte ihn dieser familiäre Zwist? Es hatte ihn nicht zu bekümmern. Alles, was wichtig war, war, an diesem Tag die Gunst des Herzogs wieder zu erlangen. Und dafür war eine Jagd prächtig geeignet. Er war wohl der beste Schütze hier, das konnte er ohne falschen Stolz feststellen. Keiner der Anwesenden konnte so mit der Büchse umgehen, wie er es vermochte. Und wenn ihm ein guter Schuss gelang, würde er den Herzog auf sich aufmerksam machen. Dann würde sich ein Gespräch ergeben und dann ...

Die Jagdhörner schallten über den Platz und rissen ihn aus seinen glücklichen Gedanken. Pferde wieherten, ein Brauner scheute und warf die Dame auf seinem Rücken beinahe ab. Diener eilten herbei, halfen der Edlen, und noch einmal wurden die Jagdhörner geblasen. Die Jagd hatte begonnen!

Cellini spornte seinen Gescheckten an, hielt an sich, um sich nicht sofort an die Spitze des Feldes zu setzen. Erst würde er den anderen kleinere Erfolge gönnen. Dann konnte er später umso mehr brillieren. Also sah er zu, den Anschluss nicht zu verlieren, sich gleichzeitig aber auch nicht in den Vordergrund zu spielen.

Die Zeit verstrich, die Sonne stieg höher und ein *cavalieri* aus Rom schoss schließlich einen jungen Bock. Er tat gut daran, nun endlich zu zeigen, wie gut er selbst schießen konnte. Während er einer Gruppe *cavalieri* folgte, sah er suchend um sich. Irgendwo zwischen den Bäumen blitzte das smaragdgrüne Kleid der Herzogin auf, und er wendete seinen Gescheckten in diese Richtung. Mit Sicherheit war der Herzog dort, wo sie auch war.

Er ritt unentwegt weiter, fand die Gruppe des Herzogs aber nicht. Verflucht! Der Tag hatte so gut begonnen. Und nun war der Herzog auf und davon, schien wie verschluckt von dem dichten Wald, war einfach fort. Doch, halt. Da vorne hatte er das herzogliche Wappen gesehen. Wieder drückte er seine Fersen in die Flanken des Pferdes, duckte sich unter Zweigen und Ästen hinweg, schien wie vom Wind selbst getragen und endlich sah er die Gruppe des Herzogs. Er erkannte Don Garzia und noch weiter vorne Don Giovanni, der dem Bruder vorausritt. Gleich hatte er sie erreicht. Aber was tat Don Garzia da?

Der Prinz rief Don Giovanni zu, er möchte auf ihn warten, griff gleichzeitig nach hinten, zog einen Pfeil aus seinem Köcher, brachte sein Pferd zum Stehen, legte den Pfeil an. Cellini zog ruckartig an den Zügeln seines Pferdes. Irgendetwas stimmte hier nicht, war ganz und gar falsch. Er sah kein Wild. Da war kein Reh, kein Bock, kein Auerhahn – nichts, worauf es sich zu schießen gelohnt hätte. Da waren nur die beiden Brüder. Und der eine von ihnen hielt den Bogen gespannt.

Don Giovanni war stehen geblieben, wandte sich auf dem Pferd um, drehte sich zu seinem Bruder. Don Garzia schoss.

Er hatte auf den Bruder geschossen! Ihn mitten in die Brust getroffen. Cellini hielt den Atem an, schloss für einen kurzen Moment die Augen. Es konnte nicht wahr sein, was er eben gesehen hatte. Seine Augen mussten ihm einen Streich spielen. Ja, bestimmt war es so. Er öffnete die Augen wieder und sah, dass ihn seine Sinne nicht getrogen hatten. Don Giovanni blickte ungläubig auf den Pfeil in seiner Brust, ließ die Zügel los, fasste an den Pfeil, sah zu seinem Bruder hinüber, der wie versteinert auf seinem Pferd saß und zu ihm starrte. Da war kein Bedauern, kein Entsetzen in diesem Blick. Da war wieder nur dieser blanke Hass, den er bereits vorhin bemerkt hatte.

Don Giovanni wollte etwas sagen, aber über seine Lippen wich nur ein pfeifender, keuchender Ton, dann sackte er zur Seite, rutschte aus dem Sattel und kippte seitlich weg. Sein rechter Fuß blieb im Steigbügel hängen, so dass er merkwürdig verdreht auf die Erde fiel, das eine Bein nach oben gestreckt.

Jetzt erst regte sich Don Garzia. Bedächtig und langsam lenkte er sein Pferd zu seinem Bruder und stieg ab. Er fasste an den Hals Don Giovannis, um zu überprüfen, ob er noch lebte.

Cellini saß wie angewurzelt auf seinem Pferd, wusste nicht, was er nun tun sollte. Sollte er fliehen? Aber Don Garzia würde ihn sofort hören. Also war es doch besser, einfach hier im Schutz der Bäume auszuharren, bis der Prinz diesen Ort des Grauens verließ. Und dann? Was, wenn andere Reiter kamen, den Toten sahen – und Don Giovanni war tot, das hatte wohl ein Blinder gesehen – wenn nun andere Reiter kamen und ihn und den Toten hier fanden? Der Herzog würde ihn auf der Stelle wegen Mordes an einen Baum knüpfen. Nein, das durfte nicht sein!

Sein Atem ging stoßweise, sein Herz schmerzte, Schweiß trat auf seine Stirn. Er war verloren. Eindeutig verloren. Don Garzia richtete sich auf, sah um sich und rief dann um Hilfe.

»Ein Unfall ist geschehen! Hilf mir doch jemand!«

Cellinis Pferd zuckte, tat einen unbedachten Schritt zurück und trat auf einen abgebrochenen Ast. Es knackte viel zu laut. Cellini hielt den Atem an. Don Garzia fuhr herum.
»Ist da jemand?«
Nun half nichts mehr. Er musste sich zu erkennen geben. Don Garzia hätte ihn verfolgt und als Mörder ausgeliefert. Er hörte Pferdegetrappel, lachende Stimmen. Eine Gruppe Reiter war bereits auf den Weg zu ihnen. Cellini fasste die Zügel und lenkte seinen Gescheckten aus dem Versteck.
»Ihr braucht Hilfe, Don Garzia?«
Er hoffte inständig, seine Stimme mochte durch kein Zittern seine große Angst verraten. Don Garzia sah ihn misstrauisch an.
»Was hast du gesehen?«
»Nichts. Ich habe den Ruf um Hilfe gehört«, antwortete Cellini, ließ sein Pferd noch näher kommen, bemühte sich, sein Erschrecken nicht zu zeigen, und lenkte seinen Blick auf den Toten.
»Um Himmels Willen! Was ist geschehen?«
Don Garzia hatte seine dunklen, unergründlichen Augen weiter auf ihn geheftet, forschte offensichtlich nach Spuren der Erkenntnis, fand sie nicht und setzte eine entsetzte Miene auf.
»Mein Bruder! Er ist tot! Ich habe auf einen Bock geschossen – da ritt mein Bruder genau dazwischen!«
Bei Gott, dieser Bursche war ein Teufel, durchfuhr es Cellini. Langsam stieg er von seinem Pferd, hörte wie aus weiter Ferne, wie ein Trupp Reiter durch das Unterholz brach, hörte die entsetzten Rufe, die Schreie. Er sah, wie sich einige *cavalieri* um den Toten bemühten, seinen Fuß endlich aus dem Steigbügel nahmen, den Toten herumdrehten, immer und immer wieder besahen, ob nicht vielleicht doch noch ein Funken Leben in ihm war. Aber er war längst von ihnen gegangen. Der Ausdruck ungläubigen Entsetzens schien ihm für alle Zeiten ins Gesicht gemeißelt.

Cellini starrte auf den Pfeil in Don Giovannis Brust. Er hatte einen Brudermord beobachtet. Langsam löste er seinen Blick und sah genau in das Gesicht Don Garzias, der ihn immer noch mit Blicken durchbohrte.

»Was ist geschehen?«

Die Stimme des Herzogs durchbrach den Bann. Der Herzog sprang von seinem Pferd, stürzte zu Don Giovanni, kniete sich neben den toten Sohn, nahm ihn in die Arme, rief nach einem Medicus, stieß und trat nach den *cavalieri*, die ihm leise und mit sanfter Stimme versicherten, ein solcher wäre nicht mehr nötig, zog den geliebten Sohn an sich, drückte ihn an die Brust und schluchzte auf. Er umfasste den Pfeil, brach ihn weinend ab und warf ihn ins Gras, bevor er sein Gesicht wieder an die Schulter des Sohnes drückte.

Es war so elend mitanzusehen, wie dieser starke, immer beherrschte Mann völlig die Fassung verlor. Es dauerte ewig, den Herzog von Don Giovanni zu lösen. Schließlich erhob er sich, richtete sich auf und sah in die kleine Runde. Sein Blick blieb kurz an Cellini haften, wanderte dann weiter zu Don Garzia. Er verlangte nach einer Erklärung, wollte alles genau wissen, lauschte mit steinerner Miene und sah dann um sich. Seine Wange war blutverschmiert, seine Augen dunkel verschleiert.

»War da ein Bock, den es zu schießen gab? Hat es jemand gesehen? Antwortet!«

Die *cavalieri* sahen betreten um sich, einer senkte den Blick, der andere zuckte hilflos die Schultern. Nein, keiner hatte etwas gesehen. Don Garzia reckte das Kinn vor, deutete wortlos auf Cellini. Cellini blieb unbewegt stehen. War das eine Anschuldigung? War das nun doch sein Ende?

»Nun, hast du etwas gesehen? Sprich endlich!«

Die Stimme des Herzogs überschlug sich. Cellini trat einen Schritt vor und sprach um sein Leben.

»Ja. Ich habe den Bock gesehen. Es war tatsächlich ein tragisches Unglück«, flüsterte er.

Er konnte den Blick des Herzogs nicht ertragen. Dazu das Angesicht des Mörders. Am liebsten hätte er aufgeschrien, das Unrecht in die Welt gebrüllt, in den Wald hinein. Und dann? Was wäre dann geschehen? Es gab keine Zeugen. Da waren nur Don Giovanni, Don Garzia und er gewesen. Don Giovanni, der Lieblingssohn des Herzogs, war tot. Und der andere Sohn konnte ihn, Cellini, jederzeit des Mordes bezichtigen.

»Ich habe den Bock gesehen«, wiederholte er und hoffte inständig, seine Stimme klänge fest genug.

Der Herzog sah ihn lange und stumm an, nickte schließlich. Er glaubte ihm kein Wort – das stand so offensichtlich in sein Gesicht geschrieben, dass Cellini glaubte, auf der Stelle sterben zu müssen.

Er wusste nicht, was weiter geschehen würde. Er wusste nicht, wie alles enden würde und konnte sich gerade durch diese Ungewissheit nicht zur Abreise entschließen. Es war so ein furchtbares Elend, dass er wie von fremder Hand gelenkt in den Palazzo zurückgeritten und in sein Gemach gelaufen war. Und nun lag er auf dem Bett, stand ab und an auf, wanderte durch das Zimmer, legte sich wieder hin.

Sie hatten Don Giovanni mittlerweile in der Kapelle aufgebahrt. Man hatte die Schmerzensschreie der Herzogin durch die Gänge hallen hören, dann war es seltsam still geworden im Palazzo. Diener huschten beinahe lautlos und mit eingezogenen Köpfen umher. Mägde und Knechte bemühten sich, so still wie möglich ihre Arbeiten zu verrichten, und das fröhliche Treiben war zum Erliegen gekommen.

Cellini blieb in seinem Gemach. Konnte nicht abreisen oder wollte es nicht. Wahrscheinlich beides. Er musste hier ausharren, den Herzog um eine Unterredung bitten, ihn anflehen, ihm zu glauben. Ihn um Gnade für seine Person bitten. Was zum Teufel aber auch konnte er dafür, dass er zur falschen Zeit am falschen Ort war? Was konnte er dafür? Nichts!

Er schlug mit der Faust auf das Bett, krallte die Finger in die samtene Decke, wollte das kostbare Tuch zerreißen, aber es gelang ihm nicht. Warum nur zürnte ihm der Himmel so sehr, dass ihn das Schicksal von einem Unglück in das nächste riss? Warum nur? Warum?

Die Tür zu seinem Gemach wurde geöffnet. Der Haushofmeister trat ein und räusperte sich, um auf sich aufmerksam zu machen. Cellini sah hoch, stand aber nicht auf.

»Der Herzog wünscht dich zu sprechen.«

Nun war es also so weit. Nun würde das Ende kommen. Er fühlte es genau. Sie würden ihm den Mord anlasten.

»Er will dich sehen. Auf der Stelle«, drängelte der unverschämte Kerl.

Cellini stand langsam auf, rückte seine Beinlinge gerade, zog das Wams zurecht und folgte dem Haushofmeister.

Stumm gingen sie durch den Palazzo. Ihre Schritte klackten über den steinernen Boden. Das Geräusch hallte laut in seinen Ohren, wurde von den Wänden schier verdoppelt und als immenser Lärm gegen die hölzernen Deckenbalken geworfen. Ihn fröstelte. Düstere Vorahnungen ließen einen kalten Schauer über seinen Rücken rieseln. Was wollte der Herzog von ihm? Ausgerechnet jetzt? In dieser Stunde der Not? Warum wollte er ihn nun sprechen?

Sie erreichten den großen Saal. Der Haushofmeister legte die Hand an die Türklinken, sah zu Cellini hoch und sagte: »Don Garzia ist tot. Das solltest du noch wissen.«

»Nicht Don Garzia. Don Giovanni ist gestern gestorben«, knurrte Cellini ungehalten.

Der Haushofmeister schüttelte stur den Kopf.

»Beide sind tot. Verstehst du?«

Fast schien er ihn mit seinem Blick durchbohren zu wollen. Cellini starrte ihn ungläubig an. Was sagte der Narr da? Er sprach wohl in geistiger Verwirrung. Cellini schüttelte unwillig den Kopf. Aber der Haushofmeister sagte leise: »Glaub es oder glaub es nicht. Aber verärgere den Herzog nicht.«

Mit diesen Worten öffnete er die Türen, ließ sie weit zur Seite schwingen, trat ein und kündigte Cellini an. Auf einen Wink des Herzogs zog sich der Haushofmeister wieder zurück, schob Cellini in den Saal und schloss die Türen hinter ihm. Cellini glaubte, seine Kerkertür zu hören.

»Tritt näher. Komm hier zu mir an den Kamin.«

Die Stimme des Herzogs klang ungewohnt rauh und fremd. Cellini trat langsam an ihn heran, verneigte sich, sah wieder in das völlig verschlossene Gesicht und die dunklen Augen, die fest auf ihn gerichtet waren. Über Nacht schien der Herzog um Jahre gealtert.

Das Feuer im Kamin knisterte, ein Scheit brach und rutschte zur Seite. Glühende Funken stoben hoch, rieselten über das Kamingitter und verglommen auf den hölzernen Bohlen vor dem Kamin. Cellini war es, als würde er in die Feuer der Hölle blicken.

»Du hast also den Bock gesehen?«, fragte der Herzog.

Cellini nickte, wagte es nicht, zu antworten, hoffte inständig, der Herzog würde verstehen und versuchte gleichzeitig, seine wild tobenden Gedanken zur Ruhe zu zwingen. Warum waren nun beide Söhne tot? Was war geschehen? So viele Fragen brannten ihm auf der Zunge, aber er hätte sie sich eher abgebissen, als diese Fragen ausgerechnet jetzt zu stellen. Also nickte er noch einmal. Stumm und in nackter Angst gefangen.

»So«, murmelte der Herzog und strich mit der Hand über seinen Bart. Schließlich fuhr er fort: »Nun, du hast ihn nicht gesehen.«

»Habe ich nicht?«, entfuhr es Cellini. Ach, hätte er sich doch lieber auf die Zunge gebissen! Es war ein Elend, dass er mit Worten so schnell war.

»Ja. Da war kein Bock. Das weiß ich wohl. Nun denn...«
Der Herzog drückte sich an den Armlehnen seines Stuhles hoch, richtete sich auf, straffte die Schultern und sprach weiter: »Don Giovanni und Don Garzia sind am Sumpffieber gestorben. Don Giovanni gestern. Don Garzia in dieser Nacht. Wer etwas anderes behauptet, ist des Todes. Hast du das verstanden?«

»Ja«, flüsterte Cellini.

Der Herzog hatte Don Garzia umgebracht. Oder ermorden lassen. Cellini wusste nicht, warum er sich dessen auf einmal so sicher war. Aber er war sich absolut sicher.

»Gut. Dein Hausarrest ist aufgehoben. Du bist ein freier Mann. Kannst tun und lassen, was immer dir beliebt.«

Cellini horchte auf, konnte kaum glauben, was er hörte, wollte am liebsten auf die Knie sinken und dem Herzog die Hand küssen, hielt aber an sich, da ihn ein erschreckender Gedanke durchbohrte.

»Wie meint Ihr das: ich bin frei? Ich würde aber gerne weiter in Euren Diensten stehen.«

»Wir werden sehen. Im Augenblick gibt es keine Aufträge für dich. Ich habe sie an andere vergeben. Vielleicht steht mir irgendwann in ein paar Jahren der Sinn danach. Im Moment mit Sicherheit nicht.«

Cellini neigte den Kopf, wollte etwas sagen, öffnete den Mund, schloss ihn wieder. Wie konnte ihm der Herzog nur in dieser Unverschämtheit begegnen? Nach allem, was geschehen war? Er verlangte absolutes Stillschweigen über die Geschehnisse, stieß ihn aber gleichzeitig dermaßen vor den Kopf, dass er eigentlich auf der Stelle nach Florenz reiten und in der Öffentlichkeit verbreiten sollte, was er wirklich wusste.

»Ich will für Euch arbeiten«, sagte Cellini schließlich stur.

»Nicht jetzt, Cellini!«, schrie der Herzog, beruhigte sich aber augenblicklich wieder, fuhr sich mit der Hand über die

Stirn und seufzte übertrieben verdrießlich und sah zu einem der Fenster.

»Woran arbeitest du gerade?«, fragte er schließlich ohne wirkliche Aufmerksamkeit zu zeigen und Cellini nur halb zugewandt.

»An meiner ›Vita‹.«

»So?«

»Ja. Ich hätte also ohnehin nur wenig Zeit für neue Werke, die für Euch anzufertigen wären. Die Aufzeichnung meiner ›Vita‹ beansprucht mich völlig.«

Der Herzog drehte sich um, sah ihm direkt ins Gesicht.

»Worüber schreibst du denn? Wovon berichtest du?«

Die bohrenden Fragen kamen langsam über die Lippen des Herzogs. Eindringlich und forschend. Cellini horchte auf. Nun hatte er also doch seine Aufmerksamkeit erregen können. An seiner Kunst hatte er kein Interesse, an seinem Leben offenbar sehr wohl. So war das also, dachte er grimmig. Seine altbekannte Wut regte sich in ihm. Die Unverschämtheit des Herzogs war eine himmelschreiende Ungerechtigkeit.

»Alles steht darin zu lesen. Alles, was ich je erlebt habe«, antwortete er schließlich in eisigem Triumph.

»Berichtest du auch von diesen Tagen?«

Cellini antwortete nicht, verneigte sich wortlos, drehte sich um und ging. Als seine Hand bereits auf der Türklinke lag, richtete der Herzog noch einmal das Wort an ihn.

»Verrätst du die Menschen, die dich lieben?«

Cellini wandte sich noch einmal halb um.

»Nein. Die nicht. Meine Feinde schon.«

Immer und immer wieder las er die Worte durch, die er eine Woche zuvor niedergeschrieben hatte. Da stand es geschrieben. Alles war erzählt. Der Mord an Don Giovanni, das Gespräch mit dem Herzog, seine Mutmaßungen darüber, wer Don Garzia ermordet hatte. Das Sumpffieber, pah! Die ganze

Welt sollte erfahren, dass das ein Lüge war. Eine unverschämte Lüge. Ja, endlich konnte er sich wirklich rächen an seinen Feinden. Und der Herzog war sein Feind. War nie sein Freund gewesen, hatte ihm jegliche Gunst verweigert, die Schönheit seiner Kunst nicht sehen wollen. Nun, dann wollte er seine Lügen nicht erkennen, sie aufdecken und der Welt den Spiegel vor Augen halten, damit alle sehen konnten, welchen Dämonen sie in Wahrheit ausgeliefert waren.

Aber war es wirklich richtig? War es gut, sich derart in die Geschicke einzumischen? Und würde man ihm überhaupt glauben? Dazu kam – Cosimo war ein Medici. Die Medici waren mit seiner Familie immer eng verbunden gewesen. Und war ihm Clemens nicht immer ein Freund gewesen? Der gute Heilige Vater, der ihm so viele Aufträge gegeben hatte, der ihm in so großer Liebe zugetan war. Sollte er diese Familie nun tatsächlich verraten? Ach, er wusste es nicht. Er brauchte Luft. Musste seinen Gedanken etwas Klarheit verschaffen.

Er warf seinen Mantel um die Schultern und stapfte zur Tür hinaus. Es war noch früher Morgen. Piera war mit dem Kind in der Küche, Mario war auf dem Markt. Und er selbst hatte nichts zu tun. Seine ›Vita‹ war beendet und neue Werke nicht in Auftrag gegeben. Was nur die Schuld des Herzogs war, dachte er zornig, trat mit dem Fuß gegen einen faulign Apfel, der auf dem Weg lag, und stapfte weiter durch Florenz. Doch je weiter er ging, desto enger schien sich ein bleiernes Band um seine Brust zu legen, und schnürte ihm den Atem ab. Der Gedanke an den Herzog, der ihn so schändlich behandelte, brachte ihn fast um den Verstand. Die Statue, die er von ihm angefertigt hatte, hatte der Herzog nach Elba verbannen lassen. Über eine Statue war ein Bann gesprochen worden! Damals, als die Anklage gegen ihn erhoben und dann das Todesurteil gesprochen worden war. Wie sehr hatte sich dieser Mann schon an ihm vergangen! Sicherlich, er war ein Fürst und ihm stand es zu, mit den Menschen, die ihm unterstanden, zu verfahren, wie ihm beliebte. Erst recht mit der Kunst. Aber warum konnte er sich nicht die kleinste Anerkennung, das geringste Zeichen von Gunst abringen? Warum fiel es dem Herzog so schwer? Fiel es so schwer, einem genialen Geist zu huldigen? Einem, der schöpfen konnte! Zwar kein Leben, aber doch die schönsten Werke, die die Welt je gesehen hatte. War es denn so furchtbar, dem Künstler ein wenig zu bezeugen, dass man ihn schätzte und ehrte? Mit den wenigen Scudi, die sie bereit waren, für die Kunst zu zahlen, glaubten sie auch, ihren Teil des Handels getan zu haben. Aber dem war nicht so! Da fehlten immer noch Anerkennung und Zuspruch!

Sein Gram wurde übergroß, die Verzweiflung ebenso. Also machte er auf dem Absatz kehrt und stapfte zu seiner Werkstatt zurück. Nur noch der Gedanke an das Kind, sein Leben, seine Tochter, brachte ihn dazu, sich nicht augenblicklich in die Fluten des Arno zu stürzen. Und der Gedanke an Piera. An die sanfte und so liebenswerte Piera, die jeden seiner Tage versüßte. Nun, und selbst der hinkende Esel war eigentlich keine Last. Irgendwie brachte er mit seiner Anhänglichkeit und seiner Verehrung ein wenig Wärme in die Werkstatt.

Als er die Tür öffnete, fiel sein Blick auf Piera, die am Kamin kniete. Das Kind lag bäuchlings auf einem Schaffell, gluckste und strampelte mit den Beinen. Was für ein schöner Anblick. Er sollte sie malen. Genau so, wie er sie jetzt sah. Und sie war so in ihre Arbeit versunken, so vertieft in ihr Tun, dass sie ihn überhaupt nicht bemerkte. Cellini lächelte sanft.

Aber was tat Piera da eigentlich? Sie schürte nicht das Feuer. Nein, sie warf etwas hinein. Papier. Sie warf Papier in den Kamin. Hektisch, verstohlen und mit schnellen Bewegungen. Vor ihr lag ein großer Stapel. Seine ›Vita‹!

Mit wenigen Schritten war er bei ihr, erkannte, dass er sich nicht getäuscht hatte und stieß einen animalischen Schrei aus. Piera fuhr herum, in der Hand ein Blatt, das ihr nun entglitt und in das Feuer schaukelte. Die Flammen leckten daran, das Papier flammte an den Seiten auf, bog sich nach oben, die Ränder wurden braun, dann schwarz und zerfielen schließlich.

»Was tust du da?!«, brüllte er in ungläubigem Entsetzen.

Piera sagte nichts, sah ihn mit gehetztem Blick an, kniff die Lippen zusammen, fasste noch mehr Blätter und warf sie ins Feuer. Cellini schrie noch einmal auf. Das Kind begann zu weinen. Cellini packte Piera an den Haaren, riss sie zurück. Sie blieb stumm, wollte sich aus seinem Griff befreien, strampelte mit den Beinen und versuchte, wieder an das Papier zu gelangen.

»Du Dämon!«

Das war sie. Nichts weiter als ein Dämon. Wollte sein Lebenswerk zerstören! Wer konnte wissen, wie viele Blätter schon vernichtet waren! Sie war also doch ein Spion. Arbeitete für den Herzog, hatte sich hier eingeschlichen und vernichtete nun, was die Wahrheit ans Licht bringen sollte! Er musste sie töten. Auf der Stelle. Wo war sein Degen? Sein Dolch? Ach, verflucht. Er würde sie mit bloßen Händen erwürgen.

Seine Finger fassten um ihren Hals und drückten zu. Piera keuchte. Das Kind begann zu schreien.

»Meister! Nicht!«

Der hinkende Esel warf sich auf sie, versuchte, Cellinis Hände von Pieras Hals zu lösen.

»Nein!«

»Scher dich zum Teufel! Das hier geht dich nichts an!«

Er stieß den weinenden Tölpel zur Seite. Dadurch hatte sich aber sein Griff gelockert und Piera war entwischt. Sie kroch auf allen Vieren zum Kamin, wollte sich verstecken.

»Du entkommst mir nicht!«, tobte Cellini, wollte wieder nach ihr fassen, als die Tür zur Werkstatt aufgestoßen wurde.

Roccio! Ausgerechnet Roccio musste nun stören. Die Bestie zog verwundert die Brauen hoch und schnarrte: »Cellini, steh auf. Der Herzog wünscht dich zu sehen.«

»Ich habe jetzt keine Zeit«, brüllte Cellini.

»Die wirst du dir wohl nehmen müssen.«

Der Herzog! Schob sich an Roccio vorbei, trat in die Werkstatt, sah kurz um sich, schüttelte den Kopf, wohl erstaunt über das Durcheinander und sagte schlicht: »Ich will deine ›Vita‹ lesen. Gib sie mir.«

Cellini erhob sich wie von fremder Hand gelenkt, griff nach den Blättern, die Piera noch nicht dem Feuer zum Fraß vorgeworfen hatte und reichte den kleiner gewordenen Stapel dem Herzog. Dieser warf einen kurzen Blick darauf, nickte dann und trat dicht an Cellini heran: »Sollte auch nur ein Wort darin zu lesen sein, das mich bloß stellt oder verleumdet, bist du nicht mehr sicher.«

Ohne auf eine Antwort zu warten, drehte er sich um und verließ die Werkstatt. Roccio schnaubte noch einmal verächtlich und folgte ihm.

Merkwürdige Stille senkte sich über die Werkstatt, als die Tür hinter ihnen ins Schloss gefallen war. Nur das Knistern des Feuers war zu hören. Wo war das Kind? Warum schrie es nicht mehr? Ach, Mario wiegte es in den Armen. Tränen liefen dem Jungen über das gerötete Gesicht, versickerten in der wollenen Decke, in die das Mädchen eingewickelt war.

Und wo war Piera? Sein Blick irrte durch die Werkstatt, fand sie schließlich neben dem Arbeitstisch stehend. Blass mit roten Flecken am Hals, das Kleid aufgerissen, die Haare zersaust. Sie sah ihn unverwandt an, griff dann unter ihre Schürze und zog einen Brief hervor.

»Das kam vorhin an. Als du nicht hier warst. Der Herzog hatte seine Ankunft angekündigt«, sagte sie leise und sanft, musste husten und fasste sich an den Hals. Die Nachricht fiel lautlos zu Boden.

»Mein Gott, was habe ich beinahe getan?«, flüsterte Cellini, war mit einem großen Schritt bei Piera und riss sie zu sich. Konnte sie ihm seine Tat jemals verzeihen? Er fühlte keinen Widerstand, als er sie umarmte. Sie schmiegte sich an ihn, drückte ihr Gesicht an seine Brust und sagte: »Vertrau mir doch endlich.«

Heiße Tränen quollen aus seinen Augen, wollten nicht mehr versiegen, strömten über seine Wangen. Er weinte selbst dann noch, als er sich wieder von ihr gelöst und an den Tisch gesetzt hatte. Erst als Mario etwas heißen Wein brachte, zaghaft lächelte und dann mit dem Kind wieder nach draußen ging, Piera sich zu ihm setzte und ihm sanft die Tränen vom Gesicht wischte, konnte er sich beruhigen.

»Ich liebe dich«, flüsterte Piera.

Ach, das brauchte sie doch nicht zu sagen. Er wusste es. Sie war kein Dämon. Sie war wie Dantes Beatrice, wie Petrarcas Laura. Für einen Moment konnte er nicht sprechen, krächzte, musste sich räuspern und setzte erneut an.

»Warum wolltest du meine ›Vita‹ verbrennen?«

»Nicht die ›Vita‹ – nur einige Stellen, die dich umgebracht hätten.«

Dieses sanfte Lächeln. Diese ruhigen Augen. Unendliche Liebe durchströmte ihn, doch wurde das kraftvolle, so überwältigende Gefühl von einer erneuten Frage, die in ihm keimte, überschattet.

»Aber was soll ich schreiben in meiner ›Vita‹? Wie erklären, warum man mich zum Tode verurteilt hat?«

»Nichts musst du erklären. Gar nichts.«

»Aber meine Feinde!«

»Dein größter Feind, dein schlimmster Widersacher bist immer nur du selbst gewesen.«

»Wie?«

Etwas verdutzt blinzelte er eine weitere Träne aus dem Augenwinkel. Piera lächelte. Er verstand sie nicht. Ihr Benvenuto musste noch viel lernen. Über die Menschen. Über den Neid und die Macht. Aber auch über sich selbst. Sie würde ihm dabei helfen. Würde ihm zur Seite stehen. Sie hatte seine ›Vita‹ heimlich gelesen. Nachts. Wenn er schlief. Oder betete. Da hatte sie das Papier zur Hand genommen und im Schein einer kleinen Kerze alles in sich aufgenommen. Und sich gefragt, wie er das alles hatte überstehen können. Und warum er nie dazu lernte? Er war ein so großer Künstler, konnte so schöne Werke erschaffen und verstrickte sich doch nur in unnütze Händel. Und erkannte das Wichtigste nicht: im Grunde war er immer auf der Suche gewesen. Nach Anerkennung für sein Tun. Was ihm so viele verweigert hatten. Aber sie schätzte ihn. Liebte ihn über alles. Nicht von Beginn an. Da war sie nur neugierig gewesen. Neugierig auf den ungestümen Menschen, vor dem so viele Florentiner Angst hatten. Deshalb hatte sie an seine Tür geklopft. Nur deshalb. Weil sie das Ungeheuer mit eigenen Augen hatte sehen wollen. Aber gefunden hatte sie den liebenswertesten Menschen, den sie je kennen gelernt hatte. Tief verborgen unter einer rauhen Schale. Und nun saß er mit hängenden Schultern vor ihr, sah aus wie ein Kind, das Strafe erwartete. Wie sollte sie ihn strafen, wenn sie ihn doch so liebte?

Sie hatte so viel über ihn gelernt aus der ›Vita‹. Nur eines blieb ihr verborgen. Eine Frage wurde nicht beantwortet in den vielen Zeilen.

»Was wolltest du wirklich?«, fragte sie schließlich.

Cellini sah sie lange an, verstand die Frage nicht und runzelte die Stirn.

»Wonach hast du wirklich gestrebt? Nach Anerkennung, Gunst und Liebe. Ja. Aber da war noch mehr. Was wolltest du also wirklich?«

»Sein wie er«, antwortete Cellini leise, den Blick gesenkt.

»Er?«

»Ja, er. Ich wollte Buonarroti sein.«

Er sprach die Worte so leise aus, dass er sie selbst kaum hörte.

»Aber du bist Cellini. Der große Benvenuto Cellini. Deine Kunst ist ebenso unvergleichlich wie seine.«

Cellini nickte unter Tränen, nahm Pieras Hand.

»Hol einen Priester.«

»Warum?«, fragte sie zutiefst erschrocken.

»Mein Leben endet. Ich fühle es genau ...«

»Nein!«, unterbrach Piera in nie gehörter Lautstärke.

Cellini lächelte.

»Mein altes Leben endet. Es wird Zeit, ein Neues zu beginnen. Wir werden heiraten. Auf der Stelle. Mein Engel.«

Nachwort

Benvenuto Cellini starb am 14. Februar 1571. Seine Frau Piera und drei seiner fünf Kinder überlebten ihn.

Die Gunst des Herzogs, Cosimo I. di' Medici, konnte er nie zurückerlangen. Große Aufträge wurden nicht mehr an ihn vergeben, obwohl er sich darum bemühte. Nur ein Kelch wird 1570 noch erwähnt, den er für den Herzog anfertigte – als Geschenk für Papst Pius V. (der Kelch war allerdings bereits von Clemens VII. in Auftrag gegeben worden ...)

Seine ›Vita‹ endet abrupt mit dem Tod Don Giovannis in Pisa. Cellini hat sie nie zu Ende gebracht, dafür ein weiteres Werk über die Goldschmiedekunst und die Bildhauerei verfasst. In seinem Testament verfügte er, dass die ›Vita‹ nicht veröffentlicht werden dürfe. Erst 1728 ließ der Arzt und Literat Antonio Cocchi die ›Vita‹ nach einer Handschrift drucken, nicht ohne in einem Vorwort darauf hinzuweisen, dass »auch unwahre Begebenheiten« darin beschrieben seien. Zu direkt waren Cellinis Beschreibungen an manchen Stellen, zu brüskierend, aber auch zu zweideutig an anderen.

1796/97 wurde Goethes deutsche Übersetzung der ›Vita‹ gedruckt.